CW01635104

:ingaszner

Redactare: Martin Zick
Tehnoredactare: Mihail Vlad
Corectură: Mihaela Cosma
Pregătire de tipar: Marius Badea

Surse foto interior și copertă: www.shutterstock.com

Descrierea CIP a Bibliotecii Naționale a României
MÜLLER-KAINZ, ELFRIDA
Ce ne spun bolile : calea către cunoașterea de sine și vindecare / dr. Elfrida Müller-Kainz, dr. Beatrice Steingaszner ; trad. din limba germană de Steliana Huhulescu. - Pitești : Paralela 45, 2020
ISBN 978-973-47-3328-6
I. Steingaszner, Beatrice
II. Huhulescu, Steliana (trad.)
61

Original German title:
Dr. Elfrida Müller-Kainz, Dr. Beatrice Steingaszner:
Was Krankheiten uns sagen – Der Weg zu Erkenntnis und Heilung,
13th completely revised edition

www.edituraparalela45.ro

Dr. Elfrida Müller-Kainz Dr. Beatrice Steingaszner

CE NE SPUN BOLILE

Calea către cunoașterea de sine și vindecare

Traducere din limba germană de
Steliana Huhulescu

Editura Paralela 45

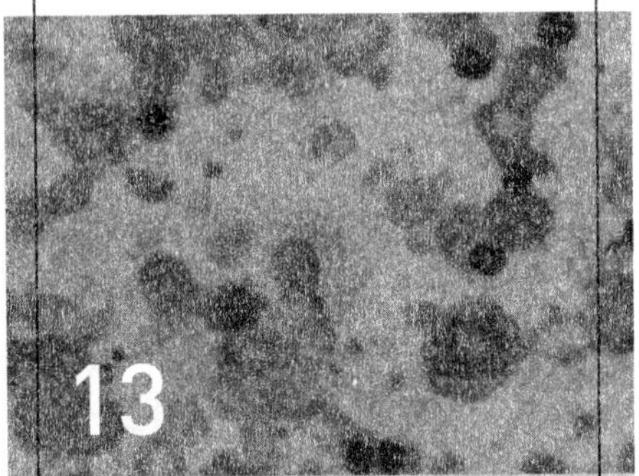

Introducere

De ce ne îmbolnăvim? Bolile ne ajută de fapt! Ne indică acele locuri din organism cu un nivel de energie dezechilibrat. Tot ele ne arată și cum putem să ne vindecăm corpul începând cu sufletul.

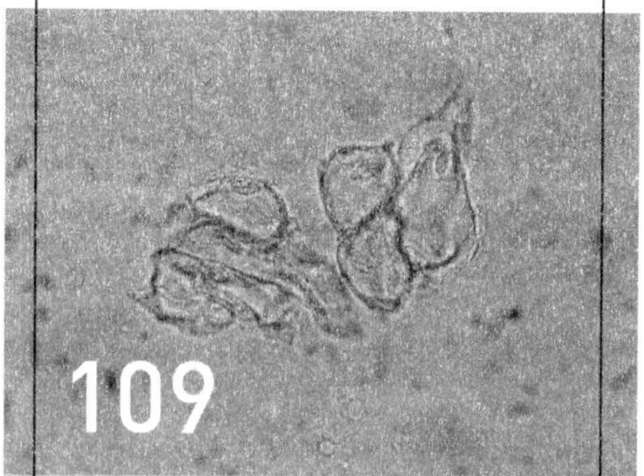

109

Boala ca mesaj

Dicționarul vindecării. Aflați cum să vă evaluați bolile și cum să abordați însănătoșirea. Puneți-vă întrebări și lucrați cu voi înșivă!

Întrebări care vă ajută să porniți la drum

Următoarele întrebări vă vor ajuta să vă faceți o imagine de ansamblu despre propriul comportament. Acestea se referă la fiecare trăsătură de caracter în parte. La fiecare întrebare la care răspunsul este „nu“, citiți materialul despre respectiva trăsătură de caracter. Acolo o să primiți îndrumări despre cum vă puteți transforma o slăbiciune într-o tărie de caracter.

Sinceritatea

1. Îmi exprim întotdeauna părerea fără a-i răni pe ceilalți?
2. Relatez un eveniment sau o situație conform adevărului, indiferent dacă asta este în avantajul meu sau nu?
3. Renunț la pretexte?
4. Îmi respect promisiunile?
5. Recunosc sincer în sinea mea că ar trebui să schimb ceva? Suport sincer consecințele și trag concluziile corecte?
6. Sunt punctual?
7. Păstrez ordinea?
8. Sunt dispus să-mi asum răspunderea pentru faptele mele?
9. Trăiesc autentic?
10. Îmi recunosc greșelile?

Curajul

1. Am curajul să accept o provocare?
2. Pot spune „nu“ atunci când sunt de părere că acesta este răspunsul corect?
3. Sunt autodisciplinat? Transpun consecvent în practică ceea ce mi-am propus?
4. Dau atenție intuiției mele și fac ceea ce ea îmi spune?
5. Pot să mă apropii deschis de oameni?
6. Dau dovadă de perseverență atunci când îmi propun ceva?
7. Îmi iau cu curaj viața în propriile mâini?
8. Îmi stabilesc conștient limitele? Am grijă să nu mă sacrific pentru alții?
9. Sunt cooperant, fără să doresc să fac dreptate tuturor?
10. Dau atenție sănătății și securității mele? Renunț la întreprinderi riscante?

Iertarea

1. Pot să-mi iert singur greșelile?
2. Pot să-i iert pe alții?
3. Dau repede deoparte sentimente negative cum ar fi supărarea sau mânia?
4. Sunt liber de gelozie și invidie, pot da repede deoparte asemenea sentimente?
5. Reacționez cu calm în loc de a mă simți jignit în situații neplăcute?
6. Sunt flexibil?

7. Dau deoparte ce mă împovărează?
8. Acționez din motive corecte și nu doar pentru a-mi câștiga laudă și apreciere?
9. Am răbdare?
10. Sunt tolerant și-i las pe oameni să meargă pe drumul pe care-l consideră corect?
11. Reușesc să-mi păstrez calmul în situații negative și să consider totul neutru (și nu emoțional)?
12. Reușesc să nu mă amestec în treburile altora? Dau sfaturi altora doar atunci când mi se cere (excepție făcând elevii, ucenicii, angajații etc.)?
13. Mi-e clar că nu mă aflu la concurență cu alții, ci doar cu mine însumi?

Viziunea pozitivă asupra vieții

1. Acord atenție gândurilor pozitive (fără a-mi pune ochelarii roz)?
2. Pot recunoaște pozitivul din lucrurile negative?
3. Sunt mai degrabă un optimist?
4. Las deoparte grijile și îndoielile?
5. Văd lucrurile constructiv și nu înjur atunci când ceva merge greșit?
6. Îi laud pe alții și îmi exprim aprecierea atunci când le reușește ceva?
7. Evit grijile și despicatul firului în patru?
8. Privesc cu încredere în viitor?
9. Nu mă văicăresc și nu cârcotesc, ci caut soluții constructive?
10. Privesc cu speranță în viitor?
11. Acord atenție în alegerea pozitivă a cuvintelor?
12. Am încredere în mine, în ceilalți oameni, în Dumnezeu?

Folosirea timpului

1. Am grijă să-mi folosesc conștient și cu rost timpul și să nu-l irosesc?
2. Pot stabili și respecta priorități?
3. Mă străduiesc cu atenție și concentrare să-mi folosesc ziua? Evit să-mi petrec ziua într-o reverie?
4. Am o slujbă pe care o prețuiesc și care mă satisface?
5. Întrețin relații de prietenie?
6. Duc o căsnicie sau un parteneriat în care ambii parteneri se susțin reciproc în devenirea lor?
7. Îmi petrec timpul liber plin de sens și sunt exigent în alegerea cărților, evenimentelor, artei, culturii, programului TV?
8. Mă străduiesc să am o alimentație sănătoasă și dau atenție și altor măsuri stimulatoare de sănătate?
9. Am grijă să păstrez un echilibru între solicitare (muncă) și relaxare (timpul liber)?
10. Am grijă de bugetul energetic? Las deoparte tot ce mă costă energie? Fac ceea ce-mi aduce energie?
11. Pot să las oamenii să fie așa cum sunt?

Dragi cititoare, dragi cititori,

V-ați întrebat de ce oare în zilele noastre, în ciuda progresului tehnic, nu se îmbolnăvesc mai puțini oameni? De ce milioane de oameni suferă de boli cronice, multe dintre ele grave, considerate nevindecabile? Pentru mulți oameni alternează la scurte intervale diferite boli care, aparent, nu au legătură între ele. E posibil ca acest lucru să fie doar o pură întâmplare? Sau putem pleca mai degrabă de la premisa că acestea au la bază anumite legități? Noi am căutat răspunsul la aceste întrebări și am descoperit și cercetat aceste legități. În ele se ascunde posibilitatea pentru noi, oamenii, de a ne face singuri norocul, cu mâinile noastre. Prin această carte dorim să vă arătăm o cale de a vă câștiga și menține sănătatea pe o perioadă lungă de timp.

Porniți în călătoria de descoperire. Bolile sunt pur și simplu o invitație de a vă descoperi comorile ce zac în voi înșivă și de a vă dezvălui potențialul. Bolile sunt mesaje personale. Ele vor să vă dea imboldul de a vă face gânduri despre propria viață.

În această carte vă împărtășim cunoștințe de bază despre rostul bolilor. Veți afla cum să le deslușiți mesajul și cum să găsiți drumul spre vindecare. Învățați prin asta să vă cunoașteți mai bine valoroasa personalitate. Drumul către însănătoșire vă conduce spre rădăcinile propriului eu, către propriul interior. Experiențele din practica noastră pe care le-am documentat în această carte urmează să vă încurajeze. Unele reflecții vi se vor părea familiare. Ca și când ați fi bănuit asta de mult. Altele vi se vor părea cu totul noi. Se face apel la deschiderea și sinceritatea voastră. Dezvoltați cu încredere, prin măsuri adecvate, forțele de autovindecare ale propriului corp. Cunoștințele dobândite vă oferă posibilitatea de a duce o viață sănătoasă și plină de bucurie.

Capitolele „Știință – Cunoaștere – Sănătate“ și „Sufletul“ conțin cunoștințe de bază despre cauzele bolilor: aflați cum să vă însănătoșiți și să rămâneți sănătoși pe termen lung. O să recunoașteți partea pozitivă a bolilor și beneficiul personal al acestora – da, ați citit corect, bolile au și un efect pozitiv. O să învățați să înțelegeți legătura strânsă dintre propria personalitate și starea de sănătate. Pe scurt: recunoașteți valoarea personală și învățați să o apreciați. Prin aceste conexiuni câștigați și certitudinea că totul în viață are un sens, care vă folosește la dezvoltarea ulterioară. Vă recomandăm să citiți mai întâi aceste două capitole.

În capitolul „Întăriți-vă și corpul“ vă prezentăm măsuri de promovare a sănătății care să vă susțină și să vă consolideze corpul. Cu ajutorul acestora aveți posibilitatea să vă păstrați sănătatea și vitalitatea.

Capitolul „Bolile – simptome și cauze“ este o referință bibliografică ce descrie principalele boli și cauzele acestora. Cu ajutorul întrebărilor o să primiți o mulțime de sugestii despre cum vă puteți înțelege mai bine situația personală și cum o puteți schimba. În cazul în care căutați în acest capitol doar cuvinte-cheie, vă recomandăm să acordați atenție în plus față de descrierea bolilor și explicațiilor despre organe și indiciilor din capitolele „Știință – Cunoaștere – Sănătate" și „Sufletul", fiindcă ele vă transmit o înțelegere fundamentală a bolii.

Sănătatea este bunul cel mai de preț și cel mai important lucru în viață! Avem posibilitatea să ne păstrăm vitalitatea și condiția fizică până la vârste înaintate, iar la asta putem contribui singuri foarte mult. Deveniți activi și bucurați-vă de viață! Merită trăită. Vă dorim o viață fericită și plină de succese și vă acordăm mult ajutor pentru a vă atinge scopul. Lăsați-vă luați de mână și conduși. Descoperiți-vă și trăiți-vă potențialul, căci sunteți foarte importanți și valoroși!

Deveniți și rămâneți sănătoși!

V-o doresc din tot sufletul autoarele

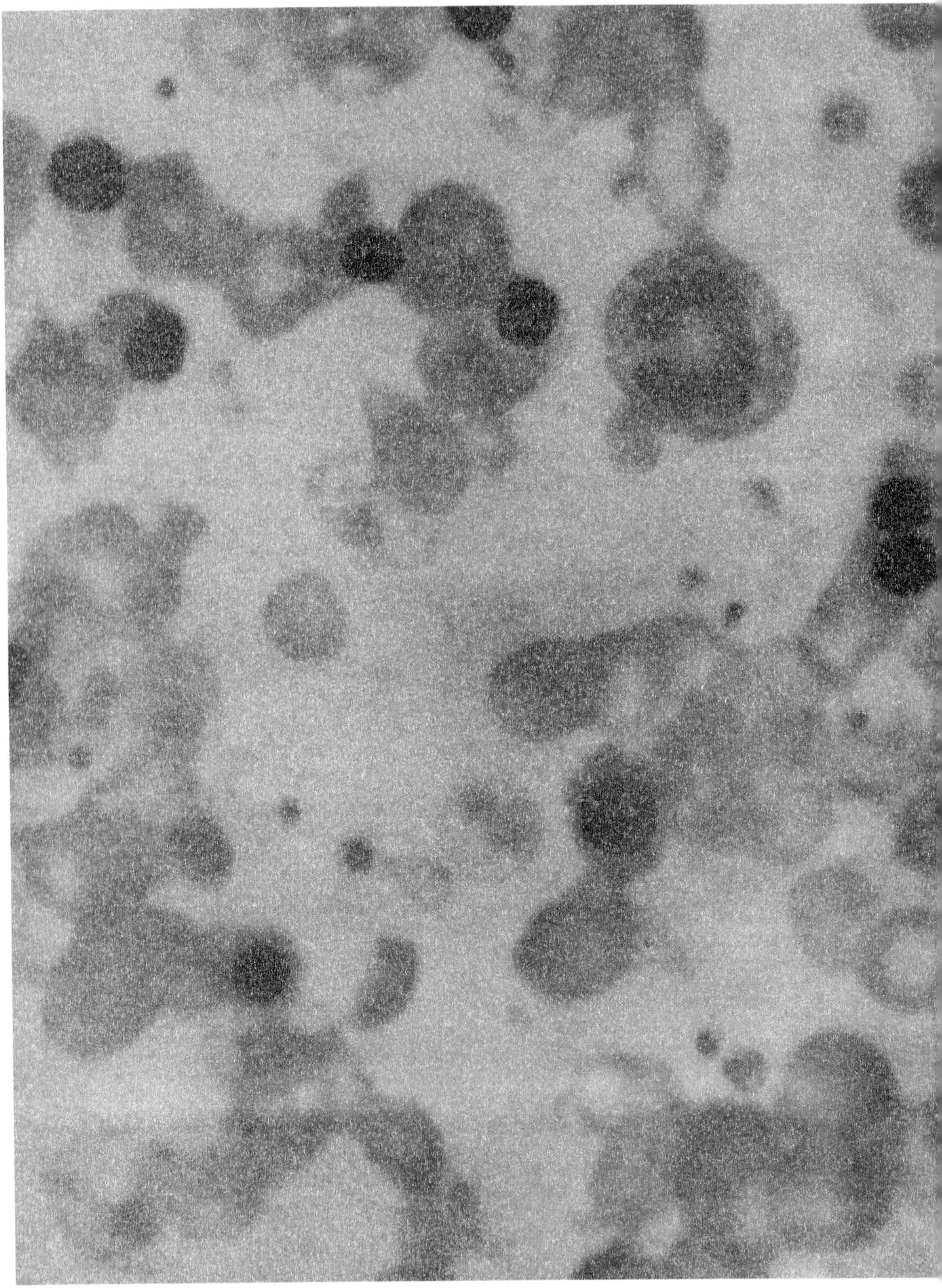

Știință – Cunoaștere – Sănătate

Cine suntem noi? Ce vor să ne spună bolile noastre? Cine transmite aceste mesaje și cum le putem interpreta? Faceți cunoștință cu legile vieții și cu propriul suflet.

Rostul bolilor

Oare să aibă bolile vreun rost? În contextul legilor vieții, da. Fiindcă prin ele sufletul nostru exprimă că ceva nu este în regulă. El ne arată „șantierul" pe care trebuie să acționăm. Fiți curajoși și priviți în interiorul vostru: faceți-vă curățenie deplină în propria viață, ca să puteți după aceea să fiți sănătoși și voioși.

Sănătatea și curajul plin de voioșie sunt cea mai bună avuție a omului.
Proverb german

Dacă ne merge bine, luăm acest lucru ca de la sine înțeles. De-abia atunci când ne îmbolnăvim începem să reflectăm: Oare de ce nu ne mai funcționează corpul ca de obicei? Cine este preocupat de procesele de funcționare știe să-i acorde propriului corp respectul cel mai profund și va fi surprins să descopere ce instrument minunat i-a fost dăruit. Corpul dispune de capacitatea de a funcționa precis și de a-și îndeplini negreșit sarcinile zilnice.

Atunci când suntem bolnavi, vrem să ne însănătoșim cât mai repede. Începem astfel să căutăm ajutor și bănuim cauza bolii de cele mai multe ori undeva în corp. Însă corpul nostru nu funcționează ca o mașină, căreia îi putem schimba diverse piese – aici înșurubăm puțin, dincolo ungem ceva, apoi merge din nou totul. Procesele din corpul nostru sunt perfect coordonate și armonizate, orice intervenție are urmări ample asupra întregului organism. Pe termen scurt, intervenții „mecanice" precum tratamentele medicamentoase, inserții ortopedice în pantofi sau operațiile chirurgicale pot avea succes, dar, dacă revenim la stilul de viață de dinaintea lor, mai devreme sau mai târziu ne confruntăm din nou cu probleme de sănătate.

Căci bolile iau naștere din interior, din noi înșine. Tocmai de aceea pare rezonabil să căutăm tot acolo și modalități de depășire a lor. De fapt, ce este interiorul nostru? Ce este decisiv, determinant pentru buna funcționare a corpului? Sufletul – o putere spirituală.

IMPORTANT **Corpul este oglinda materială a puterii spirituale – a sufletului. Pe el se evidențiază boala și sănătatea.**

Ce este sufletul?

Sufletul este individualul, unicul din noi. Este acea particularitate care ne deosebește de ceilalți oameni. Este ceea ce ne compune ființa. La fel de individual și unic cum este sufletul este și corpul. El este strâns conectat cu sufletul, purtându-l – cum s-ar spune – prin viață. De aceea, toate sentimentele noastre se oglindesc în corp. Atunci când suntem triști, colțurile gurii sunt îndreptate în jos, iar din ochi ni se scurg lacrimi. Atunci când ne enervăm, inima bate mai repede, iar tensiunea arterială crește. Dacă ne lipsește curajul, umerii sunt aplecați. O persoană încrezătoare în sine are o cu totul altă ţinută decât una care se simte inferioară. Dacă ne merge bine, radiem. Această listă poate fi mult continuată. Înainte de toate ea ne arată următorul lucru: Noi acționăm întotdeauna ca suflet, conducem, dirijăm și decidem. Corpul exprimă ceea ce gândim, ceea ce simțim și ce efect au cele trăite asupra noastră. Tot ceea ce apare la nivelul corpului își are originea în suflet. Prin urmare, bolile au să ne comunice ceva important despre noi. Ele sunt consecințele comportamentului nostru. Ele ne oferă șansa de a ne cunoaște pe noi înșine, o șansă adaptată condițiilor noastre individuale.

IMPORTANT **Folosiţi-vă de şansa de a vă cunoaște pe voi înșivă. Aveți astfel posibilitatea unui câştig personal considerabil.**

Îndreptați-vă privirea spre interior

Dorim să vă încurajăm să vă îndreptați privirea spre interior, către trăsăturile de caracter, către propriile moduri de gândire și de comportament. Bolile iau naștere pentru a le comunica oamenilor mesajul că și-au pierdut starea de echilibru. Au adoptat moduri de comportament și obiceiuri care îi împiedică în dezvoltarea lor ca personalitate. De cele mai multe ori, ei nu sunt conștienți de acele conduite, de aceea ar trebui să fie recunoscători atunci când primesc câte un semnal, de exemplu sub forma unei boli. Căci fiecare dintre noi are posibilitatea să se „șlefuiască" pentru a deveni un briliant și mai valoros și mai frumos. Oamenii care au înțeles mesajul și au știut să-și folosească activ cunoștințele în propria viață au reușit să depășească boala și să-și restabilească durabil starea de sănătate. Prin asta, viața le-a devenit mai fericită, mai plăcută și mai interesantă. Și vouă vă stă în putință acest lucru. Certitudinea că este posibil să-ți recapeți și menții sănătatea în acest mod face să dispară frica de îmbolnăvire și să crească încrederea în propriile abilități. Corpul dispune de forțe de autovindecare. Le recunoașteți cel mai bine înțelegând mesajul bolilor și punându-l în aplicare. Îmbogățiți-vă rezervele de energie prin decizii corecte!

Sensul vieții - Școala vieții

Adesea ne facem gânduri despre sensul vieții de-abia atunci când suntem bolnavi. Ne aflăm aici, pe Pământ, pentru a învăța și a evolua. Dacă suntem gata să mergem pe acest drum, suntem răsplătiți pentru strădaniile noastre printr-o viață frumoasă și interesantă. Dar dacă vrem sau nu să evoluăm rămâne la latitudinea fiecăruia. Pentru asta avem liberul arbitru.

Legile vieții ne oferă zilnic multe ajutoare pe calea dezvoltării personale. Cu toții trecem printr-un fel de școală, care ne oferă multiple procese educative. În fiecare zi ni se predau lecții sub formă de sarcini pe care le avem de îndeplinit și care așteaptă decizii. Dacă nu rezolvăm aceste probleme în sensul legilor vieții, adică nu spre binele nostru, primim indiciile corespunzătoare. Pentru succesele la învățătură primim recompense sub forma unor indicii utile, trăiri frumoase și senzații plăcute. Și pentru că acest lucru se petrece zilnic, vorbim de așa-zisa „școală la zi“ sau de „antrenamentul zilnic“. Acest antrenament este adaptat individual stadiului nostru evolutiv și însușirilor noastre. Nu suntem supuși niciunui examen la care să nu putem reuși – nici chiar atunci când unele teme ni se par grele. Putem învăța atât din evenimentele frumoase, plăcute, cât și din cele neplăcute și negative, putem câștiga experiență și ne putem modifica în mod corespunzător conduita pe baza noilor confirmări.

În ce constau procesele noastre educative? E vorba de rezolvarea zilnică a temelor și de luarea de decizii. Un exemplu: Cineva are tendința să se enerveze cu ușurință. De aceea, este confruntat zilnic cu situații care îl pun la încercare, dacă se enervează. Dacă nu se supără, trecând probele, o să aibă șansa să devină cu timpul mai calm și să reacționeze mai relaxat. Astfel de evenimente sunt teste mai mici și mai mari, care se cer trecute și fac parte din școala vieții.

IMPORTANT **Supremul sens al vieții este aspirația plăcută după evoluție, care ne oferă senzația de fericire și securitate.**

De decizie depinde

Luăm decizii capitale și deseori unele aparent nesemnificative. Fiecare acțiune ne este precedată de o decizie, de care de multe ori nici nu suntem conștienți: cu ce mă îmbrac astăzi, ce mănânc la micul dejun, să merg cu mașina sau cu bicicleta la serviciu etc.? Cu siguranță cunoașteți astfel de situații:

- Să fiu punctual la întâlnire sau vreau să mai rezolv repede ceva, ceea ce în cele din urmă mă va face să întârzii?
- Mă decid să mănânc ceva sănătos sau fac „excepție", recurgând la ceva nesănătos?
- Să accept invitația prietenilor împotriva stării mele afective sau mai bine o refuz cu șarm?

Zilnic suntem confruntați de mai multe ori cu deciziile:

- Ce spun și cum spun ceva?
- Ce gândesc? Dețin controlul asupra a ceea ce se petrece în capul meu sau mă las condus?
- Cum să fac ceea ce se cuvine/trebuie să fac? O fac de plăcere sau sub presiune?

De aceste nenumărate banale decizii depinde totul. Fiecare decizie are un impact, care poate fi stimulant sau nu pentru noi. Multor oameni le vine greu să ia decizii și numai puțini dintre ei sunt conștienți de faptul că de decis trebuie să decizi întotdeauna! Chiar și atunci când sunt de părere că nu s-au decis au luat deja o decizie. Prin asta își pierd șansa de a lua hotărârea corectă cu consecințele sale pozitive. În plus, se expun pericolului de a se decide din afară, peste capul lor. Dacă se ajunge aici, atunci ei au luat decizia de a permite acest lucru. Deci, de luarea deciziilor nu puteți scăpa. Așadar, de ce să nu decideți în propriul beneficiu?

Când e vorba de decizii importante, este bine să analizați minuțios totul și mai ales să vă duceți analiza „până la capăt", adică până la ultima consecință. Pe parcurs mulți trec printr-o baie de emoții, printr-un permanent încolo și încoace, ezitare și nehotărâre. Poate cunoașteți lupta interioară care se duce în jurul întrebării „Ce este acum corect pentru mine?". Unele lucruri pot provoca teama sau pot părea imposibile. Aici aveți nevoie de curaj pentru a face primii pași. Încercați pe cât posibil să luați în considerare toți factorii. Întrebați-vă:

- Care este factorul de care mă las influențat cel mai mult în decizia mea?
- Sunt gata să răspund provocărilor din viața mea?
- Ce spun senzațiile mele? Sunt dispus să le ascult?

Vă puteți folosi libertatea în luarea deciziilor în beneficiul propriu, conform devizei: „Voința omului este tărâmul lui ceresc."

Legile vieții - indicatoare și ajutor

Legile vieții ne însoțesc o viață întreagă – pe noi și dezvoltarea personalității noastre. În caz de sănătate sau de boală este important să fim conștienți de această legitate. Întrebați de ce? Considerați-vă viața ca fiind o scenă și așezați-vă în postura regizorului. Da, este într-adevăr așa: dumneavoastră decideți rolul și luați deciziile.

Regulile jocului care formează fundamentul evoluției noastre sunt numite „legile naturii“, sau „legile vieții“, „legile divine“, „legile cosmice“ sau „legile universului“. Legile universale sunt puteri obiective. Ele sunt numeroase și există din timpuri străvechi. Misiunea lor este să mențină ordinea în univers. Pe Pământ deosebim o legitate materială și una spirituală. Cele materiale ne sunt mai bine cunoscute, de exemplu legea gravitații sau cea a pârghiei. Natura ne oferă cel mai bun material ilustrativ pentru faptul că totul decurge conform legilor: ritmul circadian, flux și reflux, cursul râurilor, creșterea plantelor, extragerea substanțelor nutritive de către plante, încovoierea pomilor la vânt.

IMPORTANT Universul se supune unui principiu de reglementare care reglează totul. Acesta decide ce este corect și ce este fals.

Având în vedere numărul mare de legi ale vieții, ne putem imagina că și în interiorul corpului nostru există astfel de legalități după care se conduce organismul: într-adevăr, funcții ale organelor, cum ar fi digestia, respirația și comenzile hormonale ale ciclului feminin, sunt reglate de legi precise. Altfel ar exista numai haos în corpul nostru. Pe lângă aceste legi materiale există și altele spirituale, care ne conduc și ne dirijează viața. Cu aceste legi ale vieții ne ocupăm în această carte. Valorile spirituale ne oferă situații și posibilități după care ne putem orienta pentru a lua decizii corecte. Chiar și atunci când ele nu sunt sau sunt doar puțin conștientizate de către noi, câștigăm totuși experiență prin ele. De când există omenirea, aceste experiențe au fost cuprinse în proverbe și înțelepciuni populare, cum ar fi:

- „Ce dai aia primești“, adică: cum îi tratăm noi pe alții așa reacționează și ei la noi.
- „Cine sapă groapa altuia cade singur în ea“, adică: cine vrea să dăuneze altuia își dăunează până la urmă lui însuși.
- „Nicio durere, niciun câștig“, adică: cine dorește să obțină ceva, nu poate fără implicare directă și autodisciplină.

- „Așteaptă norocul, dar nu uita să-i deschizi poarta", adică: pentru norocul nostru trebuie să intervenim activ.
- „Greșelile altora sunt profesori buni", adică: cine e observator bun poate învăța mult de la ceilalți.
- „Cine nu intră în apă nu poate învăța nici să înoate", adică: pentru a stăpâni ceva trebuie să devenim activi, să facem ceva și să câștigăm experiență.
- „Îndreaptă-ți fața către soare și atunci umbrele vor cădea în spatele tău", adică: în viață există întotdeauna lumină și umbră, dar noi ne putem îndrepta atenția mai mult spre partea pozitivă.

Legile vieții reacționează cu precizie asupra gândirii noastre, asupra vorbelor și activităților noastre. Eforturile noastre ar trebui să fie îndreptate spre o tot mai bună cunoaștere a acestor legi, pentru a putea trăi în armonie cu ele și pentru ca în final să putem trăi fericiți și în armonie deplină cu noi înșine. Aceasta este minunata posibilitate de a te vindeca și a rămâne sănătos.

IMPORTANT Legile naturii ne servesc drept indicatoare prin școala vieții și ne pot conduce către o viață fericită, dacă le urmăm și avem încredere în ele.

Dintre miile de legi spirituale sunt deosebit de importante: legea cauzei și efectului, legea imaginii din oglindă și legea energiei.

Legea cauzei și efectului

Această lege reprezintă baza tuturor legilor vieții și intervine în toate domeniile vieții. Se mai cheamă și „Legea acțiunii și reacțiunii", adică: „culegem ceea ce semănăm". Cu fiecare gând și cu fiecare faptă punem bazele unei cauze ce va atrage după sine un efect. Uneori vedem ceva întâmplător în evenimente și vorbim de noroc, dacă este vorba de o întâmplare pozitivă. Sau vorbim de ghinion într-un incident care se soldează cu un rezultat negativ pentru noi. În realitate, noi înșine suntem cauzatorii norocului sau ai ghinionului. Numai puțini oameni sunt conștienți de faptul că ei înșiși poartă răspunderea pentru ceea ce gândesc sau întreprind și consecințele pe care le suportă. Consecințele propriilor noastre fapte ne sunt prezentate precis de fiecare dată.

Deciziile care inhibă dezvoltarea ne sustrag energie. Simțim aceasta mai întâi sub formă de oboseală, inerție și apatie. Dacă privarea de energie durează mai mult, pot apărea o ușoară depresie, mici accidente, probleme în viața personală și la serviciu, până la boli.

Aceste semne ar trebui să ne determine să punem sub semnul întrebării acțiunile noastre și să apucăm pe un alt drum. Cunoscuta zicală „Daunele te fac înțelept"

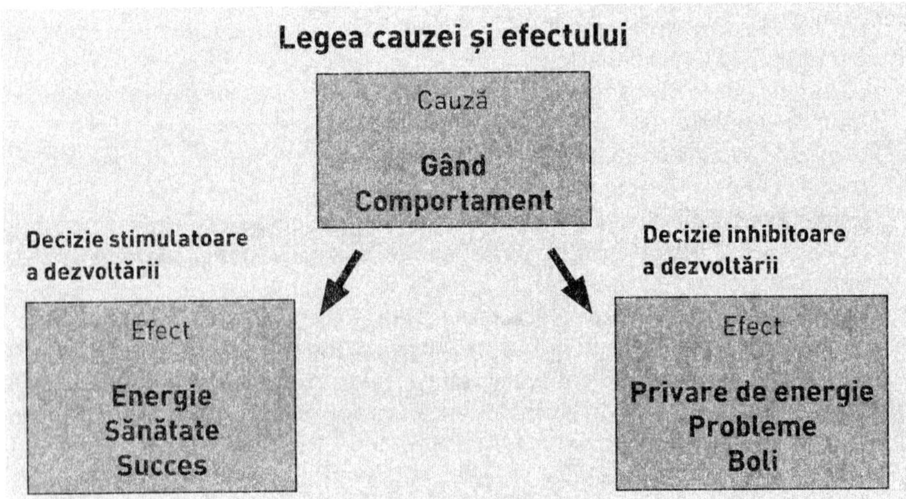

▲ Recunoașterea slăbiciunilor sufletești, abordarea lor, fortificarea.

vrea să ne spună că putem schimba întotdeauna ceva și chiar ar trebui s-o facem. Deci, dacă cineva suferă de o boală sau tulburare de sănătate, asta înseamnă că legea cauzei și efectului a acționat. Boala/tulburarea de sănătate este în cazul acesta efectul.

Efortul constant de a lua decizii stimulatoare ale dezvoltării este recompensat cu un surplus de energie, care are ca urmare sănătatea, bucuria de a trăi, satisfacția și siguranța. Accentul cade pe efort. Mai presus de orice este vorba de a arăta voința fermă și dispoziție. Doar cu acestea două, și legea reacționează deja. Ni se va acorda timpul necesar pentru evoluția noastră, dacă ne dorim asta la modul serios, căci „Nimeni nu s-a născut înțelept".

Strădania aduce energie

Veți observa curând în ce cazuri deciziile atrag după ele efecte pozitive. Acestea sunt fructele eforturilor voastre! Considerați de aceea cu recunoștință efectele negative ca pe un ajutor, ca pe un proces educativ care vă ajută pentru a putea reacționa mai bine ceva mai târziu. Dacă găsiți motivul de la baza efectului, o să evitați urmări neplăcute pe viitor. Puteți învăța să recunoașteți sensul evenimentelor și să găsiți soluții. Puneți-vă în aplicare cunoștințele și primiți conform legii cauzei și efectului energia necesară, și în cele din urmă vă însănătoșiți. Sănătatea este răsplata pentru răbdarea și pentru intervenția voastră. Prin urmare, legea cauzei și efectului este pentru noi un dar. Din reacțiile acesteia putem recunoaște comportamentul nostru ca fiind unul favorabil sau unul deranjant. Dacă recunoaștem această lege drept prieten și ajutor prețios pentru evoluția noastră, se instalează sentimente de iubire și de recunoștință față de noi înșine și față de toate celelalte.

IMPORTANT **Legea cauzei și efectului ne face să recunoaștem: Evenimentele sunt efecte care se bazează pe cauze. Nimic nu este întâmplător. Tot ce se întâmplă are o semnificație.**

Întâmplarea este ceea ce ni se întâmplă. Ceea ce ni se întâmplă este efectul deciziilor și al comportamentului nostru.

Adeseori nu putem înțelege – cel puțin nu imediat – semnificația unei situații sau a unui eveniment. Cu toate acestea, ar trebui să ne străduim să le luăm așa cum sunt și să avem încredere în sprijinul legilor vieții. Ne putem obișnui să vedem tot ce se întâmplă ca pe un proces de dezvoltare captivant și să ne întrebăm de ce se întâmplă. Atunci primim și răspunsul.

De ce avem încredere în Dumnezeu

Legitățile stricte, așa cum sunt de altfel legile vieții, reacționează după principiul: legea e lege, deci e obiectivă. Ele nu iau în considerație sub nicio formă împrejurările individuale. Numai astfel poate fi menținută ordinea universală. Cu toate acestea, noi suntem suflete individuale. Personalități care-și parcurg procesele educative și de care se ține cont. Acest lucru este posibil deoarece deasupra legilor se află o putere superioară care ne satisface nevoile. Unii oameni numesc această putere „cel de sus“, „omnipotență“ sau „hazard“. Mulți o numim „Dumnezeu“. Prin asta ne referim la divinitatea creatoare, motivul primordial al existenței. Nu ne referim la o divinitate ce aparține vreunei religii. Dumnezeul nostru este „supraregional“. Nicio religie nu și-l poate revendica numai pentru sine. Indiferent ce nume i-ar fi dat oamenii, el este mereu unul, unicul. Existența unui Dumnezeu, a unei puteri situate deasupra tuturor a fost acceptată de religie și de filosofie de la începuturile umanității ca fiind dată.

Și totuși: de ce ar trebui acest Dumnezeu să se ocupe de noi? Fiindcă noi, sufletele, suntem cea mai importantă parte din creația sa. Bineînțeles că el are acces la omnisciență. El ne cunoaște situația individuală și poate oferi ajutorul necesar fiecăruia dintre noi.

Cu cât mai bogate sunt cunoștințele noastre despre principiile fundamentale ale vieții și încrederea în acestea, cu atât mai devreme putem reacționa atunci când nu ne merge bine și cu atât mai repede ne redobândim sănătatea.

Eva

„Nu-mi mai simțeam picioarele"

Eva este mulțumită cu profesia ei. Ce-i drept, își dă seama că aceasta o costă cam multă energie, interpretează însă acest lucru ca fiind „normal". Într-o bună zi observă o senzație de amorțeală în labele picioarelor. La început nu-și poate explica acest fenomen. O zi mai târziu acuză aceste amorțeli în picioare, iar în ziua care urmează, tulburările de sensibilitate cuprind și abdomenul. Nu se găsește nicio cauză corporală. De-abia atunci când un terapeut îi explică faptul că rezervele de energie sunt epuizate își ia în sfârșit, de data aceasta inevitabil, ceva timp pentru sine. Își face gânduri cu privire la munca ei și ajunge la concluzia că s-au petrecut foarte multe de când a preluat acea slujbă: deja după vreo două luni avusese pentru prima dată senzația că nu se află la locul potrivit. Totuși, nu are curajul să demisioneze. După vreo jumătate de an este supusă unor presiuni și ca urmare este transferată într-o altă secție. La scurt timp după aceea este nevoită să meargă în concediu medical din cauza unei inflamații a nervului sciatic. Și pe extremitățile mâinilor avusese o senzație ciudată. Retrospectiv, înțelege că de mai mult timp o chinuie o permanentă senzație de oboseală.

„Mi-am dat seama că mă aflu la locul nepotrivit"

Acest indiciu este luat acum în serios, iar ea decide să-și caute un nou loc de muncă. Acolo se simte bine la început. Însă prima caracterizare pe care o primește arată mai rău decât s-ar fi așteptat ea. Și asta deși s-a angajat pe deplin și a dat tot ce putea. Curând se instalează din nou oboseala permanentă, iar o jumătate de an mai târziu reapar tulburările de sensibilitate în membrele inferioare. În cele din urmă vine la noi în cabinet, face cunoștință cu legile vieții și destul de curând își dă seama că nu locul de muncă îi răpea energiile, ci profesia însăși, care nu era potrivită pentru ea. Acum îi este clar și de ce atunci, la examenul de admitere, picase: acela era deja primul indiciu că profesia dorită nu i se potrivește. În retrospectivă, experiența ultimilor cinci ani din viață oferă un tablou clar. Acum ea este pregătită să recunoască toate semnalele și să acționeze în consecință. Renunță la profesie, lucru pe care mai întâi îl regretă. Curând după aceea își dă seama însă că noua ei ocupație îi oferă infinit mai multe oportunități de a-și pune în aplicare talentele și abilitățile. Energia îi revine, iar simptomele dispar și ele treptat. Îi merge bine, se simte sănătoasă și este fericită că a recunoscut mesajul legilor vieții și a acționat în consecință!

Legea imaginii din oglindă

Cu legea imaginii din oglindă ținem în mână o cheie care ne poate descuia mai multe uși simultan. Prima ușă deschisă este a cunoașterii de sine. Aceasta ne clarifică propriile trăsături de caracter și comportamentul nostru și ne îndeamnă să ne înlăturăm slăbiciunile. A doua ușă este către „cufărul relațiilor". Dacă știm să ne folosim corect de această cheie, ne va conduce către înțelegere reciprocă afectuoasă, comunicare mai bună, colaborare și armonie. În același timp această cheie reprezintă un sprijin esențial în a ne stimula și spori inteligența. De altfel, trebuie să fim preveniți: această cheie e cam greu de purtat. De aceea mulți o aruncă încă înainte de a învăța s-o folosească. Dacă totuși o purtăm, suntem răsplătiți din belșug.

Abia în oglinda celuilalt îți recunoști propriul Eu.
Zenta Maurina, scriitoare letonă (1897-1978)

Cu deosebită ușurință observăm greșelile și slăbiciunile celorlalți. În fața celor proprii ne place să închidem ochii! De ce ne sunt atât de vizibile anumite slăbiciuni la ceilalți? De ce mă deranjează pe mine ceva la o persoană, ceva care pe prietena mea, după toate aparențele, n-o deranjează? Ce legătură are asta cu persoana mea?

IMPORTANT Legea imaginii din oglindă: „Ceea ce mă deranjează la alții îmi aparține!"

O imagine oglindită este de fapt rezonanța conduitei noastre. De aceea atragem oamenii care ne reflectă propriile slăbiciuni și tării de caracter. În felul acesta, legea imaginii din oglindă face să vibreze exact acele „coarde" care la noi nu erau bine acordate. Prin faptul că ne deranjează ceva la cineva ne putem detecta comportamente similare proprii și le putem schimba. Astfel, această lege, denumită și „Legea rezonanței", este un sprijin fascinant în cunoașterea de sine și prin urmare pentru dezvoltarea sufletească ulterioară. Exemplu: unul dintre participanții la o discuție are mai tot timpul cuvântul. El nu-i lasă pe ceilalți să vorbească până la capăt și nici să ia cuvântul. În calitate de partener de discuție, puteți interveni pe mai multe căi:

- Înregistrați comportamentul, dar nu vă enervați prea tare din cauza lui. Dați dovadă de înțelegere, aveți o poziție neutră, conform devizei „Așa e el".
- Intrați în duel cu vorbitorul. Încercați să-l întrerupeți, după discuție dați drumul unui bombardament de injurii asupra lui, ori îl criticați direct.
- Vă simțiți împins la colț, nu mai aveți curajul să spuneți nimic și sunteți furios pentru că nu vă puteți exprima niciodată părerea și nu vă puteți impune.

Comportamentul vorbitorului în acest exemplu este denumit de noi ca fiind al unui „mai bine știutor", al cuiva care vrea să aibă ultimul cuvânt, sau ceva asemănător. Dacă reacționați ca în primul caz, nu aveți mult de-a face cu această slăbiciune. În cel de-al doilea caz, devine clar că aveți probleme asemănătoare. Vreți neapărat să vă evidențiați. Imaginea din oglindă e ușor de recunoscut (cel puțin privită de la distanță). Dacă însă vă recunoașteți în cea de-a treia poziție, atunci vi se reflectă slăbiciunea contrară. În acest caz este vorba de lipsa de curaj de a vă spune părerea sau de lipsa de încredere în sine.

Oglindă, oglinjoară

Deci fiecare situație poate reflecta prin legea imaginii din oglindă fie aceeași conduită, fie opusul acesteia! Considerați totul mai mărinimos – se poate face referință și la alte domenii. Numai atunci când vă deranjează vădit, provocându-vă furie sau afectându-vă puternic, ori determinându-vă să treceți la critică, comportamentul cuiva are de-a face cu persoana dumneavoastră. Cu cât mai puternică este reacția pe care v-o declanșează, cu atât mai clar vă este arătată propria slăbiciune. Dacă vă preocupați de lămurirea situației, de cunoașterea propriilor sentimente și reacții, vă puteți corecta. Din aceasta nu veți profita doar dumneavoastră, ci și anturajul.

Luați însă în considerare că și pozitivul se reflectă! Acest lucru se trece ușor cu vederea. Unul dintre semne este, de exemplu, acela că vă întâlniți cu mulți oameni cumsecade și generoși tocmai pentru că sunteți un om care oferă cu plăcere ajutor altora. Sau că vă înconjurați de oameni toleranți, care nu critică, tocmai pentru că sunteți o persoană jovială, care se ține deoparte de critică și de imixtiune. Apropo, propriii copii oferă perfecte imagini în oglindă. De aceea se și spune „Copiii își educă părinții". Dacă părinții recunosc aceste mecanisme, pot învăța multe despre ei înșiși și se pot corecta. Acest lucru creează un climat pozitiv, care pentru copii este deosebit de important și în care cu toții se vor simți bine. Este necesară însă o practică îndelungată și mai ales o atitudine sinceră și neutră față de sine și față de ceilalți, pentru a putea profita de imaginea oglinzii. Aici se ascund adevărate comori pentru perfecționarea personală și pentru o relație armonioasă cu ceilalți.

Legea energiei

Întregul univers este energie! Știința poate dovedi că tot ceea ce există reprezintă o formă de energie. De asemenea, poate afirma cu certitudine că nimic nu rămâne așa cum este. De ce? Pentru că fiecare stagnare ar însemna o pierdere de energie. De aceea este necesară o evoluție permanentă, o îmbunătățire progresivă, neîntreruptă a actualului. Cea mai însemnată lege a universului este progresul continuu, în care totul se desfășoară spre latura pozitivă, iar energia crește. În univers va exista permanent doar pozitivul.

Noi, ca suflete, ca una dintre cele mai evoluate forme de energie, facem parte din această lege, prin activitățile și deciziile noastre. De aceea primim de la Dumnezeu și de la legi tot ajutorul de care avem nevoie pentru a ne continua drumul evoluției. Legile vieții utilizează multă energie, pentru a ne putea oferi o „școală la zi". Dacă nu ne folosim un timp îndelungat de oportunitățile ce ni se oferă pentru a deveni mai buni evolutiv, atunci legile vieții ne dau, de exemplu prin intermediul bolilor, un impuls puternic.

IMPORTANT **Legea supremă a energiei: Tot ceea ce evoluează trăiește veșnic. Tot ceea ce stagnează involuează.**

Limbajul legilor vieții

Legile vieții reacționează la comportamentul și la deciziile noastre. De dorit sunt sănătatea, energia și bunăstarea. Pierderea de energie, micile indispoziții și bolile, dimpotrivă, sunt indiciile schimbărilor ce se impun. Pentru a ne ghida, legile vieții „vorbesc" într-un limbaj compus din simboluri. Cu ceva răbdare putem învăța să deslușim și să interpretăm aceste simboluri, care se raportează la diversele părți componente ale corpului și funcțiile acestora. Asta solicită inteligență și e mult mai ușor decât pare. De aceea simbolurile sunt de cele mai multe ori ușor de înțeles. De exemplu durerile de mâini semnifică faptul că trebuie să dăm drumul la ceva pe care l-am ținut foarte strâns, deoarece ținutul strâns doare. Problemele cu umerii presupun întrebarea dacă nu cumva ne-am asumat o povară mai grea decât putem duce. Puteți înțelege și mai bine aceste indicii atunci când puteți formula evenimentele în cuvinte și puteți pune întrebări, ca în exemplul următor: gândul la o anumită persoană face să ne curgă nasul. Întrebați-vă: „Reacționez cumva alergic (indignat) la persoana respectivă? Sunt eu de vină? În ce măsură cauza acestei reacții se află la mine?"

Bugetul energetic personal

Știm din experiență că starea noastră energetică fluctuează permanent: uneori debordăm de energie în adevăratul sens al cuvântului, alteori ne simțim fără vlagă și neputincioși. De aceea, una dintre cele mai importante sarcini ale noastre este aceea de a menține acest buget energetic. Este necesar să avem în vedere permanent trei forme de energie: energia vitală, energia regenerativă și energia de încărcare.

Pe timpul unei boli ne lipsește energia. Tocmai în această perioadă este esențial să facem tot posibilul și să contribuim activ pentru a ne reîncărca cu energie. Numai astfel ne putem vindeca. Trebuie să pornim de la a acorda corpului liniștea și pauza necesare pentru a se putea regenera. Aceasta poate însemna la început, de exemplu, o reducere a programului de lucru, respectiv întreruperea lucrului pentru o anumită perioadă în cazul bolilor grave. Dacă dispunem de o voință sinceră și serioasă și de hotărârea necesară ca acum să se aibă în vedere și să se respecte propria persoană și limitele individuale, atunci se găsesc și soluțiile.

Dacă ne cunoaștem pirații energetici, o să ne străduim să-i îndepărtăm. Încercați să sesizați în interiorul vostru cum vă simțiți în anumite situații, întrevederi, activități și respectiv după aceea. Vă simțiți bine și plini de energie sau mai degrabă rău și „storși“ ca o lămâie? Căutați să aflați ce se află în spatele acestor senzații și cum puteți evita acei răpitori de energie. Ce putem face pentru a câștiga energie și a prinde din nou putere? Cunoașteți probabil declarații ca:

- „Asta-mi merge la suflet.“
- „Mă simt perfect regenerat.“
- „Sunt foarte bine încărcat și mă simt ușor și vesel.“

Aceste declarații se referă la tipurile de energie vitală, regenerativă și de încărcare. Acestea sunt cele trei feluri de energie de care dispunem și pe care le putem utiliza. Sună teoretic, este însă o chestiune de practică, care ne oferă multiple posibilități pentru a ne păstra sănătatea. Putem învăța să ne folosim cu atenție energia vitală. Putem încerca să integrăm suficiente faze de regenerare în rutina zilnică și să ne descoperim propriul ritm, acela care ni se potrivește. Astfel ne putem înmulți sursele de energie.

IMPORTANT Fiecare decizie stimulatoare a evoluției este generatoare de energie, fiecare decizie inhibitoare a evoluției ne sustrage energia.

Energia vitală

Venim pe lume cu o cantitate bazală de energie. Aceasta susține funcțiile elementare ale corpului precum mișcarea, vorbirea, activitatea organelor. Această energie variază în decursul vieții, deoarece cantitatea de energie depinde de comportamentul nostru. Trecem prin perioade în care dispunem de multă energie și avem faze în care dispunem de puțină energie. Nu suntem supuși unui ritm „din afară", ci noi înșine stabilim prin deciziile noastre ce se va întâmpla cu bugetul nostru energetic! Cunoașteți cu siguranță persoane despre care se spune că și-au aprins „lumânarea vieții" la ambele capete. La fel de bine există oameni care sunt surprinzător de vitali și la vârste înaintate. În ambele cazuri, persoanele respective și-au tratat complet diferit bugetul energetic. Ați observat că persoanele depresive devin tot mai lente în tot ce privește mobilitatea, mișcările, comportamentul? Pierd în permanență energie și de-abia dacă mai au putere să facă față traiului zilnic. La polul opus, oamenii plini de energie arată o dinamică incredibilă în mișcările lor și au o minunată carismă.

Energia regenerativă

Energia regenerativă este cea primită prin somn, odihnă, relaxare și hrană. Cu ajutorul metabolismului, aceasta oferă corpului posibilitatea de a-și reînnoi, repara sau îmbunătăți permanent celulele. Doi factori stabilesc esențial cantitatea energiei regenerative: deciziile și comportamentele noastre zilnice, împreună cu felul de viață:

- Dacă pe parcursul zilei ne-am comportat conform legilor vitale și prin aceasta am câștigat energie, această energie ne va sta la dispoziție, printre altele, pe timpul nopții pentru regenerare. Dacă dimpotrivă, am pierdut energie, cum ar fi prin certuri, griji sau chiar pierdere de timp, aceasta ne va lipsi pentru regenerare.
- Prin felul nostru de viață ne putem preocupa de suficientă regenerare a corpului. Suficiente pauze pentru recuperare, alimentație sănătoasă, băi cu efect benefic pentru sănătate, mișcare la aer curat – acestea sunt cele mai bune premise (vezi subcapitolul *Fiți buni cu voi înșivă*).

Ritmul vieții este, ca parte a stilului de viață, esențial pentru o bună regenerare pe timpul nopții. Creierul și sistemul nervos sunt regenerate în perioada dinainte de miezul nopții, după care se trece la regenerarea celorlalte organe și celule. Cu cât mai bine odihnit ne este „centrul de control", adică creierul, cu atât mai bine poate conduce acesta regenerarea organelor. De aceea e valabil spusa „Să mergi devreme la culcare și să te trezești devreme constituie cel mai bun mod de a trăi".

Părerea că ar exista oameni de noapte și de dimineață rezultă de fapt din obișnuința creată. Ce s-ar întâmpla dacă nu ar exista lumina electrică? Atunci s-ar orienta toți oamenii după ritmul naturii. Firește că acest lucru nu este întotdeauna posibil în lumea noastră profesională modernă. Totuși, rămâne valabil: dacă organismul nu se poate regenera pe perioade îndelungate de timp, atunci reacționează. Cel mai târziu atunci când primim un semn sub forma unei îmbolnăviri ar trebui să ne preocupăm de urgență pentru a ne asigura somnul dinainte de miezul nopții. De aceea recomandăm mersul la culcare cel târziu între orele 21.30 și 22. Dacă în mod excepțional într-una dintre nopți trebuie să mergeți târziu la culcare, atunci încercați să vă întindeți puțin după-amiaza. Este o senzație admirabilă să te poți trezi odihnit și plin de energie, una care ne răsplătește pentru eforturile depuse. Astfel putem fi siguri că ne aflăm pe drumul corect.

Energia de încărcare

Ați uitat vreodată să vă încărcați telefonul mobil? Fără energia din acumulatori este inutilizabil. Și pentru bugetul nostru energetic energia de încărcare joacă un rol important. Se bazează pe aprovizionarea celulelor cu o sursă suplimentară de energie. În acest mod, toate procesele celulare, mai ales cele din creier, decurg mult mai precis. Cum vă puteți procura această energie specială? Cea mai importantă sursă în acest sens este concentrarea. Asta presupune ca toate gândurile noastre să fie orientate aici și acum, la o anume activitate. Capacitatea de concentrare este un talent pe care îl putem exersa și perfecționa zilnic. (vezi subcapitolul *Talentele noastre*).

Peste tot în lume există regiuni așa-numite „locuri de putere“ (locuri energetice) care fie prin poziția lor geografică, fie prin compoziția rocilor servesc cu preponderență încărcării corpului. Cea mai persistentă formă rămâne însă încărcarea prin prețioase prietenii pe terenul spiritual-sufletesc, amplificată mai ales prin prietenia femeilor cu femei și a bărbaților cu bărbați. Cu cât suntem mai des în compania persoanelor cu un efect stimulator asupra dezvoltării sufletești, cu atât mai consistentă e încărcarea de energie. Acest lucru se evidențiază în atmosfera pozitivă plăcută, care ia naștere acolo unde se regăsesc mai multe femei sau mai mulți bărbați cu scopul întreprinderii de acțiuni sau doar al conversației. Uneori sunt suficiente și o scurtă conversație telefonică sau un mic cadou. O invitație sau o excursie în grup sunt alte surse de energie.

Rezumatul surselor de energie:

- Recunoașteți și prelucrați cauzele bolii. Priviți în viitor orientat pentru găsirea de soluții și aveți încredere că după luarea deciziei corecte o să vă însănătoșiți.
- Concentrare: rămâneți aici și acum. Lăsați trecutul deoparte.
- Lăsați deoparte poverile și câștigați prin asta energie.

- Încercați să luați deciziile corecte. Gândurile și sentimentele proprii vă conduc la luarea deciziilor. Deciziile pe care le luați vă influențează comportamentul și prin asta și nivelul de energie.
- Îngrijiți-vă mai ales de gândurile pozitive, fiți optimiști și aveți încredere.
- Ce vă face plăcere? Ce vă aduce energie (de exemplu, cărți, muzică, artă)? Puneți baza pe discuții constructive cu prietenii sau partenerul.
- Un somn odihnitor înainte de miezul nopții aduce corpului energia necesară regenerării.
- O alimentație proaspătă bogată în substanțe hrănitoare aprovizionează corpul cu toate cele necesare menținerii funcțiilor sale.
- Băile și procedurile sprijină corpul.
- Locuri de putere geografice – de exemplu, insulele vulcanice, multe din regiunile alpine sau marea – vă încarcă din nou cu energie.

Energia aduce carisma

Toate cele trei tipuri de energie formează fundamentul nostru energetic. Găsiți posibilități de a utiliza sursele de energie în beneficiul propriu. Integrați-vă ori de câte ori e posibil aceste ocazii în rutina zilnică, pentru a vă încărca „bateriile". Ați observat vreodată cât de diferită este aura oamenilor și v-ați întrebat din ce cauză este așa? Anumite persoane dispun de o cantitate mare de energie și au o aură deosebit de puternică și o minunată carismă. Dacă reușiți să vă sporiți energia peste posibilitățile descrise mai sus, nu numai că vă întrețineți propria sănătate, ci vă creați și o carismă corespunzătoare.

Cum apar bolile

Bolile sunt expresia comportamentului nostru – ele ne arată că trebuie să fim mai grijulii cu noi înșine, că energia ne-a scăpat de sub control. Dacă manifestați simptome, țineți vă rog cont de ele și reacționați la mesajul corpului. Puneți-vă întrebarea: Unde se află cauza sufletească pentru indispoziția mea? Și apoi luați-vă în primire sarcina!

Corpul exprimă tot ceea ce facem, gândim, decidem sau simțim. Aceasta este șansa pe care o avem pentru a ne cunoaște pe noi înșine și pentru a constata dacă procedăm just sau dacă ceea ce facem necesită îmbunătățiri. Deși mulți oameni au impresia că bolile lor apar „din senin“, ele dau totuși semne dinainte. Primim avertismente prealabile, care ne atenționează de timpuriu că ceva nu este în ordine. Ele ne sugerează să schimbăm ceva. Semnalele inițiale sunt relativ nespecifice:

- Oboseală, slăbiciune, apatie, epuizare
- Ușoare dureri de cap
- Tulburări de concentrare
- Ușoare tulburări de somn, insomnie
- Inapetență
- Incidente repetate
- Vătămări, mici accidente

Adesea reacționăm la ele printr-un „O să treacă“. Trecem astfel cu vederea semnalele și nu ne luăm timpul pentru a reflecta despre semnificația acestora. Și totuși, acestea sunt semne serioase, care trebuie luate în serios, despre faptul că ne-am pierdut din energie. Dacă recunoaștem semnalele, le acordăm atenție și ne schimbăm comportamentul, atunci dispar repede și simptomele.

Dacă ignorăm semnalele, pierdem tot mai multă energie, iar semnele devin tot mai evidente. Sistemul nervos și cel imunitar suferă din cauza lipsei de energie, astfel încât funcțiile corpului

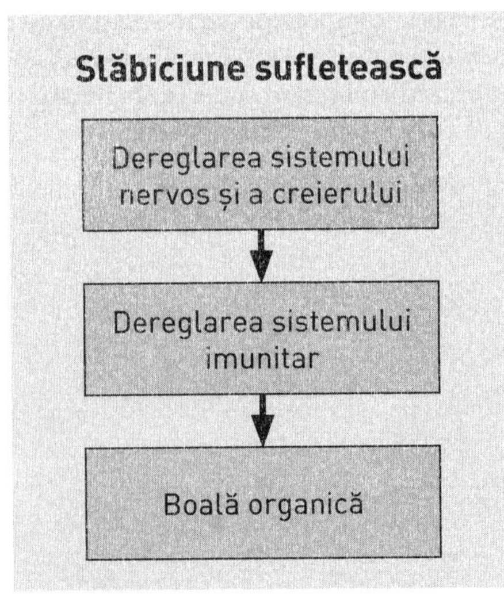

▲ Slăbiciunile sufletești conduc la perturbări ale sistemului nervos, ale creierului și ale sistemului imunitar. Astfel pot lua naștere boli organice.

nostru nu mai decurg așa cum ar trebui. Organele vor avea condiții din ce în ce mai proaste pentru a-și desfășura funcțiile, depunând un efort tot mai mare. Ne îmbolnăvim. Acum suntem solicitați să întreprindem de urgență ceva.

Atunci când are să ne comunice ceva, corpul nu renunță. El ne șoptește ceva, iar dacă noi nu-l ascultăm, atunci tușește ușor. Dacă nici atunci nu-l auzim, bate mai tare la ușă și începe în cele din urmă să lovească cu sălbăticie în ușă. Dacă nu luăm în seamă nici asta, atunci își aprinde girofarul și pune în funcțiune sirena.

Penney Peirce, consultantă și antrenoare americană

Mesajul pe care ni-l transmite o boală are un singur scop: să ne stimuleze evoluția. Dacă nu dăm atenție semnalului, atunci el revine sub o altă formă cu un memento (tergiversarea simptomelor) sau rămâne pe loc sub forma unui semnal permanent, făcând ca boala să devină cronică.

Walther

„Eram un perfecționist și mă enervam în permanență!“

Walther era un perfecționist exagerat. Avea pretenții prea mari de la el însuși și de la colaboratori. Atunci când ceva nu funcționa, se enerva și făcea accese de furie. Două infarcte miocardice la scurt timp unul după altul l-au constrâns să-și struneasă supărarea. De atunci, reușea ce-i drept să se mențină calm la exterior și să nu explodeze. Dar furia îl devora în continuare pe interior.

„Pur și simplu nu puteam să iert“
Mai târziu s-au alăturat și neplăceri în familie. Pur și simplu nu putea ierta. Resentimentele față de unul dintre membrii familiei s-au amplificat de-a lungul anilor. În interior „clocotea“ violent. Acest lucru se reflecta în istoricul său medical: după cele două infarcte a mai suportat încă unul, au apărut problemele cu vezica biliară, iar în final supărarea i-a ajuns și la rinichi, unde a căpătat o tumoare.

Supărarea este ca acidul – erodează vasul în care se află.
Peter Hohl, ziarist german, editor, redactor și autor de aforisme

Așadar, apucați răul de la rădăcină: analizați-vă cu atenție boala și găsiți cauzele sufletești ale acesteia. Reacționați la mesajele corpului, schimbându-vă comportamentul. Atunci semnalul sub formă de simptom își va fi îndeplinit scopul. Trebuie să dispară. Vă veți însănătoși pentru că ați înțeles mesajul și l-ați transpus în practică. Aceasta este o lege – legea cauzei și efectului.

IMPORTANT Fiecare boală are o cauză sufletească. Dați-i de urmă și vindecați-vă.

Vinovăție sau școală?

Unii oameni reacționează la legea cauzei și efectului prin faptul că mai întâi își fac reproșuri și dezvoltă sentimente de vinovăție. De aceea este foarte important de subliniat: Nu există vină. Fiecare om este o personalitate unică, individuală, cu tării și slăbiciuni. Este important să ne acceptăm și să ne iubim, să ne analizăm în detaliu talentele și trăsăturile mai puțin bune, încercând cu afecțiune să le îmbunătățim.

Sensul legii cauzei și efectului nu este acela de a ne face să cădem pradă reproșurilor proprii sau sentimentelor de vinovăție. Aici e vorba de a învăța și de școală, nu de vină. Sentimentele de vinovăție și învinuirile ne blochează evoluția ulterioară! Căci printr-o „greșeală" nu se scufundă valoarea personalității noastre. Dimpotrivă: greșelile sunt valoroase, căci ele dau un imbold proceselor educative. Prin greșeli putem crește valoarea personalității noastre, prin faptul că le vom considera și accepta ca pe un proces de experiență esențial. Astfel îl vom putea transforma în ceva pozitiv și vom beneficia de acesta! Orice slăbiciuni vă descoperiți, ele nu sunt neapărat un motiv obligatoriu pentru apariția unei boli. De aceea, vă rugăm să nu conchideți neapărat că o slăbiciune duce automat la o boală! Mai ales că cea mai bună prevenție este îndepărtarea unui deficit pe care vi-l descoperiți, pentru ca o posibilă boală să nu mai poată găsi teren propice. Bolile sunt procese educative. Deciziile și modurile de comportament care au condus la o îmbolnăvire au rolul de a ne face să le descoperim și să le îmbunătățim. Dați dovadă de afecțiune și de înțelegere față de voi înșivă. Fiecare își are misiunile și procesele de evoluție proprii, la care pot exista urcușuri și coborâșuri. Iar din crize putem ieși fortificați.

Nu vă simțiți rău nici atunci când școala zilnică vă pune mereu în fața acelorași cerințe și sarcini. Căci avem nevoie de exercițiu și repetiție pentru a ne însuși ceva. De aceea primim posibilitățile de exersare adecvate, care să ne susțină în practică educativ.

Marina

„Mi-a fost greu să mă impun."

Marina are probleme de curaj. Pentru ea este o adevărată provocare să se impună în fața celorlalți, respectiv să-și exprime părerea. Își face griji despre cum vor reacționa sau ce părere vor avea colegii despre ideile sale. Apoi Marina a făcut cunoștință cu legile vieții și a luat decizia ca pe viitor să devină conștient curajoasă și să accepte provocările. S-a dedicat astfel unor noi sarcini de serviciu și face propuneri care sunt acceptate deschis, își spune amabil dar ferm părerea atunci când i se cere. În fața colegilor acest lucru funcționează destul de bine, în fața șefului însă o părăsește adesea curajul. Asta o frustrează mult de fiecare dată.

„Am învățat să devin tot mai curajoasă."
Atunci când își concentrează atenția asupra lucrurilor care-i reușesc, Marinei îi vine mai ușor să-și exerseze curajul mai departe și în situațiile „mai dificile". Senzația ei este că se află pe drumul cel bun. Se simte tot mai încrezătoare în sine și tot mai respectată. Experiența succeselor o stimulează. În total durează un timp până când poate face față cu încredere solicitărilor. Pas cu pas devine tot mai îndrăzneață.

Unele lucruri ne reușesc mai repede, altele nu. Și altora le merge tot așa. Suntem cu toții școlari. Și putem fi siguri de faptul că o să profităm de toate situațiile și că o să culegem roadele strădaniilor noastre. Fiți răbdători și încrezători. Iertați-vă greșelile și pregătiți-vă un nou început.

IMPORTANT **A te ierta pe tine însuți, acesta este „butonul de ștergere" a sentimentului de vinovăție.**

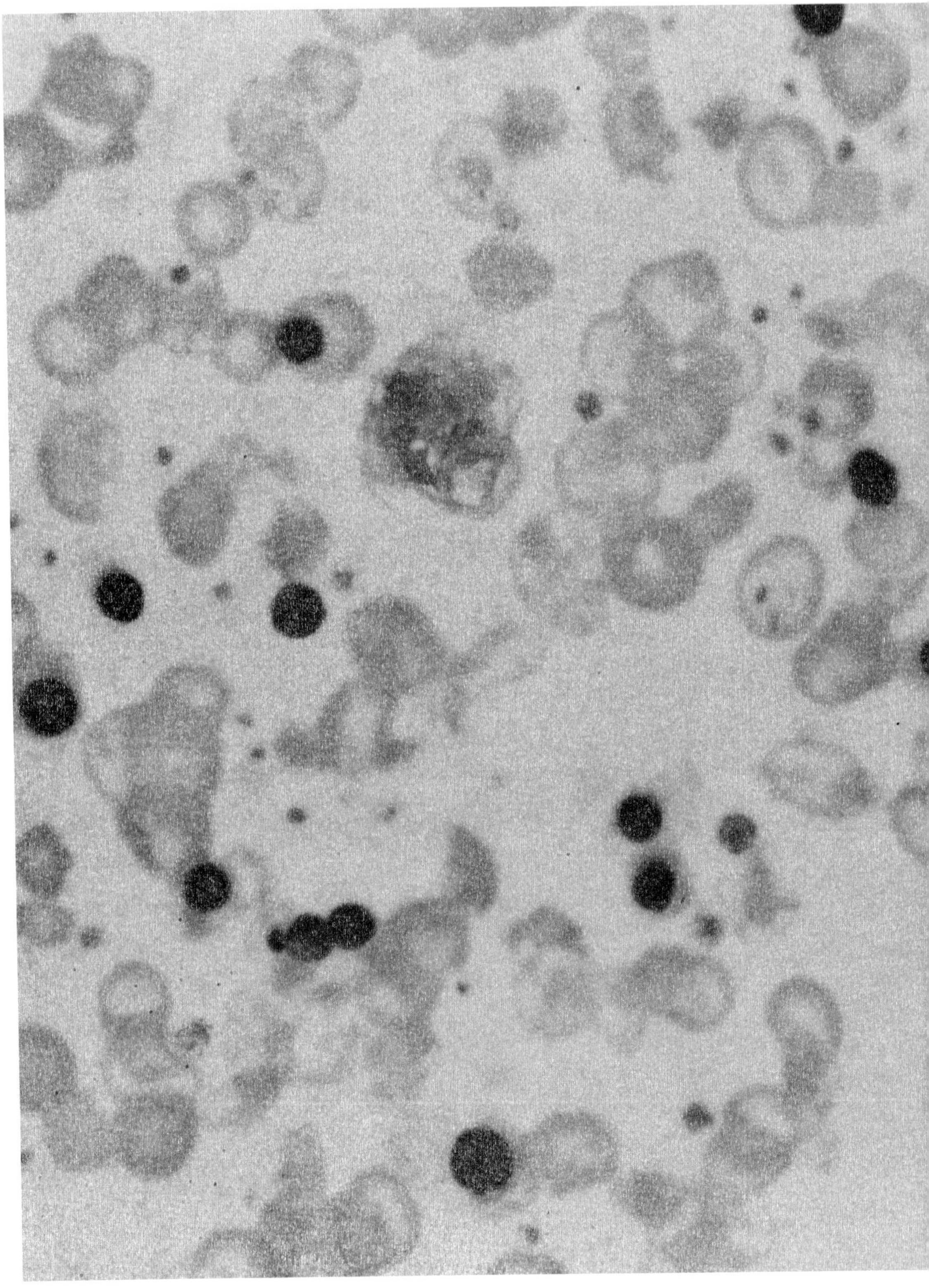

Sufletul – o energie imaterială

Sufletul, spiritul și corpul constituie o personalitate. Sufletul constă din individualitate și este factorul decisiv pentru identitatea noastră.

Suflet, spirit și corp

Fiecare suflet este o piesă de puzzle dintr-un plan general universal. Are misiunea de a se desfășura și dezvolta. Corpul este ca o casă pentru suflet. Și este legătura dintre suflet și mediul înconjurător. Simțurile noastre percep lumea, sufletul o evaluează și ia apoi decizii. Îngrijiți-vă casa cu meticulozitate!

Făurirea sufletelor este creația grandioasă a divinității. Ele sunt parte a unui plan general de susținere eficientă a progresului în univers. De aceea primesc toată susținerea necesară dezvoltării lor. Prin spirit se înțelege acea energie prin care corpul și sufletul se află în permanentă conexiune cu Dumnezeu, legile vieții și universul. Corpul omenesc servește drept manifestare materială sufletului („înveliș", „casă"), pentru ca acesta să-și poată face apariția. Corpul face posibile impulsurile reciproce dintre suflet și mediu. Organele de simț recepționează impulsurile din mediul înconjurător. Noi – sufletul – le prelucrăm și luăm decizii. Acestea la rândul lor au o influență asupra corpului. Putem considera bolile ca un „program de promovare", pentru ca sufletele să revină pe calea progresului. Îi acordați corpului vostru atenția cuvenită și îl tratați adecvat? Îi percepeți semnalele și le acordați atenție? Fiți recunoscători pentru tot ce acesta face zilnic pentru voi!

Fii bun cu corpul tău, pentru ca sufletului
să-i facă plăcere să locuiască înăuntrul său!
Tereza de Ávila

IMPORTANT **Noi suntem suflete și avem aici pe Pământ un corp pentru a ne putea face apariția. Poate că bolile se manifestă la nivelul corpului, dar au o cauză sufletească. Fiecare boală servește la sprijinirea sufletelor și la promovarea dezvoltării acestora.**

Un suflet este o formă imaterială de energie în care interacționează trei aspecte diferite: inteligența, talentul și trăsăturile de caracter compun sufletul individual. Acestea se condiționează și se completează reciproc. Toate cele trei domenii pot progresa. Ele reprezintă fundamentul care vă permite să vă desfășurați infinitul potențial: profitați de minunatele oportunități și de susținerea oferită pentru a duce o viață fericită.

În acest scop sufletul dispune de o funcție specială: de liberul arbitru. El este cea mai mare îndurare a lui Dumnezeu. Căci el permite sufletului să analizeze fiecare situație și să decidă de fiecare dată dacă dorește să se mențină pe poziție sau să se schimbe. Cu ajutorul liberului arbitru un suflet poate ieși de fiecare dată din orice situație. El decide singur dacă își pune în funcțiune liberul arbitru și dacă dorește să facă eforturi într-o direcție sau nu.

IMPORTANT Fiecare suflet este o creație unică, atât de diferită de la un individ la altul precum sunt amprentele digitale. Fiecare este un unicat și e extrem de valoros pentru întregul univers!

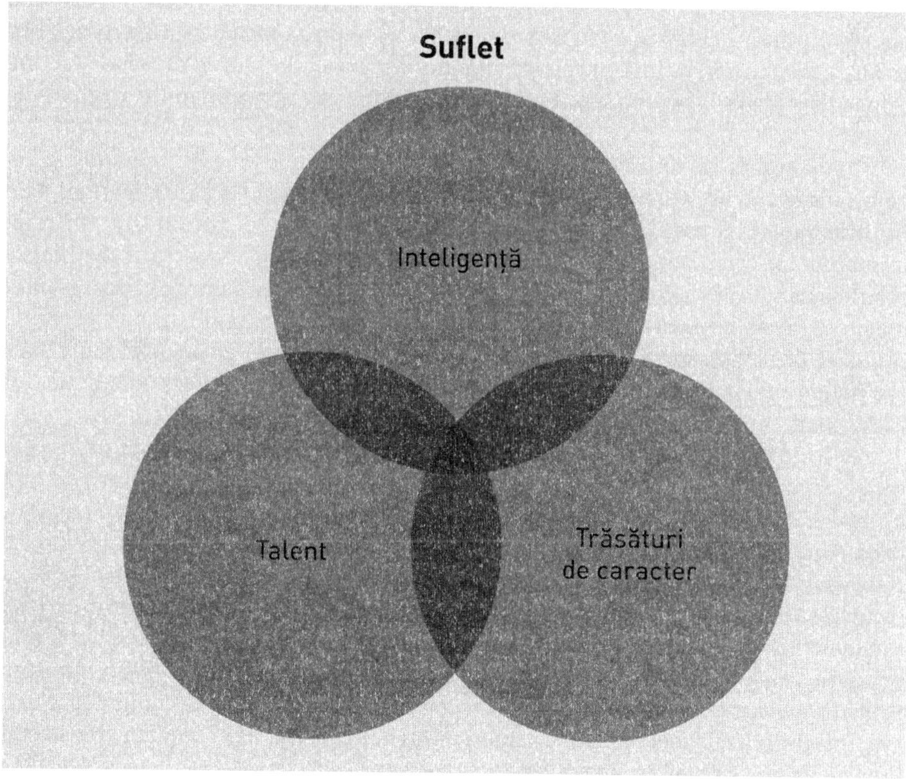

▲ Sufletul are trei mari elemente, care se cer descoperite, îngrijite și dezvoltate.

Inteligența

Inteligența este o parte complexă a sufletului. Ea ne permite să recunoaștem și să înțelegem legăturile dintre evenimente, să rezolvăm probleme și să facem față unor noi solicitări.

În practică se conturează două domenii decisive în viața de zi cu zi. Rațiunea (judecata) reprezintă fundamentul pentru gândirea noastră și un sprijin esențial pentru a rămâne cu picioarele pe pământ. Ea ne ajută să facem față vieții de zi cu zi. Suntem înclinați să luăm decizii mai mult din punct de vedere rațional. Căci rațiunea este tare și are o voce puternică. Imediat ne vin în minte multe argumente logice.

Cu toate acestea, numai cu rațiunea nu putem cuprinde tot esențialul. Avem nevoie și de ajutorul intuiției – cea mai importantă componentă a inteligenței. Prin intuiție înțelegem acea inspirație, un fel de al șaselea simț, o „presimțire". Prin intermediul intuiției, Dumnezeu și legile vieții comunică cu noi. Intuiția ne facilitează recunoașterea indiciilor și înțelegerea conexiunilor care se sustrag rațiunii. Dacă dorim să facem ce e corect pentru noi, ar trebui să acordăm mai multă importanță intuiției. Dacă invocăm acea voce greu perceptibilă a intuiției, ea devine tot mai tare și o putem auzi mai bine. Astfel intuiția ne poate ajuta să luăm decizii mai bune. Tot ea ne poate conduce și la sursa bolilor.

Intuiția este adesea de-abia perceptibilă și greu inteligibilă. În schimb avem rațiunea, care își face apariția foarte categoric. Care dintre cele două are de fapt dreptate? Ambele – de fapt aici depinde și de o relație adecvată între ele. La majoritatea oamenilor raportul între rațiune și intuiție este în jur de 80/20 de procente. Ar fi de dorit însă ca balanța dintre cele două să se păstreze echilibrată. Ideal ar fi ca intuiția să predomine. În unele situații este imposibil să precizăm condițiile actuale sau oportunitățile viitoare cu ajutorul rațiunii. Însă Dumnezeu și legile vieții dețin privirea de ansamblu. Ei ne ghidează pe drumul corect prin intermediul intuiției. Senzațiile noastre filtrează argumentele corecte (ale rațiunii) și ne conduc spre luarea unei decizii cu efecte pozitive asupra vieții noastre. Dar cum putem percepe mai bine vocea atât de ștearsă a intuiției?

Cum sporim intuiția

Ne putem spori intuiția de-a lungul întregii vieți, și prin ea și propria inteligență. Învățați cum vă puteți fortifica intuiția în raport cu rațiunea și cum să aduceți relația dintre cele două în echilibrul potrivit:

Cereți ajutor: înainte de luarea deciziilor, putem ruga legile vieții și pe Dumnezeu, în mod conștient, să ne arate drumul corect.

Observați-vă pe voi înșivă: Descoperiți singuri cum vă simțiți cu propria rațiune și intuiție. Faceți un mic experiment, încercând să le distingeți una de cealaltă.

Întrebați-vă ce este corect: La deciziile mici este suficient să faceți o mică pauză, la cele mari se cere o cumpănire mai îndelungată. Astfel veți primi ajutor solid și veți simți ce este corect, chiar dacă acest lucru nu poate fi explicat prin rațiune.

Recunoașteți ispitele: Rațiunea le conduce spre noi, argumentează logic. Arta constă tocmai în recunoașterea acestor gânduri aparent „atât de bune": argumentele joacă adesea o festă slăbiciunilor noastre. De exemplu, cine vrea să renunțe la ciocolată primește cu fiecare ocazie ciocolată în dar. Atunci vin în minte și respectivele argumente raționale: „Ah, doar o singură dată, numai o bucățică..." Prin repetiții îndelungate, respectiva persoană poate învăța cum să reziste tentațiilor.

Faceți deosebirea dintre senzație și emoție: Emoțiile sunt senzații sporite care ne dezechilibrează. Atunci când acționăm din invidie, ură, gelozie, mânie, euforie, reacționăm adeseori pripit. Ceea ce de cele mai multe ori nu duce la rezultatul scontat. Lăsați-vă timp! Atunci veți avea posibilitatea să deosebiți senzațiile de emoții și să cumpăniți ce este bine pe termen lung.

Fiți atenți la semnalele de avertizare: intuițiile apar și sub formă de semnale de avertizare și sunt menite să ne vină în ajutor. Un exemplu: o femeie a auzit despre o metodă de tratament care sună destul de promițător. Cu toate acestea, o senzație incomodă o determină să-l refuze. Ceva mai târziu cunoaște legile vieții, recunoaște cauza îmbolnăvirii ei, merge pe calea recomandată și se vindecă. Intuiția a avertizat-o cu privire la cealaltă metodă de terapie, care nu ar fi condus-o la cauza bolii.

Deciziile care se vor a fi luate sub presiune (presiunea timpului) sunt adesea o avertizare – cu condiția ca presiunea să nu ne-o fi creat noi înșine prin tergiversare.

Fiți recunoscători pentru recompense: Cine încearcă să dea ascultare conștient intuiției se va bucura de următoarele impulsuri: de exemplu, atunci când ni se reamintește ceva ce altfel am fi uitat. Aici sunt incluse toate ideile creative. Când mulțumim pentru asta ne sporim capacitatea de a ne percepe intuițiile mult mai bine pe viitor.

Evitați blocadele: Dacă suntem blocați într-o situație neplăcută (de exemplu, un loc de muncă nepotrivit sau o relație nefericită), intuiția are dificultăți să „pătrundă" până la noi, lucru de care de multe ori nici măcar nu ne dăm seama. Pierdem constant energie, motiv pentru care suferă și recepția intuiției, diminuându-se. Prin intermediul bolii primim imboldul de a ne lua o pauză și de a reflecta asupra actualei vieți. Voința internă profundă de a obține intuiția pentru idei corecte ne facilitează găsirea soluțiilor potrivite.

Ameliorați-vă funcția cerebrală: Numai o „stație de transmisie" intactă, în cazul de față creierul, poate recepționa și transmite corect mesaje, așa că ar trebui să ne străduim să ne ameliorăm funcția cerebrală. De aici fac parte un ritm de viață sănătos și alimentația adecvată.

Eliberați-vă (renunțați): Atunci când căutăm soluția unei probleme, o putem face cel mai bine în scris, după care dăm drumul gândurilor legate de problemă. În felul acesta ne eliberăm pentru a recepționa mai ușor o intuiție. Ar trebui să avem încredere că răspunsul ne va fi oferit de Dumnezeu și de legile vieții și că le vom percepe. Este ca și vorbitul la telefon: atâta vreme cât ținem receptorul în mână, nu putem primi niciun apel. De-abia când punem receptorul în furcă (ne eliberăm) ne poate apela intuiția.

Dați curs sentimentelor: Senzațiile de disconfort și de frică sau senzații precum bucuria anticipării, încrederea și siguranța sunt intuiții care ne susțin în luarea unei decizii. Cu cât le dăm curs mai des acestora și percepem trăirile pozitive de după aceea, cu atât mai ușor ne va fi să avem încredere în propriile senzații.

Aveți încredere în intuiția voastră: La început nu prea avem curajul să ne urmăm intuițiile, dacă nu ni le putem explica logic. Dacă totuși le dăm curs, se instalează o senzație de bucurie și de siguranță. Dacă începem să exersăm cu deciziile mai mici, intuiția devine tot mai evidentă și la cele mari. O bună intuiție ne ajută să înțelegem mai bine legile vieți, să interpretăm mai bine „limbajul" acestora și astfel să ne dobândim sănătatea și succesul în viață.

IMPORTANT Inteligența este carburantul necesar în luarea deciziilor favorabile.

Talentele noastre

Fiecare om are talente – ele doar așteaptă să fie detectate și întreținute. Talentele vă pot ajuta să vă vindecați și să vă mențineți sănătatea. Aflați aici care sunt talentele deosebit de importante pentru sănătate și de ce capacitatea de concentrare este indispensabilă. Fiindcă cine este cu gândul la ceea ce face cu greu comite greșeli.

V-ați întrebat vreodată ce fel de talente zac în voi? Posibil ca un astfel de gând să vi se pară ciudat în legătură cu boala. Dacă însă vă gândiți la sănătate, lucrurile arată cu totul altfel. Talentele sunt utile în multe situații din viață și sunt adesea sursă de bucurie și relaxare. Mergeți într-o călătorie de recunoaștere și remarcați ce anume vă reușește bine și ce vă face plăcere. Poate găsiți printre aceste aspecte și unele dintre cele enumerate de noi aici și care sunt deosebit de importante în învingerea bolilor. Vă puteți dezvolta mai departe acele talente sau puteți dobândi altele noi. Am dori să vă încurajăm să faceți asta, căci merită efortul. Următoarele talente și abilități ne ajută să învingem durabil bolile:

Capacitatea de concentrare: Concentrarea aici și acum furnizează energie și ne ajută să recunoaștem mai bine ce puteți face pentru a ne vindeca (vezi subcapitolul *Trăsăturile caracterului*).

Strădaniile de a menține corpul sănătos: O alimentație sănătoasă este fundamentul unui corp sănătos. Cu cât boala este mai serioasă, cu atât mai important este să îi furnizăm corpului alimente bogate în energie, să evităm orice fel de substanțe toxice și să-l fortificăm prin măsuri speciale. Acest talent poate fi promovat și dezvoltat zilnic.

Hărnicie: A fi harnic nu înseamnă a munci necontenit și fără pauză. Pauzele pentru odihnă sunt importante, deoarece încordarea trebuie urmată de relaxare. În caz de îmbolnăvire, hărnicia se referă la asumarea răspunderii pentru propria sănătate: înseamnă să ne acordăm timp pentru confruntarea cu sine, pentru a găsi cauza sufletească și a transforma slăbiciunea descoperită în tărie.

Autodisciplina: Experiența ne-a arătat că acei oameni care se preocupă de o îmbunătățire sufletească și fac progrese remarcabile se folosesc de forța pozitivă a autodisciplinei. Ce înseamnă autodisciplina? Ea include determinare și voință puternică. Ceea ce am recunoscut a fi corect pentru noi se cuvine a fi transpus cu bucurie și iubire și mai ales sustenabil în practică. Cu cât ne simțim mai rău, cu atât e mai necesară autodisciplina!

Capacitatea de rezistență (perseverența): nu ne putem aștepta ca ceea ce ne-am însușit de-a lungul anilor să dispară imediat. Durează o perioadă până când un corp care a pierdut multă energie este restabilit. Acordați-vă timp și răbdare pentru a vă transpune cunoștințele în practică. În felul acesta vă puteți aștepta la un rezultat bun și durabil.

Capacitatea de concentrare

„Concentrare" vine din termenul latin „concentra" (*con*, „cu", *centrum*, „mijloc"). A te concentra înseamnă așadar a fi absolut una cu propriul centru, cu propriul mijloc. Concentrarea reprezintă o adevărată sursă de energie, forța spirituală care ne susține dezvoltarea proceselor de gândire, atunci când suntem complet una cu corpul, spiritul și sufletul nostru. A fi concentrat înseamnă a fi treaz și cu toate simțurile și gândurile prezente aici și acum, la o singură activitate. Acest lucru presupune o anumită pregătire prealabilă și nu se produce automat. De aceea ne scade atenția după o perioadă de timp. Într-adevăr, nimeni nu poate să-și petreacă o zi întreagă într-o stare de maximă concentrare. Scopul este așadar acela de a ne menține atenția o perioadă cât mai îndelungată. Deoarece a fi concentrat este și cea mai bună premisă pentru a obține rezultate remarcabile în tot ceea ce facem. La fel de important este însă și să respectăm pauzele și perioadele de relaxare din când în când.

La mersul cu mașina, concentrarea înseamnă a observa deosebit de atent traficul și ceea ce se petrece în jur. Toate distragerile care nu au de-a face cu condusul mașinii și cu situațiile din trafic – cum ar fi discuțiile sau ascultatul radioului – ar trebui evitate. Dacă suntem concentrați, deci complet treji, și înregistrăm tot ce se petrece în jurul nostru, atunci vom putea reacționa rapid în situațiile „de risc". Vom fi astfel protejați, nu ni se poate întâmpla nimic. Un exemplu: Karin merge pe un drum de țară cu viteza permisă, când deodată observă un motociclist venind pe banda ei de mers din direcție opusă. Pentru că se concentrează la mers, se află sub protecția legilor vieții și nu intră în coliziune cu motociclistul. Și într-adevăr, acesta revine la timp pe banda sa de mers. Karin își poate continua drumul netulburată.

Cu gândurile aici și acum

O bună capacitate de concentrare este indispensabilă în toate domeniile vieții zilnice. Dacă vă îndreptați complet atenția doar asupra a ceea ce faceți, vă puteți îndeplini sarcinile repede și de cele mai multe ori fără greșeli. Cine dorește să evite accidente în timpul sportului, al condusului mașinii, al îndeletnicirilor manuale ar face bine să se concentreze. Și învățatul funcționează tot cu o atenție nedivizată. Capacitatea de concentrare are în plus importanță deosebită în conexiunea noastră cu Dumnezeu și cu legile vieții: ea este premisa pentru a putea percepe exact intuițiile. Astfel, legile vieții ne pot susține cu mai multă ușurință în respectivele activități: ne vine în minte o formulare adecvată, revine gândul la ceva ce altfel am fi uitat. Ne vine ideea despre cum putem rezolva ceva mai efectiv. Putem astfel să extragem din „cunoașterea universală“ și să ne simțim încărcați cu energie, fiindcă totul a funcționat atât de bine! Geniile și-au dobândit o deosebită capacitate de concentrare. Astfel au acces la adevărul universal.

Peste zi, adeseori nu suntem cu gândul la ceea ce facem. Ne îndepărtăm astfel ușor de aici și acum. Cunoaștem prea bine fenomenul gândurilor ce devin de sine stătătoare. Brusc acestea se rotesc în jurul noii mașini, al filmului pe care l-am văzut ieri la televizor sau la următoarea zi de lucru. Dacă vom băga de seamă cum visăm cu ochii deschiși, merită să ne oprim. Ar fi bine dacă ne-am strădui să ne îndreptăm gândurile cât mai repede cu putință la ceea ce facem în momentul respectiv. A ne petrece ziua concentrat înseamnă așadar a ne deplasa rapid către propriul centru, mai ales atunci când avem griji care ne fac să cădem pe gânduri, când urmează să luăm o decizie importantă sau când evenimentele școlii zilnice sunt destul de aprige. Toate aceste teme nu ar trebui abordate în paralel cu o altă activitate. Pentru ele ar trebui să ne luăm timp extra, cu scopul de a le cerceta. Atunci primim ajutor și de la legile vieții și găsim soluția cea mai bună. În starea de concentrare recunoaștem evenimentele mai ușor decât ceea ce sunt ele, și anume „școală“.

IMPORTANT În starea de concentrare nu putem face greșeli! Ne aflăm sub protecție! În plus, câștigăm energie.

Dacă, dimpotrivă, continuăm să visăm cu ochii deschiși, nu avem parte de susținerea legilor vieții. Nu observăm cum derapăm în greșeli altfel evitabile. Cădem mai ușor pradă tentațiilor. Astfel se poate ajunge la o stare de stagnare. Și acesta este terenul favorabil comportamentelor care duc spre îmbolnăvire. Mulți oameni par să tindă spre a efectua mai multe treburi în același timp. Creierul nostru însă nu este proiectat pentru asta! Cine face mai multe treburi deodată nu se poate concentra la toate în mod egal. De aceea obținem în felul acesta doar rezultate mediocre. În plus, consumăm multă energie și ne simțim secătuiți, deoarece ne suprasolicităm creierul. Urmările pe termen lung vor fi stările de epuizare, chiar epuizarea completă. Mult mai eficient este să efectuăm în liniște o treabă după alta și să fim de fiecare dată prezenți.

Interesant, concentrarea este cauză și efect în același timp. Ce înseamnă asta în practică? Cu cât mai mari sunt eforturile de a atinge concentrarea maximă, cu atât mai bune sunt deciziile zilnice. Dacă facem eforturi pentru dezvoltarea sufletească, ne vine mult mai ușor să ne concentrăm.

Ameliorarea capacității de concentrare

Concentrarea se dovedește a fi premisa esențială pentru succes și o excelentă sursă de energie. A te orienta către o situație sau activitate este un talent, o abilitate care poate fi însușită. O putem exersa în mod conștient și astfel o putem ameliora. Succesele pe care le obținem ne întăresc încrederea în sine. Condiția de bază pentru o bună capacitate de concentrare este un ritm de viață armonios, care să permită regenerarea creierului. Cine își începe activitatea proaspăt și odihnit se poate concentra mai bine. De aceea, dimineața avem cea mai bună oportunitate de a ne exersa țintit concentrarea. Ați observat, desigur, că ne este mult mai ușor să ne concentrăm la activități interesante decât în cadrul celor de rutină. De aceea ni se oferă exact atunci posibilitatea cu cei mai mulți sorți de izbândă de a o practica. Dacă vă reușește ca în primele ore ale dimineții să vă concentrați la treburi de rutină cum ar fi spălatul pe dinți, dușul, rasul, pieptănatul sau îmbrăcatul, atunci vă va fi mai ușor să vă concentrați și pe parcursul zilei. Nu vă mirați dacă tocmai în această fază de exercițiu matinal vă vin în minte tot felul de gânduri care vă distrag atenția. Este normal. Dacă vă dați seama de asta, aveți totuși răbdare cu voi înșivă. Important este să vă reîntoarceți cu gândurile la respectiva activitate. Provocarea este de a reveni tot mereu la starea de concentrare maximă.

IMPORTANT Felul în care decurg primele ore ale dimineții reprezintă o setare importantă pentru toată ziua.

Veți recunoaște în curând că eforturile voastre de a vă concentra în primele ore ale dimineții vă vor conduce către un curs ordonat și mai bun al întregii zile. Asta vă va da un imbold pentru următoarele exerciții. Există multe ocazii peste zi care nu necesită o cheltuială separată de timp. De exemplu: a-l asculta pe celălalt și a-l lăsa să vorbească, a merge concentrat pe trepte, a savura ceaiul înghițitură cu înghițitură, a mesteca concentrat – măcar primele îmbucături –, a ascuți un creion, o treabă în bucătărie, o muncă de rutină în birou, a închide o ușă fără zgomot. Orice exercițiu în direcția ameliorării acestui talent merită efortul. Cine exersează nu poate fi oprit!

Trăsăturile caracterului

Fiecare suflet este singular. Cu cât are și cu cât dobândește mai multe trăsături pozitive, cu atât mai bine va fi pentru el. Deoarece sufletul nu este o mărime statică, ci se dezvoltă mereu. Cele cinci trăsături importante ale caracterului sunt sinceritatea, curajul, iertarea, viziunea pozitivă asupra vieții și abilitatea de a utiliza bine timpul.

„E un suflet de om (adevărat)" sau „Ce suflet bun are". Astfel exclamăm adesea atunci când descriem pe cineva cu calități dezirabile. Pe lângă aceste trăsături agreabile de caracter există însă și altele, mai puțin plăcute. Există nenumărate trăsături de caracter și infinite posibilități de combinații.

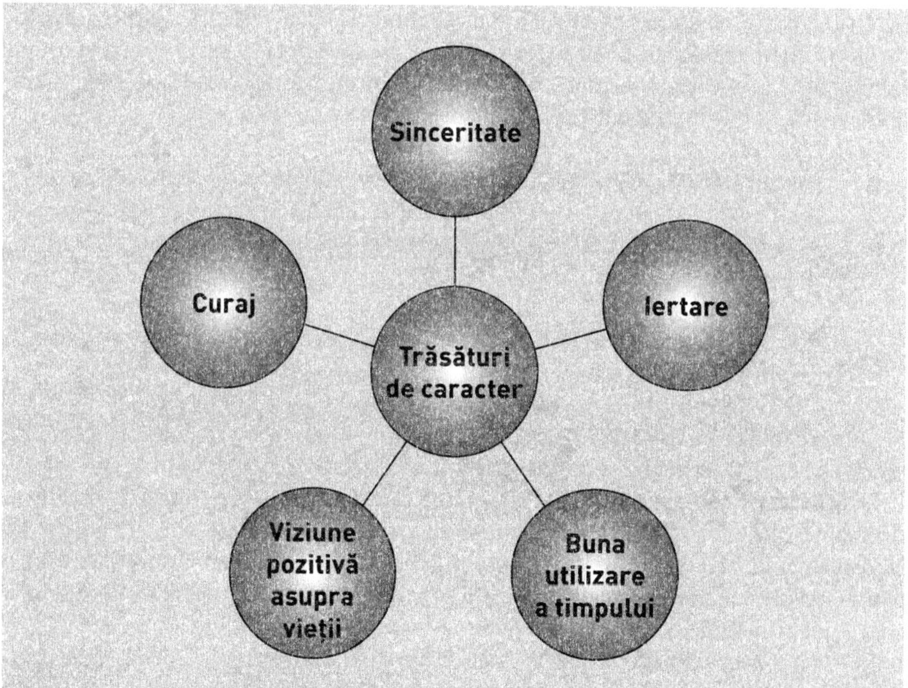

▲ Doriți să lucrați asupra voastră înșivă? Atunci începeți cu cele cinci trăsături de caracter!

Fiecare suflet este un unicat și fiecare și-a dezvoltat proprietățile în mod diferit. Aceste caracteristici atât de divers exprimate compun de fapt individualitatea unui suflet. Cu cât un suflet are și își dezvoltă mai multe trăsături pozitive, cu atât mai bine va fi pentru acesta. Scopul fiecăruia ar trebui să fie acela de a-și îmbunătăți tot mai mult trăsăturile și de a-și rafina tot mai mult caracterul.

Cele cinci trăsături de caracter sunt strâns împletite între ele și se influențează reciproc. Dacă începeți să o modificați pe una dintre ele în sensul pozitiv, se modifică automat și celelalte. Întregul caracter se ameliorează spre propriul avantaj. Astfel trăsăturile de caracter vor deveni cu timpul merite, calități.

Fiecăreia dintre cele cinci grupe principale de trăsături îi aparțin o multitudine de slăbiciuni și forțe. Dacă vă deranjează cuvântul „slăbiciune", atunci luați în considerație că slăbiciunile nu sunt altceva decât opusul punctelor forte. Cu ajutorul forțelor ne putem îmbunătăți slăbiciunile existente. Astfel, sinceritatea ne poate ajuta să devenim mai curajoși. Sinceritatea poate fi atât de puternică încât să învingă slăbiciunea lipsei de curaj și să ne ajute să găsim mai ușor curajul către sinceritate. Pentru a nu trebui să mințim sau să trișăm, avem nevoie de curaj pentru mărturisire. De exemplu: O secretară primește dispoziție din partea șefului ca, în cazul în care sună dl. G., să spună că pe moment șeful nu se află în instituție. Întrucât sinceritatea este o trăsătură de caracter puternică a secretarei, aceasta găsește curajul să-i răspundă șefului: „N-aș dori să mint pentru dumneavoastră, dar dacă sună dl. G. încerc să-l țin la distanță de dumneavoastră."

IMPORTANT Numărul mare de caracteristici și combinațiile individuale ale acestora explică diversitatea problemelor și a bolilor care pot lua naștere din slăbiciunile acestor caracteristici.

Sinceritatea

Sinceritatea este trăsătura de caracter fundamentală și determinantă a personalității noastre. Nu degeaba se spune „Onestitatea durează cel mai mult".

Caracteristicile sincerității: Sinceritatea față de sine însuși, onestitate, cinste, franchețe, lealitate, loialitate, probitate, integritate, veridicitate, corectitudine, iubire de ordine, responsabilitate, punctualitate, încredere, politețe, fidelitate, seriozitate, conștiinciozitate, determinare, atitudinea integră la manevrarea banilor și a posesiilor altora, probitate în afaceri, recunoașterea propriilor limite, recunoștința.

Caracteristicile lipsei de sinceritate: căutarea de țapi ispășitori, pretextele, minciunile „albe", exagerările, ignorarea propriei voci interioare, comoditatea, lipsa de considerație, trișatul, tendința la înșelăciune.

Sinceritatea este baza caracterului uman și marchează în mare măsură personalitatea. Multe situații cotidiene și de viață depind de sinceritate. Sinceritatea are multe componente. A fi „sincer" se referă la vorbele și faptele noastre. Un om sincer este acela care este onest cu sine însuși și pledează pentru el însuși. Cineva care spune adevărul și nu încearcă nici să exagereze și nici să minimalizeze ceva pentru a-și atinge un scop sau a apărea într-o anumită lumină. Un om onest acționează cu grijă, se comportă cu responsabilitate și conștiinciozitate la manevrarea rezervelor de energie, banilor și finanțelor. El respectă proprietatea altora. Bazele tuturor valorilor interne (cum ar fi fidelitatea și încrederea) sunt reprezentate de acțiunea sinceră, comportamentul onest în discuții, ordine și punctualitate. Deviza este: totul sau nimic. Nu există ceva de genul „un pic sincer".

În toate domeniile vieții suntem supuși periodic testelor de sinceritate. Acestea ne parcurg întreaga viață și sunt și în perioada adolescenței o temă importantă. Deoarece un bun caracter se bazează pe sinceritate, deciziile luate de tineri între 13 și 20 de ani cu privire la sinceritate au o amplă însemnătate. Există o varietate de tentații pentru adolescenți și tineret. Li se cere, de exemplu, să ia parte la ceva care nu li se potrivește sau care este interzis ori chiar periculos. Tinerilor le este de obicei teamă de a nu fi respinși sau marginalizați de cei de vârsta lor. Vor neapărat să facă parte din grup. De multe ori sunt puși în fața unor decizii, fără a fi conștienți de asta. Se adaptează grupului, pentru a fi bine primiți? Sau reușesc chiar la acea vârstă să se declare de partea lor înșiși și să-și găsească prieteni care merg pe același drum ca și ei? Dacă oamenii reușesc testul sincerității încă de la vârsta aceasta, sunt create condițiile de bază pentru o viață întreagă.

IMPORTANT Nu putem fi sinceri cu noi înșine decât atunci când dispunem de voința sinceră a cunoașterii de sine.

Sinceritatea față de sine însuși

Să fim sinceri: nu cumva ne imaginăm mult prea ușor anumite lucruri? Căci una dintre cele mai mari provocări este aceea de a fi sincer față de sine însuși. Însă numai așa ne putem cunoaște cu adevărat pe noi înșine și ne putem asuma responsabilitatea față de propria persoană. Autoresponsabilitatea se află în strânsă legătură cu sinceritatea față de sine. Suntem dispuși să ne asumăm responsabilitatea pentru gândirea, faptele, sănătatea și în cele din urmă pentru viața noastră? Suntem dispuși să suportăm consecințele comportamentului nostru? Atunci când urmările sunt pozitive, firește că ne este ușor. Însă în cazul efectelor negative ne simțim prost, uneori ratați, avem senzația de vinovăție. Și atunci, mai bine căutăm un „țap ispășitor". Și nu conștientizăm că de fapt ne înșelăm pe noi înșine. Faptul de a împinge altora responsabilitatea poate fi comod, pe de altă parte însă vom cădea în rolul de victimă și ne vom simți complet neajutorați. În felul acesta devenim dependenți de alți oameni și de împrejurări exterioare. Dacă ne-am manevrat într-o astfel de situație, vom avea dificultăți în a recunoaște ce putem schimba la situația incomodă.

Mulți oameni vor să fie perfecți și nu își mărturisesc părțile întunecate (defectele). De ce ne este greu să ne recunoaștem greșelile? Ce ne împiedică? Se ascunde cumva în spate perfecționismul, dorința de a face impresie bună, de a fi cel mai bun? Dacă vrem să descoperim adevărata cauză a bolilor, nu ne rămâne decât o singură cale, aceea de a fi sinceri cu noi înșine. Nu e ușor să-ți mărturisești că propriile deficiențe au condus la boală. Mult mai comod și mai practic este să echivalezi declanșatorul unei boli cu cauza acesteia.

Cauză sau activator?

Suntem puși adesea la încercare, fie ne vedem stăpâni pe soarta noastră, fie că avem nevoie de pretexte ca să împingem vina pentru dificultățile de sănătate în care ne aflăm altor oameni sau împrejurărilor externe. Există destule eventuale pretexte. Cunoașteți populara scuză cum că vântul cald și uscat ar fi cauza migrenei? Și atunci de ce nu au toți oamenii dureri de cap sau migrene la o schimbare de vreme? De ce migrena apare și în alte situații? Aparent, vântul poate declanșa un atac de migrenă, dar nu este el adevărata cauză a acesteia. Observații comparative au arătat că cei afectați de migrenă au trăsături de caracter asemănătoare: ei vor adesea să se arunce cu capul înainte, ei sunt cei care se enervează ușor, care se pun pe ei înșiși și pe alții sub presiune. Sau care se agață cu încăpățânare de moduri de comportament, situații și convingeri care le împiedică avansarea. Asta ne arată că trebuie să căutăm cauza migrenei, ca întotdeauna, în interior și în comportamentul celui afectat, nu în afară.

IMPORTANT Ocazia și activatorul vin întotdeauna din afară. Cauza se află mereu în interior.

Asemănător decurge și în cazul alergiilor: Căpșunile și polenul sunt doar declanșatorii. Cauza propriu-zisă se află în noi (vezi capitolul despre alergii). Cerința preliminară pentru găsirea adevăratei cauze este cunoașterea de sine. Merită să vă schimbați modul de gândire.

Sinceritatea față de ceilalți

În domeniul interuman este vorba de a fi onest, statornic și de încredere. Întreținerea unei relații cu persoane directe și deschise este considerată a fi mai simplă decât cu acelea în cazul cărora nu poți fi niciodată sigur unde te afli. Bineînțeles că orice relație poate fi de durată doar atunci când partenerii sunt fideli unul altuia și se comportă sincer și deschis unul cu celălalt. Acest lucru este valabil în mediul de afaceri, precum și în cel privat. De aceea merită să ne întrebăm de ce astăzi eșuează atâtea căsnicii sau mulți oameni de afaceri și antreprenori ajung în dificultăți economice. Exemplu: o firmă de construcții ajunge în insolvență. Cauza profundă au fost acorduri nesincere. Ani de-a rândul aceasta căzuse de acord cu întreprinderile concurente cine va scrie de fiecare dată cea mai ieftină ofertă și va primi comanda. Sau: un consultant fiscal refuză să susțină declarațiile de impozit mincinoase ale unui client cu greutate. Atunci când se desparte de acesta, îi este teamă că fără el va ajunge în mari dificultăți financiare. În realitate lucrurile decurg altfel: el primește neașteptat alți doi clienți deosebit de puternici financiar și astfel este răsplătit pentru onestitate.

> **IMPORTANT** **O lege a vieții spune: dacă suntem sinceri, vom fi răsplătiți dublu. Tot ce am câștigat într-un mod necinstit ne va fi sustras de trei ori.**

În relațiile cu copiii și tinerii sinceritatea este deosebit de solicitată. Căci este vorba și de a da adolescenților un exemplu pozitiv, după care aceștia să se orienteze. Părinții trebuie să aibă în vedere că copiii sunt imaginile lor directe în oglindă. Părinții onești o să aibă copii onești și invers. Atunci când copiii ies în evidență printr-un comportament nesincer, părinții ar trebui să-și pună întrebări despre cum stau ei înșiși cu sinceritatea, de exemplu față de diverse asigurări, la locul de muncă sau la impozite. Acest lucru ar trebui să dea de gândit. Într-adevăr aceste nesincerități se însumează și vor reda un tablou general. Fiecare poate răspunde numai pentru sine însuși la întrebarea referitoare la propria sinceritate în diversele domenii ale vieții. Următoarele întrebări vă pot ajuta să vă creați o imagine de ansamblu despre comportamentul vostru referitor la sinceritate:

Sinceritatea și sănătatea

- Acord atenție în general sănătății corpului meu?
- Mă ocup periodic de relaxare?
- Mă expun inutil pericolelor printr-un comportament cutezător, de exemplu atunci când conduc prea repede mașina sau practic sporturi periculoase?
- Au existat avertismente care mi-au atras atenția asupra comportamentului riscant? Au existat vătămări sau accidente?
- Merg suficient de devreme la culcare, pentru a da posibilitatea corpului și creierului să se regenereze?
- Opresc televizorul atunci când se transmit programe nepotrivite și merg devreme la culcare?
- Îmi hrănesc corect corpul?

IMPORTANT **Sinceritatea este pilonul de sprijin, fundamentul caracterului uman. Ea este strâns legată de toate celelalte trăsături de caracter. Sinceritatea este cea mai mare forță și în același timp cel mai bun susținător la corectarea altor slăbiciuni.**

Bolile și nesinceritatea (fățărnicia)

Există o strânsă legătură între sinceritatea noastră și sănătate. La bolile care rezultă din această caracteristică, respectiv din nesinceritate, putem recunoaște semnificația simbolică deosebit de bine: senzațiile de amețeală indică la sens figurat că cineva „amețește" (trișează) pe cineva. Problemele cu ochii ne pot atenționa asupra faptului că nu dorim sau nu putem să vedem realitatea sau că avem o vedere falsă sau nesinceră asupra noastră sau a ambianței. La probleme cu urechile, nu ascultăm de vocea interioară, care ne tot dă imbolduri să schimbăm ceva. Problemele cu ochii sau cu urechile pot apărea și ca avertisment prealabil atunci când ne închidem în fața indiciilor legilor vieții. Dacă nu auzim mesajele acesteia, este posibil ca după o vreme să se ajungă la o boală serioasă. Așa a fost și în cazul unui pacient care ne-a vizitat din cauza unui cancer de prostată. Absolut întâmplător, el a menționat și faptul că purta un dispozitiv auditiv de mai mulți ani. Auzul i se înrăutățise pe parcursul anilor, deoarece ignorase multe indicii și nu dăduse curs multora dintre intuiții. Retrospectiv a conștientizat legătura dintre avertismentele legilor vieții, scăderea funcției auditive și boala sa. Nu „ascultase" în adevăratul sens al cuvântului.

Hans

„Am fost orb."

Hans era deja orb de cinci ani. Organic, era totul în ordine cu ochii lui. Niciun oftalmolog nu l-a putut ajuta. Așa cum s-a dovedit curând, el avea obiceiul de a căuta mereu țapi ispășitori pentru problemele sale. Deținea o funcție de conducere la una dintre firmele mari din Germania. De îndată ce făcea o greșeală, căuta vinovatul printre salariați. Tot așa se comporta și față de soție. Pur și simplu refuza să-și vadă propriile slăbiciuni.

„Am preluat responsabilitatea față de propria persoană și am fost sincer față de mine însumi."

Atunci când și-a dat seama de modul greșit în care vedea lucrurile, Hans s-a declarat dispus să-și asume responsabilitatea față de sine și de comportamentul lui. A făcut eforturi pentru cunoașterea de sine și a încercat să fie sincer față de propria persoană. Când întâmpina dificultăți, adopta o nouă perspectivă. În loc să caute de îndată vina la ceilalți, reflecta mai întâi la ce ar fi putut avea de-a face situația respectivă cu el însuși. A fost un proces treptat, totuși succesele s-au instalat curând. Se simțea mai bine, avea mai multă energie și din acestea și-a dat seama că se află pe drumul corect. Și climatul la firmă s-a îmbunătățit. Acum, că Hans era sincer cu el însuși și nu se mai amăgea singur, s-au îmbunătățit și relațiile cu celelalte persoane. Și-a recunoscut greșelile și le-a prelucrat. Căsnicia a devenit mai armonioasă. În cele din urmă i-a revenit și vederea. A reușit chiar să conducă din nou mașina – pentru el, o adevărată minune!

Curajul

„Lumea aparține celor curajoși." În această zicală se ascunde multă înțelepciune despre viață. Un curaj corect dezvoltat ne poate deschide multe uși și ne poate scuti de multe probleme.

Caracteristicile curajului: a fi autodirijat, a spune „da" provocărilor, a-ți susține părerea, a spune „nu" atunci când consideri că aceasta este decizia corectă, capacitatea de a te impune, perseverență, determinare, cutezanță, consecvență, a înota împotriva curentului, atunci când este corect, a fi independent și de sine stătător, modestia.

Deficiență de curaj: angoase, a fi controlat din exterior, a te sacrifica (altruism), sindromul salvatorului, a te adapta, a tolera falsurile, a dori să faci pe placul tuturor, a te orienta după cum gândesc alții.

Curaj „aparent", tipuri false de curaj: îndrăzneala fără scrupule, observațiile lipsite de tact sau care pot răni, agresivitatea, a „spune cuiva părerea", aroganța.

La ce vă gândiți referitor la voi înșivă și la ceilalți atunci când vine vorba de curaj? Cunoașteți oameni despre care puteți afirma că „îndrăznesc orice"? Gândiți vreodată și ceva de genul: „Ce laș este!"? Și cum rămâne cu voi înșivă? Vă situați uneori între cele două extreme, când așa, când așa, în funcție de situație? Atunci vă aflați în bună companie. Trăsătura de caracter numită „curaj" afectează toate sectoarele vieții. Curajul sau lipsa acestuia poate influența decisiv întreaga viață. Vă situați de partea voastră, adică a convingerilor voastre, a adevărului?

Sau sunteți conduși din exterior? Asta ar însemna că vă veți orienta discursurile și faptele în funcție de părerea sau presupusa părere a celorlalți.

De fapt, de ce ar trebui să ne ocupăm de tema curajului în contextul sănătății? Deoarece curajul folosit corect este arcul care propulsează multe tipuri de manifestare, care ne conduce mai departe. Lipsa curajului are drept urmare faptul că nu întreprindem absolut nimic. Astfel, acest lucru poate deveni cauza bolilor. Pentru a arăta ce influență are curajul asupra sănătății, distingem trei tipuri de curaj.

1. A spune „da" provocărilor

A accepta provocările și a le răspunde necesită de multe ori curaj. Suntem testați dacă rezolvăm imediat ceva neplăcut sau îl amânăm. Amânarea are adesea ca urmare faptul că problemele se agravează. De aceea e mai util ca în loc de asta să ne dedicăm de îndată găsirii unei soluții. De ce amână mulți oameni intervenția? Provocările includ adeseori ceva neplăcut. E incomod atunci când ne impunem părerea, ne apărăm clar punctul de vedere, ne adresăm cuiva cu o problemă, știind că ne putem aștepta la dificultăți sau refuz. În situațiile în care putem învăța, să ne implicăm și să ne situăm de partea noastră (sau a firmei), sau să realizăm ceva pentru noi, ne este de multe ori teamă. Noi ne imaginăm că poate ceilalți văd lucrurile altfel, din punctul lor de vedere, motiv pentru care nu credem că ne putem impune. În unele situații ne temem că nu scăpăm cu obrazul curat. Ne lipsește încrederea de sine.

Provocări mai mari, care au de-a face cu schimbări decisive (de exemplu, un nou loc de muncă, mutatul într-o altă localitate), ne provoacă adesea teamă. De ce? Pentru că ne obligă să ne abatem de la drumul obișnuit, familiar, iar asta aduce cu sine incertitudine. Ne este frică să nu facem o greșeală. În plus, se adaugă și

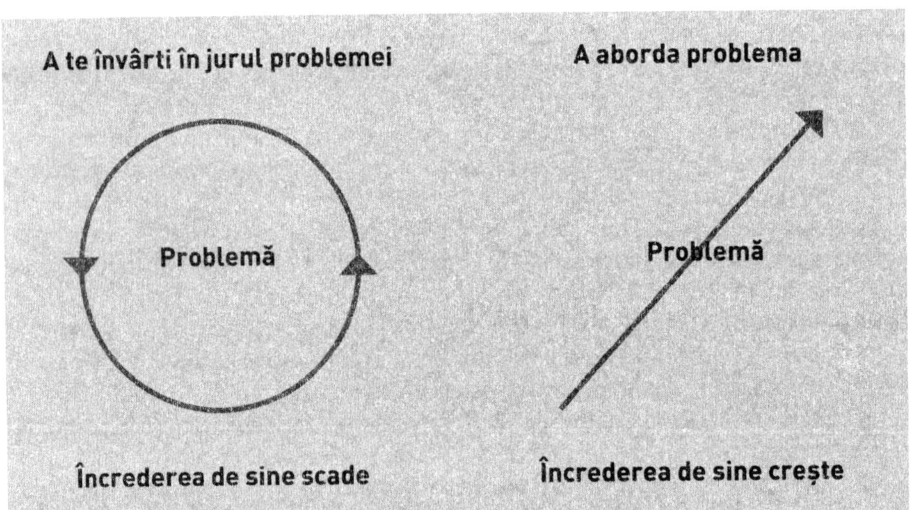

▲ Ați recunoscut problema? Atunci treceți direct la miezul problemei și găsiți soluția!

îndoielile: poate reușim, poate nu. Nu cumva uneori este vorba și de învingerea și depășirea unei anumite comodități? Cine are curajul unei schimbări ia o decizie pozitivă, își fortifică această trăsătură de caracter și rezolvă situația. Acest lucru face să-i crească încrederea în sine.

2. A spune „nu", atunci când „nu" este corect

Uneori suntem supuși testului de a spune „nu" atunci când considerăm că „nu" este răspunsul corect. Primim invitații la care nu am vrea să luăm parte. Primim o ofertă pe care nu ne-o dorim. Suntem rugați să facem ceva împotriva convingerilor noastre. Suntem împovărați cu o mulțime de sarcini de serviciu, cărora nu le putem face față. După o schimbare a regimului alimentar, ni se oferă mereu alimente pe care am decis să le evităm și ne vedem nevoiți să le refuzăm. Reușim să rămânem de partea noastră și să spunem cu amabilitate „nu"? A nu putea spune „nu" poate duce la sacrificiul de sine, făcând multe, ba chiar totul pentru ceilalți – nu mai ținem cont de propriile limite fizice și psihice. Uneori lipsește curajul pentru a le respecta. Observăm adesea această atitudine la mame. Ele vor să-și scutească copiii – chiar și pe jumătate adulți – de orice treburi, gândind că prin asta le ușurează viața. Pentru copii însă este important să învețe de mici să devină independenți și de sine stătători, și tocmai de aceea ar trebui să preia o parte din sarcinile cotidiene.

3. Curajul fals

Unii oameni au tendința de a-și dovedi curajul. Comportamentul acestora servește adesea disimulării propriei nesiguranțe. În spatele acestor modele comportamentale nu se află un curaj autentic. Adesea aceste persoane fac lucruri care-i deranjează pe semenii lor. Sau se comportă nerezonabil și cu îndrăzneală. Sau practică sporturi periculoase, cum ar fi motociclismul sau cursele de mașini, boxul, alpinismul – în loc de drumeții montane – și toate tipurile de sport la care există risc mare de accidentare sau chiar pericol de moarte. Chiar și mersul cu mașina sau motocicleta la viteze foarte mari este periculos și constituie o modalitate neautentică de a-și dovedi curajul. Cei în cauză se sustrag astfel protecției legilor vieții. Sporturile periculoase impun legilor vieții o mare cheltuială de energie, căci ele trebuie să-i protejeze atât pe cei îndrăzneți, cât și persoanele nevinovate, neimplicate. Energia pe care acestea din urmă o consumă le va fi retrasă apoi temerarilor. Cine resimte această pierdere de energie este avertizat în prealabil. Dacă insistă cu falsul comportament, pot apărea și avertismente mai evidente și mai dureroase – accidente sau vătămări corporale. De ce se expune cineva pericolelor? Ce vrea să dovedească, sieși și altora? Se ascunde cumva aici încercarea de a camufla nesiguranța? „Falsul curaj" duce la pierdere de energie. În acest mod nu se poate redobândi încrederea în sine, așa cum ar fi de dorit pentru fiecare.

Adevăratul curaj fortifică

Ce fel de experiențe aveți cu subiectul „curaj"? Adeseori suntem puși să luăm decizii. Uneori nu știm ce ar fi corect și ce nu. Alteori recunoaștem asta, dar tot ezităm, deoarece ne lipsește curajul. Vă amintiți de vreo situație în care v-ați impus sau ați rezolvat ceva în cele din urmă, ceva ce ar fi trebuit făcut de mult? Nu-i așa că a fost o senzație plăcută? Cu siguranță că v-ați bucurat și ați fost mulțumiți de propria persoană. Dacă avem curajul să luăm decizia corectă, acest lucru ne aduce energie. În plus, ne crește încrederea în sine.

Și ce se întâmplă atunci când nu am luat decizia corectă? Nu vă fie frică! Asta se întâmplă fiecăruia și face parte din viață, mai ales atunci când ne străduim să facem ceea ce trebuie. Apropo, chiar și prin deciziile greșite avem de câștigat: primim prin asta un proces educativ prețios. Suntem ajutați ca data viitoare să luăm o decizie mai bună. Am avut curajul să acționăm, poate chiar să încercăm ceva nou, chiar dacă nu a funcționat așa cum ne-am imaginat noi. A face ceva care să nu te conducă la țintă este mai bine decât a nu face nimic. Încă mai este posibilă o „corecție a cursului". Mulți oameni de succes au avut mai întâi câteva înfrângeri înainte de a avea succes. Nu s-au lăsat descurajați, ci s-au ridicat din nou în picioare. Au profitat de experiențele câștigate și s-au îndreptat pe un drum nou.

IMPORTANT Cine se lasă încurajat de eșecuri și urmărește cu tenacitate un obiectiv primește energie și în final are succes.

Semnalul principal al lipsei de curaj

Atunci când avem de-a face cu lipsa de curaj, există în special un semnal care ne atrage atenția: frica. Din cauza ei ne încumetăm la tot mai puține lucruri. Cu cât ne încumetăm mai puțin, cu atât ne este mai frică și pierdem și mai multă energie. Ne aflăm într-un cerc vicios. Ne putem elibera din această situație doar dacă îndrăznim să ne apropiem de acele lucruri care ne provoacă teamă, de exemplu să întreprindem ceva pe cont propriu, să ne spunem deschis părerea, să abordăm problemele, să nu amânăm nimic. Cu fiecare experiență de succes ne crește energia. De mare ajutor aici este atitudinea pozitivă: da, o să reușesc asta, sunt în stare. Mă încumet să fac ceva! Astfel reușim, cu pași mici, din ce în ce mai bine, să ne recâștigăm încrederea în noi înșine, siguranța de sine și să devenim treptat tot mai curajoși.

Boala și lipsa de curaj

Lipsa de curaj poate provoca probleme cu stomacul și cu spatele. Acest lucru se reflectă și în zicale precum „Ceva mi-a picat greu la stomac“. Asta înseamnă că ceva a provocat mari temeri. „Cineva nu are coloană vertebrală“, adică nu dispune de curajul necesar pentru a-și susține punctul de vedere. Multe tipuri de cancer își au originea în problemele de curaj, ca de exemplu cancerul de sân, uneori și cel de col uterin sau de uter. Și cancerul de stomac. Toate bolile osoase, precum cancerul osos și osteoporoza (oase poroase și sfărâmicioase), se bazează pe lipsa de curaj. Oasele se îmbolnăvesc și devin casante pentru că în cursul vieții nu am dat dovadă de suficient curaj și stabilitate. Din aceasta putem recunoaște iarăși că simptomele bolilor trebuie înțelese simbolic.

Anna

„Mereu m-am lăsat intimidată.“

Anna suferea de dureri puternice de spate și de depresie. Era căsătorită de peste 20 de ani cu un bărbat care avea o personalitate puternică. Se lăsase atât de intimidată de acesta, încât nu mai avea curajul nici măcar să-și satisfacă propriile necesități. I se subordonase complet soțului și, de dragul lui sau al armoniei, făcea tot ce dorea el. Cu toate astea, cu cât facem mai multe doar de dragul armoniei și al păcii, cu atât mai degrabă se declanșează războiul. Cu cât dăm dovadă de mai puțin curaj, cu atât îl provocăm pe celălalt să acționeze ca stăpân.

„Mi s-a cerut să intervin curajoasă pentru persoana mea.“

Unii oameni se sacrifică pentru alții. Anna, de exemplu, își răsfăța copiii de așa manieră încât fiul întâmpina mari dificultăți în a-și stăpâni propria viață. Cu chiu, cu vai și-a putut termina școala. Apoi a refuzat să-și caute de lucru și a preferat să rătăcească fără rost. Depresiile Annei, însoțite de durerile de spate, indică lipsa de energie provocată de curajul deficient. Am observat adesea că oamenii lipsiți de curaj sunt înconjurați de persoane dominante. Aceasta este una dintre temele vieții lor: primesc multe ocazii de a se sprijini pe propriile picioare, de a da dovadă de curaj, pentru a-și corecta această trăsătură de caracter.

Cine renunță la propria personalitate pentru a se „încovoia“ în fața altora capătă probleme de sănătate, cum ar fi durerile de spate, care au menirea de a zgâlțâi, trezind la realitate. Căci cine se sacrifică până la renunțarea de sine nu mai ține cont de propriile necesități. O boală îl obligă pe cel afectat să se ocupe de el însuși. Acest lucru este necesar. Numai cine este dispus să-și urmeze propriile dorințe interioare și cine acționează de sine stătător își poate dezvolta personalitatea, și cu acest element de bază va putea să-i ajute și pe alții într-o măsură adecvată. Într-o căsnicie armonioasă, partenerii își acordă reciproc suficient spațiu liber pentru a se putea dezvolta amândoi. Tocmai într-o căsnicie sau într-un parteneriat curajul este parte integrantă, fiind necesar exprimării dorințelor. Numai astfel poate lua naștere o iubire autentică, altruistă.

Cine și-a trecut testele de curaj devine mai sigur pe sine, putându-și construi treptat și încrederea în sine. Este o senzație plăcută să devii mai sigur pe tine și să ai sentimentul că te poți baza pe propria persoană. Atunci când avem curajul să facem ceva ce considerăm a fi corect, ni se consolidează personalitatea în ansamblu. Aici suntem ajutați de gânduri care exprimă încredere, optimism și recunoștință!

Iertarea

Caracteristicile pozitive ce aparțin iertării ușurează relațiile interumane și asigură o viață liniștită și sănătoasă.

Caracteristicile iertării: a te putea ierta pe tine și a-i putea ierta pe ceilalți, a fi tolerant, flexibil, răbdător, calm (senin), înțelegător, diplomat, cooperant, a fi îngăduitor și amabil, a putea să renunți, a avea încredere în Dumnezeu, a fi deschis noului, a fi neutru și obiectiv.

Caracteristicile neiertării: a te înfuria, a avea resentimente, a fi mânios, rănit, jignit, ofensat, indignat, gelos, a purta pică, a fi răzbunător, a fi plin de ură, a te amesteca în orice, atitudinea de superioritate, a vrea tot timpul să ai ultimul cuvânt, încăpățânarea, a fi acaparator, a nu putea să renunți, aspirația excesivă după apreciere.

Trăsătura de caracter „iertare“ are multe fațete. În fond, este vorba despre cum ne comportăm cu noi înșine și cu semenii noștri și cum reacționăm la aceștia: a ierta în sensul strict înseamnă a putea trece ceva cu vederea sieși și celorlalți. Iertarea înseamnă a accepta cele petrecute, a le considera și a învăța din ele tot ceea ce este de învățat. În plus, este vorba și de a nu evalua și de a nu condamna, ci doar de a păstra o atitudine de neutralitate. De a observa în loc de a evalua. Numai cine este lipsit de prejudecăți poate fi cu adevărat liber. A ierta înseamnă și a uita cu adevărat o chestiune veche. „A ierta înseamnă a uita.“

Cine iartă se eliberează pentru a putea trăi în prezent. Reacții precum furia, gelozia, încăpățânarea arată că nu putem ierta moduri de comportament care nu corespund așteptărilor noastre.

IMPORTANT Obiectivul este să trăim în pace cu sine și cu ceilalți.

A te ierta

Suferiți adesea de sentimentul vinovăției? Acesta este semnul că nu vă puteți ierta pe voi înșivă. Firește că este important să fiți absolut sinceri cu voi înșivă, pentru a vă recunoaște propriile greșeli și a le admite. Căci scopul de a ne schimba și de a ne comporta astfel încât să putem evolua presupune a fi conștienți de ceea ce facem. Ar trebui să recunoaștem că am greșit și apoi să ne iertăm greșelile. Altfel, cu autoreproșuri și cugetări nelimitate, ne blocăm singuri.

Cum se ajunge la aceste senzații de vinovăție? Mulți oameni sunt foarte severi cu ei înșiși, vor să apară perfecți în fața lor și a celorlalți și nu-și permit nicio greșeală. Cu toate astea, nimeni nu este perfect, cu toții facem greșeli. Dacă reușim să învățăm din ele, nu mai rămâne loc pentru învinuiri. O atitudine binevoitoare față de noi înșine ne aduce mult mai multă energie necesară proceselor educative. Astfel fiecare „greșeală“ devine o șansă, o experiență valoroasă, care ne va ajuta să progresăm. În plus, adesea învinuirile proprii se referă la greșeli imaginare. Noi credem că am procedat greșit, ceea ce obiectiv nu se adeverește. Astfel autoreproșurile ajung să se transforme în sentimente de vinovăție, care în cele mai rele cazuri conduc la depresie. Și totuși, fiecare zi reprezintă un nou început, în care aveți posibilitatea să decideți mai bine.

A-i ierta pe ceilalți

Ceea ce nu le putem ierta celorlalți va trebui să purtăm permanent cu noi ca pe un „rucsac“, care ne împovărează. În felul acesta, trecutul rămâne mereu prezent. Aceste sentimente negative, fie că ne sunt conștiente sau nu, ne blochează și ne costă multă energie! De exemplu: oameni care la vârsta de 40 sau 50 de ani încă nu-și pot ierta părinții. De pildă, încă mai poartă pică părinților pentru că i-au constrâns să-și aleagă o meserie care nu corespunde dorințelor lor. Unii au senzația că unul dintre frați sau surori a fost preferatul mamei sau al tatălui și a avut parte de mai multă iubire. Dacă acest lucru corespunde sau nu adevărului nu e hotărâtor. Ceea ce contează este să te poți desprinde de ce-a fost, eliberându-te pentru ceva nou.

Faceți parte dintre aceia care încă mai trag după ei resentimente sau gânduri negative din fosta căsnicie sau relație? Sau încă mai „roadeți“ la un conflict demult trecut dintre rude, vecini sau colegi de serviciu? Eliberați-vă de această povară prin iertare. Sunteți ușor de jignit? Vă luați prea în serios? Și aceste lucruri arată că vă este greu să iertați. Ce puteți face? Mai întâi ar trebui să vă observați îndeaproape și să fiți atenți la cât de bine puteți umbla cu criticile și remarcile ascuțite ale celorlalți. Reacționați hipersensibil? Sunteți de părere că o lume întreagă și-a pus în gând să vă enerveze? Cu cât reacționăm mai sensibil, cu atât mai des ajungem în situații care ne pun la încercare: ne simțim neînțeleși sau chiar atacați personal și răniți? Ar trebui să învățăm să ne păstrăm calmul și cumpătarea și să luăm critica drept șansă. Aici joacă un rol decisiv și respectul de sine. Cu cât acesta este mai pronunțat, cu atât mai degrabă putem transpune critica pozitiv în practică.

IMPORTANT **Cine scapă complet de trecut se eliberează pentru prezent și viitor.**

Cum putem recunoaște dacă am iertat pe cineva? A scăpa de ceva înseamnă a nu mai avea niciun resentiment de îndată ce gândul ne duce la evenimente din trecut. La o întâlnire cu respectiva persoană nu mai revin vechile sentimente neplăcute și „vechile povești". Se instalează un sentiment de liniște. Lucrurile neplăcute din trecut sunt acum „bifate" și întâmpinăm persoana respectivă cu o poziție neutră. Simțim energie atunci când reușim să scăpăm și să ne detașăm de toate mâhnirile pe care le-am purtat cu noi, ca și cum am „depune" o povară.

Supărare, furie, mânie

Poate părea surprinzătoare clasificarea supărării, furiei și a mâniei la caracteristica „iertare". Și totuși, cine are astfel de sentimente nu poate ierta altora care se comportă altfel decât ar fi de dorit. Pentru mulți supărarea este la ordinea zilei. Un „șofer de duminică" se strecoară în față și nu-l putem depăși, cineva a făcut ceva fals, o remarcă ne scoate din pepeni, trebuie să așteptăm undeva, deși ne grăbim, ceva nu ne reușește din prima. În multe situații ne supărăm pe noi înșine. Sunt infinit de multe lucruri care ne pot enerva. Furia și mânia reprezintă amplificarea supărării. Cum se descurcă corpul cu ele? Este răscolit. Suntem neliniștiți, nervoși, nestăpâniți. Sistemul nervos suferă, inima bate mai repede, tensiunea arterială crește și suntem foarte tensionați (dureri de cap, încordare). Avem gânduri și senzații negative. Din toate acestea se nasc comportamente pe care adesea mai târziu le regretăm. A da frâu liber enervării poate aduce o ușurare de moment, dar lasă în urmă și multe „cioburi". Însă nici a-ți înghiți supărarea nu este o soluție. Supărarea rămâne supărare și ne îmbolnăvește, indiferent dacă o arătăm sau o ascundem. Așadar conștientizați-vă urmările negative ale supărării asupra sănătății și adresați-vă întrebarea: „Ce să învăț din situația care mă supără atâta?" Exemplu: avem în față o situație ce nu corespunde așteptărilor și dorințelor noastre. Cineva ne-a rănit sau chiar ne-a atacat personal. Acest eveniment este acum declanșatorul și testul despre cum să ne comportăm. Reflectați la cum vreți să vă comportați data viitoare într-un astfel de caz. O discuție amplă despre atac și apărare nu face decât să învrăjbească fronturile. E mai bine să te transpui în situația celuilalt și să-i adresezi întrebări menite să dezvăluie motivele sale. Astfel vor fi impulsionate diverse procese educative – și asta pentru toți cei implicați.

IMPORTANT **Uneori trebuie să recunoaștem: „În fond, mă supăr pe mine. Eu am apreciat greșit situația și m-am supărat fără motiv. Sunt prea sensibil, mi-a fost rănită vanitatea, am vrut să am dreptate, cu greu pot ierta..."**

Păstrați-vă cumpătul

Situațiile care ne determină să ne enervăm sunt de fapt școala superioară a cumpătării (seninătății). Putem deveni senini dacă luăm în considerare că fiecare om

- are dreptul la o altă părere, la propria părere,
- are voie să procedeze altfel decât ne așteptăm noi,
- are voie să-și facă propriile experiențe fiindcă și el merge la școala personală a vieții,
- de cele mai multe ori nu vrea să ne supere în mod intenționat.

În plus, noi nu suntem responsabili de greșelile altora.

Să revenim la exemplul cu „șoferul de duminică": pot fi mai multe motive pentru care legile vieții ne pun în față tocmai nouă acel șofer lent. Poate că vor ca noi să conștientizăm faptul că mergeam prea repede. Sau că planificarea timpului nostru a fost prea la limită (am plecat de-acasă prea târziu, am apreciat nerealist timpul), sau că ne punem prea mult sub presiune. Cu siguranță că veți fi trăit asta: dacă plecați la drum destul de devreme, merge totul „ca uns"; dacă ați făcut-o prea târziu, se coalizează toți șoferii lenți și toate semafoarele pe roșu într-o „conspirație" împotriva voastră. Sau sunteți o persoană nerăbdătoare? Atunci vi se prezintă astfel în fața ochilor faptul că ar trebui să mergeți mai prudent și mai încet și să vă concentrați mai bine.

În loc să vă enervați, puteți aplica legea imaginii în oglindă: reflectați la ce vi se oglindește. Găsiți ceva pozitiv de însușit de aici, cumva o altă conduită? Există argumente pe care poate nu le-ați luat în considerare? Supărarea ne poate servi drept impuls de a face ceva mai bine, respectiv de a lămuri mai exact situațiile în prealabil sau de a exprima dorințe la timp și cu claritate. Cu cât ne diminuăm mai repede supărările și reacționăm mai cumpătat, cu atât mai bine o să fie pentru sănătatea noastră. Cu cât mai bine ne reușește să ne ridicăm „deasupra lucrurilor", cu atât mai ușor reușim să nu ne mai ieșim din fire. Apropo, dacă tot stați acolo sus, încercați să priviți chestiunea și din acea perspectivă, adică de la distanță. De multe ori anumite lucruri supărătoare arată din „perspectiva păsărilor" (vederea panoramică, de sus) cu totul altfel, şi asta ne permite să reacționăm cu seninătate.

Gelozia și invidia

De ce sunt oamenii geloși sau invidioși pe posesiunile sau abilitățile altora? Nu pot accepta și respectiv ierta că cineva posedă sau poate mai mult decât ei înșiși. În același timp, trec cu vederea faptul că niciun fel de competiție nu poate fi eficientă și nici promițătoare, deoarece fiecare ar trebui să se măsoare cu el însuși. Oamenii geloși sau invidioși nu-și dau seama de propria valoare. De aceea se uită la ceilalți. Ei văd în ceea ce au și pot ceilalți o concurență și o devalorizare a propriei persoane. Cea mai bună metodă pentru a scăpa de sentimentele de gelozie este recunoașterea propriei calități (și a propriilor merite), înclinația spre a ne corecta, a ne perfecționa și a învăța de la ceilalți, recunoscându-i drept modele pozitive de urmat.

Dar cum rămâne cu iubirea? Cine e gelos gândește: „Cum de își permite cineva să iubească și pe altcineva în afară de mine?" Persoanele geloase vor să-și posede partenerul. Le este frică să nu-l piardă. Ca și în spatele invidiei, și în spatele geloziei se află aceeași atitudine greșită față de propria persoană. Cei afectați nu se iubesc și nu se respectă îndeajuns pe sine. Ei cred că nu merită să fie iubiți. Iubirea adevărată este lipsită de gelozie. Ea se bazează pe încredere și lasă libertate partenerului. Tocmai acest lucru unește și întărește încrederea în sine.

Aspirația excesivă după apreciere

A primi laude și aprecieri este o aspirație firească a oamenilor. Ce-ar fi viața dacă nu am avea voie să ne bucurăm de succes? Dacă nu am primi nicio recunoaștere și nicio apreciere de la semenii noștri? Și totuși, există un clenci aici. Depinde de măsura adecvată. Atâta vreme cât dorința de apreciere se menține într-un anumit cadru și atâta vreme cât pe primul plan se află motive întemeiate, cum ar fi acțiunea dezinteresată sau pragmatică, este totul în ordine. De altfel, limitele acestui cadru sunt curgătoare. Vorbim despre aspirația excesivă după apreciere atunci când motivul principal al acțiunilor unei persoane este primirea de laude și aprecieri. Ea nu va putea ierta celorlalți faptul că nu-i onorează strădaniile, ajutorul, îngrijirea. Asta se poate amplifica până la dimensiunea unei „dependențe". Atunci este vorba de mai mult decât de o nevoie firească. Celelalte motive își pierd din importanță.

Ce se întâmplă cu noi în astfel de situații? Deja nu mai acționăm de dragul corectitudinii unei chestiuni. Nu ne mai orientăm după valorile legilor vieții. Nu mai dăm atenție propriilor sentimente. Ne orientăm de preferință după ceea ce vor alții. Reflectăm: „Oare ce așteaptă ceilalți de la mine, ce gândesc despre mine, dacă eu fac... sau dacă eu nu fac asta sau cealaltă?" În felul acesta suntem „comandați din exterior"! Pierdem privirea pentru noi înșine și pentru necesitățile noastre și ne suprasolicităm. Aspirația excesivă după apreciere se exteriorizează în două moduri:

- La modul extrovertit: acești oameni au „nevoie de public". Ei se vor în centru, vor să iasă în evidență, să frapeze (de exemplu, prin îmbrăcăminte, simboluri ale statutului), vor să aibă dreptate, să conteze mai mult decât ceilalți (de exemplu, prin cursuri, declarații). Știu întotdeauna totul mai bine, sunt intoleranți, ușor de ofensat și se amestecă în treburile celorlalți. Ei înșiși se iau mult prea în serios. Totul trebuie să se învârtă în jurul lor. Văd totul în jur doar din propria perspectivă. Sau devin dependenți de părerea altora și caută permanent asigurări de la aceștia.
- La modul introvertit: aici totul se desfășoară mai degrabă pe tăcute. Oamenii cu acest model de comportament se sacrifică pentru alții, sunt întotdeauna prezenți când ceilalți au nevoie de ei, se fac indispensabili, își lasă deoparte convingerile pentru a fi pe placul altora, cedează, își răsfață copiii și vor să fie prezentabili și lăudați. Își orientează comportamentul în funcție de așteptările altora și constată cu timpul că trebuie să facă eforturi tot mai mari pentru a-și primi laudele dorite.

Pentru aspirația excesivă după apreciere există o multitudine de variații și tot atâtea forme individuale de manifestare câți indivizi. Aproape că nimeni nu e lipsit de asta. Întrebarea care se pune este: Unde se află motivul meu principal? Dacă doresc să primesc laude și aprecieri de la toți, atunci sunt condus din afară și-mi neglijez propria dezvoltare. Faceți ceva doar atunci când acest lucru vi se pare corect!

Mai multe despre aspirația excesivă după apreciere găsiți mai jos, în secțiunea „Cum recunoaștem aspirația excesivă după apreciere".

IMPORTANT Cu cât puteți amortiza mai mult aspirația excesivă după apreciere, cu atât vă crește încrederea în sine și reușiți să iertați mai ușor.

Motivele voastre cele mai intime pentru gândurile, cuvintele și acțiunile proprii sunt decisive. Motivul din care acționăm face diferența. Doar noi ne putem cerceta motivele. Aici sunt cerute sinceritatea absolută față de noi și curajul. Un exemplu: Cineva preia o funcție de voluntariat. În principiu, o decizie bună. Fiecare își cunoaște propriul motiv. Dacă face acest lucru pentru a-și folosi util timpul și a fi mai des printre oameni, atunci o face din motive corecte. Dacă însă motivul principal este acela de a primi apreciere și a se poziționa în centru, atunci în spatele deciziei sale se află aspirația excesivă după apreciere. Recunoașteți diferența? Vă puteți imagina că motivul are influență asupra comportamentului unei persoane?

Ce se află la baza aspirației excesive după apreciere? Dacă privim în profunzime, descoperim lipsa respectului de sine. Mulți și-au însușit dogma „Nu sunt destul de bun" sau „Nu merit să fiu iubit". Cine nu se respectă pe sine caută lauda și aprecierea în afară. Și crede că prin aceasta își sporește valoarea. Cine are o astfel de atitudine față de sine este nevoit să crească permanent „doza". Adică să-și crească mereu performanțele pentru a primi și mai multă laudă, intrând repede – fără măcar să observe – într-un cerc vicios. Respectul de sine suferă din această cauză și scade tot mai mult. Recunoaștem aspirația excesivă după apreciere prin faptul că:

- suntem dispuși să ne admitem această slăbiciune,
- ne observăm cu luciditate,
- suntem sinceri cu noi înșine, mai ales atunci când verificăm motivul pentru care o facem,
- ne punem întrebarea: „Aș proceda la fel chiar și atunci când nimeni nu bagă de seamă?"

Încăpățânarea

Când folosim termenul „încăpățânare" ne gândim, de exemplu, la cerbicie, tenacitate, îndărătnicie etc. Dacă luăm părțile „pozitive" ale încăpățânării, ne referim la perseverență și tenacitate. În ce constă diferența? Aspectul decisiv îl reprezintă acordarea obiectivului cu Dumnezeu și cu legile vieții. Dacă acesta le corespunde, putem aborda orice obstacol, rămânem pe poziție și dăm dovadă de tărie. Dacă însă acționăm împotriva acestora și insistăm sau mergem mai departe, deși am primit semne de avertizare, atunci dăm dovadă de încăpățânare. Oamenii încăpățânați se închid în fața intuiției. Dacă totuși acceptăm atotputernicia lui Dumnezeu și vrem să susținem creația, atunci primul pas o să fie acela spre modestie (umilință): „Facă-se voia ta!" Prin aceasta ne deschidem mesajelor lui Dumnezeu și ale legilor vieții și suntem gata să le transpunem în practică. Provocarea o reprezintă tocmai înțelegerea corectă a indiciilor. Deosebim două feluri de încăpățânare.

Încăpățânarea pronunțată

Oamenii deosebit de încăpățânați au o „vedere de tip tunel", ei știu mereu totul mai bine, au tot timpul dreptate, își urmăresc doar propriile interese, cred că știu totul și sunt inflexibili. Nu sunt deschiși pentru ceva nou și nu sunt dispuși să învețe ceva în plus. Exemple:

- Într-o ceartă niciunul nu cedează. Urmează o perioadă de „tăcere totală". Fiecare insistă pe opinia sa, crede că are dreptate, nimeni nu se apropie de celălalt. De fapt, s-ar cuveni ca fiecare să-și revizuiască opinia și să trateze situația neutru. Și apoi să se apropie de bunăvoie de celălalt și să încheie disputa. De mare ajutor ar fi ca fiecare să-și prezinte pe rând punctul de vedere, să-l asculte cu atenție pe celălalt și să-i accepte părerea.
- Când cineva relatează ceva nou, încăpățânații reacționează cu „Da, dar...".

Oamenii încăpățânați sunt ferm convinși că numai părerea lor și modul lor de a proceda sunt corecte. Acest lucru merge atât de departe, încât ei nu pot accepta părerile celorlalți. În opinia lor este o „enormitate“ a gândi și a proceda altfel decât consideră ei a fi corect. Nu pot ierta una ca asta nimănui. Deoarece acest lucru le-ar pune la îndoială propria persoană. Cum ne putem da seama de propria încăpățânare? Amintiți-vă de legea imaginii în oglindă! Este cel mai bun ajutor. Cine are de-a face cu mulți oameni încăpățânați ar trebui să-și pună întrebarea: „Unde sunt eu însumi încăpățânat?“ Observați și legătura dintre încăpățânare și intuiție! Mereu ne cramponăm de ceva în anumite situații. Când purtăm așa-zișii „ochelari de cal“ și nu suntem deschiși și pentru alte posibilități, nu ne putem auzi intuiția și o ignorăm: luăm drept corect ceea ce este de fapt fals. În plus, ne vine greu să vedem și să înțelegem legile vieții. Tocmai de aceea, indicii asupra încăpățânării sub formă de neplăceri și stângăcii – ca de exemplu o tăietură la deget sau o entorsă de gleznă – nu sunt interpretate ca semne de avertizare. Merită să dăm atenție conștient dificultăților și obstacolelor și să analizăm dacă nu cumva legile vieții ne semnalizează că ne comportăm cu încăpățânare. Încercați să fiți flexibili și să cumpăniți și alternativele.

Neputința de a trece peste

O mare provocare este întotdeauna aceea de a putea trece peste ceva sau peste cineva. Adesea indiciile legilor vieții nu sunt înțelese sau nu sunt luate în serios:

- De mult am senzația că actualul loc de muncă nu mai este potrivit pentru mine. Ar trebui să-mi caut altul, dar nu întreprind nimic!
- Mă simt suprasolicitat de casa și grădina prea mari și îmi dau seama cum mă tot îngrădesc, mă cramponez totuși de ele și nu schimb nimic!
- După ce am petrecut timp împreună cu alți oameni, mă simt complet „secătuit“, dar nu iau măsuri!
- Deși primesc reacții clare din partea celor din jur, fac mereu aceleași greșeli: de exemplu, în calitate de soție, îi dau tot felul de sfaturi soțului, fără să-mi ating scopul. Mă aleg doar cu împotrivirea lui.
- Uneori mă cramponez de vechi deprinderi, deși știu că nu îmi fac bine.

Cum ne dăm seama că trebuie să trecem peste ceva? Legile vieți ne sustrag energie: suntem obosiți, solicitați peste măsură, ni se limitează posibilitățile, ne lovim de obstacole. Primim semne clare că ar fi important în acel moment să trecem peste ceva, cum ar fi durerile, problemele de sănătate la nivelul brațelor și al mâinilor. Observăm că ceva nu „merge ca pe roate“, așa cum ne-am dori. Atunci ar trebui să ne oprim și să ne întrebăm ce ținem strâns și nu-i dăm drumul. Peste ce nu putem trece. Dacă scăpăm cu adevărat acel ceva, o să fim recompensați cu o nouă energie și ne simțim eliberați.

Cum recunoaștem aspirația excesivă după apreciere

Deosebim în esență două tipuri de aspirație excesivă după apreciere. Reflectați care dintre exemple vi se potrivesc. Pot fi aspecte din ambele tipuri.

25 de exemple pentru tipul extrovertit

1. Vorbește mult și nu-i lasă și pe ceilalți să ia cuvântul.
2. Nemulțumit cu propria soartă. Nu-i place propria persoană (autocompătimire) și se văicărește.
3. Activ, versatil, atotștiutor, „priceput la toate".
4. Machiaj exagerat sau purtător de bijuterii în exces, pentru a atrage atenția.
5. Vorbește prea tare, îi întrerupe mereu pe ceilalți și nu-i lase să termine ce au de spus.
6. Dornic de senzații, de a fi la curent (cu programe TV, coloane de ziare și reviste dedicate bârfei), pentru a putea avea un cuvânt de spus.
7. Vorbește mult și aproape exclusiv despre propriile probleme.
8. Preocupat de gânduri aducătoare de prestigiu, de exemplu, de mărci de mașini, îmbrăcăminte de marcă, pentru a dobândi apreciere.
9. Atitudine de așteptare pentru a fi răsplătit, de exemplu, face un serviciu cuiva doar pentru a primi ceva la schimb.
10. Dorește să devină cunoscut sau renumit, pentru a-și satisface egoul (să se vadă la televizor sau să-și citească numele în ziar).
11. Exercită puterea în propriul avantaj.
12. Vrea să fie lăudat pentru aspectul tineresc.
13. Face lucruri din motivul „ce-mi aduce asta, la ce-mi folosește" (egoism).
14. Nu apreciază munca altora, ci doar pe cea proprie.
15. Face totul singur, nu poate delega.
16. Nu recunoaște că face ceva greșit.
17. Caută și critică doar greșelile altora, nu și pe cele proprii.
18. Se amestecă și pretinde a ști totul mai bine, fără a fi întrebat.
19. Nimeni nu-i poate face pe plac (îngâmfat).
20. Își subliniază (și exagerează) abilitățile proprii, pentru ca nu cumva ale celorlalți să fie cotate mai bine.
21. Se străduiește demonstrativ să-și îmbunătățească performanțele atunci când se simte observat de alții.
22. Se cramponează de propria opinie, chiar dacă e falsă (încăpățânare).
23. Îi este frică să nu-și piardă obrazul.
24. Se apără și se justifică în permanență.
25. Face mereu pe pedagogul și misionarul.

20 de exemple pentru tipul introvertit

1. Vrea să se afle în centrul atenției printr-o afecțiune (să stârnească mila).
2. Este un „gât întors", adică un conjuncturist: nu are o părere proprie, ci se asociază altora.
3. Se așteaptă la mulțumire și recunoștință pentru tot ce face.
4. Se sacrifică pentru a fi apreciat și lăudat.
5. Se adaptează – face ceea ce așteaptă ceilalți de la el.
6. Vrea să ajute, fără să întrebe dacă e adecvat sau nu.
7. Renunță la propriile valori (de exemplu, la gusturi) doar pentru a place altora.
8. Se face indispensabil la locul de muncă și în familie.
9. Își răsfață copiii numai pentru a fi mai prețuit de aceștia.
10. Adesea mai întâi se gândește la ce vor spune ceilalți și apoi acționează în conformitate.
11. Dă dovadă de o falsă disponibilitate, doar pentru a primi laude.
12. Minte sau trece ceva sub tăcere, doar pentru a nu-și pierde obrazul.
13. Atrage atenția prin boli imaginare.
14. Are sensibilitate exacerbată, interpretează totul referitor la propria persoană (mimoză).
15. Preia de la partener sau copii sarcini pe care aceștia ar putea și ar trebui să le facă singuri.
16. Dornic să audă cuvinte de apreciere despre propria performanță.
17. Vrea să apară într-o lumină favorabilă.
18. Nu-și face gânduri dacă ceea ce face este bine pentru propria persoană.
19. Se plânge de soartă.
20. Se lasă răsfățat.

20 de puncte pentru perfecționarea aspirației la apreciere și a încăpățânării

Putem încerca să devenim o persoană care:

1. Nu vrea să aibă întotdeauna dreptate.
2. Nu vrea să aibă mereu ultimul cuvânt.
3. Nu se apără.
4. Nu încearcă să exceleze vorbindu-i de rău pe alții.
5. Nu critică.
6. Nu-și împinge presimțirile rele asupra altora și nu-i împovărează.
7. Nu este geloasă (mai ales atunci când se simte respinsă).
8. Nu se sacrifică de dragul păcii și armoniei.
9. Evită toate frazele care încep cu „dar".
10. Pune totul la îndoială – verifică.
11. Pune întrebări „mai sus": E în ordine așa?
12. Are în vedere mereu și alte posibilități.
13. Este flexibilă.
14. Este dezinteresată, se retrage cu bună știință.
15. Este politicoasă – le acordă celorlalți prioritate.
16. Își exersează toleranța.
17. Este cooperativă (se ordonează în loc să se subordoneze).
18. Ia în considerare imaginea din oglindă și o aplică.
19. Trece (și, de asemenea, se oprește la timp).
20. Își exersează răbdarea.

Amestecul (în treburile altora)

Uneori este mai potrivit să nu spui nimic. Este valabil mai ales atunci când ne simțim tentați să intervenim și să oferim sfaturile fără ca acestea să ni se ceară, sau să dorim să aducem pe cineva pe o anumită cale. Posibil ca această cale să ni se pară potrivită, ceea ce nu înseamnă însă că acest lucru este valabil și pentru altcineva. Amestecul înseamnă să intervii în viața altora, să gândești pentru ei și să-ți vâri nasul în lucruri care nu te privesc. Chiar este treaba noastră să le arătăm altora drumul? Nu, nu este. Este mai degrabă cea a legilor vieții, care oferă ajutor precis și eficient. Ele cunosc nu numai drumul corect, ci și actuala treaptă evolutivă a fiecăruia. Firește că este normal să dorim să-i scutim pe cei dragi de experiențe neplăcute. Dar avem cu adevărat succes atunci când încercăm să-i influențăm pe alții? Rezultă din asta o cooperare armonioasă? Sau declanșăm mai degrabă o „reacție de opoziție" și se ajunge exact la contrariu? Uneori sunt necesare anumite experiențe pentru a putea învăța din ele. Ar trebui să-i iertăm pe ceilalți atunci când se hotărăsc să procedeze altfel decât considerăm noi. De multe ori propriile experiențe sunt acelea care oferă cuiva șanse propice de a învăța.

De fapt, de ce simțim nevoia să ne amestecăm în viața altor oameni? Pentru că ne vine mai ușor să ne dăm seama de greșelile altora decât de ale noastre. De aceea și avem senzația că am deține soluția problemei. În realitate însă, această necesitate indică un model comportamental foarte răspândit: e mai ușor să ne îndreptăm atenția asupra altora decât să ne ocupăm de noi înșine. Amestecul este de fapt o manevră de diversiune și-i definește deosebit de bine pe aceia care nu recunosc procesele educative sau le ignoră. Cine este preocupat de propria persoană nu va simți nevoia să se amestece în treburile altora. Fiecare are destul de lucru cu sine însuși.

IMPORTANT **Cine se amestecă pretinde că are intenții bune. Însă „bine intenționat este opusul binelui".**

Conștiinciozitatea fals înțeleasă

Amestecul aparține categoriei sindromului salvatorului și a conștiinciozității fals înțelese. Constelația sufletească ce se ascunde în spatele acestora ar putea fi: noi vrem să fim iubiți și apreciați, vrem să fim utili. Dar și a nu putea trece peste, a vrea să ai mereu dreptate, intoleranța și dependența de critică ne pot face să credem că trebuie neapărat să ne vârâm nasul în treburile altora. Însă prin amestecul în evoluția sufletească a altora ni se sustrage energie. Le deranjăm acestora procesele educative, le îngreunăm școala vieții și posibilitatea de a progresa. Chiar știm cu adevărat ce este bun și corect pentru alte persoane, de ce au ele nevoie pe moment în evoluția lor? Doar dacă suntem întrebați ar trebui să dezvăluim propria viziune, să ne expunem opinia și să facem propuneri. Iar dacă o facem e bine să păstrăm neutralitatea și să dăm dovadă de diplomație. Și nu trebuie să ne așteptăm neapărat ca respectivul să ne accepte sfatul. Luarea deciziei nu este treaba noastră, ci a lui.

IMPORTANT Dacă vrem să îndreptăm alți oameni și ne amestecăm în procesele lor educative, le dăunăm, dar ne facem rău și nouă. Pierdem energie. Dacă ne corectăm pe noi, o să câștigăm energie și o să devenim un model pozitiv. Astfel îi ajutăm și pe alții.

La cei care se amestecă frecvent în treburile altora apar probleme tipice de sănătate, de exemplu le curge nasul, le curge sânge din nas, au dureri în gât, tușesc. Putem interpreta ușor aici limbajul simbolic al bolilor. Ar trebui să ne ținem departe de treburi străine și să ne ocupăm de noi înșine.

Cine are voie să se amestece

Pe de altă parte părinții, tutorii legali, profesorii, șefii sau superiorii sunt obligați să se ocupe de cei pe care-i au în grijă, să-i ghideze și să le ofere sfaturi și indicații. Părinții au voie să le ofere copiilor (conform legilor vieții, până la vârsta de 20 de ani) anumite linii directoare și orientări. La fel și profesorii elevilor și șefii – subalternilor. Este chiar misiunea lor. Nu are nimic de-a face cu amestecul. Rămâne însă valabil doar atunci când nu își depășesc competențele. Este decisiv modul în care își comunică opinia, în care îi instruiesc pe ceilalți sau le atrag atenția asupra greșelilor. Propunerile de corectare au cei mai mari sorți de izbândă atunci când sunt făcute pe un ton amabil, astfel încât să fie preluate de ceilalți și să fie recunoscută buna intenție din spatele lor. În aceste cazuri nu reprezintă critici.

Dacă nu suntem siguri că este cazul să intervenim într-o anumită situație, spunând ceva sau oferind ajutor, ne putem pune următoarele întrebări:

- Am voie să-l educ pe celălalt?
- Mi-a cerut cineva părerea?
- Am ceva de spus aici? Și, dacă da, ce? Și cum e cel mai bine s-o fac?
- Am voie sau e cazul să ajut?
- Am voie să ofer o soluție, chiar dacă nu mi s-a cerut?
- Care este motivul meu interior pentru care o fac?
- Cum pot ajuta spre binele altora?

Dacă reușim să nu spunem nimic atunci când așa se cere, problemele se rezolvă de obicei mult mai repede decât am crede. Și uneori nu este nevoie de situații dificile pentru ca cei afectați să învețe din ele. Toate situațiile includ procese educative pentru toți – acordate la actualul stadiu evolutiv și slăbiciunile din momentul respectiv.

Bolile și neiertarea

În cazul sentimentelor negative cum ar fi mânia, supărarea, gelozia, răzbunarea, care au legătură cu neiertarea, sângele ajunge să „clocotească", din pricina emoțiilor puternice. Corpul produce cantități mari de adrenalină și tensiunea arterială crește. Ca urmare, pot apărea boli grave, înainte de toate cardiovasculare. Dar și suferințele vezicii biliare, ficatului și rinichilor apar frecvent. În limbaj popular se spune adesea: „îmi vine fiere (amar) în gură" sau „îmi merge la ficat". Mai departe pot apărea căderea părului, alergii, migrene și accidente vasculare cerebrale. Și bolile intestinului au de-a face cu neputința de a ierta, de a trece peste, sau cu încăpățânarea în sens restrâns. Atât constipația cronică, cât și diareile ne arată că nu ne putem elibera de ceva. Boli severe precum cancerul, scleroza multiplă și diabetul sunt legate de neiertare, și mai ales de cerința excesivă de apreciere și de încăpățânare. Cei afectați și-au neglijat mult timp propria dezvoltare, provocându-și singuri daune prin modul lor de comportament. De multe ori se adaugă și neglijarea propriului corp. Prin asta au pierdut foarte multă energie.

Exprimarea primului nostru pacient cu cancer a fost: „Cancerul este un test de umilință!" Această recunoaștere l-a determinat pe el (și pe alții) să-și schimbe viața și concepțiile. Așa s-a însănătoșit. Termenul „umilință" este înțeles adesea greșit. Umilință nu înseamnă a te micșora, înjosi, subordona altora sau a te simți neînsemnat. Umilința (modestia) presupune o voință puternică. Umilința este curajul de a te îndrepta pe drumul prevăzut de legile vieții și de a asculta voia Domnului: „Facă-se voia ta!" Aceasta ne oferă o adevărată forță interioară. E admirabil să fii martorul schimbării și deschiderii oamenilor prin asta. Le crește astfel recunoștința pentru viața lor și activează cu mai multă responsabilitate.

IMPORTANT **Adevărata forță și puterea reală a voinței se arată prin umilință!**

Viziunea pozitivă asupra vieții

Oamenii cu o viziune pozitivă asupra vieții privesc optimiști, cu încredere și speranță în viitor, rămânând totuși ancorați în realitate. Cine se străduiește să recunoască pozitivul în lucrurile negative își simplifică viața și atrage după sine binele.

Caracteristicile viziunii pozitive asupra vieții:

A gândi pozitiv, a fi optimist, a spera, a avea încredere, a vrea să recunoști pozitivul în negativ, a vrea să te perfecționezi, a recunoaște, a da atenție unui limbaj constructiv, a avea încredere în sine și în Dumnezeu.

Caracteristicile viziunii negative asupra vieții:

A avea gânduri negative, a-ți face griji, a chibzui (a despica firul în patru), a critica, a aduce injurii, a fi morocănos, a te văicări, a te compătimi, a calomnia, a vedea numai părțile negative, a fi neîncrezător, a avea îndoieli, a fi pesimist, sceptic.

„Cea mai mare descoperire a generației mele este aceea că omul își poate schimba viața doar prin schimbarea atitudinii proprii."
William James, psiholog și filosof american (1842-1910)

Viziune pozitivă asupra vieții înseamnă să rămânem în fond optimiști orice-ar fi și să vedem pozitivul chiar și în ceea ce aparent este negativ. Asta nu înseamnă să pierdem contactul cu realitatea sau să privim totul prin „ochelarii cu lentile roz". Viziune pozitivă asupra vieții înseamnă să avem încredere în pozitiv. Oamenii cu o atitudine pozitivă față de lume văd în toate o șansă, nu o problemă. Ei privesc în viitor, nu în trecut. În ce privește posibilitățile lor, sunt realiști, abordează lucrurile cu plăcere și au încredere. Înainte de toate au încredere că stă în puterea lor să transforme negativul din nou în pozitiv. Sunt convinși de faptul că pot depăși obstacolele vieții. Viziunea pozitivă asupra vieții ne invită la o schimbare de perspectivă: putem contempla evenimentele din viața proprie printr-o optică pozitivă. Simțim bucurie atunci când diverse procese evolutive sunt în curs de desfășurare și putem avansa din nou o bucățică. Avem încredere că dispunem de forța și puterea necesare îndreptării vieții în direcția potrivită.

Firește că nu este ușor să privești bolile și accidentele dintr-o perspectivă pozitivă. Și totuși, merită să luați în considerare simbolica acestora. Astfel poate, de exemplu, un picior rupt să reprezinte un mesaj în direcția reexaminării unei anumite intenții – mai devreme de a „intra" în ceva ce ar putea avea urmări mai ample, cum ar fi o căsnicie sau o profesie nepotrivite, sau chiar o afacere proastă. Avertismentul transmis cuiva pe o astfel de cale este cu siguranță răul mai mic.

În cazul în care suferiți de o boală mai gravă, ați deviat ceva mai tare de la drumul vostru. Și totuși, ca suflete sunteți atât de valoroși încât Dumnezeu și legile vieții vă trimit un avertisment sub forma unei îmbolnăviri, pentru a vă putea regăsi drumul. Sunteți luați de mână, ca să spunem așa, și purtați pe drumul corect. Rămâne la latitudinea voastră să vă activați și să vă reconsiderați viața. Și rămâne la latitudinea voastră dacă vedeți în boală un accident de care să vă plângeți sau dacă o acceptați și priviți totul ca pc un proces educativ.

IMPORTANT **Perspectiva pozitivă asupra vieții este o sursă de energie care vă ajută să vă vindecați mai repede.**

Puterea gândurilor

„Sufletul are culoarea gândurilor tale."
Marc Aureliu, împărat roman și filosof

Totul începe de la gânduri. Ce se petrece în capul nostru este decisiv pentru ceea ce ni se întâmplă în viață. Sunteți conștienți în permanență de dogmele, atitudinile, modelele de gândire sau convingerile pe care le aveți? Știți ce gândiți despre voi? Vă țineți șirul gândurilor sub control? Sau dați pur și simplu frâu liber gândurilor? Gândurile noastre sunt energii, „mesaje" pe care le trimitem și care atrag după ele reacții. Putem constata ușor puterea pe care o au gândurile noastre, fie ele pozitive sau negative, pe baza evenimentelor. Cine se concentrează asupra negativului atrage după sine negativul. Așa-numiții „ghinioniști" o simt din plin pe propria piele. Gândurile negative, grijile, teama se înfăptuiesc ca și toate cele pozitive. Cel care se teme de un accident se poate accidenta cu adevărat. Cine își imaginează evenimente pozitive are parte de ele.

Luise

„Mi-era frică să nu fac cancer."

Luise a venit la noi la cabinet la vârsta de 38 de ani. A povestit că mama ei a murit de cancer la 38 de ani. De la vârsta de 28 de ani îi era teamă să nu facă și ea cancer și să moară la 38 de ani. Timp de zece ani au preocupat-o astfel de gânduri negative. Vorbea mult despre asta și atrăgea astfel atenția asupra sa, dorind să fie compătimită. Aceasta era forma ei personală de aspirație excesivă după apreciere care, împreună cu viziunea negativă asupra vieții și cu gândurile negative, a condus în cele din urmă la o boală canceroasă exact la vârsta de 38 de ani, așa cum s-a întâmplat și cu mama ei.

„Mi-am schimbat modul de gândire și am primit astfel mai multă energie, pentru a-mi stabili și atinge obiective pozitive."

După o consiliere terapeutică a recunoscut și cauza bolii. Era gata să se schimbe. A încetat de îndată cu plângerile. Din acel moment și-a supravegheat conștientă toate gândurile. De îndată ce-și făceau apariția temerile, nu se mai lăsa ispitită, ci încerca să le înlocuiască cu gânduri pozitive și încrezătoare. Și-a însușit un mod sănătos de viață și a susținut în felul acesta corpul în lupta de activare a forțelor de autovindecare. Și-a stabilit obiective noi, care-i făceau plăcere și pe care le-a abordat activ. În felul acesta a primit mai multă energie, pe care și-a putut-o chiar amplifica, pentru a-și configura pozitiv viața. În cele din urmă s-a vindecat.

Șah-mat gândurilor negative!

Adesea ne aflăm puși în situații care ne provoacă îngrijorare și ne solicită luarea de decizii. Nu doar o dată cădem pe gânduri în astfel de cazuri. Chibzuielile însă nu fac decât să ne tragă și mai adânc în derivă. Ele ne îndepărtează și mai tare de găsirea unei soluții. În loc de asta, am putea să ne dedicăm grijilor și să le clarificăm în liniște și la modul constructiv. Ce soluție există? Ce putem face pentru a împiedica apariția evenimentelor neplăcute? Este nevoie de exercițiu și efort pentru a transforma gândurile negative în unele pozitive. Primim o mulțime de impulsuri negative drept opțiuni de exercițiu. Însă cu ajutorul „igienei gândurilor“ ne putem elibera de gândurile negative sau de griji. Atunci când își fac apariția gânduri de tipul „Cum să meargă asta mai departe?“ sau „Cum ies din situația asta?“ e important să le acceptăm și să le observăm îndeaproape. Ele au voie să apară. Însă hotărârea va fi a noastră dacă le depănăm mai departe, rămânem cu ele, ne lăsăm luați prizonieri de ele sau nu. Există doi pași pe care-i puteți întreprinde, la alegere sau unul după celălalt:

- Puteți înlocui fiecare gând negative cu câte unul pozitiv. De exemplu: „Am încredere că o să găsesc o soluție.“ „Există o cale de ieșire din această situație.“ „Reușesc tot ce-mi propun.“ Cu cât devenim mai pozitivi, cu atât primim mai multe impulsuri. În plus, credința în Dumnezeu este decisivă. Putem conta pe ajutorul său, dacă ne străduim. Asta ne dă siguranță.
- Vă concentrați conștient și complet la activitatea pe care tocmai o desfășurați. În felul acesta sustrageți energie de la gândurile negative. Concentrarea vă ajută în dublu sens: nu puteți să vă concentrați asupra unei activități și să vă faceți și griji în același timp. Concentrarea este modul cel mai pozitiv de a gândi. Tot ceea ce este pozitiv dispune de mai multă energie și putere decât negativul. De aceea gândurile negative dispar în starea de concentrare. Lumina străpunge totdeauna întunericul, dar întunecimea nu va putea niciodată să înghită lumina. O casă luminată radiază și în afară și luminează împrejurimile. Invers, noaptea nu poate pătrunde în casă.

IMPORTANT **Forma superioară a gândirii pozitive este concentrarea.**

Pozitivul împreună

Un alt aspect al viziunii pozitive asupra vieții este atitudinea față de ceilalți. Este dezirabil efortul permanent de a vedea în ceilalți partea pozitivă și de a nu critica negativ. Mulți oameni au tendința de a atrage atenția unui prieten sau partener asupra a ceea ce acesta face greșit. Ei interpretează asta ca fiind „datoria lor de prieteni“ sau un „serviciu făcut din iubire“. Și totuși: „Sfaturile nesolicitate sunt lovituri." De aceea ar trebui să ne spunem părerea celor apropiați doar atunci când aceasta ni se cere. Căci numai atunci persoana respectivă este receptivă propunerilor de îmbunătățire. Dar de unde vine acest „impuls" de a critica? De ce ne deranjează atât de tare ceva la celălalt? Aici intervine legea imaginii în oglindă, care spune: ceea ce ne deranjează la ceilalți ne aparține. Totdeauna are de-a face cu noi. Un „împreună" pozitiv înseamnă a-l lua pe fiecare așa cum este și a avea în vedere că fiecare om parcurge o școală a vieții proprie și că pentru fiecare sunt valabile alte procese educative.

Un start matinal pozitiv

A avea o viziune pozitivă asupra vieții reprezintă o atitudine fundamentală importantă, astfel că în fiecare dimineață să fim supuși așa-numitului „test pozitiv-negativ". Un impuls negativ ne pune la încercare. Brusc ne vine gândul că șeful ar putea fi iarăși prost-dispus sau că ceva neplăcut se poate întâmpla la locul de muncă. Sau apare un mic impediment care ne indispune, de pildă nu ne place vremea, ori copiii sunt capricioși. Ne stau la îndemână felul în care reacționăm și modul de a aborda situația. Ne putem, de exemplu, propune să-l întâmpinăm pe șef astfel încât să nu-i oferim deloc ocazia să fie prost-dispus. Sau să luăm vremea așa cum este și să ne schimbăm planurile. În ce privește micile impedimente matinale, putem să controlăm dacă ne-am concentrat îndeajuns asupra activităților cotidiene ale dimineții. Dacă reușim să ne concentrăm încă din primele ore la gânduri pozitive, întreaga zi decurge bine. Noi înșine stabilim cursul zilei! Este ca o încălzire înaintea unui antrenament. Și creierul profită de gândurile matinale pozitive pentru a funcționa optimal pe parcursul zilei.

Bolile și viziunea negativă asupra vieții

Bolile care au legătură cu vorbirea negativă și cu critica afectează organe și părți ale corpului de la gât în sus. Aici intră afecțiunile gâtului, ale coardelor vocale, ale gurii și dinților. Prin faptul că ne întrebăm ce fel de vorbe ne ies din gură putem înțelege simbolica acestor afecțiuni. Gândirea negativă duce la probleme cu sinusurile paranazale și frontale, dureri de cap, iar în cazurile cele mai severe (și destul de rare), la tumori cerebrale și Parkinson. Critica negativă, care este dureroasă pentru cel criticat, poate declanșa boli dureroase precum reumatismul, artrita, poliartrita, guta și artrozele. În aceste boli joacă un rol important toxinele care se acumulează (Suntem veninoși, toxici cu ceilalți? Spunem lucruri toxice?), precum și alimentația.

Ursula

„Eram foarte negativă și denigratoare.“

Când a venit la cabinetul nostru, Ursula avea deja o poliartrită avansată. De-abia mai putea merge. Avea dificultăți în a vedea ceva pozitiv în viață. Permanent cădea pradă expunerilor negative și-i critica pe ceilalți. Pentru ea a fost o mare schimbare să privească lumea cu alți ochi. Prin exersarea atitudinii de a vedea pozitivul din lucruri și de a-l sublinia i s-a ameliorat și poliartrita, mersul a devenit mai ușor. Fascinant a fost și modul în care i s-a pozitivat și aura: a devenit un nou om.

„Am câștigat o atitudine pozitivă și mi-am detoxificat corpul.“

Deoarece la artrită este implicată și alimentația, Ursula și-a modificat și dieta, trecând pe una vitalizantă, furnizoare de energie, și luând măsuri de purificare și detoxificare. Prin sforțările sale de a-și detoxifica atât corpul, cât și sufletul a reușit să-și elibereze și articulațiile de sedimente. Aici este important de subliniat că măsurile fizice singure nu ar fi fost eficiente. Ele și-au putut face efectul doar în combinație cu ameliorarea pe plan spiritual.

Prin îngrijorare și cugetări infinite pot apărea și depresiile. Cei care se îndoiesc tot timpul de capacitățile lor de a o scoate la capăt cu sarcinile pierd multă energie și se inhibă singuri. Persoanele depresive au mai ales problema că își imaginează mereu ce-i mai rău. Aceasta poate ajunge atât de departe, încât își pot pierde chiar și dorința de viață. De îndată ce observați semne de depresie, ar trebui să vă conștientizați propriile forțe. Concentrați-vă pe lucruri care vă motivează, pe gânduri constructive, și percepeți propriile succese. Reflectați la ce puteți face bine, la talentele pe care le aveți și la felul în care le puteți implementa. Cine face eforturi de a se concentra pe esențial, de a trăi aici și acum și de a face un pas după celălalt câștigă în permanență energie. Zilele decurg mai plăcut și o să fie tot mai reușite.

Abilitatea de a utiliza bine timpul

Cum ne comportăm cu timpul? Timpul este prețios pentru suflet. Timpul este energie. Cu cât ne folosim mai util timpul, cu atât câștigăm mai multă energie pentru sarcinile și obiectivele noastre. Această energie ne oferă sănătate și bucurie în viață.

Caracteristicile unei bune utilizări a timpului: autodisciplina, recunoașterea priorităților, buna planificare și organizarea, exigența în toate domeniile, de exemplu cu oamenii, cărțile sau filmele, lucrul eficient, concentrarea, hărnicia, conștientizarea importanței alimentației sănătoase, întreținerea prieteniilor, împlinirea în profesie, perfecționarea și preocuparea pentru artă și cultură, hobby-urile creative, economisirea energiei (în toate privințele).

Caracteristicile irosirii timpului: visarea cu ochii deschiși (desprinderea de realitate), atitudinea dezordonată, tergiversarea chestiunilor neplăcute, suprasolicitarea, lăsarea în voia sorții, versatilitatea, prezența peste tot și pretenția de a le ști pe toate mai bine decât alții, disprețul față de alimentația sănătoasă, subordonarea în fața dependențelor de tot felul sau a sectelor, dorința de a-i salva pe alții, petrecerea timpului cu programe la televizor sau filme lipsite de valoare.

Probabil veți fi surprinși să descoperiți că această caracteristică e descrisă drept a cincea trăsătură de caracter. Ce înseamnă buna utilizare a timpului? Pentru personalitatea noastră și organizarea propriei vieți, multe depind de modul în care știm să ne folosim de timpul aflat la dispoziție. Util sau nu. Timpul trece oricum, indiferent cum ni-l petrecem. Cine irosește timpul o face de obicei în necunoștință de cauză. Retrospectiv, de multe ori nu mai știm ce am făcut de fapt. Acest lucru ne poate crea – chiar și neobservat – probleme, mai ales de sănătate. De multe ori se instalează oboseala, lipsa de chef și ușoare depresii. Mulți oameni nu-și dau seama de aceste conexiuni. La toate celelalte trăsături de caracter resimțim deficitele mult mai devreme. Știm dacă suntem sau nu sinceri sau curajoși. Ne cunoaștem și sentimentele. Simțim dacă ne este frică, ne enervăm, ne facem griji, avem îndoieli sau purtăm pică. Toate acestea le putem percepe cu claritate. Însă nu putem recunoaște la fel de evident dacă modul în care ne folosim timpul este util sau nu.

Timpul este utilizat cu sens atunci când ni-l petrecem în așa fel încât să putem evolua. Are de-a face și cu sensul vieții, cu dezvoltarea propriei personalități. În cuvântul „dezvoltare" este deja inclus termenul „timp". Nu se poate dezvolta decât ceva ce dispune de timp. Deci tot ceea ce ne poartă mai departe sufleteşte şi trupeşte reprezintă o bună utilizare a timpului, iar tot ceea ce ne provoacă prejudicii și ne înfrânează reprezintă irosirea timpului. Timpul înseamnă energie. Din această conexiune strânsă ne putem da seama cel mai bine de rolul pe care îl joacă utilizarea timpului.

> **IMPORTANT** Utilizarea timpului furnizează energie, irosirea timpului ne sustrage energie.

O bună utilizare a timpului se referă atât la sfera profesională, cât și la cea privată. Ați reflectat vreodată la asta? Următoarele întrebări vă aduc clarificare cu privire la utilizarea conștientă și atentă a timpului:

- Îmi planific ziua?
- Îmi recunosc prioritățile?

- Reflectez conștient la timpul pe care mi-l petrec – și cu cine?
- Sunt conștient de activitățile cu care îmi petrec timpul?
- Am grijă de bunăstarea fizică?
- Îmi furnizează energie activitățile și contactele mele?
- Iau în seamă motivele acțiunilor mele?
- Ce sens are ceea ce întreprind?

Astfel vă folosiți util timpul

Folosirea utilă a timpului începe cu ritmul de viață. Acesta formează elementul de bază pentru a ne menține sănătoși sau a ne vindeca. Aproape în fiecare limbă există câte un proverb referitor la asta: „Cine se scoală de dimineață departe ajunge." În germană se spune „Orele dimineții sunt de aur", iar în engleză „Culcatul devreme și trezitul devreme te fac sănătos, înțelept și bogat". Alegeți o viață în armonie cu natura. Așa-numiții „matinali" își susțin zilnic sistemul nervos și creierul. Resimt acest lucru pe termen lung printr-o vitalitate crescută și funcții cognitive mai bune. Și oamenii serii pot deveni oameni ai dimineții. Este doar o chestiune de obișnuință. Putem renunța la vechile deprinderi dacă suntem dispuși s-o facem.

Somnul nostru este cea mai bună măsură pentru a recunoaște cât de bune ne-au fost deciziile în ziua precedentă. Tulburările de somn arată o pierdere de energie. De aceea și sunt adeseori un avertisment al unor îmbolnăviri. În astfel de cazuri vă poate ajuta o revizuire a zilei pentru a vă da seama ce anume v-a costat energie: Ați avut supărări sau griji? V-ați sacrificat? Cu ce fel de oameni ați fost împreună? Ați tergiversat lucruri neplăcute? Utilizarea corectă a timpului este un mare sprijin în atingerea obiectivelor în toate domeniile vieții. Cele mai valoroase ceasuri sunt între orele șase și zece dimineața. Atunci ne putem concentra cel mai bine după odihna din cursul nopții. În acest timp ne reușește deosebit de bine să rezolvăm chestiuni care ne solicită atenție sporită. Este perioada zilei în care avem parte și de cea mai multă intuiție. Timpul consumat pentru experiențe importante este utilizat optimal. Întotdeauna merită și să te dedici propriului corp. Și asta aduce energie. Cu cât funcțiile corpului decurg mai bine, cu atât mai ușor ne vine să ne ocupăm de celelalte activități.

Mișcarea și practicarea sportului în timpul liber sunt bune, atâta vreme cât o facem din motivele corecte și nu se ajunge la suprasolicitare. În principiu, orice sport trebuie practicat cu măsură. În cazul în care apar semnale de avertizare, menirea lor e să ne ferească de exagerări. Orice fel de activități în aer liber care sunt utile pentru corp și ne fac plăcere constituie petrecerea constructivă a timpului liber. Hobby-urile care ne stimulează creativitatea, ca de exemplu pictura, olăritul, desenul sau muzica, aduc bucurie, relaxează și ne promovează talentele. Constructive pentru suflet sunt și vizitarea muzeelor și expozițiilor, concertele, spectacolele de teatru, vizionarea filmelor bune și literatura de calitate. În special muzica clasică produce plăcere și servește încărcării cu energie.

Vă folosiți util timpul? Încercați să conștientizați cum vă simțiți după anumite activități sau întâlniri. Sunt mari diferențe, care probabil v-au frapat: după o zi extenuantă puteți deosebi între o oboseală purtătoare de satisfacție binefăcătoare și senzația de completă epuizare, de secătuire. Dacă v-ați implicat în ceva care s-a dovedit a fi pură pierdere de timp, vă simțiți istoviți și demoralizați. Dacă însă v-ați implicat într-un lucru bun și constatați că planul v-a reușit, simțiți bucurie și sunteți plini de energie.

Utilizarea timpului în relații

Ce rol joacă ceilalți oameni în viața noastră? Într-adevăr, fericirea și bunăstarea noastră depind mai ales de relațiile interumane. Oamenii se pot întâlni în diferite moduri. Pictural vorbind, deosebim:

„Piatră de încercare"

Pietre de încercare sunt toți oamenii cu care avem de-a face în viața de zi cu zi, inclusiv aparținătorii, rudele și cei mai buni prieteni. Prin intermediul lor suntem puși la încercare. Ne păstrăm calmul? Criticăm pe vreunul? Cum reacționăm la ceea ce spun ceilalți? Putem spune „nu"? Ne enervăm? Reacționăm jigniți? Ne simțim inferiori cuiva și ne lăsăm intimidați? Cunoașteți pe cineva căruia să i se potrivească descrierea „Există un angajat cu care nimeni nu se înțelege și de fiecare dată când am de-a face cu el apar probleme"? Acești oameni sunt pietre de încercare valoroase, căci ei ne pun, ca să spunem așa, degetul pe rană. Ei ne arată ce putem încă îmbunătăți. Ei ne dau ocazia să exersăm în răbdare, toleranță și lipsa criticii. În măsura în care reușim să preluăm și să punem în practică acest proces educativ, se ameliorează și relația noastră cu acea persoană. Întotdeauna când aveți dificultăți cu o altă persoană merită să reflectați asupra următoarelor întrebări: „Oare de ce sunt confruntat eu cu acea persoană? Ce pot învăța de aici?" La urma urmei, este o chestiune de obișnuință să vedem o problemă într-o anume situație și să o tratăm cu sarcasm (critică) sau să profităm de șansa oferită și să învățăm ceva, fiind recunoscători unor astfel de situații.

„Piatră de moară"

Ați observat că există oameni care ne sustrag energia atunci când suntem împreună? Acest lucru poate avea mai multe cauze. E posibil să fie de vină faptul că acești oameni nu ni se potrivesc. Posibil să avem interese și atitudini diferite. Adesea este vorba de așa-numitele „tocătoare de nervi", care se văicăresc și cer mereu ajutor.

Însă atunci când le facem propuneri despre cum își pot schimba situația, acestea nu au niciun efect – ca și când am vorbi cu pereții. Suntem puși la încercare: turnăm permanent apă într-un vas fără fund? Ne lăsăm atrași în discuții interminabile, care oricum nu duc nicăieri? După aceea ne simțim ca și cum am fi storși, spoliați de energie și obosiți. Sau putem trece peste, tratând persoana respectivă cu amabilitate și acceptând-o așa cum este? Căci fiecare are un liber arbitru și poartă singur responsabilitate pentru propria viață. Putem observa atent cum ne simțim după anumite întrevederi, pentru a putea recunoaște dacă acel contact ne este favorabil. Un fals sentiment de responsabilitate sau milă nu-și are locul. A vrea neapărat să „salvezi" pe cineva care nu se vrea „salvat" e un fel de pierdere de timp. Asemenea persoane agasante îi întâlnesc de obicei pe aceia dintre noi care dispun de un pronunțat „sindrom al salvatorului" și cărora le place să se amestece în treburile altora. A face pe misionarul, încercând să comunici sau chiar să impui altora opiniile tale personale, face parte de asemenea din irosirea timpului. De obicei a încerca să convingi pe cineva de ceva anume nu are sorți de izbândă. Putem realiza asta mult mai bine oferind un exemplu pozitiv.

„Pietre șlefuite sau pietre prețioase"

În care companie ne simțim bine? Răspunsul e la îndemână: în compania acelora cu care armonizăm și față de care putem fi exact așa cum suntem. Aceștia sunt oameni care au aceleași interese și obiective și cu care discuțiile pot fi purtate de la egal la egal. Exact pe asta se bazează secretul căsniciilor și parteneriatelor fericite. Un rol deosebit îl joacă și prieteniile. Prieteniile spiritual-sufletești ne ajută în evoluția ulterioară. Ele sunt cele mai mari cadouri. Prietenii sunt mereu disponibili unul pentru celălalt și se „șlefuiesc" reciproc până la stadiul de „pietre prețioase". Constructiv este să observăm punctele forte ale celuilalt, să învățăm de la ele și să ni le însușim. Un schimb deschis și bazat pe încredere ne poate ajuta și motiva pentru acceptarea mai ușoară a provocărilor. Tot ceea ce întreprindem împreună cu prietenii ne sporește calitatea vieții. Fiecare călătorie, fiecare vizită la teatru, fiecare întreprindere capătă mai mult sens și ne stimulează dacă le trăim împreună. Prin schimbul spiritual într-un parteneriat bun și o prietenie adevărată câștigăm multă energie și ne încărcăm bateriile!

De aceea merită să ne alegem cu grijă prietenii și să investim periodic timp în prieteniile noastre.

Parteneriat, căsnicie și familie

Ce unește oamenii? Știm deja că nutrim anumite sentimente față de ceilalți. Sentimentele noastre vorbesc o altă limbă. Unul dintre cele mai frumoase sentimente este iubirea, un sentiment sufletesc și spiritual plăcut. Iubirea este ceva de durată, conceput pe creștere și independent de vârstă sau sex. Primul om din viața noastră pe care-l iubim necondiționat și căruia îi acordăm încredere totală este mama. La modul ideal, facem cunoștință în interiorul familiei cu sentimente care rămân esențiale pentru noi o viață întreagă: securitate, apartenență, solidaritate, încredere și bucurie. Încă din copilărie prietenii joacă un rol important în viața noastră. Prieteniile se bazează pe afecțiune. Legăm prietenii pentru că ne unesc interese comune, avem opinii asemănătoare. Pe scurt, pentru că suntem pe aceeași lungime de undă. Cu prietenii putem vorbi deschis despre orice. Avem înțelegere unii pentru alții, putem învăța unii de la alții, și astfel ne sprijinim reciproc în evoluția noastră personală. Petrecând timp împreună cu prietenii, ne umplem rezervoarele cu energie și ne îmbogățim viața.

Aceleași criterii sunt valabile și la alegerea partenerului într-o căsnicie. Întrucât o astfel de alegere are influență asupra vieții ulterioare, ar trebui ca ambii parteneri să-și lase timp suficient și să se cunoască reciproc. Iubirea crește odată cu familiarizarea și cu timpul. Oferim iubirea și o primim înapoi. Într-o familie armonioasă, în care baza este formată de iubirea spiritual-sufletească, se poate dezvolta corespunzător și iubirea trupească. Atunci când doi oameni se angajează într-o căsnicie, aceasta este o decizie cu urmări cuprinzătoare. O căsnicie armonioasă este esențială pentru educația copiilor. Ar trebui să fim cât se poate de conștienți de răspunderea pe care ne-o asumăm atunci când decidem să aducem copii pe lume. Toate condițiile (situația profesională a ambilor parteneri, locuința, partea financiară) și circumstanțele ar trebui corect analizate înainte de a începe planificarea familiei. Care este momentul cel mai potrivit în care ne putem dedica copiilor și le putem asigura o educație corespunzătoare? Obiectivul este acela de a oferi copiilor posibilitatea de a crește într-o familie intactă, în care mama și tatăl să poată servi de model și să participe la educația vlăstarelor. Pentru copii este important să crească într-o familie pașnică și să aibă parte de iubire.

Utilizarea timpului și obișnuința

„«Obișnuință» se cheamă cea mai mare cârmuitoare a vieții.
De aceea ar trebui să năzuim pe orice cale să ne inoculăm obiceiuri bune."
Francis Bacon, scriitor englez, filosof și politician

Cunoașteți, desigur, expresia „puterea obișnuinței". Cu toții știm că gândim, simțim și acționăm mai degrabă din obișnuință decât în mod conștient. Luați în considerare faptul că toate obișnuințele proprii v-au condus acolo unde vă aflați astăzi. Obiceiurile bune vă ajută și vă furnizează energie. Cele rele sustrag energie și dăunează fizic și sufletește, fiindcă vă împiedică să folosiți optimal timpul.

Analizați-vă fiecare în parte obiceiurile!

- Care obiceiuri vă sunt benefice personal?
- Care obiceiuri vă împiedică evoluția?

Aveți cu siguranță motive să fiți recunoscători obiceiurilor bune. Dar cum rămâne cu cele rele? V-ați despărți de ele? Poate găsiți printre ele unele de care vă puteți debarasa. Poate că încă nu știți cum să procedați. Pe de altă parte, poate descoperiți și obiceiuri despre care nu știți sigur dacă vă dăunează sau nu. Sau altele despre care știți foarte bine că nu vă sunt benefice, dar de care vă cramponați, astfel că nu vă puteți imagina viața fără ele. Importat este să va edificați cât mai bine cu privire la propria persoană și la propria atitudine.

Adesea ne vin la cabinet persoane grav bolnave. Reacționează cu groază atunci când le recomandăm să renunțe la cafea și să meargă mai devreme la culcare. Nu numai obișnuința le stă în cale, ci și convingerile puternic interiorizate. De exemplu: „Fără cafea nu mă pot trezi cu adevărat." Sau: „Eu sunt pur și simplu un om al serii." Acestea sunt contracarate de faptul că mersul devreme la culcare este esențial pentru regenerarea corpului, iar cafeaua este o otravă care deranjează sistemul nervos și creierul. Cine vrea să-și sporească energia poate obține simțitor de mult doar prin aceste două schimbări și le poate testa efectul imediat.

IMPORTANT **Atunci când ne debarasăm de obiceiuri proaste se instalează un sentiment de eliberare care ne face să recunoaștem cât de dependenți eram. Simțim recunoștință pentru faptul că am făcut un pas important spre însănătoșire.**

Să înlocuim obiceiurile proaste cu unele bune

Putem înlocui un obicei prost cu unul bun doar atunci când suntem cu adevărat dispuși să ne schimbăm. Condiția care se pune este voința sinceră și fermă. Putem să reflectăm asupra motivelor pentru care păstrăm de fapt o astfel de obișnuință. Care sunt aspectele pozitive care ne leagă de aceasta? De exemplu, băutul cafelei: cafeaua are o aromă plăcută și înviorează – cel puțin pe moment. Ne transmite o atmosferă frumoasă și conferă senzația de comunitate și sociabilitate. Asta e foarte ispititor. Pe de altă parte însă, ar trebui să ne fie clar și ce câștigăm renunțând la acest obicei. Prin asta putem face un bine corpului. Acesta nu ar mai fi nevoit să-și activeze toate forțele pentru a elimina cât mai repede posibil otrava numită „cofeină". În felul acesta putem evita căderea de energie care urmează, ca și nevoia unei a doua cești de cafea. În ce privește componenta socială, putem la fel de bine să bem un ceai aromat din plante. La crearea unei noi obișnuințe este nevoie de creativitate, cugetare cu privire la alte posibilități, perseverență la punerea în practică și răbdare. Înlocuiți-vă în mod conștient un obicei vechi cu altul nou și bun, pentru a nu cădea din nou pradă vechiului model. Aici vă ajută abilitatea de a vă concentra pe ceva nou. Vă poate motiva și edificarea asupra beneficiilor noii obișnuințe. Oare cum ne-am simți dacă ne-am crea obișnuința de a practica mai mult sport? Cum ar fi dacă am face mai multă mișcare? Am avea o cu totul altă senzație corporală, o mult mai bună condiție fizică și poate că reușim să și scădem în greutate, lucru pe care ni-l doream de mult.

Stresul ca semn al unei proaste utilizări a timpului

Cuvântul „stres“ vine din engleză și înseamnă oarecum „încordare“, „presiune“. Stresul definește reacția fizică și sufletească a viețuitoarelor la provocări de tot felul. Astăzi „stres“ a devenit un cuvânt la modă. Adesea exprimăm prin asta faptul că avem mult prea mult de lucru și mult prea puțin timp la dispoziție. Stres înseamnă că cel afectat este solicitat de sarcini care îi afectează sistemul nervos.

Tot mai mulți oameni au senzația că nu mai pot face față cerințelor din viața lor: elevi și studenți, angajatori și angajați, pensionari și femei casnice. În societatea noastră pare că fiecare dintre noi a suferit deja – măcar temporar – de stres. Pe noi ne preocupă întrebarea „Ce anume declanșează stresul?“. Categoric, stresul apare astăzi mult mai frecvent decât cu 50 sau 100 de ani în urmă. Doar această mențiune ajunge să ne facă să presupunem că stresul e cauzat cu precădere de factori externi. În epoca noastră aflată în mișcare accelerată cresc în permanență poverile asupra oamenilor prin familie și profesie. Cerințele depășesc de multe ori limitele tolerabilității. Dar sunt cu adevărat influențele externe motivul esențial al stresului? Răspunsul este: „Nu!“ Stresul vine din interior. Ca tot ce ni se întâmplă, și stresul are de-a face cu noi înșine.

IMPORTANT **Cine are stres i se supune. Se lasă stresat.**

Cine se află sub influența stresului se simte pus sub presiune și suprasolicitat. Aici însă sunt decisive propriile atitudini și așteptări. Există oameni care au o astfel de structură a personalității încât nu dezvoltă niciodată stres. Alții, dimpotrivă, sunt foarte susceptibili. Multe dintre aspectele stresului au legătură cu trăsăturile de caracter, curajul și utilizarea timpului. Dacă acordăm atenție unor recomandări, putem evita stresul:

Planificați corespunzător: planificări scrise, zilnice sau săptămânale, vă pot ajuta să vă organizați mai bine timpul disponibil. Aici este important să acordați atenție priorităților și să vă folosiți optimal de cea mai bună perioadă a zilei.

Învățați să delegați: a delega înseamnă a lăsa deoparte și a avea încredere în ceilalți. Acest lucru este foarte important pentru șefi, persoane cu funcții de conducere și mame.

Spuneți „nu“: dacă aveți senzația că ceva este prea mult pentru voi, atunci ar trebui să aveți curajul să refuzați.

Nu vă puneți sub presiune: faceți-vă singuri o favoare și ascultați semnalele corpului. La nevoie, faceți o pauză.

Concentrați-vă: sistemul nostru nervos este astfel conceput încât să desfășurăm o activitate doar după încheierea alteia. Altfel apare stresul.

Fiți cooperativi: fiecare să dea ce are mai bun și cât poate, concurând doar cu el însuși și concentrându-se doar pe reușita comună. Atunci se va instala un sentiment de securitate, încredere și creativitate.

Petreceți-vă timpul liber cu prietenii: petreceți-vă timpul liber astfel încât să vă promovați talentele, să vă facă plăcere și după aceea să vă simțiți fortificați!

Controlați-vă relațiile, chiar și cu grupele și organizațiile: aveți suficient spațiu de mișcare, astfel încât să participați în conformitate cu sentimentele și posibilitățile voastre și la nevoie să puteți spune și „nu“? Aveți parte de susținerea pe care o doriți sau trebuie doar să vă pliați, de dragul armoniei?

Bolile și timpul

Doi factori – timpul și energia – joacă un rol esențial în toate bolile, deoarece la tema „sănătate și boală“, totul se învârte în jurul întrebării despre cum arată bilanțul nostru energetic. Abilitatea de a ne utiliza corect timpul este factorul energetic numărul unu. Folosirea timpului este strâns legată și de alte trăsături de caracter. Dacă ne punem în aplicare forțele și caracteristicile, atunci ne utilizăm bine timpul. Chiar și strădaniile de a ne corecta slăbiciunile reprezintă o bună folosire a timpului. Astfel nivelul nostru energetic scade sau crește. Bolile care au de-a face cu irosirea timpului afectează în special glanda tiroidă. Ea este „aparatul de măsurare a energiei“. Și depresiile sau unele tulburări psihice au legătură cu proasta utilizare a timpului. Mai ales „bolile mai noi“ apar atunci când se irosește prea mult timp, de exemplu sindromul de epuizare, fibromialgia și bolile autoimune. Aceste boli vor să atenționeze persoanele respective că ar trebui să procedeze mai responsabil și mai conștient la folosirea timpului.

Ce pot dovedi științele

Deja de milenii oamenii încearcă să afle sensul și rostul pe care îl au bolile: în vremuri preistorice boala era considerată drept pedeapsă a zeilor sau demonilor. În Antichitate ea semnifica dezordine în raport cu filosofia naturii de la acea vreme. În Evul Mediu, era înțeleasă ca abatere de la ordinea divină. Și astăzi?

În secolul XX corpul în exclusivitate și simptomele sale s-au aflat mulți ani în centrul atenției. Boala a fost conchisă ca fiind o tulburare a biochimiei corpului. De câtva timp, știința discută tot mai des despre cauze psihosomatice ale bolilor. Originile psihosomaticii pot fi urmărite până la începuturile medicinei. Deja Platon intuise interrelația dintre corp și suflet.

„Dacă vrei să vindeci corpul, vindecă mai întâi sufletul."
Platon, filosof grec, secolul IV î.H.

Și în cartea lui Solomon din Vechiul Testament este abordată psihosomatica:

„O inimă veselă este un bun leac, pe când un duh mâhnit usucă oasele."
(*Pildele lui Solomon*, 17:22)

Johann Christian August Heinroth (medic, psihiatru și pedagog, 1773-1843) a introdus termenul „psihosomatică". El a considerat fiecare caz de boală sub aspecte psihice, fizice și ale istoricului vieții și a descoperit conexiuni între acestea. Prin asta s-a situat cu mult înaintea timpului său. Acum, la începutul secolului XXI, s-a schimbat ceva. Când am publicat prima ediție a cărții *Ce ne spun bolile*, în 1996, teza noastră despre cauzele sufletești ale bolilor nu era atât de răspândită. Între timp, imaginea s-a schimbat. La acest moment, tot mai multe studii arată că factorii sufletești joacă un rol important în procesele de îmbolnăvire! Respectivele conexiuni sunt cercetate intensiv din mai multe perspective. Interrelațiile dintre corp și suflet pot fi demonstrate și prin analize perfecționate și metode ilustrative.

Spiritualul determină materialul

Multe investigații științifice arată clar influența pe care personalitatea o are asupra sănătății și modul în care se reflectă diversele gânduri și modele de comportament în corpul nostru. În următorii ani sunt așteptate și mai multe rezultate. În special psihoneuroimunologia este aceea care se ocupă cu legăturile dintre psihic, creier, sistemul nervos și sistemul imunitar. Ea ne arată că sufletul determină starea de sănătate prin intermediul creierului și al sistemului imunitar. De aceea, de pildă, sistemul imunitar funcționează mai bine la persoanele optimiste decât la cele pesimiste.

Până la finalul secolului XX a dominat în știință opinia că sănătatea este determinată de gene. Biologul american Bruce H. Lipton a explicat în cartea sa *Celule inteligente* că noi nu suntem de fapt „victimele permanente ale genelor noastre", ci dimpotrivă, „maeștrii propriei sorți", pe care ne-o modelăm singuri. În ce privește genele și celulele noastre, el ajunge la concluzia că acestea trebuie să fie educabile, pentru a se putea adapta condițiilor aflate în permanentă schimbare: „Viața unei celule este... determinată de mediul ei fizic și energetic." Asta înseamnă concret că spiritualul decide asupra materialului și nu invers. Prin urmare, nu trebuie să ne simțim ca fiind niște „piese de șah" ale genelor noastre, ci putem avea încredere în faptul că viața noastră nu este predeterminată de materialul genetic. Dat fiind că putem modifica mai mult sau mai puțin conștient programarea genomului (a patrimoniului genetic) prin forța gândurilor, ne putem influența durabil fiziologia.

IMPORTANT **Pentru a ne putea influența fiziologia avem nevoie de trei lucruri: mai întâi de cunoștințele corespunzătoare ca fundament, în al doilea rând de voința de a schimba cu adevărat ceva, iar în al treilea rând de suficientă iubire de sine pentru a transpune în practică cele recunoscute, făcând astfel ceea ce este cu adevărat benefic pentru noi.**

Fiecare își reglează propriile gene

Epigenetica este o ramură a biologiei. Ea a descoperit că genele includ informații suplimentare (coduri), care controlează genele – le instruiește unde și când să devină active. Ea explică de asemenea și în ce măsură un stil de viață sănătos ne modifică spiritul și corpul. Ne deschide ochii asupra consecințelor negative pe care le poate avea un stil de viață nesănătos (alimentația, comportamentul, substanțele toxice, stresul) și ne arată cât de adâncă este amprenta pe care acesta și-o lasă în toate celulele, mai ales în creier. Fiecare dintre acești factori are puterea să ne schimbe durabil. Constatări asemănătoare din cercetările sale de neurobiologie are și fizicianul

Joachim Bauer, din Freiburg, în cartea sa *Memoria corpului*. El începe cu următoarea frază: „Genele nu doar controlează, ele mai și sunt controlate." Multe metode moderne de investigație ne permit să concluzionăm mai precis conexiunile. Sentimente, trăiri, stiluri de viață duc în permanență la transformări biologice. Întrucât tot ceea ce facem spiritual, simțim sufletește și modelăm în relații își găsește expresia în structurile fizice, o medicină pentru un „corp fără suflet" are tot atât de puțin sens precum o psihologie a „sufletului fără corp", după cum sublinia medicul Thure von Uexküll. Unul dintre aspectele cele mai fascinante ale funcției creierului este modul în care impresii de viață sunt transformate în semnale biologice. Impulsurile – atât cele din interiorul corpului, cât și cele din exterior – ne stimulează celulele corpului. În interiorul acestor celule se pun în mișcare substanțe-semnal care stimulează sau încetinesc activitatea genelor. Acest proces se cheamă „reglare genetică". Captivant este că aceste fenomene au loc în corpul nostru chiar și atunci când nu le percepem. Pentru a declanșa o reacție este suficient să percepem o situație la nivel psihic. De exemplu: concentrațiile de adrenalină, noradrenalină și cortizol cresc deja considerabil cu câteva minute înainte de săritura cu parașuta. Pentru asta este suficient să ne imaginăm ceea ce urmează să se întâmple. La scurt timp după aceea cresc frecvența respirației, pulsul și tensiunea arterială la niveluri considerabile. Și nici măcar nu este nevoie să ne încumetăm la săritură. În cazul în care încărcătura emoțională este de scurtă durată, modificările amintite sunt reversibile. Dacă însă sarcinile persistă, urmările fizice rămân pe loc și pot apărea îmbolnăviri.

Omul este complex și conectat

Bruce H. Lipton subliniază că procesele corpului nu decurg linear și că efectele influențelor externe sau ale medicamentelor sunt complexe și trebuie considerate în ansamblu.

„Industria farmaceutică pleacă de la premisa că atunci când sunt probleme în sistem, care se manifestă ca defecțiuni sau chiar îmbolnăviri, acestea se lasă urmărite până la defecțiuni în procesele chimice. Dacă, de exemplu, i se oferă celulei sub formă de medicamente un suplinitor pentru substanța care-i lipsește sau este insuficientă, defectul va fi teoretic anulat, iar sănătatea – restabilită. Totuși, fizica cuantică ne arată cât de enormă este complexitatea interacțiunilor care se produc de fapt aici. Asta înseamnă că atunci când e introdusă în corp o substanță aceasta nu va acționa numai într-un anumit loc, ci în multe organe și cu efecte variate, ceea ce explică diversitatea efectelor secundare. De fiecare dată când i se furnizează corpului un medicament pentru a corecta o funcție A, vor exista dereglări la nivelul funcțiilor B, C sau D. Nu hormonii și neurotransmițătorii contracaranți ne controlează corpul și mintea – credința și convingerile noastre sunt acelea care controlează corpul și prin el, viața."

Ce înseamnă asta concret pentru noi? Rezultatele cercetării confirmă ceea ce noi am observat și susținut de decenii în practica noastră. Ba chiar noi mergem un pic mai departe cu opiniile: bolile sunt urmarea deciziilor personale, decizii care nu sunt în concordanță cu legile vieții. Ele ne oferă indicii că dezvoltarea anumitor trăsături de caracter a fost neglijată de mai mult timp. Ele ne dăruiesc liniștea necesară pentru a ne lua timp și a reflecta asupra vieții. Dispunem de forța și de posibilitatea de a ne vindeca! Condiția esențială și în același timp primul pas: procesele individuale de recunoaștere. Al doilea pas, destul de dificil și adesea o provocare, este transpunerea în practică a cunoştinţelor dobândite. Deoarece fiecare persoană este unică și individuală, rezultă de aici o multitudine de variații.

IMPORTANT Simptomatica și cauzele sufletești sunt individuale. Ele depind de personalitatea umană.

Prin urmare, această carte nu este un suplinitor pentru terapie, mai ales în cazul bolilor severe. Cartea servește drept ajutor în detectarea cauzelor și desprinderea pozitivului din respectiva boală.

Sunt bolile prestabilite genetic?

Mulți oameni sunt de părere că genele sunt implicate în apariția bolilor, ba mai mult, că acestea ar fi unicul motiv al îmbolnăvirii. Poate fi adevărat? Echipamentul nostru ereditar stabilește dacă o să facem o anumită boală? Nu, fiindcă omul este dotat cu liber arbitru. El însuși decide cu privire la un anumit model comportamental și își influențează în acest fel sănătatea. Dacă genele ar decide totul, ar însemna: „Indiferent ce-aș face și cât m-aș strădui, tot sunt condamnat să mă îmbolnăvesc de o boală care apare la noi în familie, pentru că e înscrisă în genele noastre.“ Următorul gând ar fi: „Ce rost mai are să mă ocup de evoluția ulterioară, dacă oricum totul e predestinat?“ Între timp, perspectiva oamenilor de știință asupra genelor și a capacității acestora s-a schimbat fundamental. Din anul 2000, când proiectul „Human Genome“ a făcut cunoscută descifrarea preliminară a tuturor genelor umane (a genomului uman), multe studii științifice au cercetat ce misiune au genele, ce rol joacă ele, de exemplu în apariția bolilor, și cum se întâmplă asta. Aceste studii confirmă tot mai mult vechile concepte filosofice conform cărora spiritul ar determina materia. Prin urmare, genele sunt determinate de modelele noastre de comportament.

Doar echipamentul fizic se moștenește. Aici intră și predispozițiile pentru anumite afecțiuni. Totuși, putem să vă liniștim: asta nu înseamnă că este inevitabil să primiți aceleași boli ca și înaintașii voștri. Aveți însă un risc crescut în această privință. Dacă predispoziția se activează sau nu depinde de comportament și de trăsăturile de caracter. Sarcina voastră este să vă dezvoltați caracterul în așa fel încât să vă păstrați sănătatea. Predispozițiile sunt „activate" în corp doar atunci când vă comportați corespunzător. Dacă însă recunoașteți acele atitudini care reprezintă cauza pentru efectele asupra corpului și le evitați, o să rămâneți sănătoși, iar evoluția personalității o să beneficieze de asta.

IMPORTANT Sănătatea și prin ea soarta voastră se află în propriile mâini. Este marea voastră șansă.

Familia – sarcină și șansă

Legile vieții ajustează constelațiile din familii foarte precis, pentru a acorda fiecăruia dintre sufletele care o compun condițiile optime pentru dezvoltare. În această privință, părinților le revine responsabilitatea și marea misiune de a fi bune exemple pentru copiii lor. Extrem de rar se întâlnesc într-o familie suflete cu trăsături similare. Unele persoane pot chiar să iasă complet din „cadrul" obișnuit. Din aceste constelații familiale rezultă sarcinile și provocările pentru fiecare personalitate. Astfel, legea imaginii în oglindă devine cel mai bun instrument de antrenament. Cel mai frumos lucru este, firește, să poți învăța de la exemplele pozitive. Dar și aici pot apărea teste: poate că o să fiți comparați cu părinți de succes, oamenii o să aibă pretenții mari de la voi sau o să fiți setați pe performanțe depline.

Observați-vă viața: când ați făcut cele mai mari progrese și când ați dobândit cea mai multă încredere în sine? Cu precădere atunci când ați avut de învins obstacole și ați repurtat victorii. În relațiile dificile de familie, oamenii se află adesea în fața deciziei fundamentale: fie se lasă în voia sorții și dau vina ghinionului lor asupra părinților și a împrejurărilor, fie se ambiționează, conform devizei „acum mai mult ca oricând", și-și iau viața în propriile mâini. Aceasta este șansa de a-și dezvolta potențialul. Ei fac alegerile și-și pot orienta viața pe un drum pozitiv. Femeile cărora le vine greu să spună „nu" și se sacrifică au adesea fiice care manifestă aceleași tendințe. Fiica se poate decide dacă se comportă ca mama ei sau dacă dorește mai bine să se îndrepte într-o altă direcție.

Adesea este mai ușor de învățat de la exemplele negative decât de la cele pozitive: Un tată are probleme cu alcoolul. Alcoolicii vor de cele mai multe ori să se sustragă realității, prin faptul că se amorțesc. Această tendință o are și sufletul unui copil. Prin tată, fiului îi este prezentată în fața ochilor viața descurajantă a unui alcoolic. Tatăl nu are de lucru, este adesea iritabil, familia este nefericită. Fiul este pus în fața deciziei de a se lăsa ori nu pradă alcoolului. Oare presupune că băutul este o „moștenire ereditară" și se simte „victima" genelor lui? Sau își alege în mod conștient un alt drum decât al tatălui? Învață el de la „modelul" lui? Este îndemnat de aceste împrejurări să-și ia viața autodeterminat în propriile mâini? Dacă se confruntă cu această sarcină, el poate profita sufleteşte enorm.

Gemenii – nu chiar identici

Fiecare suflet este un unicat. Există suflete care sunt foarte asemănătoare, dar identice nu vor fi niciodată. Pe gemenii monozigoți (dezvoltați din același ovul fecundat) s-au făcut investigații psihologice interesante. La exterior aceștia sunt de o asemănare frapantă, coincid perfect din punct de vedere genetic. Totuși, din punct de vedere sufletesc pot evolua foarte diferit. Sunt remarcabile observațiile făcute pe gemeni monozigoți care au fost despărțiți de la vârste fragede. După decenii s-a putut arăta în ce măsură deciziile individuale le-au impregnat caracterul! De cele mai multe ori s-au dezvoltat două personalități complet diferite. Studiile din Danemarca și Spania au analizat exact căile vieții perechilor de gemeni: Gemenii monozigoți au făcut boli diferite, de exemplu unul dintre aceștia s-a îmbolnăvit de diabet sau cancer, iar celălalt, nu.

Ce ne spun factorii ereditari

Prin intermediul factorilor ereditari, legilor vieții le este mai ușor să se manifeste în punctele slabe atunci când vor să ne atenționeze cu semnale avertizoare. Unii oameni reacționează la probleme prin dureri de cap, alții cu tulburări de stomac. Elfrida Müller-Kainz, co-autoarea acestei cărți adaugă: „În copilăria mea, stomacul îmi reacționa imediat. Atunci când întreprindeam ceva ce nu-mi era benefic, stomacul mi-o arăta. Chiar și atunci când îmi făceam griji sau lucram prea mult funcționa ca o instalație de alarmă încorporată. De-abia după ce am descifrat limbajul legilor vieții am putut reacționa precoce la toate acestea. Astăzi sunt recunoscătoare pentru asta." Putem percepe avertismentele mult mai ușor atunci când acestea se manifestă la nivelul aceluiași punct slab. Faceți cunoștință cu corpul vostru și ascultați-i mesajele. Îi veți fi recunoscători pentru semnale!

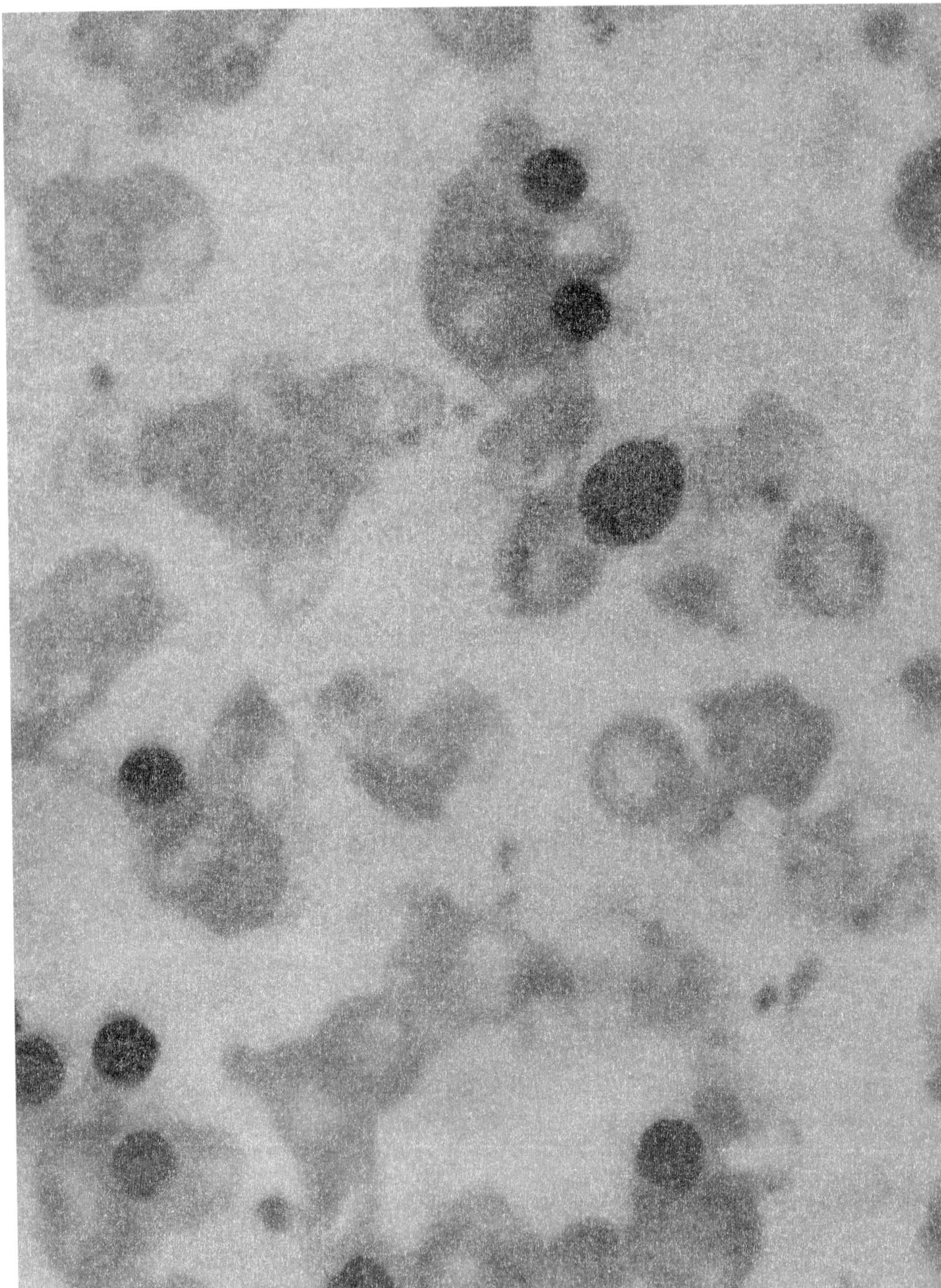

Fortificați-vă și corpul

Îngrijiți-vă casa care vă este disponibilă vouă, ca suflet – corpul. Oferiți-i tot ce îi trebuie pentru munca sa zilnică și însemnată.

Fiți buni cu voi înșivă

„Cine vrea să rămână puternic, sănătos și tânăr și să-și prelungească viața să fie moderat în toate, să respire aer curat, să practice zilnic îngrijirea pielii și exercițiile fizice, să-și păstreze sângele rece, picioarele calde și să-și vindece micile indispoziții mai degrabă prin post decât prin medicamente.“ Acest lucru a fost recunoscut chiar de Hipocrate din Kós (ca. 460-375 î.H.). El este considerat fondatorul medicinei ca știință.

Bolile sunt asociate cu un deficit de energie. Chiar dacă sufletul este considerat cheia vindecării, putem face ceva și pe partea fizică pentru a ne spori energia și a ne întări corpul. Noi recomandăm următoarele măsuri pentru a preveni bolile:

- Detoxificarea și purificarea: pe cât posibil nu introduceți otrăvuri și substanțe vătămătoare în corp. Un eșalon de băuturi vă ajută la detoxificarea și purificarea corpului.
- Refacerea florei intestinale și întărirea sistemului imunitar: flora intestinală poate fi refăcută prin adăugarea unor bacterii esențiale.
- O alimentație hrănitoare și furnizoare de energie: toate alimentele să fie utilizate într-o formă cât mai naturală și pregătite cu menajament – atunci au și valoare energetică. Astfel corpul primește suficientă energie și consumă mai puțin pentru a o metaboliza. Toate substanțele nutritive sunt prezente în cantități suficiente.
- Băuturi speciale: acestea furnizează rapid corpului substanțe pentru procesele metabolice.
- Băile și aplicațiile ajută la detoxificarea și purificarea corpului. Și prin piele pot fi resorbite în corp substanțe importante.

Mai departe, are sens dacă

- vă mențineți buna dispoziție,
- vă încărcați cu energie în așa-numitele „locuri de putere“,
- faceți mișcare (la anumite boli doar moderat și bine direcționat),
- respirați adânc și regulat pentru a aproviziona ideal corpul cu oxigen.

Fiecare trebuie să-și aleagă singur ce și cât i se potrivește. Luați mereu în considerare că fiecare mijloc în parte și fiecare aplicație vor avea efecte asupra tuturor proceselor din organism. Atunci când, de exemplu, detoxificăm, ar trebui să acordăm atenție în mod conștient alimentației și să nu mai adăugăm și alte substanțe toxice. De aceea măsurile aplicate trebuie să fie în concordanță una cu alta. Atragem atenția că toate eforturile la nivel fizic acționează pe termen lung doar dacă le combinați cu cele sufletești.

Detoxificarea și purificarea

„A vindeca înseamnă a curăța" – această convingere a fost ghidul artei vindecării timp de milenii. Asta merge înapoi până la „strămoșul" medicilor, Hipocrate. În zilele noastre suntem confruntați cu tot mai multe materiale și substanțe care ne debilitează. Prin poluarea aerului și pesticide, de exemplu, ajung în corp tot mai multe substanțe nocive. Industria alimentară prelucrează foarte mulți aditivi și chimicale, a căror listă e înnoită permanent. Pentru corpul nostru asta înseamnă o provocare din ce în ce mai mare, fiindcă trebuie să-și mențină totuși funcțiile și să ne păstreze astfel sănătatea.

Organele noastre de excreție se ocupă de eliminarea cât mai rapidă a acestor substanțe din organism. Dacă totuși se adună prea multe, ajung să se depoziteze în corp: mai întâi în țesutul conjunctiv și adipos, în mușchi și cartilaje, ba chiar, din păcate, parțial și în creier. Pe parcursul regenerării nocturne, otrăvurile și reziduurile acumulate sunt transportate spre peretele gastric și apoi spre cel intestinal. Pentru ca aceste substanțe să nu interacționeze și să perturbe prelucrarea și resorbția alimentelor, trebuie înlăturate din corp după sculare, încă înainte de micul dejun. Pentru asta vă puteți întocmi zilnic un eșalon special de băuturi.

Care sunt cele mai bune feluri de apă?

- Apa curată de izvor (în măsura disponibilității)
- Apa minerală fără acid carbonic și cu puține ingrediente
- Apa fiartă (aveți grijă să înlăturați depunerile de pe fundul vasului. Cel mai bine să vă pregătiți apa fiartă cu o zi înainte).

Cu cât conține mai puține ingrediente, cu atât poate prelua apa mai multe reziduuri și substanțe toxice din corp.

Un eșalon de băuturi

Pentru a transporta toxinele și reziduurile acumulate în intestin, începeți cel mai bine cu următoarele băuturi înainte de micul dejun, la interval de 20 de minute:

1. Un pahar de apă (200 ml) cu o jumătate de linguriță de pământ mineral Bentonit, care ajută la o detoxificare blândă.
2. După 20 de minute clătiți cu un pahar de apă.

3. Ceai de semințe de in: o linguriță de semințe galbene de in, întregi (nesparte), într-un sfert de litru de apă clocotită se fierb la foc slab timp de 10 minute. După aceea se strecoară semințele și se bea doar lichidul.

Vă rugăm totuși să țineți cont și de propria dispoziție. Nu ar trebui să fiți stresați. În acest caz, deviza trebuie să fie „mai puțin înseamnă mai mult". După 20 de minute puteți lua micul dejun. Când vă descurcați bine cu cele trei băuturi descrise, puteți să mai diversificați eșalonul băuturilor.

La prima băutură, puteți lua și un alt pământ mineral dintre cele descrise mai jos. Țineți însă cont de faptul că numai bentonitul este potrivit pentru întrebuințarea zilnică. Întrebuințați celelalte pământuri minerale doar la cură:

- Zeolitul: este un mineral natural obținut din roci vulcanice cu o mare capacitate de a absorbi radicali liberi și poluanți.
- ZeoBent: la acest detoxificant puternic se potențează reciproc caracteristicile pozitive ale bentonitului și zeolitului. Zeobentul ar trebui însă luat numai după o cură de cel puțin două săptămâni cu fiecare din cele două preparate în parte.
- Bentomed: acest preparat conține pe lângă pământ mineral și iarbă de orz, care oferă substanțe vitale și nutritive esențiale, esențe naturale pe bază de plante, care acționează calmant pe stomac și intestin. Pământul mineral natural detoxifică și purifică, înlătură balonările și arsurile la stomac, elimină sigur resturi alimentare și reglează procesele digestive naturale în stomac și intestin.

Alternative

- În loc de pământ mineral, puteți recurge ca primă băutură la apă cu suc proaspăt de lămâie: lămâia conține întregul complex de vitamină C. Acționează purificator și creează un pH favorabil în tractul gastrointestinal, în sânge și în celule.
- Amestecați apa cu o lingură de oțet. Oțetul stimulează sistemul limfatic, astfel încât se îmbunătățește funcția purificatoare. În acest caz, prima băutură va fi apa și apoi apa cu oțet.
- Înainte de ceaiul din semințe de in puteți introduce încă o băutură: aici se potrivesc sucurile de plante presate de tip Schoenenberger (toate în afară de sucul de vâsc), care se diluează cu apă în proporție 1:4. Mesteacănul și urzica acționează deosebit de detoxificant. Sau puteți recurge la băuturi verzi, pe care vi le preparați singuri și care au fie acțiune detoxificantă, fie sprijină anumite organe în funcția lor. Informații detaliate despre băuturile verzi și sucurile din plante presate găsiți începând cu subcapitolul despre băuturi speciale.

IMPORTANT Preocupați-vă zilnic și moderat de detoxificare și purificare. Prin asta susțineți procesul de detoxificare în sine.

Întăriți-vă sistemul imunitar

În permanență suntem amenințați de microorganisme pătrunse în corp, de substanțe străine sau de propriile celule denaturate. De aceea, corpul nostru dispune de un sistem care are sarcina de a menține cursul anumitor procese, pentru a-și proteja sănătatea. Mecanisme de apărare specifice și nespecifice se angrenează și dezactivează astfel de structuri străine (de exemplu, celule canceroase, tumori) sau microorganisme patogene (= agenți infecțioși). Cu cât organismul nostru este aprovizionat mai bine cu alimente furnizoare de energie și hrănitoare, cu atât mai convenabil decurg aceste procese. Pentru un sistem imunitar funcțional, o floră intestinală sănătoasă este absolut necesară. Din flora intestinală fac parte câteva sute de tipuri de tulpini bacteriene. Numărul total de bacterii este estimat la aproximativ 10^{14} (100 de bilioane): asta înseamnă de zece ori mai multe bacterii decât celulele propriului corp. Dintr-o floră bacteriană sănătoasă fac parte în special bacteriile producătoare de acid lactic:

- Bacterii de tip bifidus, care reprezintă aproximativ 25%;
- Bacterii de tip lactobacili, care colonizează de regulă tractul respirator, gastrointestinal și vaginul.

Microculturile probiotice din intestin le deplasează pe cele patogene (cauzatoare de boli), împiedicând astfel ca acestea să treacă de mucoasa intestinală și să pătrundă în corp. Ele descompun glucoza în acid lactic și acid acetic, creând astfel un pH redus. În acest mediu acid bacteriile intestinale nedorite și cele cauzatoare de boli nu se simt bine, așa că nici măcar nu se instalează aici. În plus, bifidobacteriile produc o substanță toxică numită „bifidină“. Aceasta împiedică creșterea și înmulțirea bacteriilor dăunătoare. Culturile probiotice stimulează activitatea celulelor de apărare.

Tipul și componența colonizării intestinale depind de mediul din intestin, de exemplu de valoarea pH-ului, de oxigen și de oferta de hrană. Putem asigura un mediu pozitiv și sănătos, printr-o alimentație vitalizantă, tonifiantă, cu multe fibre (vezi subcapitolul despre mâncare). Aceasta este condiția unei simbioze între om și microorganisme. O simbioză este o conviețuire cu beneficiu reciproc.

IMPORTANT Există o interacțiune între comportamentul nostru și cel al bacteriilor!

Alte sarcini ale bacteriilor

- Sprijină digestia, astfel încât hrana să poată fi prelucrată optimal.
- Produc vitamine (vitamina B_{12}, acidul folic, vitamina K).
- Contribuie la un nivel scăzut al colesterolului.
- Sunt implicate în multe procese metabolice și de regenerare.

Bolile sunt însoțite de o disbioză (dezechilibru microbian). La o astfel de falsă populare a intestinului se ajunge prin mai mulți factori. Pe lângă alimentația greșită, stres, medicamente (mai ales antibiotice), și poluanții de mediu joacă un rol important și stilul nostru de viață (comportamentul). Un studiu din SUA (făcut de Marine Biological Laboratory – un renumit institut de cercetare în Woods Hole, Massachusetts) arată foarte impresionant efectele pe termen lung ale consumului de antibiotice. Omul de știință Mitchell Sogin a dezvoltat o tehnică prin care poate detecta exact compoziția florei intestinale. Astfel a putut dovedi cum compoziția acesteia se modifică fundamental după tratamentul cu antibiotice. De asemenea, el a mai putut constata că anumite tulpini bacteriene se refac mai repede, altele, în schimb, necesită mai mult de șase luni. Aceste modificări nefavorabile ne slăbesc sănătatea, deoarece bacteriile joacă un rol important în prelucrarea hranei, metabolism și apărare. De aceea se recomandă ca după administrarea de antibiotice să ne preocupăm de refacerea florei intestinale sănătoase. Argumentele pro și contra antibioticelor trebuie analizate cu grijă.

Obiceiuri alimentare deficitare (alimente procesate industrial, zahărul rafinat, prea puține fibre), ca și mestecatul insuficient conduc la inerția (*lentoarea*) intestinului. Aceasta duce la stagnarea conținutului intestinal și a produselor de degradare nocive și a bacteriilor. Se poate ajunge la iritarea mucoasei intestinale. Mucoasa intestinală ajunge permeabilă, astfel încât poate interveni o autointoxicare a organismului. Dacă acest proces durează un timp îndelungat, iar excreția se blochează, se ajunge la depunerea (*sedimentarea*) de produse reziduale pe peretele intestinal, ceea ce accentuează și mai mult încetineala intestinului.

Refacerea florei intestinale

O floră intestinală intactă, sănătoasă este atât de esențială pentru sănătate încât ar trebui să facem periodic câte o cură de probiotice. Trei pași sunt de consemnat aici:

1. Curățați-vă intestinul cu o zi înainte cu sare de Karlsbad.
2. Pregătiți-vă tractul gastrointestinal cu o cură de apă cu nămol de turbă.
3. Luați microculturi timp de șase până la opt săptămâni.

Pe timpul curățirii intestinului și a curei cu nămol de turbă recomandăm ca mic dejun iaurtul, fructele proaspete și compotul de mere.

Curățirea intestinului. Înainte de refacerea florei intestinale este necesară efectuarea curățirii intestinului. În ziua respectivă, nu mai consumați nimic începând cu ora 16, puteți doar să beți. La orele 17, 19 și 21 luați câte o jumătate de linguriță de sare de Karlsbad în puțină apă. În ziua următoare începeți să vă pregătiți pereții stomacului și ai intestinului, precum și metabolismul, cu o cură de băut nămol de turbă.

IMPORTANT

Microculturi – tulpina corectă este decisivă

Pentru o refacere orientată a florei intestinale este decisiv ca microculturile să conțină tulpinile bacteriene corecte, care au un efect pozitiv dovedit asupra sistemului imunitar. Microculturile trebuie administrate în cantități mari, pentru ca un număr cât mai mare de bacterii să poată depăși pasajul prin stomac, deci sucul gastric. În final trebuie să aibă capacitatea de a se ancora în intestin pentru a-și putea îndeplini funcția. În preparatele respective trebuie incluse doar ingrediente naturale și bine tolerate. E bine să se renunțe la aditivi artificiali. Noi vă recomandăm în special două preparate: Kijimea® immun și Darmflora® plus select Dr. Wolz. Kijimea® immun conține cinci tulpini bacteriene extrem de eficiente și se potrivesc mai ales la modificările de regim alimentar pentru refacerea florei intestinale. Darmflora® plus select Dr. Wolz conține opt culturi probiotice (Lactobacillus acidophillus, Lactobacillus casei, Lactobacillus plantarum, Lactobacillus rhamnosus, Bifidobacterium bifidum, Bifidobacterium lactis, Bifidobacterium breve și Streptococcus thermophillus). Aceștia sunt protejați de sucul gastric astfel încât pot ajunge nevătămați în intestin și pot promova o mucoasă intestinală sănătoasă. În plus, pot întări procesele de apărare ale corpului, revigorând totodată flora intestinală. Vitamina B inclusă în acestea contribuie la stimularea mucoasei intestinale și a sistemului imunitar.

Cura de băut nămol de turbă. Nămolul de turbă constă într-o varietate de plante medicinale și a luat naștere în decursul anilor prin activitatea numeroaselor microorganisme și a enzimelor acestora. Nămolul de turbă conține formele elementare ale bacteriilor umane și o multitudine de vitamine și substanțe minerale cu efect benefic asupra florei stomacului și intestinului. Cura de băut nămol de turbă stimulează colonizarea bacteriilor benefice și sprijină funcția nervilor gastrici și producția de sucuri digestive. Aplicare: după curățirea intestinului, beți dimineața, la prânz și seara înainte de mese câte o linguriță de nămol de turbă într-un pahar cu apă (până se golește sticla).

Mic dejun imun. După curățirea intestinului și cura de băut nămol de turbă începeți cu refacerea florei intestinale prin băutul zilnic timp de cel puțin două săptămâni, dimineața, înainte de micul dejun, a unui pachețel de Kijimea® immun dizolvat într-un pahar cu apă. În continuare ar trebui să utilizați preparatul Darmflora® plus select Dr. Wolz. În funcție de starea de sănătate se recomandă acest preparat timp de patru până la șase săptămâni, și anume zilnic trei capsule (sau conținutul acestora). Esențial este ca una dintre capsule s-o luați seara, deoarece pe timpul nopții bacteriile își pot desfășura activitatea deosebit de bine. Celelalte două capsule le puteți lua fie ambele dimineața înainte de micul dejun, fie una dimineața și una la prânz. Următorul mic dejun întreține colonizarea bacteriilor. Puneți într-un castron următoarele ingrediente:

Un produs pe bază de lapte acru (iaurt, brânză de vaci cu acid lactic dextrogir)

- Compot de mere cu agar-agar®
- Două linguri de suc originar (suc pur, fără adaosuri, de ex. din coacăze, afine sau soc)
- O linguriță de Miniaktiv (Dr. Metz) (minerale pe bază de plante)
- Fructe proaspete după preferințe
- Puțin suc de lămâie
- La nevoie, miere

Produsele pe bază de lapte acru cu acid lactic dextrogir conțin deja mulți lactobacili și servesc drept mediu de cultură pentru bacteriile conținute în preparat. Pigmenții de un roșu și albastru-închis din sucul pur, așa-numiții „antocieni", sunt mediatori energetici valoroși și au în plus și o acțiune detoxificantă și revigorantă, deoarece conțin tipuri valoroase de zaharuri, vitamina C și substanțe minerale. Vitamina C din lămâie și din sucul originar rotunjesc întregul meniu prin proprietățile imunostimulatoare și antiinflamatorii.

Prepararea compotului de mere. Curățați merele de coajă și de sâmburi și tăiați-le în felii. Apoi înăbușiți-le în puțină apă, până când se sfărâmă. Spre sfârșitul fierberii adăugați puțin agar-agar®. Lăsați-l să se răcească și apoi îl consumați. Poate fi fiert pentru mai multe zile și păstrat în frigider. Prin fierberea înăbușită se eliberează pectina din mere, care va stimula creșterea bacteriilor. Pectina suplimentată de agar-agar® este o completare optimală. Acționează antiinflamator și împiedică iritațiile mucoasei intestinale.

IMPORTANT **Luați în considerare: încercările de refacere a florei intestinale fără a respecta regulile nutriționale ale unei alimentații energizante nu duc la efectul scontat.**

Cum întâmpinăm inflamația și infecția

La o inflamație, corpul răspunde prin reacții de apărare la iritații de natură chimică sau fizică, precum și la microorganisme. Simptome locale tipice sunt: roșeața, tumefierea (umflătura), încălzirea, durerea și o limitare a funcționalității. La acestea se pot adăuga febra și stare generală alterată. Circulația sanguină intensificată aduce mai multe celule albe în zona respectivă pentru a îndepărta corpul străin, a reface țesutul distrus și a-l vindeca. Puteți susține acest proces cu următoarele preparate:

Wobenzym®: acesta este o combinație specială din enzime naturale și rutin (rutozid, un pigment din plante din grupa flavonoidelor). Enzimele descompun rapid produsele de metabolism, rutinul normalizează permeabilitatea pereților vasculari. Astfel, umflăturile și vânătăile se reduc mai repede. Luați în cazurile acute cu circa o oră înainte de mese, zilnic, distribuite în trei porții a câte 15-20 de tablete Wobenzym® cu multă apă.

Traumeel® – tablete: ajută la răniri, procese inflamatorii sau inflamator-degenerative. În fazele acute se iau de trei ori până la de cinci ori pe zi câte trei până la cinci tablete pe care le lăsați să se topească sub limbă.

Rechtsregulat® Bio: (remediu din vitamine și componente enzimatice din legume, fructe și nuci). Ingredientele inhibă inflamațiile. Luați câte o linguriță dimineața după sculare și seara înainte de culcare, pur sau în puțină apă. După consultarea cu terapeutul, puteți crește doza până la de trei ori pe zi câte o lingură. O cură corespunde unei sticle întregi și poate fi prelungită după caz.

Argint coloidal: particule microscopice de argint pur în apă curată sunt utilizate de secole drept remediu puternic împotriva bacteriilor, a virusurilor sau a ciupercilor. Ele ne eliberează de bacteriile vătămătoare fără să le afecteze pe cele benefice. Este un antibiotic natural cu spectru larg și fără efecte secundare. Argintul ne întărește sistemul imunitar și stimulează vindecarea rănilor (exemplu de preparat: Viabiona).

Vitamine: Vitamina C din lămâi stoarse proaspăt, portocale, grepfrut, coacăze negre sau ananas au un efect antiinflamator. Recomandăm cantități mai mari, consumați zilnic un pahar de suc proaspăt.

Usturoi, ceapă și ghimbir: condimentele le puteți consuma – de preferat – crude. În funcție de necesitate și tolerabilitate. Ghimbirul îl puteți prepara și ca ceai: turnați apă clocotită peste ghimbirul tăiat mărunt, acoperiți-l și lăsați-l apoi la infuzat circa 10 minute.

Mâncați stimulant și energizant

Urmăriți-vă la masă și încercați să aflați:

- Cum vă simțiți după masă? Obosiți? Regenerați? Aveți senzația că vă stă o piatră în stomac sau vă simțiți ușori?
- De ce ține asta? De ceea ce ați mâncat? De ora mesei? De cantitate? Ați „înghițit“ totul nemestecat, mai mult în trecere, sau ați mestecat conștient și pe îndelete?
- Ce obiceiuri aveți? Mâncați mai degrabă mai mult sau mai puțin atunci când sunteți sub stres sau frustrați? Ciuguliți între mese? Dacă da, în ce situații?

De ce mâncăm noi de fapt? Motivul profund este acela că trupul are nevoie permanentă de energie și trebuie aprovizionat cu elemente de bază pentru ca procesele metabolice să poată funcționa fără probleme și corpul să ne poată asigura astfel un „serviciu complet". Pentru asta recomandăm o alimentație lacto-vegetariană. Aceasta este o bază solidă pentru refacerea și menținerea sănătății. Ea constituie o completare necesară pentru munca sufletească. Partea specială a acestei alimentații constă în sistemul de tip închis. În același timp, acest sistem poate fi manipulat destul de flexibil. Asta înseamnă că vă puteți adapta modul de alimentație fără probleme propriilor necesități – fără să vă fie teamă că ați putea comite greșeli serioase.

Această alimentație constă mai ales în: fructe din abundență, legume, uleiuri și grăsimi de calitate, proteine de calitate din leguminoase, nuci și produse lactate și – moderat – cereale de calitate și fibre.

Contraproductive sunt: carnea, ouăle, grăsimile încinse și zahărul alb, rafinat.

Alimentația de calitate ar trebui să conțină cât mai puține toxine și reziduuri, așa încât să nu dăuneze bacteriilor benefice din intestin, ci să le susțină. Totul trebuie să fie ușor de prelucrat, pentru ca substanțele nutritive să poată ajunge fără mare consum de energie la destinație, în celule. De aici rezultă următoarele recomandări:

- Consumați alimente în starea lor naturală și gătiți-le cu cât mai mult menajament. La fiecare procesare, mai ales la cea de tip industrial, se pierd substanțe nutritive, care nu mai pot fi suplinite adecvat de cele adăugate artificial.
- Fiți precauți cu aditivii.
- Rezervați-vă timp pentru masă (fără ziar și fără televizor alături) și mestecați bine și conștient.

„Alimentația nu este punctul culminant în viață,
dar este pepiniera din care se poate ridica
punctul culminant (= sufletul)."
Max Bircher Benner, medic și cercetător

A mânca într-un ritm sănătos

Atunci când suntem stresați, corpul are nevoie de mai multe substanțe nutritive pentru a lucra cu performanțe depline. Dar tocmai atunci nu ne facem timp să acordăm atenție unei alimentații sănătoase. Și atunci, să ne mai mirăm când corpul ne atrage atenția insistent asupra sa și trage „frâna de urgență"? La modul ideal ar trebui să ne adaptăm mesele la ritmul natural prevăzut de legile vieții, așa cum reiese din proverbul: „Mănâncă la micul dejun ca un împărat, la prânz ca un rege și la cină ca un cerșetor." Aici recomandările pentru micul dejun și prânz sunt variabile: puteți mânca dimineața ca un rege și la prânz ca un împărat, seara însă ar trebui să vă rețineți.

După regenerarea din timpul nopții, dimineața și înainte de prânz se află în prim-plan dezintoxicarea și purificarea (eliminarea deșeurilor). Pe timpul nopții corpul a pus multe lucruri în ordine și a consumat multe materiale, așa că obiectivul său este acela de a-și umple din nou „depozitul". De asemenea, s-a acumulat și o mulțime de „gunoi", pe care ar fi bine să-l înlăturăm încă de dimineață. În această fază ne putem susține corpul cu băuturile descrise mai sus, precum și cu un mic dejun sănătos („ca un rege"). Prânzul este momentul în care corpul poate valorifica cel mai bine totul (mâncatul „ca un împărat" e posibil). Acum se pot afla pe lista de bucate și mâncăruri crude mai greu digerabile (cum ar fi leguminoasele, varza). Seara scade din nou ușor cantitatea de energie a corpului. O cină ușoară („ca un cerșetor") luată cât mai devreme poate fi digerată de corp fără mari eforturi. Asta ne asigură un somn odihnitor.

De ce avem nevoie?

În ultimele decenii, oamenii de știință au dobândit o mulțime de cunoștințe referitoare la nutriție. Și totuși, nu ne aflăm atât de departe încât să ne putem aproviziona cu toate cele necesare corpului doar printr-o „băutură miraculoasă" sau printr-o „pastilă miraculoasă". Multe substanțe sunt importante pentru corpul nostru. Aici sunt incluse renumitele substanțe vitale sau esențiale, adică acele substanțe pe care trebuie să le furnizăm neapărat corpului, periodic (de exemplu, vitaminele). Oamenii de știință din domeniul nutriției încearcă mai departe să descifreze și alte materiale conținute în alimentele naturale și care ne-ar putea susține sănătatea. Obiectivul major al unei nutriții sănătoase ar trebui să fie acela de a recurge la alimente cât mai naturale, așa cum cresc ele. Acestea sunt în primul rând fructele și legumele. În forma cea mai naturală, mai ales când provin dintr-o cultură ecologică din regiune și sunt de sezon, ele conțin cele mai multe dintre substanțele nutritive cunoscute și necunoscute. Și aici nu este vorba doar de substanțe primare, cum ar fi grăsimile, carbohidrații, proteinele, fibrele, mineralele și oligoelementele, ci și de aproximativ 30 000 de substanțe vegetale secundare, care le susțin pe celelalte în efectul lor pozitiv. În plus, au și efect de promovare a sănătății, de exemplu proprietăți antioxidative, antibacteriene, antitrombotice, anticancerigene, antiinflamatoare, imunomodulatoare, de stimulare a digestiei, de scădere a glicemiei, a colesterolului și a tensiunii arteriale.

Procesele din corpul nostru sunt complexe. Nu avem voie să le considerăm izolat. Substanțele nutritive vitale din natură sunt adaptate perfect, de la sine, necesităților metabolismului nostru. Prin adăugarea de substanțe artificiale în formă izolată și de cele mai multe ori concentrată nu putem furniza corpului niciodată, nici pe departe, ceea ce-i furnizează alimentele naturale. Mâncarea ar trebui gătită prin metode cât mai blânde, astfel încât substanțele vitale să se păstreze pe cât posibil. Obiectivul este ca și informațiile energetice conținute în fiecare aliment să rămână intacte. În felul acesta, atât substanțele nutritive, cât și energia pot ajunge la destinație, adică la celulă, fără prea mari cheltuieli.

IMPORTANT Fiecare celulă este o capodoperă în sine. Celulele câștigă energie și fabrică produse vitale, pentru ca procesele fiziologice să se poată desfășura fără probleme. Printr-o floră intestinală normală, celulele își primesc substanțele necesare.

Cine comută pe o alimentație sănătoasă, naturală își sprijină îndeosebi forțele de autovindecare ale corpului.

„Lasă hrana să-ți fie remediu."
Hipocrate

Ce ne vitalizează (stimulează)?

O alimentație diversificată lacto-vegetariană conține un amestec echilibrat de alimente pline de viață și vitalizante precum:

- Cereale: ovăz, mei, orez, hrișcă, porumb, quinoa, amarant, alac, alac verde și orz;
- Pâine integrală cu maia naturală, crackers (pe cât posibil numai dintr-un tip de cereale și în cantități moderate);
- Paste din făină integrală sau spaghete/tăiței (griș din grâu dur) fără ou;
- Toate tipurile de legume;
- Muguri și vlăstarii (germenii);
- Toate felurile de fructe;
- Leguminoase: linte, fasole boabe, năut sau mazăre;
- Produse din lapte acru: iaurt, brânza de vaci cu acid lactic dextrogir, lapte bătut, smântână și diverse brânzeturi (deosebit de valoroase sunt cele din lapte de oaie sau de capră);
- Nuci și semințe (neprăjite);
- Grăsimi: toate uleiurile comestibile obținute prin presare la rece (în special uleiul de măsline, de in, de germeni de grâu și de floarea-soarelui), unt din smântână;
- Pentru îndulcit: miere, sirop de arțar, suc gros de mere sau de pere, fructe uscate nesulfurate;
- Pentru condimentat: ierburi și condimente, Tamari (un fel de sos de soia, la care, prin fermentare, sarea conținută devine mai ușor digerabilă; nu îl fierbeți!), oțet natural, muștar;
- Băuturi: apă după cum am descris mai sus, ceaiuri din plante, bere și vin în cantități moderate.

Gătiți cerealele (în cantitatea corespunzătoare de apă) și legumele (cu puțină apă) cu mirodenii, cât mai blând, pentru a nu distruge substanțele nutritive.

Adăugați ulei de măsline sau unt, smântână dulce sau acră și Tamari, precum și sare de mare. Puteți consuma alături și brânză sau usturoi. Mâncărurile să fie gătite cât mai diversificat și să aibă gust bun. Mâncarea lacto-vegetariană este ușor digerabilă, iar prelucrarea ei necesită mai puțină energie decât a celei convenționale.

Ce ne inhibă?

Următoarele alimente sunt contraproductive, întrucât deregleză sistemul nervos și flora intestinală:

- Carnea și mezelurile
- Ouăle
- Făina fină, fără tărâțe
- Zahărul rafinat, zahărul brun și îndulcitorii
- Sarea de bucătărie și sarea de masă
- Ceaiul negru, ceaiul verde, ceaiul Mate, cafeaua și alte băuturi ce conțin cafeină
- Alcoolul concentrat (tăriile)
- Produsele de soia (cu excepția Tamari, care este fermentat)
- Conservanții și adaosurile artificiale
- Grăsimile încinse

Băuturi speciale

Recomandabile sunt doar trei mese pe zi. Între ele puteți consuma apă, ceaiuri sau alte băuturi bogate în substanțe vitale, astfel încât să ajungeți la doi litri de lichide pe parcursul întregii zile. Băuturile bogate în substanțe vitale furnizează corpului multe vitamine importante, minerale și oligoelemente. Astfel corectați diverse deficite fără un consum mare de energie. Corpul nu trebuie să pună în funcțiune complet procesele digestive pentru băuturi care nu conțin fibre. Astfel, substanțele nutritive se resorb direct în intestin (sunt preluate în sânge) și în cel mai scurt timp ajung la creier – centrul nostru de control – sau la alte destinații în corp.

Băuturi recomandabile între mese sunt:

Pulbere de sfeclă roșie: sfecla roșie conține foarte multe minerale și oligoelemente, mai ales molibden – util împotriva cancerului – și aur – care ajută împotriva sclerozei multiple –, precum și valoroși antocieni. Adăugați o linguriță de pulbere de sfeclă roșie într-un pahar împreună cu sucul proaspăt stors al unei portocale, pe care îl puteți dilua cu apă sau, dacă doriți, și cu sucul unei jumătăți de lămâie. Puteți să preparați această băutură „stimulantă“ de dimineață și s-o luați cu voi. Cel mai bine este s-o beți spre finalul dimineții, aproape de prânz, atunci când simțiți că nivelul energetic se diminuează – pentru a primi un nou impuls.

Drojdie de bere lichidă: Panaktiv® este o drojdie de bere celulară lichidă care conține multe vitamine, minerale și oligoelemente, în special pentru creier și sistemul nervos. În plus, conține substanțe active pentru apărarea imunitară și pentru metabolismul hepatic. Cel mai eficace este atunci când o jumătate de porție sau chiar o porție întreagă (corespunde unei linii de marcaj de pe sticlă) este amestecată cu suc proaspăt de portocale, lămâie (sau grepfrut) și suc originar închis la culoare (suc pur, nediluat, fără niciun adaos) din afine, soc sau coacăze negre. Pentru a putea valorifica cel mai bine această băutură, ar trebui să începeți de-abia după ce ați consumat cel puțin trei săptămâni la rând micul dejun imun.

Ceai de mușețel cu suc de valeriană: sau ceai de mentă băut după-amiaza târziu este un sprijin mare pentru sistemul nervos și pentru atât de importanta regenerare de pe timpul nopții.

Sucuri din plante presate: adăugați la 20 ml din următoarele sucuri presate din plante apă în proporție de 1:4:

- Pătlagina îngustă sau pătrunjelul aprovizionează toate regiunile creierului.
- Mesteacănul și urzica servesc dezintoxicării și purificării.
- Păpădia susține ficatul.
- Coada-calului susține pielea, părul și unghiile, precum și regenerarea nocturnă.
- Pelinul ajută stomacul.
- Rozmarinul este pozitiv pentru încărcatul creierului cu energie și activează o tensiune arterială scăzută.
- Cimbrul este bun pentru organele respiratorii.
- Coacăzele fortifică sistemul nervos.
- Păducelul este bun pentru inimă.

Băuturi verzi din plante: tocați mărunt plante proaspete (după preferință) cu 150 ml de apă într-un mixer și apoi strecurați-le. Această băutură poate fi o parte din eșantionul băuturilor de dimineață sau o puteți bea cu 20 de minute înaintea mesei de prânz. Lichidul conține substanțe nutritive importante, care pot fie resorbite imediat. Pentru această băutură se potrivesc toate mirodeniile din bucătărie (de exemplu: tarhon, coriandru, pătrunjel, rozmarin, salvie, cimbru) și ierburi sălbatice precum urzica, pătlagina îngustă, păpădia, limba-mielului, crețișoara. O băutură verde puteți obține și din frunzele verzi de țelină, din frunzele de sfeclă roșie, andivă, salată verde, rucola, fetică.

Sucuri proaspete de legume: cu ajutorul storcătorului puteți prepara gustoase sucuri de legume.

- Morcovii, fie puri, fie amestecați alternativ cu usturoi, ghimbir, chimen dulce sau sfeclă roșie, conțin mai ales provitamina A pentru ochi. Castravetele (cu măr) conține acidul silicic, bun pentru păr, piele și unghii. Țelina cu măr și ridichi este bună pentru purificare și detoxificare – recomandabil mai ales înainte de a merge la saună.

- Sucuri de acid lactic: zeama de varză acră este cea mai bună sursă de calciu și magneziu pentru oase. Aceasta conține acetilcolină, o substanță care transmite impulsurile nervoase în creier și sistemul nervos. În plus, stimulează digestia și mișcările intestinului și ușurează eliminarea scaunului. Mustul de sfeclă roșie conține antocieni (pigmenți de un roșu-violet), care au o energie specială în menținerea sănătății și tinereții celulelor creierului și ale corpului. Mustul de morcovi conține multă provitamină A pentru ochi.

Băile – curățirea și hrănirea prin piele

Pielea are două funcții importante: prin ea ne putem detoxifica, eliminând deșeurile, și, cu puțin consum de energie, putem chiar să resorbim anumite substanțe. Aceste proprietăți le putem utiliza în favoarea noastră prin intermediul băilor. Temperatura băii ar trebui să fie în jur de 36 până la 38°C, durata acesteia – între 10 și 30 de minute (vă rugăm să procedați în funcție de boală și de intuiția proprie). În continuare, mai ales după băile cu nămol de turbă, se recomandă odihna. Contraindicații pentru băi sunt: boli febrile, procese inflamatorii acute, insuficiență cardio-circulatorie, suferințe venoase și sensibilitate cunoscută față de anumite substanțe active. Controlați singuri ce băi au efect asupra organismului vostru precum și dacă băile vă fac mai bine dimineața sau seara.

Baia specială de curățenie: la această baie, corpul este periat mai întâi de două ori cu o perie și cu un săpun tolerat de piele. Apoi se lasă să curgă în cada de baie circa 20 cm de apă proaspătă, căreia i se adaugă o sticlă de oțet de fructe. Udați-vă corpul cu această apă circa 10 minute. Această baie întărește stratul ușor acid de pe suprafața pielii, stimulează funcția glandelor și vascularizația. Baia cu oțet se potrivește, de exemplu, seara, înaintea uneia cu nămol de turbă în dimineața următoare, pentru că astfel substanțele conținute vor fi resorbite mai bine. După înotul în apa cu clor, baia cu oțet ajută la refacerea învelișului acid al pielii, distrus de clor.

Băile cu nămoluri joase: (Denumirile „joase“ și „înalte“ nu au de-a face cu poziția geografică, ci cu tipul de apă cu care sunt alimentate mlaștinile respective: cu apă freatică la cele joase și cu cea de precipitații la cele înalte.) O baie cu nămol de turbă conține o multitudine de substanțe minerale, oligoelemente și vitamine, pe care pielea le resoarbe într-o dozare corectă. Adăugați apei de baie una până la două linguri de pământ terapeutic, două cești de oțet de fructe, două linguri de extract de ierburi de baie (extract de pin de munte sau de rozmarin). Nămolul constă din multe substanțe minerale, vitamine și uleiuri eterice, care s-au concentrat de-a lungul mileniilor, pe timpul formării acestuia. Puterea sa vindecătoare susține detoxificarea și purificarea și are ca efect întinerirea corpului. Băile cu nămol se recomandă în special la reumatism, artrită sau alte tulburări ale aparatului locomotor.

Băile cu nămoluri înalte (ombrotrofe): aceste băi, de exemplu cu nămol în suspensie de tip Schwanberg® din Alpii austrieci, conțin multe oligoelemente care au preluat vibrațiile luminii solare pe parcursul îndelungatului proces de formare. Acestea sunt surse de energie esențiale și întrețin procesele de regenerare a celulelor.

Băile cu nămol de Karlsbad®: ajută la relaxarea musculară, îmbunătățesc circulația sanguină și se recomandă în special pentru afecțiuni ale aparatului de susținere și locomotor. Pot fi aplicate alternativ cu alte tipuri de nămol.

Nămoluri de aluviune din Marea Nordului: substanțele active din aluviunile terapeutice ale Mării Nordului se recomandă îndeosebi femeilor, întrucât reglează echilibrul hormonal. De asemenea, s-au dovedit eficiente și la numeroase boli de piele, tulburări de menopauză, precum și la boli inflamatorii și degenerative ale articulațiilor și coloanei vertebrale.

Băile de plante: băi cu ierburi proaspete cum ar fi urzica, pătlagina, rozmarinul sau cimbrul. Utilizați câte un tip de plantă pentru o baie. Ierburile se pregătesc, ca și băuturile verzi, într-un mixer. Pentru o baie aveți nevoie de circa 50 de grame de ierburi proaspete. Strecurați lichidul printr-un ciorap de nailon. Apoi înnodați ciorapul și așezați-l în apa din cadă.

Băile cu flori de fân: băile pure de flori de fân acționează detoxificant și se recomandă în special la răceli. De asemenea, servesc și la încărcarea creierului cu energie.

Băile bazice: o cură bazică (alcalină), împreună cu o nutriție bogată în substanțe minerale și băi bazice, constituie o mare susținere în neutralizarea și eliminarea excesului de acizi. Pentru o astfel de baie folosiți trei linguri de „MeineBase", de la firma Lea, la o temperatură de 37° C, timp de minimum 30 de minute. Din când în când frecați-vă corpul cu un prosop aspru.

Ce mai puteți face

Pentru vindecare, corpul are nevoie și de substanţe nutritive și energie. I le puteți furniza pe amândouă în formă „condensată". Multe produse naturale acționează asupra întregului organism, reglează procesele metabolice și activează forțele naturale vindecătoare. În continuare găsiți o mică selecție:

Pământ terapeutic la bolile pielii: comprese sau măști faciale cu pământ terapeutic (de exemplu, Luvos®) își fac efectul la aplicațiile externe mai ales în perioada de uscare: mixtura moale de pământ terapeutic se usucă dinspre exterior spre interior. Prin aceasta ia naștere un efect de aspirație. De aceea pământul trebuie lăsat pe piele până la uscarea completă. Fluxul de lichid se scurge la exterior și acționează detoxificant. Astfel pot fi îndepărtate („evacuate") secrețiile plăgilor sau ulcerațiilor, produsele de metabolism, toxinele microbiene și încorporate în pământul terapeutic. Mixtura îndepărtează și produse insolubile în apă cum ar fi sebumul din pori, ceea ce prezintă avantaje la coșuri, pustule, furuncule (de ex. la acnee). În plus, îmbunătățește vascularizația pielii și prin ea alimentarea cu oxigen și substanțe nutritive. Pământul terapeutic Luvos® acționează stimulând circulația sângelui, antispastic și analgezic la nivelul leziunilor inflamatorii și dureroase ale corpului.

Spălături oculare purificatoare: spălături oculare cu apă sedimentată cu pământ terapeutic (Luvos® sau Argiletz®) dimineața pentru curățire: se pune într-un vas cu capac înșurubat apa fiartă cu pământ terapeutic, se lasă pământul să se depună pe fund. Turnați cu grijă partea de deasupra, în care s-au concentrat mineralele, într-un vas pentru baia oculară și clătiți-vă ochii cu ea. Apa din borcan poate fi folosită mai multe zile.

Spălături nazale pentru nasul înfundat: spălături nazale cu apă sedimentată cu pământ terapeutic: puneți o jumătate de linguriță de pământ terapeutic într-un păhărel cu apă fiartă și răcită și lăsați-l să se sedimenteze peste noapte. Turnați cu grijă apa de deasupra într-un alt vas și trageți-o pe nas. Puteți face spălături nazale și cu sare de Emser.

Unguent nazal pentru răceli: pentru răceli se recomandă Emser® unguent nazal. Aplicat în jurul foselor nazale, are un efect calmant după suflatul frecvent al nasului.

Olbas picături: sub formă de picături pe cale orală sau pentru inhalat. Acest concentrat de uleiuri esențiale din mentă și eucalipt are efect calmant, dezinfectant, antispastic, antiinflamator, antibacterian și expectorant.

Symbioflor pentru ochi, urechi și gât: Symbioflor pentru ochi, urechi, nas și gât, pentru ca, atunci când vă aflați la aer curat, să se poată depune simbionții (microorganisme care trăiesc în simbioză cu organismul uman) promovatori de sănătate pe mucoasele respective: apă (fără bioxid de carbon) cu aproximativ zece picături de Symbioflor®1 într-un vas pentru spălătură oculară, cu care vă clătiți ochii. Picurați câteva picături și în urechi. Puneți puțină apă în palmă și trageți-o pe nas. Cu restul puteți face gargară, apoi îl puteți scuipa sau înghiți.

Băi cu oțet la mâini și picioare pentru purificare și împotriva micozelor: oțet pur și natural din fructe se încălzește puțin, apoi se scufundă în el mâinile, pentru trei minute, picioarele – cinci până la zece minute (la piciorul de atlet puteți adăuga și câteva picături de ulei de cajeput) –, apoi clătiți scurt cu apă. Băile stimulează drenajul limfatic și eliminarea deșeurilor limfatice. De asemenea, prin băile cu oțet se sprijină și vindecarea negilor și a bolilor cutanate produse de ciuperci. Le puteți aplica de două ori pe zi.

Plante medicinale cu efect vindecător: multe plante au un efect medicinal, terapeutic asupra organismului. Se recomandă administrarea sub diverse forme, de exemplu ca unguente, uleiuri eterice, comprese, băuturi verzi, sucuri presate sau ca băi (vezi paginile anterioare).

Aloe vera conține multe substanțe active valoroase, are efecte antiinflamatorii, de vindecare a rănilor, imunostimulatoare, antialergice, omoară ciupercile și alte microorganisme. La arsuri și plăgi tăiate, erupții cutanate, entorse și tendinite (inflamați ale tendoanelor) este de mare ajutor. Administrată pe cale orală aprovizionează organismul cu minerale, vitamine, enzime și aminoacizi esențiali, necesari pentru construcția celulelor.

Fulgi de arahide pentru digestie conțin multe fibre, precum și proteine vegetale, ușor digerabile, minerale, vitamina E și uleiuri nesaturate. Stimulează digestia, fibrele leagă produsele toxice rezultate din metabolism și le elimină. În plus, servesc bacteriilor bune drept hrană și se recomandă în special în caz de constipație. Adăugați una până la două linguri la un mic dejun din fructe sau la un desert cu iaurt.

Sucul de mangustan este una dintre cele mai bune surse de substanțe vegetale secundare, deoarece conține xantone, care au cele mai puternice proprietăți antioxidante din câte se cunosc. În plus, conține minerale naturale, oligoelemente, enzime, vitamine și alte substanțe vegetale secundare benefice sănătății. Luați 20 ml o dată pe zi.

Sucul de noni este bogat în minerale, vitamine, enzime și substanțe esențiale. Crește energia și performanțele corpului, impulsionează metabolismul, scade tensiunea arterială, fortifică sistemul imunitar și ameliorează durerile. Luați zilnic câte o lingură.

Extractul de frunze de măslin are proprietăți antibiotice, antibacteriene, antimicotice și antiparazitare. În plus, acționează calmant la dureri, accelerează vindecarea rănilor, acționează antiinflamator și este un remediu probat la hipertensiunea arterială și la borelioză (boala Lyme). Luați zilnic de două până la trei ori câte o linguriță înainte de masă.

Rechtsregulat® Bio: preparatul este de fapt un aliment care ia naștere prin fermentația lactică a fructelor și legumelor. Ingredientele – aminoacizi esențiali, diverși antioxidanți, vitamine, minerale, bacterii din familia lactobacililor, dizolvați în acid lactic dextrogir – sunt foarte concentrate și prezentate într-o astfel de formulă, încât să poată fi ușor resorbite de organism. Regulatele acționează antiinflamator, sunt imunostimulatoare, antialergice și au acțiune detoxificantă. Administrat pe cale orală, Rechtsregulat® Bio susține procesele biologice de reglare, metabolismul energetic și funcția imunitară. Rechtsregulat® Bio aplicat extern are efect pe probleme articulare, leziuni, contuzii, vânătăi și arsuri.

> **IMPORTANT** Puteți recurge la suplimentele alimentare într-o manieră orientată. Aveți grijă ca preparatele respective să conțină substanțe naturale și să fie preparate cu menajament și fără aditivi artificiali.

Regulat® dent îngrijește și fortifică gingia prin forța concentrată a RechtsRegulat®. Merișorul și ghimbirul protejează și vitalizează gingia. Ingredientele complexe reprezintă o prevenție ideală pentru parodontoză. Ele activează vascularizația și metabolismul celular în cavitatea bucală și contribuie astfel la constituirea unei flore bucale normale. Se utilizează și la îngrijirea postoperatorie sau după implant, precum și la îngroșări sau iritații ale mucoasei bucale. Clătiți-vă gura de două ori pe zi, dimineața și seara, cu Regulat® dent timp de un minut.

Salviathymol® N picături pentru gingii conține substanțele active: ulei de salvie, ulei de eucalipt, ulei de mentă, ulei de scorțișoară, ulei de cuișoare, ulei de chimen dulce, ulei de anason stelat, levomentol și timol. Este un medicament tradițional, cu acțiune blândă, de recomandat în inflamațiile gingiei și ale mucoasei bucale.

Diverse remedii de la Weleda: medicamentele de la Weleda sunt astfel concepute încât să stimuleze autoreglarea, contribuind astfel la stabilirea unui nou echilibru în organismul uman. Toate remediile de la Weleda sunt obținute din cele trei domenii naturale, adică din regnul animal, din cel vegetal și din bogățiile minerale (de exemplu, calciu din cochilia de stridii) și transformate în medicamente prin procese de prelucrare adecvate.

ArthroDisc® pentru articulații și discuri intervertebrale: după ani de suprasolicitare (muncă fizică grea, excesul de greutate, sport) sau solicitare eronată (greșeli posturale), încheieturile și discurile intervertebrale pot fi supraîncordate. Se ajunge astfel la o uzură excesivă, ce poate duce la limitarea mișcărilor și la dureri. ArthroDisc® protejează articulațiile și discurile dintre vertebre, contribuind la refacerea acestora. Acesta acționează direcționat împotriva degradării excesive. Se poate menține astfel o mobilitate lipsită de durere până la vârste înaintate.

Balsam Silicea conține oligoelementul esențial siliciu. El este „materialul de construcții" pentru țesutul conjunctiv din întregul organism, întărind astfel structura părului, a unghiilor și a pielii. Administrat pe cale externă, leagă substanțele producătoare de inflamații și răcorește (calmează) zonele de piele afectate. Pe interior poate contribui la întărirea țesutului conjunctiv (de exemplu, la celulită, piele uscată, flască, ligamente și tendoane), la prevenirea sfărâmițării unghiilor, și a ruperii și subțierii părului.

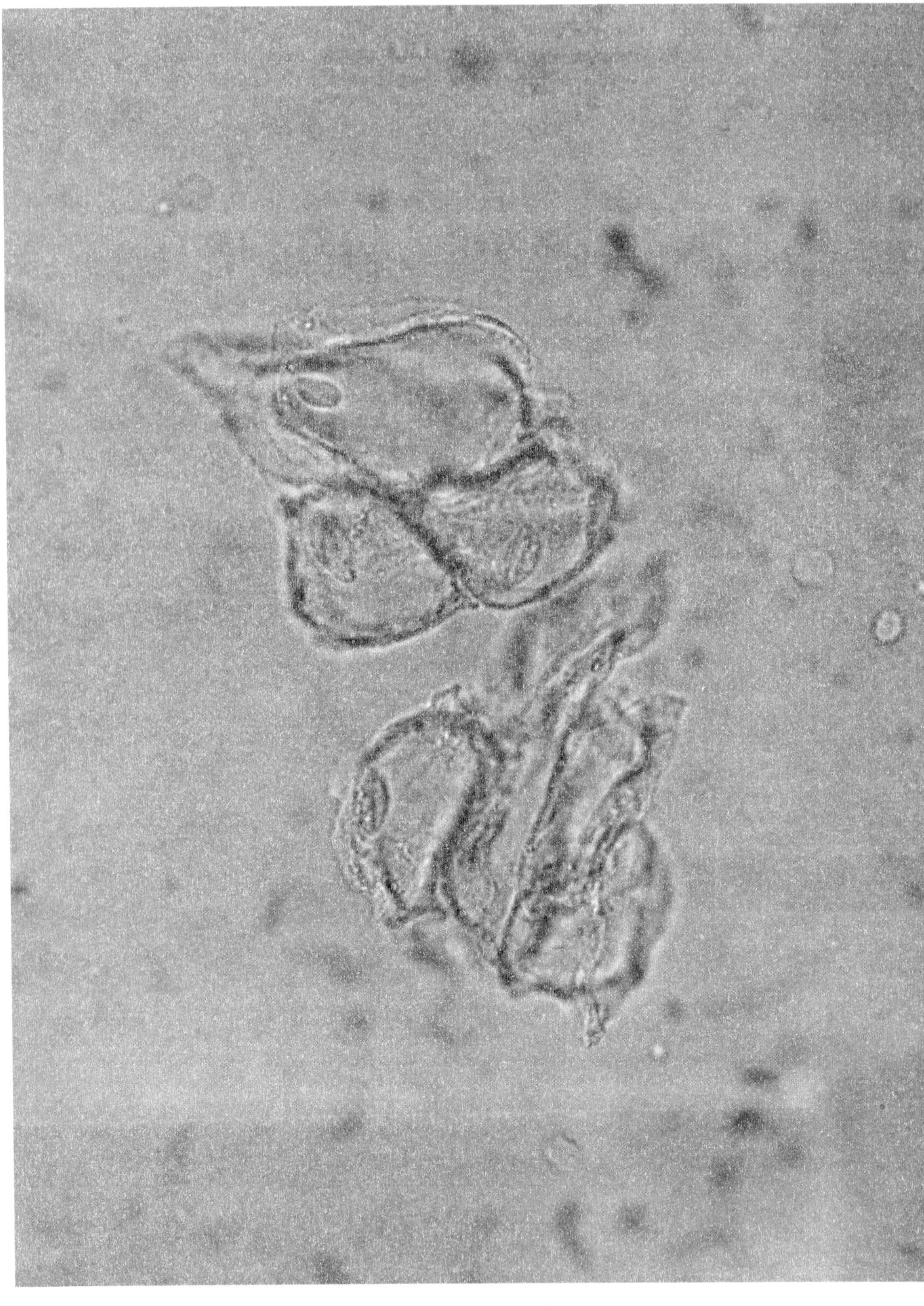

Bolile – simptomatica și cauzele lor

În ce măsură sunt conectate trăsăturile de caracter și organele și ce boli pot rezulta de aici? Nu puteți afla răspunsul pentru vindecare decât în voi înșivă!

Citiți cartea și pe voi înșivă

„Vrei să vindeci corpul, vindecă mai întâi sufletul" a spus deja filosoful grec Platon în secolul IV î.H. Este deci o recunoaștere antică faptul că trebuie să ne examinăm sufletul, trăsăturile de caracter și modurile de comportament pentru a recunoaște adevărata cauză a bolilor.

Partea care urmează este împărțită în mai multe capitole mari care corespund diverselor sisteme de organe și părți ale corpului. Pentru fiecare organ există un text introductiv de bază. După aceea urmează bolile respective și cauzele lor. Începem fiecare capitol cu explicații despre organul respectiv și despre bolile sale, văzute din perspectivă fizică. În continuare considerăm partea sufletească, adică adevărata cauză a bolii. Cu ajutorul întrebărilor puse la obiect puteți să reflectați cu privire la situația voastră individuală și să înțelegeți conexiunile cu boala, care se referă la propria persoană. În cazul în care căutați informații despre o boală nedescrisă aici, citiți secțiunea generală referitoare la organul respectiv și analizați-vă situația pe baza întrebărilor propuse acolo. Chiar dacă vă uitați mai întâi direct în capitolul despre boala voastră, ar trebui să citiți totuși neapărat prima parte a cărții. Așa primiți informații esențiale despre sufletul și personalitatea voastră.

Bolile există pentru a-i ajuta pe oameni în evoluția lor. Ele nu reprezintă un scop în sine, ci doar semnale de alarmă și predarea unui mesaj. Sunt un impuls care ne atenționează asupra modurilor de comportament care ne îngrădesc. În acest fel, fiecare dintre boli este considerată în general ca fiind efectul, adică urmarea unei cauze așezate prin propria conduită. Conform legii cauzei și efectului, boala ar trebui să dispară de îndată ce înlăturăm cauza. Astfel se poate ajunge la o vindecare durabilă. În principiu, toate bolile sunt vindecabile. Cele mai multe boli sunt cauzate de o anumită trăsătură de caracter, iar în cazul bolilor grave apar combinații ale acestora. Luați în considerație că fiecare trăsătură de caracter are mai multe fațete. Pentru fiecare persoană tabloul bolilor și trăsăturile de caracter de la baza acestora se întrepătrund destul de complex și au intensități diferite. Ele sunt atât de variate precum însăși viața. Întrucât oamenii reacționează individual la condițiile de viață, există și o mare diversitate de boli. Permanent se adaugă altele noi. Acesta este un semn că legile vieții reacționează tot mai precis și ne oferă astfel indicii tot mai clare despre evoluția noastră.

Se poate ca relațiile să vi se pară la prima vedere foarte simple, poate chiar prea simple. Dar și adevărul este simplu și accesibil oricui. Aveți capacitatea să recunoașteți adevărata cauză internă a bolii și s-o deosebiți de declanșatorii externi. Dacă faceți eforturi serioase, aflați sprijin de la Dumnezeu și de la legile vieții. Întrebarea-cheie ar putea suna: „În ce măsură îmi pot schimba modul de viață și pot să fiu mai binevoitor cu mine însumi?“ De îndată ce începeți să schimbați ceva, simțiți și primele realizări. Luați în considerare că legea cauzei și efectului acționează și la modul pozitiv: prin ameliorare, primiți mai multă energie, iar corpul se regenerează. Nu lăsați loc îndoielilor și aveți încredere în Dumnezeu. Aveți încredere în propria forță interioară și în puterile de autovindecare. Puteți să vă vindecați. Totuși, cu cât o boală este mai gravă și de mai lungă durată, cu atât mai mult durează vindecarea. În cele din urmă, voi decideți ritmul. Se prea poate să aveți nevoie de mai mult timp pentru a vă putea acomoda cu noul rol. Voi înșivă declanșați și dirijați vindecarea. Acest lucru vă solicită implicarea – dar merită! Cunoștințele pe care le aplicați vă vor răsplăti pe termen lung cu energie și sănătate.

Trei condiții se impun pentru a avea succes cu această carte:

1. Disponibilitatea de confruntare sinceră cu afecțiunea și cu sine.
2. Preluarea responsabilității pentru sine, adică a vedea șansa oferită pentru a întreprinde ceva pentru îmbunătățirea situației/sănătății proprii!
3. Punerea în aplicare cu răbdare, încredere și perseverență a cunoștințelor dobândite.

Ultimul pas este de fapt cel mai important. Câteva puncte în prealabil, pentru instituirea unei mai bune calități a vieții:

Voința puternică: voi înșivă trebuie să fiți ferm convinși de faptul că vreți să schimbați ceva și că puteți s-o faceți; motivarea trebuie să vină de la voi înșivă! Persoana voastră trebuie să vă apară suficient de importantă și valoroasă pentru a pune în practică schimbarea.

- **Atitudinea pozitivă:** fiți stăpânii propriilor gânduri, alungați îndoielile și grijile și faceți loc încrederii și optimismului.
- **Vigoarea:** voi înșivă trebuie să acționați! Faceți primul pas, iar ceilalți vor urma cu atât mai ușor.
- **Perseverența:** rămâneți pe poziție. Nu vă lăsați descurajați de eșecuri, ci mergeți mai departe; dacă e necesar, corectați cursul.
- **Iubirea de sine:** dezvoltați-vă iubirea de sine, recunoașteți-vă valoarea și credeți în voi.

„În fiecare om sălășluiește un soare. Trebuie doar făcut să strălucească.“
Socrate

Aparatul de susținere și locomotor

Ne mișcăm aproape pe tot parcursul zilei – și rareori suntem conștienți de aceasta. Pur și simplu merge – în adevăratul sens al cuvântului. Perseverența și determinarea ne poartă cu adevărat mai departe în viață. Dacă devenim instabili sufletește, corpul va exprima asta prin intermediul îmbolnăvirilor. Rămâneți așadar stabili!

Păstrați-vă cu ușurință stabilitatea

Aparatul de susținere și cel locomotor oferă corpului stabilitate și posibilitatea de a se deplasa. Scheletul corpului se compune din oase, cartilaje și articulații. Cu ajutorul mușchilor pot fi efectuate mișcările. Oasele constau în cea mai mare parte din minerale și substanță organică (corpi proteici și fibre colagene) și reprezintă un depozit important de minerale. La nivelul scheletului distingem capul, trunchiul, cu coloana vertebrală și cele două perechi de membre – superioare și inferioare. Corpul are peste 200 de oase. Scheletul servește și ca protecție pentru organele interne.

Cauze sufletești

Trăsătura de caracter relevantă în cazul îmbolnăvirilor aparatului de susținere și locomotor este curajul.

Scheletul ne conferă structura, schelăria (armura) și o anume elasticitate. „Metoda de construcție“ a scheletului este una fascinantă: este stabilă, dar, datorită structurii interne speciale și a spațiilor cavitare căptușite cu mucoase (de exemplu, sinusurile paranazale), prezintă și o anume relaxare. Și la conduitele noastre se recomandă o anume stabilitate (curajul) și flexibilitate, pentru a putea trece cu bine prin viață. Avem nevoie de curaj pentru a ne aborda obiectivele, dar se cuvine și să dăm dovadă de flexibilitate atunci când primim indicii de la legile vieții. Învățați să distingeți obstacolele de semnalele de alarmă. Dacă nu le luați în seamă, semnalele se amplifică. Obstacolele ne provoacă curajul și perseverența, iar dacă obiectivele sunt corecte, cu timpul semnalele scad.

În accidentele în care ne fracturăm, ne întindem ceva sau ni se întâmplă ceva asemănător, ar trebui să verificăm în ce măsură am fost prea îndrăzneți (nesăbuiți), astfel încât primim acum un avertisment corporal (fizic) din partea legilor vieții. Îndrăzneala prea mare ne poate pune în pericol și îi poate pune în pericol și pe ceilalți. Chiar și atunci când suntem extrem de obosiți și continuăm să lucrăm, suprasolicitându-ne corpul, este posibil ca legile vieții să tragă „frâna". Înainte de a se ajunge la accident, legile vieții au „emis" deja mai multe avertismente, trecute cu vederea. Întrebați-vă din ce motive acționați atunci când exagerați.

Calea spre vindecare

Întrebați-vă

- dacă sunteți stabili atunci când este necesar,
- dacă reacționați totuși flexibil atunci când este necesar,
- dacă sunteți dispuși să trăiți în conformitate cu legile vieții,
- din ce motive acționați.

Descoperiți pentru voi înșivă

- cum vă puteți construi stabilitatea prin curaj și perseverență,
- cum vă puteți afla echilibrul dintre stabilitate și flexibilitate,
- cum puteți recunoaște motivele corecte,
- cum puteți distinge între obstacole și avertizări,
- cum să înțelegeți tot mai bine limbajul legilor vieții și să acționați conform.

Obiectivul salutar poate fi: Oasele sunt suportul corpului. Forța interioară ne conferă stabilitate sufletească. Aveți curajul să vă situați de partea principiilor proprii și să vă găsiți drumul în conformitate cu legile vieții.

Ideea conducătoare: „Verific dacă în anumite situații trebuie să fiu stabil sau flexibil."

Sprijiniți-vă corpul

- Detoxificați și purificați pentru a vă elibera corpul de substanțe dăunătoare.
- Refaceți-vă flora intestinală și întăriți-vă astfel sistemul imunitar.
- Preocupați-vă de o alimentație echilibrată, hrănitoare, pentru a aproviziona corpul cu toate cele necesare.
- Preferați alimentele bazice, întrucât cele acide (de exemplu, carnea) trebuie neutralizate cu minerale din oase, dacă acestea nu sunt introduse în cantitate suficientă prin alimentație.
- Nu folosiți zahărul alb, deoarece nu are vitamine, minerale și oligoelemente și le solicită pe cele ale corpului pentru a fi procesat.
- Evitați aditivii, mai ales pe cei sub formă de fosfați (de exemplu cei din băuturi, cola, brânza de gătit și cea topită, supele la plicuri, stabilizatorii din cârnați), deoarece perturbă utilizarea calciului.
- Puteți introduce calciu pentru oase, de exemplu din zeama de varză acră.

- Pentru un bun metabolism osos, folosiți magneziu, siliciu și alte minerale în raporturi echilibrate.
- Activați-vă producția de vitamina D prin băi de soare (moderate), băi de nămol și printr-o alimentație variată.
- Și vitamina K este implicată în metabolismul osos: consumați legume verzi (de exemplu, varză sau broccoli) și verdețuri (pătrunjel și frunze de arpagic).
- Pentru articulații au efect benefic: kaki, kiwi, agrișele, bamele, prazul (ca „lubrifiante").
- Evitați carnea și ouăle – împovărează articulațiile.
- Preparatele de tip ArthroDisc conțin substanțe pentru consolidarea și protecția articulațiilor.
- Faceți mișcare destul de des. Mișcarea stimulează hrănirea cartilajelor.
- Sprijiniți-vă sănătatea printr-o cură în galeriile din Gastein, cu o combinație de substanțe active cu conținut de radon natural, căldură și umiditatea aerului.

Artroza

La artroză se distruge mecanic suprafața cartilajelor articulare. Solicitarea a fost deci mai mare decât capacitatea de rezistență a articulațiilor, de exemplu prin sport, muncă fizică grea sau exces ponderal.

Simptomele tipice sunt durerile la începutul mișcărilor, însoțite de un zgomot de tip scârțâit. Aceste dureri se accentuează la solicitare, dar cu timpul mobilitatea se reduce tot mai mult, până când articulația se rigidizează (anchilozează) semnificativ.

Cauze sufletești

Trăsăturile de caracter relevante în cazul artrozei sunt viziunea pozitivă asupra vieții și folosirea timpului.

O artroză ușoară poate apărea, de exemplu, prin suprasolicitarea la sport. Dacă, în ciuda avertismentelor (răniri, dureri sau alte tulburări fizice), se continuă practicarea sporturilor în condiții extreme – competiții și campionate –, la vârstă înaintată apare artroza. Țineți mereu cont de următoarele: talent înseamnă a îngriji adecvat corpul și a-l menține sănătos, nu a-l solicita peste măsură. O alimentație bogată în proteine animale, produse de patiserie și paste, precum și aditivii contribuie de asemenea la excesul de acizi și spolierea de minerale. Tot așa acționează și produsele din făină albă, zahărul, nicotina și alcoolul. Toate acestea trebuie evitate. Astfel mobilitatea și menținerea sănătății rămân posibile și la vârste înaintate. În plus, ar trebui să ne verificăm îndeaproape și viziunea asupra vieții. Sunt situații în care cădem pradă tentației de a ne face griji. Avem de „ronțăit" ceva. Acest lucru ne împovărează și duce la uzură. Se poate răsfrânge în afectarea articulațiilor, mai ales atunci când „mușcăm" timp îndelungat, adică ne lăsăm pradă gândurilor negative. La modul simbolic, articulațiile se uzează multiplu. Cel mai bun prim-ajutor este concentrarea la respectiva activitate, pentru a ne putea debarasa rapid de gândurile distructive.

Daniel

„Totul e atât de laborios din cauza problemelor cu șoldul."

Daniel a devenit antreprenor de-abia la 50 de ani. Ce-i drept, nu mai dispunea de atâta energie ca în anii tinereții, era însă încrezător și convins de decizia lui. Se lăsa însă tot mai mult impacientat de deficitul financiar din perioada de început, iar îndoielile i-au zdruncinat încrederea.

„Mi-am sporit încrederea și am câștigat energia pentru a-mi pune în aplicare ideile."

Deoarece rula tot mai mult în „roata de hamster" și își făcea mereu griji, a pierdut multă energie, care îi lipsea la activitățile sale. Artroza era semnalul că se uzează singur, făcându-și viața grea. Întrucât era încă convins de ideile lui de afaceri, și-a propus să meargă mai departe, ceva mai încrezător. A reușit cu timpul să muște cât mai rar din griji și îndoieli, ceea ce i-a adus energie. Ca urmare, și-a dezvoltat o idee bună care i-a făcut afacerea să funcționeze. Artroza i s-a ameliorat vizibil, iar Daniel a înregistrat succese pe toate planurile.

Mai ales în situațiile dificile este important să ne păstrăm viziunea pozitivă asupra vieții. Pe lângă înălțimi, în viață există și „abisuri". Dacă le abordăm pozitiv, ieșim din ele fortificați. Planurile mari sau deciziile importante ar trebui analizate amănunțit în prealabil. Dacă ne decidem în favoarea acestora, atunci ar trebui s-o facem cu încredere și bine direcționat.

Calea spre vindecare

Întrebați-vă

- dacă și în ce situații vă vin gânduri negative,
- dacă vă suprasolicitați,
- dacă învinuiți pe altcineva pentru nemulțumirea proprie.

Descoperiți pentru voi înșivă

- cum puteți acorda mai multă atenție sănătății și semnalelor corpului,
- cum să vă sporiți încrederea și optimismul,
- cum să întâmpinați evenimentele zilnice într-un mod constructiv,
- cum puteți recunoaște pozitivul din negativ,
- cum să acordați atenție imaginii din oglindă și să vă eliberați de critici și emoții negative față de ceilalți.

Obiectivul salutar poate fi: Prin viziunea pozitivă asupra vieții vă folosiți util timpul și câștigați energie. Lucrați mână în mână cu legile vieții și veți primi sprijin de la acestea. Multe vă vor merge și vă vor reuși mai ușor. Cu bucurie și încredere crește și satisfacția personală.

Ideea conducătoare: „Am grijă să-mi folosesc util timpul, străduindu-mă să recunosc în tot ce întâlnesc procese importante de învățare."

Brațele și mâinile

Osul brațului (humerus) începe la nivelul umărului și ține până la articulația cotului. Antebrațul are două oase: cubitusul (ulna) și radiusul. Scheletul mâinii constă din opt oase carpiene, de la încheietura sau rădăcina mâinii, cinci oase metacarpiene, de la mijlocul mâinii, și 14 falange, la nivelul degetelor. Faptul că degetul mare se poate suprapune peste celelalte degete face din mână un instrument multifuncțional. Există multe posibilități de a ne răni mâinile și brațele.

Cauze sufletești

Trăsătura de caracter relevantă în cazul afecțiunilor membrelor superioare este iertarea.

Ne folosim în permanență de brațe și mâini. Cu ele putem „apuca" orice dorim. Atunci când avem probleme cu acestea, de exemplu dureri, nu mai putem acționa ca de obicei. Ni se arată astfel că ar trebui să dăm drumul la lucruri care ne stânjenesc. Acestea pot fi dependențe, obsesii, obiceiuri nepotrivite sau chiar persoane de care ne agățăm. În cazul unei vătămări, gravitatea leziunilor ne indică gradul de „severitate" al avertismentului, urgența acestuia. Accidentele sunt întotdeauna semnul unei concentrații diminuate. Unor oameni le vine greu să primească ceva. Au senzația că nu merită, că nu sunt destul de valoroși. Alții, dimpotrivă, primesc mult mai mult decât dăruiesc. Primitul și dăruitul ar trebui să țină o balanță sănătoasă.

Uta

„Ajunsesem să mă împiedic."

Uta își avea ambii copii în vizită pe perioada sărbătorilor. În mijlocul pregătirilor pentru masă, s-a împiedicat de trepte și și-a fracturat brațul drept. Până în acel moment, gătise singură totul, făcuse ordine și îi servise pe ceilalți. Acum nu mai putea face absolut nimic.

„Acum trebuie să deleg și să slobozesc."
A recunoscut cât de mult își răsfăța copiii și simțea cât de multă energie pierduse prin faptele „bine intenționate". Prin fractura brațului i s-a mai prezentat și un alt semnal: încă nu-și slobozise cu adevărat copiii. Deși aceștia nu se mai aflau în apropiere, influența mamei însă era încă foarte mare, prin convorbirile telefonice zilnice pe care le aveau.

Johann

„De ce mi-am rupt încheietura mâinii?"

În întreprinderea lui Johann fusese angajat un nou coleg. Acesta avusese un accident chiar în prima zi, cu mașina firmei. Au mai urmat și alte dificultăți și sabotaje, Johann însă nu a recunoscut aceste avertismente și nu l-a concediat. În cele din urmă și-a fracturat mâna. Atunci i-a fost clar că trebuia să lase acel nou angajat să plece.

Calea spre vindecare

Întrebați-vă

- în ce măsură sunteți gata să vă apucați de ceva eronat,
- dacă v-ați împovărat cu prea multe,
- dacă și ce ar trebui să slobiziți,
- dacă primiți mai mult decât dăruiți sau dacă dăruiți mai mult decât primiți.

Descoperiți pentru voi înșivă

- ce avertizări apar, de care ați putea ține cont din vreme,
- ce și cum puteți slobozi,
- cum să vă sporiți energia,
- cum să păstrați dăruitul și primitul în echilibru.

Obiectivul salutar poate fi: Abordați lucrurile din viața voastră și încercați să recunoașteți ce este corect și dacă se petrece ceva la momentul oportun.

Ideea conducătoare: „Dau drumul la tot ce mă stânjenește.“

Coatele

Articulația cotului se compune din trei articulații parțiale la care se pun în legătură humerusul și oasele antebrațului, ulna și radiusul. Sistemul este stabilizat de o capsulă comună. Prin intermediul acestei articulații se poate efectua flexiunea antebrațului pe braț și sunt facilitate și mișcările de rotație ale mâinii.

Cauze sufletești

Trăsături de caracter relevante în cazul afecțiunilor cotului sunt curajul și folosirea timpului.

În vorbire, asociem folosirea coatelor atât cu capacitatea de a ne impune și de a crea spațiu, de a ne face auziți, cât și cu o anume lipsă de considerație (grosolănie) în modul de a proceda. Forța de afirmare este în fond o trăsătură de caracter pozitivă. Avem nevoie de ea pentru a ne urma obiectivele, a ne transpune ideile în fapte și pentru a ne face posibilă evoluția. Pentru aceasta avem nevoie de spațiu liber și de libertatea de acțiune. Pentru ambele avem nevoie de curaj. A-și dărui sieși suficientă atenție și concentrare pentru a se putea dezvolta nu este o dovadă de egoism, ci este ceva corect. Acționăm egoist atunci când o facem fără considerație și dăunăm unei alte persoane. Limitele sunt destul de fluide aici. Viața este o deplasare pe o creastă îngustă. În ce măsură și când este important să ținem cont de ceilalți, să facem ceva pentru aceștia, în ce măsură și când ar trebui să dăm atenție propriei persoane? Adeseori ne mișcăm în interiorul unor limite înguste și trebuie să ne verificăm bine deciziile.

Calea spre vindecare

Întrebați-vă

- în ce măsură vă comportați cu adevărat „egoist“, adică cu „grosolănie“, când ar trebui să țineți mai mult cont de ceilalți,
- în ce măsură ar trebui să acordați atenție propriei persoane și intereselor personale, impunându-vă mai mult,
- din ce motive faceți ceva pentru ceilalți.

Descoperiți pentru voi înșivă

- cum să folosiți forma corectă de curaj,
- în ce situați este corect să faceți ceva pentru ceilalți și în ce situații pentru voi înșivă.

Obiectivul salutar poate fi: Conștientizați încă o dată cât de important este să vă cunoașteți și respectați necesitățile, fără a fi însă lipsiți de considerație cu ceilalți.

Ideea conducătoare: „Îmi verific motivele și apoi decid în funcție de ce este corect pentru mine raportat la ceilalți. Am grijă să dispun de suficientă energie și de timp pentru mine. Acționez spre binele tuturor."

Fibromialgia

„Fibromialgia" este un termen compus din latină: *fibra*, „fibră", și greacă, *mys*, „mușchi", respectiv *algos*, „durere". Semnifică o afecțiune cronică în cadrul căreia apar dureri în mușchi, țesutul conjunctiv și oase. Diagnosticul nu este ușor de pus. Conform clasificării colegiului american de reumatologie, suspiciunea este întemeiată dacă sunt prezente 11 *tender points* (puncte dureroase la presiune/palpare, mai ales în apropierea articulațiilor în zona de tranziție dintre mușchi și tendon) din 18.

Simptomele tipice sunt durerile cronice de mușchi și articulații în diverse regiuni ale corpului, tulburările de concentrare, slăbiciunea motrice, oboseala până la epuizare. În plus, pot exista tulburările vegetative (ale digestiei, cardiovasculare). Cei afectați au dificultăți cu somnul atât la adormire, cât și în ce privește continuitatea. Durerile permanente pot declanșa depresii, anxietate sau atacuri de panică.

Cauze sufletești

Trăsăturile de caracter relevante în cazul fibromialgiei sunt curajul și folosirea timpului.

Durerile și limitarea funcțiilor în diversele părți ale corpului indică o stagnare de proporții și care durează de mai mult timp în evoluția sufletească. Corpul trage „semnalul de alarmă" prin diversele simptome și variante ale bolii. Ar trebui să ne folosim de șansă și să privim în interiorul nostru pentru a afla care sunt acele cauze sufletești care ne sunt semnalizate prin intermediul corpului. Cum mă simt în interiorul meu? Ce sentimente nutresc? Cu cât mai puțin vor fi confundate influențele exterioare cu motivele, cu atât mai devreme va fi descifrat mesajul, iar simptomele se vor diminua. Ar trebui să ne alocăm suficient timp pentru a reflecta asupra noastră.

Primul pas constă în a ne lua și accepta așa cum suntem. Dacă îndreptăm o privire sinceră și afectuoasă asupra situației noastre, recunoaștem mai ușor conexiunile. Apoi o să putem clarifica în ce măsură ne-am abătut de la balanță: în ce domeniu ne-am plafonat? În cel profesional? Sau mai degrabă în cel personal? Ne-am afundat într-o situație eronată, pierdem energie? Ne recunoaștem valențele și le valorificăm? Sau ne aflăm sub o astfel de presiune încât nu mai reușim mai nimic? Ce fel de gânduri și de atitudini avem – unele mai degrabă pozitive și optimiste sau unele negative și nesatisfăcătoare? Posibil să ne aflăm puși în fața unor schimbări iminente. Ni se cere curaj. Cu cât ne vom strădui mai mult să înțelegem conexiunile și să ne ameliorăm situația, cu atât mai mult ajutor vom primi de la legile vieții. Ar trebui să ne gândim și la punctele forte pe care le avem și care ne-ar putea face posibilă schimbarea situației.

Calea spre vindecare

Întrebați-vă

- dacă și de ce vă este frică,
- dacă sunteți de părere că nu veți corespunde anumitor așteptări,
- dacă vă situați complet de partea propriilor principii,
- dacă împingeți deoparte lucrurile neplăcute,
- dacă recunoașteți prioritățile și rezolvați mai întâi esențialul,
- dacă lucrați concentrat,
- dacă întrețineți prietenii constructive,
- dacă dați atenție activităților constructive, benefice corpului,
- dacă faceți ceva ce nu ați dori să faceți și ce motive interne sau externe se află în spatele acestor activități,
- dacă doriți să fiți bine văzuți.

Descoperiți pentru voi înșivă

- care vă sunt dorințele și necesitățile,
- cum puteți merge curajoși pe propriul drum,
- cum să vă verificați motivele și să întreprindeți ceva pentru că se află în concordanță cu legile vieții și este corect,
- ce puteți îmbunătăți în viața personală și profesională,
- cum să vă petreceți timpul liber astfel încât corpul și sufletul să se poată odihni și încărca energie,
- cum să vă hrăniți mai conștient.

Obiectivul salutar poate fi: Întrebarea despre motive oferă indicii cu privire la mobilul acțiunilor voastre. Cel mai bun motiv este de a face ceva pentru că așa este corect. Cercetați-vă motivele deciziilor pentru a răspunde oricărei provocări care este corectă din punctul vostru de vedere și care să vă aducă bucurie și progres.

Ideea conducătoare: „Mă recunosc pe mine însumi. Îmi accept persoana și cerințele. Am încredere, sunt curajos și deschis pentru nou. Am grijă să-mi folosesc util timpul în toate domeniile vieții."

Genunchii

Articulația genunchiului este mare și puternică, cu o structură anatomică foarte complexă. Ea face legătura dintre osul coapsei – femur – și tibie. Suprafețele articulare incongruente sunt echilibrate cu ajutorul meniscurilor (meniscul interior și cel exterior). Prin elasticitatea lor, meniscurile amortizează sarcinile asupra genunchiului. Ligamentele (cele încrucișate și cele laterale), tendoanele și capsula articulară conferă genunchiului stabilitate și protecție. Bursele sinoviale situate deasupra, dedesubtul și în fața genunchiului oferă protecție suplimentară. Genunchiul poate efectua mai ales mișcări de flexiune și de extensie. În poziția de flexiune facilitează și ușoare mișcări rotative interne sau externe.

Cauze sufletești

Trăsăturile de caracter relevante în cazul afecțiunilor genunchiului sunt iertarea și folosirea timpului.

Afecțiunile genunchiului ne arată simbolic o stare de stagnare. Problemele genunchilor limitează puternic mobilitatea, mersul. Înaintăm cu mare dificultate. Și așa se întâmplă și cu evoluția: de mult nu mai înregistrăm progrese. În ce domeniu al vieții ar trebui să reacționăm mai flexibil și să fim deschiși schimbărilor? Putem în special îndoi (flexa) articulația genunchiului. Față de cine am putea fi mai smeriți? Față de legile vieții? A ne încovoia și a fi smeriți nu înseamnă însă a ne supune în fața altora, nu înseamnă renunțarea la sine. Pe primul plan se află încercarea de a găsi o soluție spre binele tuturor, inclusiv al nostru. Ar trebui să fim receptivi la perspective noi, să găsim acea cale care se află în concordanță cu Dumnezeu și cu legile vieții. Cel mai bun sprijin ne este propria intuiție. Astfel putem trăi în armonie cu noi înșine și cu cei din jur.

Calea spre vindecare

Întrebați-vă

- dacă puteți lua situațiile așa cum vi se prezintă,

- dacă sunteți servili față de chestiuni care nu vi se par corecte,
- în ce măsură ar trebui să fiți smeriți (față de legile vieții),
- dacă și în raport cu ce egoul se manifestă prea puternic, insistând pe propriul drum.

Descoperiți pentru voi înșivă

- pe ce drum vor să vă conducă legile vieții,
- cum vă puteți armoniza relațiile interumane,
- în ce cazuri este bine pentru voi să cedați și în ce cazuri nu,
- cum vă puteți pune bazele unor relații interumane favorabile pentru toți cei implicați.

Obiectivul salutar poate fi: Percepeți în interiorul vostru ce vă este benefic pe termen lung și recunoașteți semnalele legilor vieții, care vă oferă sprijin pe drumul vostru. Desfășurați-vă potențialul în concordanță cu legile vieții.

Ideea conducătoare: „Sunt smerit și flexibil. Trăiesc în armonie cu mine și cu ceilalți.“

Hernia de disc, problemele coloanei vertebrale

În calitatea sa de „șiră a spinării“, coloana vertebrală este susținătoarea și purtătoarea trunchiului, iar în cea de canal vertebral este învelișul protector pentru măduva spinării. Privită din lateral are o curbură în forma unui dublu S și se compune din 24 de vertebre libere și 9 vertebre sudate sub forma oaselor sacrum și coccis. Mobilitatea corpilor vertebrali este asigurată de discurile intervertebrale dintre acestea, care suportă întreaga sarcină. Avem 23 de discuri la nivelul întregii coloane – între primele două vertebre nu există disc.

La o hernie de disc vorbim de compresiunea nervilor spinali prin deplasarea sau ieșirea în afară dintre vertebre a țesutului care formează discurile. Simptomatica este în funcție de locul în care se produce hernia. Există însă și hernii de disc lipsite de simptome și care sunt descoperite întâmplător.

Simptomele generale apar de obicei acut și după solicitarea mecanică. Cei afectați adoptă o postură specială pentru a nu amplifica durerile, înregistrează tulburări de sensibilitate sau paralizii musculare pe teritoriul inervat de nervul respectiv, limitarea mobilității coloanei, precum și dureri care iradiază la nivelul membrelor.

Cauze sufletești

Trăsătura de caracter relevantă în cazul problemelor cu discurile intervertebrale este curajul.

Expresia „nu are coloană vertebrală“ ne indică deja faptul că problemele din această regiune țin de curaj. Nu îndrăznim să facem față anumitor provocări sau să facem lucruri care trebuie făcute. Ar trebui să spunem „nu“ atunci când acesta este răspunsul corect. Altfel vom fi exploatați prea tare de ceilalți sau ne sacrificăm, suprasolicitându-ne. Pe termen lung, spatele nostru nu poate purta poveri prea mari. Și el se folosește de un limbaj simbolic: nu vrem să-i „rănim“ pe ceilalți și luăm prea multe în spinare. Astfel nu reușim însă decât să ne dăunăm singuri. Ne este „rănită“ coloana vertebrală.

În interesul evoluției propriei personalități ar trebui să fim pretențioși și să reflectăm cu ce fel de oameni dorim să ne petrecem timpul. Într-o prietenie putem vorbi deschis despre sentimente și o să găsim înțelegere atunci când mai spunem și „nu“, neputând face un serviciu cuiva. O prietenie adevărată suportă și un „nu“. În orice relație interumană ar trebui păstrată balanța între primit și dăruit. Noi înșine ar trebui să fim atenți la ceea ce ne depășește. Verificarea posibilităților noastre de intervenție ne dezvăluie informații despre corectitudinea acțiunilor noastre. Putem constata astfel dacă e vorba de lipsa de curaj. Atunci când avem complexe de inferioritate, simțim că nu suntem capabili de ceva și nu răspundem provocărilor.

Simone

„M-am ales cu o hernie de disc!“

Simone călătorea în fiecare weekend de la München la Hamburg ca să-și întâlnească prietenul, pe Mario. Acesta nu se obosea decât rareori să vină la München. Curând s-a dovedit că o înșela pe Simone. Tot mereu se arătau nepotrivirile, dar Simone nu voia să le recunoască. Consuma multă energie pentru acea relație și lua multe asupra ei, ca să păstreze armonia. În cele din urmă a suferit o hernie de disc.

„Mi-am construit siguranța interioară și încrederea de sine.“
Lungile călătorii ar fi fost în astfel de condiții și mai obositoare și mai ales dureroase pentru ea. Hernia de disc i-a oferit așadar timpul necesar pentru a-și analiza relația. Și-a dat seama că relația era de fapt unilaterală. Căuta la Mario o siguranță pe care de fapt el nu i-o oferea. Și-a găsit curajul de a pune capăt relației. În weekendurile de acum libere, și-a putut aprofunda preocupările cu propria persoană și a și găsit un nou drum pe care și-a putut construi siguranța interioară și încrederea în sine.

Calea spre vindecare

Întrebați-vă

- ce fel de sentimente aveți față de o anumită chestiune,
- dacă ar trebui ca în anumite împrejurări să aveți curajul de a spune „nu",
- care sunt argumentele raționale care vă îndeamnă să decideți eronat, de exemplu „Lasă, că mai merge încă" sau „Doar de data asta",
- dacă investirea timpului respectiv este posibilă,
- dacă merită efortul,
- unde anume sunteți „rigizi", „fermi", inflexibili,
- cum ar trebui să faceți față unei sarcini.

Descoperiți pentru voi înșivă

- cum să găsiți curajul de a spune „nu" atunci când intuiția vă sfătuiește s-o faceți,
- cum să vă susțineți principiile,
- cum să priviți lucrurile pe toate fețele, nu numai pe una singură, și cum să fiți receptivi la soluții/cunoștințe noi,
- cum să păstrați echilibrul dintre a dărui și a primi.

Obiectivul salutar poate fi: Exact așa cum aparatul nostru de susținere este fix și flexibil în același timp, pentru a ne putea menține verticalitatea, dar și mobilitatea, și noi putem arăta prin comportament curaj și flexibilitate. Curajul ne aduce stabilitate și ne conduce cu siguranță prin viață. Dacă pe de altă parte ne păstrăm flexibili, putem reacționa la eventuale schimbări. Deoarece viața înseamnă schimbare.

Ideea conducătoare: „Sunt de partea propriei persoane și am încredere în mine și abilitățile mele. Sunt deschis și răspund plin de curaj provocărilor sau mă delimitez atunci când este necesar."

Hernia inghinală

În punctele slabe ale musculaturii abdominale se poate ajunge la o deplasare și relocare prin canalul inghinal a unor părți de organe (de exemplu, anse intestinale) în afara cavității abdominale. Întrucât există pericolul ca aceste părți de organe să fie strangulate și necrozate, se intervine de timpuriu chirurgical. Hernia inghinală este cea mai frecventă, alături de cele ombilicală, femurală și cicatriceală.

Simptome tipice: Herniile se exteriorizează la început prin dureri, ca la o întindere de țesuturi în regiunea inghinală, în special la tușit sau la ridicarea de greutăți, dispărând de obicei în repaus. În formele severe, la locul rupturii se poate observa o umflătură. În acest caz, organele interne pătrund în exterior, întrucât peretele abdominal nu mai conferă stabilitate.

Cauze sufletești

Trăsăturile de caracter relevante în cazul herniei sunt iertarea și folosirea timpului.

Mulți oameni se supun pe sine sau pe ceilalți permanent presiunii, vor să „izbândească“ în prea multe privințe. O operație poate readuce totul la normal, cel puțin pe plan fizic, însă ar trebui să reflectăm la mesajul din spatele unei astfel de hernii. Adeseori nu vrem să vedem anumite lucruri din viață și le reprimăm (dăm deoparte). Totuși, ar trebui să luăm cunoștință de nemulțumire și să ne străduim să ameliorăm situația. Dacă presiunea crește prea mult, își „croiește“ mai devreme sau mai târziu drum spre exterior, de exemplu printr-o hernie.

Calea spre vindecare

Întrebați-vă

- dacă și în ce relație doriți prea mult să „izbândiți“,
- dacă vă simțiți puși sub presiune sau vă puneți singuri,
- ce poveri vă sunt prea mari,
- prin ce vă suprasolicitați,
- cu ce ar trebui să „rupeți“, pentru a nu vă mai simți „sugrumați“ în evoluția voastră.

Descoperiți pentru voi înșivă

- cum puteți întâmpina constructiv presiunea care vă apasă, dacă este suficient să vă schimbați atitudinea sau este nevoie să vă eliberați într-un alt mod,
- cu ce ar trebui să „rupeți“, dacă ar trebui să vă despărțiți de o chestiune sau de o persoană.

Obiectivul salutar poate fi: Ar trebui să fim sinceri cu noi înșine și să recunoaștem atunci când o situație nu (mai) corespunde. Totdeauna există o soluție. Cu cât o vom adopta mai devreme, cu atât va fi mai bine pentru toți cei implicați.

Ideea conducătoare: „Sunt dispus să obțin rezultate bune, în favoarea mea și a celorlalți, însă fără exagerare.“

Inflamația tecii sinoviale (tenosinovita)

Un tendon formează fie partea de început, fie pe cea finală a unui mușchi (originea și inserția pe oase), unde transmite și forța de tracțiune a mușchiului. Tecile tendinoase (sinoviale) constau dintr-un țesut conjunctiv dur și servesc tendoanelor ca teci glisante, ca fixare laterală. În principiu, poate fi afectat orice tendon, de cele mai multe ori însă vorbim de tenosinovite ale încheieturii mâinii sau ale gleznei.

Simptomele tipice sunt durerile sub formă de tracțiune sau înjunghiere, la început doar la mișcare, mai târziu și în repaus. Se adaugă umflătura, roșeața locală, precum și un zgomot de tip scârțâitură la mișcări. La inflamațiile cronice se formează îngroșări ca niște noduli.

Cauze sufletești

Trăsăturile de caracter relevante în cazul tenosinovitei sunt curajul și folosirea timpului.

Deoarece tenosinovitele apar la suprasolicitare, semnifică prea puțină preocupare față de propria persoană. Nu ne-a trimis corpul încă de mult semnale că procedăm greșit și că ceea ce facem este de fapt prea mult? Este interesant de verificat din ce motive acționăm și de ce ne suprasolicităm. Ne lăsăm mereu deoparte propriile cerințe, pentru a le satisface pe ale celorlalți? Dorim să fim bine văzuți de ceilalți? Ne apreciem prea puțin ca să ne folosim energia în folosul propriu? Ne lipsește curajul s-o facem? Ascultați în interiorul vostru, ce doriți cu adevărat și ce obiective aveți.

Calea spre vindecare

Întrebați-vă

- dacă și în raport cu ce vă suprasolicitați,
- ce mobiluri se află în spatele faptelor voastre,
- dacă vă lipsește stima de sine, pentru a vă dedica vouă și cerințelor voastre,
- dacă vă este teamă că nu sunteți destul de bun,
- dacă de multe ori acționați „de dragul păcii",
- dacă vă cramponați de ceva care vă costă mult timp și multă energie.

Descoperiți pentru voi înșivă

- cum să dați atenție din vreme semnalelor corpului,
- cum vă puteți face curaj să vă acordați mai multă atenție vouă înșivă,
- cum vă puteți recunoaște și valorifica mai bine potențialul,
- de ce v-ați putea desprinde (separa) pentru a avea mai mult timp pentru voi.

Obiectivul salutar poate fi: Vă folosiți util timpul atunci când dați ascultare semnalelor corpului. Verificați-vă modelul de comportament și mobilurile pentru a descoperi ce trebuie schimbat și ce nu.

Ideea conducătoare: „Verific conștiincios dacă deciziile mele corespund unei bune utilizări a timpului și-mi schimb curajos planurile, atunci când este necesar."

Musculatura

Musculatura corpului uman îndeplinește trei funcții importante:

- Musculatura scheletică are rol de mobilizare și de menținere a poziției dorite. Mușchii sunt fixați de oase cu ajutorul unor tendoane din țesut conjunctiv dur. În multe regiuni ale corpului, oasele sunt legate suplimentar și prin ligamente, pentru a-și spori stabilitatea.
- Mușchii se găsesc și la nivelul organelor cavitare, de exemplu al intestinului. Prin contracții ritmice, conținutul intestinal este împins mai departe.
- În plus, mușchii asigură transportul sângelui prin sistemul circulator, cu ajutorul așa-numitei „pompe venoase" (încordări repetate ale mușchilor gambelor la mers, urcatul scărilor, alergat etc.)

Musculatura poate fi striată și netedă. Cea striată se află de obicei subordonată voinței. Țesutul muscular cardiac ocupă o poziție specială.

Cauze sufletești

Trăsătura de caracter relevantă în cazul afecțiunilor musculaturii este folosirea timpului.

Mușchii fac posibilă deplasarea. Problemele cu musculatura semnifică faptul că – din punct de vedere sufletesc – ne mișcăm prea puțin și nu ne mutăm din loc. „Stagnarea" se referă și la faptul că nu ne folosim util timpul pentru a face pași importanți. Ne lipsesc forța și energia. Mușchii oglindesc foarte bine și cum ne simțim: suntem lejeri sau tensionați (încordați) sau poate chiar contractați la maximum. Mușchii extrem de încordați simbolizează faptul că ne punem sub presiune, ne împovărăm cu prea multe sau ne cramponăm de ceva care nu ne face bine. Este valabil în special pentru musculatura cefei. „Purtăm povara pe umeri." Ne lipsesc odihna și relaxarea. Posibil ca temerile și lipsa încrederii de sine să joace un rol. Mușchii pot fi și obosiți. Atunci când suntem deprimați ne lipsesc elanul și amploarea mișcărilor. Cu ce ne-am cheltuit energiile, cu ce ne-am extenuat? Un strigăt „slab" este reprezentat de febra musculară, unul „mai puternic" – de durerile musculare. În ce măsură cerem prea mult de la noi înșine și ne ignorăm semnalele corpului? Rupturile musculare sau cele de ligamente includ un avertisment clar despre: ce ar trebui să se „smulgă“, ce ar trebui „smuls“.

Petra

„De ce am suferit o ruptură de ligament tocmai în ultima zi de concediu?“

Petra tocmai absolvise studiile și era fericită că după lungi căutări își găsise și un loc de muncă. Era conștientă însă de la bun început că acea slujbă nu e ideală pentru ea. Se bucura totuși de oportunitatea de a acumula experiență practică. Primele dificultăți le întâmpinase la căutarea unei locuințe (avertismentul prealabil). Pentru început trebuia să se mulțumească cu o cămăruță.

„Am înțeles în sfârșit avertismentele legilor vieții și m-am pregătit pentru o schimbare.“

Apoi i s-a defectat și micul automobil pe care-l primise în dar de la tatăl ei (un alt avertisment prealabil pentru faptul că în acel job nu va putea progresa). Inițial, mai multe ateliere auto nu au putut găsi defecțiunea. Când în sfârșit și-a reparat mașina, a plecat în vacanță, unde a suferit o ruptură de ligament. Așa a înțeles în cele din urmă indiciile și și-a căutat un nou loc de muncă. Problemele au încetat imediat. A găsit o locuință frumoasă într-o zonă unde se simțea bine. Și cu noii colegi și cu noua șefă se înțelegea minunat. Totul se potrivea.

Calea spre vindecare

Întrebați-vă

- dacă progresați în evoluția personală,
- dacă vă stânjeniți evoluția prin temeri,
- în ce măsură vă lipsește motivația, din cauza îndoielilor,
- dacă cereți prea mult de la voi și dacă corpul vă semnalizează că aveți nevoie de mai multă liniște.

Descoperiți pentru voi înșivă

- când v-ați putea acorda mai multă liniște,
- ce ați putea face ca să vă folosiți mai bine timpul fără să vă epuizați,
- cum să vă dezvoltați tot mai mult personalitatea.

Obiectivul salutar poate fi: Cel mai înalt obiectiv, acela al evoluției personale, este strâns conectat de folosirea utilă a timpului. Un rol decisiv îl joacă mediul privat, ca și cel profesional.

Ideea conducătoare: „Îmi folosesc timpul privat și la locul de muncă astfel încât să mă simt bine."

Osteoporoza

Osul este un țesut viu care de-a lungul vieții este permanent remodelat, adică sintetizat (format) și resorbit. În cazul osteoporozei predomină clar resorbția, ceea ce duce la producerea de fracturi osoase – mai ales la nivelul corpilor vertebrali.

Simptome clasice: O osteoporoză în stadiul inițial este lipsită multă vreme de simptome. Cu timpul pot apărea dureri de spate și multiple contracturi musculare, care se accentuează în special în urma fracturilor corpilor vertebrali. Ultimele sunt responsabile și de încovoierile coloanei vertebrale și de faptul că respectivele persoane scad tot mai mult în înălțime.

Factorii de risc la nivelul corpului: Un risc crescut îl reprezintă, de exemplu, lipsa de mișcare, consumul exagerat de alcool, fumatul, alimentația deficitară/tulburările de alimentație, deficitul de estrogeni (se resoarbe mai puțin calciu în intestin și se eliberează mult din acest mineral din oase), terapii îndelungate cu cortizon, diabetul zaharat sau hipertiroidia.

Cauze sufletești

Trăsătura de caracter relevantă în cazul osteoporozei este curajul.

La osteoporoză ne pierdem stabilitatea și rezistența. În ce măsură ne-am pierdut curajul și stabilitatea interioară? Din ce cauză ne lipsește motivația de a face ceva pentru noi? Întrucât osteoporoza apare de obicei la menopauză, se pune întrebarea dacă avem o preocupare care să ne ofere împlinire. Avem obiective care să ne facă plăcere? Avem curajul și perseverența să le și realizăm? Cum stăm cu convingerile fundamentale? Sunt în ordine? Nu îndrăznim să acționăm în concordanță cu propriile sentimente și necesități, ci ne ocupăm mult prea mult de ceilalți. Ar trebui să ne preocupăm mai mult de noi înșine și să ne stabilim obiective. Câștigăm astfel putere interioară. Învățați să vă stimați așa cum sunteți. La orice vârstă puteți avea preocupări care să vă ofere împlinire și satisfacție.

Elisa

„Viața îmi era instabilă și așa mi-au ajuns și oasele."

Elisa avea o osteoporoză severă la numai 55 de ani. Cei trei copii deja adulți erau independenți și părăsiseră de mult casa părintească. Elisa nu se gândise niciodată să-și caute o nouă preocupare care să-i confere un sens în viață. Căzuse astfel într-un „gol". Suferea din când în când și de depresie, a cărei cauză nu o recunoștea. De fapt aceasta era un avertisment căruia ea nu-i dădea atenție. În cele din urmă i-a fost diagnosticată osteoporoza.

„Am devenit activă spre binele meu."

Drumul vieții Elisei era unul nesigur, deci „instabil". Tot „instabile" i-au devenit și oasele, provocând-o astfel să întreprindă ceva. Avea nevoie urgentă de o provocare, de un țel dezirabil în viață. Așa cum a recunoscut singură, până atunci îi lipsise curajul. În cele din urmă s-a apucat de o nouă formare profesională și curând s-a simțit mai bine. În măsura în care devenea tot mai activă, i se stabilizau și oasele. Și-a dat seama că multe pot fi regenerate. Și schimbarea alimentației s-a dovedit a fi bine-venită. În plus, consumă zilnic zeamă de varză acră, o sursă foarte bună de calciu, care întărește oasele în mod natural.

Orice modificare hormonală are influență asupra modelării osoase. Reglajul hormonal se supune însă legilor vieții. Nu ar trebi să ne amestecăm în acest proces. Bugetul hormonal este unul foarte sensibil și chiar și dozele reduse pot avea efecte mari. De aceea este aproape imposibil să apreciem dozajul corect la administrarea de hormoni sintetici. Dacă însă ne sporim doza de curaj și gestionăm provocările din ce în ce mai bine, funcția hormonală se îmbunătățește pe căi naturale. Ne vom „stabiliza" – în adevăratul sens al cuvântului.

Calea spre vindecare

Întrebați-vă

- dacă și în raport cu ce aveți complexe de inferioritate,
- în ce relații vă sacrificați pentru alții,
- dacă vă aflați în fața unei provocări și dacă vă împiedică ceva să-i răspundeți,
- unde vi se situează domeniul intereselor.

Descoperiți pentru voi înșivă

- cum să vă delimitați mai ferm pentru a câștiga energia necesară propriilor interese,

- cum puteți câștiga mai multă siguranță de sine,
- cum să acceptați provocările cu mai multă încredere,
- cum să vă construiți stabilitatea interioară.

Obiectivul salutar poate fi: Oasele sunt simbolul stabilității noastre: cine este sincer cu sine și se respectă are oase stabile. Prin micile exerciții de curaj oferite zilnic aveți posibilitatea să vă sporiți curajul și să arătați că sunteți pregătiți să vă urmați propriul drum. Este important de acceptat provocările care vi se par corecte și de a vă stabili obiective. Câștigați astfel – și pe plan sufletesc – forță interioară și stabilitate și primiți – pe plan fizic – oase solide.

Ideea conducătoare: „Am grijă de mine și îmi ascult vocea interioară, care mă încurajează să merg pe un drum nou și să fiu încrezător."

Picioarele

Osul coapsei (femurul) este cel mai puternic din corp. Genunchiul face legătura cu cele două oase ale gambei, tibia și peroneul. Articulația gleznei și scheletul piciorului, constând din cele șapte oase tarsiene, cinci oase metatarsiene și 14 falange, completează membrul inferior. Există multe posibilități de a ne răni membrele inferioare.

Cauze sufletești

Trăsătura de caracter relevantă în cazul îmbolnăvirilor membrelor inferioare este folosirea timpului.

Pe picioare ne sprijinim, cu membrele inferioare ne deplasăm prin viață: simbolica acestora este limpede. Ele sunt responsabile de înaintarea noastră. Durerile de la nivelul membrelor inferioare ne provoacă să reflectăm la drumul ales. Ce ar trebui să schimbăm referitor la evoluția personală? Pentru a merge mai departe trebuie să lăsăm în urmă trecutul și să facem pașii necesari în prezent, pentru a ne afla în viitor pe drumul corect. În special înaintea deciziilor-cheie (alegerea meseriei, căutarea unui loc de muncă, alegerea partenerului, căsătoria, dorința de a avea copii, mutatul) fie primim semne care ne întăresc în decizia noastră și ne arată că ne aflăm pe drumul cel bun, fie primim indicii care vor să ne prevină să mergem pe drumul respectiv. Fiți deosebit de atenți atunci când este vorba de decizii-cheie. Dacă avem motivele corecte și acționăm în concordanță cu legile vieții, vom fi fericiți permanent.

Franziska

„Cu puțin înainte de nuntă mi-am rupt piciorul.“

Franziska și Robert au hotărât să se căsătorească. Interesele și atitudinile lor erau complet diferite, astfel încât era discutabil dacă cei doi vor avea o căsnicie armonioasă pe termen lung. Au existat chiar mai multe avertismente mai mici pe care aceștia însă le-au ignorat. Franziska avea de mai multă vreme ezitări, dar nu avea curajul să și le exprime.

„Mi-am dat seama că eram pe cale să fac un pas greșit.“

Cu cât se apropia nunta, cu atât mai „dubios“ (incomod) se simțea. Dar atât de târziu îi venea și mai greu să anuleze totul. Cu câteva zile înaintea nunții și-a rupt piciorul. Atunci a recunoscut în sfârșit că era pe cale să facă un „pas greșit“. Și-a văzut astfel confirmată acea senzație incomodă și a vorbit deschis cu Robert despre asta. Ambii au recunoscut că probabil nu ar fi fost fericiți unul cu altul pe termen lung. Căsătoria nu s-a mai încheiat.

Tocmai înaintea căsătoriilor sunt multe semne care oferă indicii dacă acestea urmează să fie încheiate în conformitate cu legile vieții sau nu. Dacă s-ar ține cont de acestea, s-ar evita multe neplăceri. Fracturile osoase au un mesaj clar: ar trebui să „rupem“ cu ceva, adică să-i lăsăm libertatea. Ghipsul ne obligă să stăm liniștiți și să reflectăm la pașii din urmă și la cei viitori. Verificați dacă drumul este cel corect sau dacă se cere o schimbare de curs.

Calea spre vindecare

Întrebați-vă

- unde vă aflați pe moment,
- în ce măsură vă aflați într-o situație (personală sau profesională) din care nu puteți progresa,
- dacă tocmai sunteți pe cale de a face un pas care să nu vă avantajeze.

Descoperiți pentru voi înșivă

- ce anume vă împiedică progresul sufletesc,
- cum puteți deveni mai atenți la semnele și la intuiția voastră pentru a înțelege și interpreta mai bine și mai ușor legile vieții,
- ce-ați putea schimba pentru a intra din nou „în viteză“.

Obiectivul salutar poate fi: Dacă învățați să recunoașteți și să interpretați corect indiciile, vă veți scuti de ocolișuri și dificultăți. Cu cât veți merge mai conștienți prin viață, cu atât veți beneficia de mai multe bucurii și de încredere. Frecventați-vă școala zilnică cu plăcere, fiindcă aveți mereu ceva util de învățat. Vă veți putea descoperi tot mai mult potențial și vă veți bucura de progrese.

Ideea conducătoare: „Sunt atent la evenimentele din școala zilnică și-mi verific planurile înainte de decizia finală."

Șoldurile

Articulația șoldului conectează osul coapsei cu bazinul. Este cea mai mare articulație din corp – și implicit și cea mai solicitată (împovărată). La mers, din cauza mișcărilor iau naștere presiuni mult mai mari decât greutatea corporală. Capul articular în formă sferoidală al femurului se adaptează unei cavități articulare concave și profunde a șoldului. Cavitatea este parte componentă a oaselor bazinului. Cavitatea articulară (acetabulul) se compune din oasele pelviene: iliac, ischiatic și pubian. Un strat gros de cartilaj protejează capul femural și acetabulul de tamponări și frecări. Acesta facilitează alunecarea osului femural și a membrului inferior în toate direcțiile. Articulația șoldului este sferică și, prin urmare, foarte mobilă.

Cauze sufletești

Trăsăturile de caracter relevante în cazul afecțiunilor șoldului sunt curajul, iertarea, viziunea pozitivă asupra vieții și folosirea timpului.

Șoldurile au funcția de purtare și susținere la mers și ne oferă stabilitate. Ele simbolizează progresele noastre pe calea evoluției. Avem probleme cu șoldurile? Ne-am blocat undeva în dezvoltarea noastră. Legile vieții ne-au trimis multe semnale, dar nu le-am luat în considerație. Dacă ne comportăm într-un astfel de mod încăpățânat cu legile vieții, șoldurile ni se pot rigidiza și pot înțepeni. Aceasta simbolizează ținuta noastră imobilă în viață. Ne-am înțepenit cumva în modele de gândire și deprinderi negative? Ne împovărăm cu prea multe? Avem dificultăți la mers. Această încărcătură o pot reprezenta suprasolicitările fizice, dar și poverile sufletești, de pildă grijile. Tragem după noi prea multe lucruri din trecut, deoarece nu le putem slobozi și nu putem ierta? Astfel ne solicităm peste măsură. Sau ne implicăm prea mult pentru ceilalți, fără să acordăm atenție și propriei persoane? Reacționăm inflexibil la schimbările ce se impun în viața noastră și nu putem da drumul trecutului? Mulți oameni își îngreunează viața și nu pot progresa corespunzător – sufletește.

Jutta

„Aveam dureri de șold."

Jutta fusese în ani tinereții o sportivă pasionată. Luase parte la concursuri și competiții în diverse discipline. Nu dăduse niciodată atenție faptului că are o constituție fizică necorespunzătoare unor astfel de solicitări și nici avertismentelor repetate ce veneau sub forma accidentelor și rănirilor. În plus, mai avea și o profesie solicitantă, care o obliga să stea mult în picioare. Tot ce se întâmpla rău pe lume o împovăra suplimentar, pentru că punea totul la inimă. Nu se putea desprinde nici de trecut. În cele din urmă, la vârsta de 55 de ani, s-au instalat durerile de șold.

„Am început să ascult de semnalele legilor vieții."

Medicul a sfătuit-o să reducă sportul. La început ea a refuzat să admită acest lucru, până când un cartilaj de la nivelul șoldului s-a uzat în asemenea măsură încât a forțat-o să-și limiteze mișcările – luase naștere o artroză. A refuzat operația. Cinci ani mai târziu, pe când făcea cunoștință cu legile vieții, a dobândit o nouă înțelegere și a reușit ca prin îndreptarea slăbiciunilor să-și reducă procesul de uzură din șold și să stopeze artroza. Dacă se menajează suficient, nu mai are nici dureri. Șoldul rămâne însă, cum s-ar spune, „degetul avertizor" care se „ridică" imediat atunci când Jutta începe să uite de semnale și cade din nou pradă uneia dintre vechile slăbiciuni.

Calea spre vindecare

Întrebați-vă

- în ce măsură opuneți rezistență legilor vieții,
- în ce măsură temerile sau îndoielile vă împiedică să progresați,
- dacă aveți curajul să vă mențineți pe propriile picioare,
- dacă ceva vă depășește,
- dacă trageți după voi poveri din trecut.

Descoperiți pentru voi înșivă

- cum puteți deveni mai flexibili,
- cum puteți să aveți mai multă grijă de voi,
- cum vă puteți motiva să faceți pașii corecți, cu ajutorul gândurilor pozitive,
- cum puteți ierta,
- cum să vă debarasați de trecut sau de deprinderi stânjenitoare.

Obiectivul salutar poate fi: Cu o atitudine pozitivă, cu încredere de sine și optimism, ne putem ușura mult viața. Să facem pace cu trecutul pentru a putea privi cu bucurie în viitor.

Ideea conducătoare: „Merg constant și cu ușurință înainte. Las în urmă trecutul, privesc cu optimism și încredere în viitor. Mă împac cu mine și cu ceilalți."

Umerii

Centura umărului unește osul brațului cu trunchiul. Osul brațului se fixează de omoplat. Articulația sferică facilitează o mare mobilitate și este stabilizată primar de o capsulă solidă formată din ligamente, de tendoane și de mușchi. În cazul umărului se vorbește și de o articulație securizată de mușchi. Amploarea mare a mișcărilor ne permite pe de o parte să ajungem pretutindeni, pe de altă parte însă crește riscul accidentelor și tendința la instabilitate.

Cauze sufletești

Trăsăturile de caracter relevante în cazul afectării umărului sunt curajul și folosirea timpului.

Umerii fac posibilă mișcarea brațelor. Dacă umerii sunt mobili, suntem și noi absolut capabili să acționăm. Dacă însă umerii ne împiedică mișcarea brațelor, ar trebui să verificăm ceea ce facem și să descoperim prin ce anume ne împiedicăm activitățile. Aveți senzația că trebuie să preluați prea multă responsabilitate? V-ați lăsat copleșiți de prea multe sarcini și griji, fără să le întâmpinați cu eficacitate? Prin prea multe însărcinări ne împiedicăm singuri să facem ceea ce este important și corect. Dacă ne dedicăm prea mult celorlalți, pierdem simțul pentru noi înșine. Putem să-i sprijinim pe ceilalți, ar trebui însă să cumpănim ce anume ne stă în puteri, ca să nu ne suprasolicităm cu poverile respective. Folosiți-vă util creativitatea și acționați pentru binele propriu și al celorlalți.

Calea spre vindecare

Întrebați-vă

- în ce măsură faceți ce vă este favorabil,
- în ce măsură vă suprasolicitați și vă împovărați prea mult,
- dacă vă simțiți exploatați de o persoană,
- dacă purtați povara/responsabilitatea altora,
- din ce motiv faceți acest lucru, din simțul datoriei sau pentru că vă face plăcere și aveți valențe libere.

Descoperiți pentru voi înșivă

- ce ar trebui să faceți cu adevărat,
- unde vă sunt limitele și cum să le respectați,
- cum puteți spune „nu" politicos și cordial atunci când ceva vi se pare a fi prea mult,
- cum să aveți mai multă grijă de propria persoană,
- dacă e cazul să vă desprindeți de un obicei, de o persoană sau de altceva.

Obiectivul salutar poate fi: Pentru fiecare dintre noi este o provocare să verifice cât anume poate suporta fără a fi solicitați peste măsură, dar nici prea puțin. Găsiți-vă propria măsură, fără a vă compara cu ceilalți.

Ideea conducătoare: „Am curajul să mă văd așa cum sunt și nu mă împovărez cu lucruri pe care nu le pot duce."

Bolile autoimune

Bolile din această categorie sunt foarte complexe – această observație este valabilă atât pe plan fizic, cât și pe plan sufletesc. Ele ne cer fără echivoc să ne cunoaștem mai bine pe noi înșine. Analizați-vă minuțios comportamentul. Controlați în ce măsură vă dăunați singuri pe plan fizic și psihic.

Arătați-i corpului calea corectă

Sistemul fizic de apărare face de obicei uz de anticorpi împotriva influențelor externe sau a germenilor patogeni care amenință organismul. Vorbim de o boală autoimună atunci când sistemul de apărare imunitar însuși devine cauză de îmbolnăvire, deoarece nu mai poate distinge între ceea ce este propriu corpului și ce-i este străin. Sistemul imunitar se îndreaptă în mod eronat împotriva unuia sau mai multor organe sau chiar împotriva întregului organism (sistemic). Termenul „boală autoimună" include circa 60 de boli diferite, fiecare cu tabloul clinic caracteristic și simptome proprii.

Cauze sufletești

Trăsături de caracter relevante în cazul bolilor autoimune sunt reprezentate de toate cele cinci domenii: sinceritatea, curajul, iertarea, viziunea pozitivă asupra vieții și utilizarea timpului.

Conform experienței noastre, utilizarea timpului joacă rolul decisiv în bolile autoimune, dar există diverse combinații și cu celelalte patru caracteristici. Atunci când boala autoimună se declanșează la nivelului unui singur organ, acesta oferă indiciile hotărâtoare cu privire la trăsăturile de caracter implicate. Citiți informațiile referitoare în secțiunile respective. În continuare, câteva exemple:

- Diabetul zaharat (pancreas): trăsătura de caracter este iertarea, în special „aspirația excesivă după apreciere".
- Boala Bechterew (coloana vertebrală): trăsăturile de caracter sunt curajul și iertarea.
- Boala Crohn/colita ulceroasă (intestin) și boala celiacă/intoleranța la gluten (intestinul subțire): trăsătura de caracter este iertarea, mai ales „trecerea peste".
- Poliartrita cronică (articulații): trăsătura de caracter este viziunea pozitivă asupra vieții, mai ales „critica".

- Lupusul eritematos sistemic (pielea, articulațiile, rinichiul, sistemul nervos central, vasele de sânge): trăsăturile de caracter sunt curajul și iertarea
- Tiroidita Hashimoto/boala Basedow (tiroida): trăsătura de caracter este utilizarea timpului
- Sarcoidoza (plămâni): trăsătura de caracter este utilizarea timpului.

Deoarece abordările terapeutice ale medicinei tradiționale și-au atins limitele în cercetarea și tratamentul bolilor autoimune, alunecă tot mai mult în prim-plan cele psiho-neuro-imunologice. Această direcție de cercetare anulează uzuala și tradiționala separare dintre corp și suflet din teoria medicinei convenționale și se preocupă de relația dintre sistemul imunitar și suflet/psihic. Între timp, psiho-neuro-imunologia a putut arăta prin investigațiile efectuate modul în care influențele sufletești se exercită asupra sistemului de apărare al organismului. Și aceasta este și abordarea noastră – deja din anii 1970.

Haideți să aruncăm o privire asupra limbajului simbolic al bolilor autoimune: sistemul imunitar se îndreaptă împotriva propriului corp. Dacă transpunem acest fenomen asupra personalității, trebuie să ne întrebăm: În ce măsură ne dăunăm singuri? Care sunt modelele de comportament care ne împiedică evoluția? Bolile autoimune sunt evenimente complexe, astfel încât e limpede că și cauzele sunt la fel de complexe. Aici intervin și se combină mai multe trăsături de caracter. În general putem spune:

- Bolile autoimune ne solicită să ne percepem cu sinceritate propria persoană și să ne cunoaștem.
- Trăsăturile de caracter „curaj“ și „viziune pozitivă asupra vieții“ exprimă felul în care ne privim viața. Întrucât mulți oameni nu-și percep propriile calități, nu-și recunosc nici propria valoare. Ei dezvoltă complexe de inferioritate și nu îndrăznesc să se apropie de ceilalți sau să abordeze anumite sarcini. Ca urmare, se retrag tot mai mult.
- Pentru evoluția noastră contactele interumane sunt foarte importante. Ele ne așază în fața provocărilor. Felul în care ne purtăm unul cu celălalt are mare influență asupra sănătății și a calității vieții. În această privință, nu putem sublinia îndeajuns cât de importantă este trăsătura numită „iertare“.
- Cea mai bună utilizare a timpului este să ne îngrijim de relații interumane benefice și să ne valorificăm potențialul. Doar astfel este posibilă evoluția.
- Frapant este faptul că bolile autoimune apar în special la persoane tinere, în jur de 20 până la 40 de ani. Uneori sunt afectați chiar și adolescenți. Pentru cine trăiește retras, internetul reprezintă o mare tentație, aceea de a se refugia într-o lume virtuală. Tocmai persoanele tinere sunt deosebit de periclitate. Prin faptul că se sustrag provocărilor „reale“ interumane favorizează bolile.

IMPORTANT **Fiecare boală gravă ne solicită să ne ocupăm mai îndeaproape de noi înșine. Este un apel ca din când în când să întreprindem modificări drastice în viața noastră.**

Calea spre vindecare

Întrebați-vă

- dacă și cum vă percepeți pe voi înșivă,
- ce fel de talente, abilități și puncte forte aveți,
- în ce măsură și când acționați împotriva voastră înșivă, în ce măsură evitați școala zilnică, dăunând astfel propriei evoluții,
- ce obiceiuri dăunătoare (vicii) ar trebui abandonate,
- ce vă împiedică să vă desfășurați complet personalitatea,
- dacă duceți viața care corespunde intimității voastre,
- dacă decideți singuri în viața voastră sau ați predat controlul altcuiva.

Descoperiți pentru voi înșivă

- ce cale vreți să urmați, care vă sunt obiectivele,
- cum vă puteți descoperi talentele, abilitățile și punctele forte și cum le puteți valorifica,
- cum puteți „înflori" și cum vă puteți pune în valoare potențialul în toată splendoarea,
- cu ce mici schimbări puteți începe,
- cum vă puteți intensifica contactele interumane „reale",
- cum puteți pune bazele prieteniilor și cum le puteți întreține.

Obiectivul salutar poate fi: Treceți peste ceea ce vă abate din drum și vă împiedică dezvoltarea personalității. Deoarece nu puteți evolua decât dacă vă aventurați în lumea reală din afară, faceți față provocărilor, puneți bazele relațiilor interumane valoroase și trăiți în pace cu semenii voștri.

Ideea conducătoare: „Îmi folosesc timpul și posibilitățile pentru dezvoltarea mea personală. Sunt conștient de valoarea mea și trăiesc prin «consultare» cu legile vieții."

Susțineți-vă corpul

- Detoxificați și purificați pentru a vă elibera corpul de substanțe dăunătoare.
- Refaceți-vă flora intestinală și fortificați-vă sistemul imunitar.
- Preocupați-vă de o alimentație energizantă, vitalizantă și echilibrată, pentru a vă aproviziona corpul cu toate cele necesare.
- Faceți pe cât posibil mișcare în aer liber: mișcarea ameliorează vascularizația și crește astfel forțele de apărare.
- Efectuați proceduri speciale pentru susținerea respectivului organ (vezi secțiunile corespunzătoare).

Boala Basedow

Boala Basedow este o maladie autoimună a glandei tiroide care duce la funcționarea în exces a acesteia. Anticorpii se cuplează de așa-numitul receptor TSH, ceea ce duce la producerea în exces de hormoni tiroidieni. TSH înseamnă „hormon de stimulare tiroidian", un produs al glandei pituitare (hipofiza) care acționează pe mecanismul de reglare tiroidian.

Simptome: metabolism crescut manifestat prin nervozitate, puls rapid, scădere în greutate, în ciuda unui apetit crescut. Tipici sunt globii oculari proeminenți („ochii bulbucați"). În cazuri rare se ajunge la tumefierea (umflarea prin acumulare de lichid) gambelor.

Cauze sufletești

Trăsătura de caracter relevantă în cazul bolii Basedow este utilizarea timpului.

Ca la orice hiperfuncție tiroidiană, cei afectați sunt „la turație înaltă" („foc continuu"). Revelator este motivul pentru care aceștia acționează hiperactiv. Vor să-și dovedească ceva lor înșiși sau celorlalți? De ce atrag atenția asupra lor în acest mod? Adesea se află în spate lipsa respectului de sine. Dacă însă își pulverizează energia în felul acesta, își dăunează singuri. Sistemul nervos suferă, corpul nu-și găsește odihna. El lucrează împotriva lor, deoarece corpul reflectă propriul comportament: el încearcă astfel să-i trezească la realitate pe cei afectați. Să-i facă să-și dea seama că de fapt activează împotriva lor înșiși.

Calea spre vindecare

Întrebați-vă

- în ce privințe oferiți prea mult,
- din ce motiv vă extenuați astfel,
- dacă vă lipsește curajul să spuneți „nu" atunci când vi se cere să vă depășiți limitele,
- cum vă folosiți timpul.

Descoperiți pentru voi înșivă

- cum vă puteți găsi liniștea,
- ce puteți face pentru propria sănătate,
- cum vă puteți reface energia,
- cum vă puteți recunoaște mai bine școala zilnică și cum puteți ieși fortificați din ea,
- cum vă puteți crește încrederea în sine,
- cum vă puteți folosi mai util timpul.

Obiectivul salutar poate fi: Cine-și cunoaște propria valoare se preocupă de propriile dorințe și necesități. Fiți plini de afecțiune față de voi și de ceilalți. Faceți totul cu măsură și faceți ceea ce vă este benefic. Fiți fideli vouă înșivă, pentru a putea fi fericiți. Din asta va profita și anturajul.

Ideea conducătoare: „Îmi recunosc valoarea și îmi respect limitele. Am grijă de mine și de sănătatea mea și îmi sporesc succesiv încrederea în mine. Îmi satisfac propriile necesități și respect și necesitățile celorlalți."

Boala Bechterew (spondilita anchilozantă)

Este vorba despre o boală reumatică inflamatoare cronică ce debutează la vârste cuprinse între 20 până la 40 de ani. Cuprinde în special articulațiile vertebrelor și articulațiile din apropierea coloanei vertebrale – putându-se ajunge până la o rigidizare extensivă și o încovoiere a coloanei. Postura celor afectați de boala Bechterew, cu spatele încovoiat pronunțat înainte, este caracteristică.

Simptomele timpurii sunt durerile de spate și înțepenirea articulațiilor în a doua jumătate a nopții sau dimineața devreme, dureri care se ameliorează la mișcare. Mai departe sunt tipice durerile la nivelul punctelor de inserție ale mușchilor și tendoanelor, mai ales la nivelul călcâielor. La unele persoane sunt afectate și încheieturile șoldului și genunchiului. Se poate ajunge la inflamațiile irisului (irita), în timp ce organele interne sunt de obicei menajate.

Cauze sufletești

Trăsăturile de caracter relevante în cazul bolii Bechterew sunt curajul și iertarea.

Această boală are evident caracter simbolic. Imobilitatea corpului reflectă o oarecare „rigiditate" interioară, încăpățânare și inflexibilitate. Cei afectați se cramponează de obicei de ceva anume, ceva care-i blochează. Această stare este cuplată adesea cu lipsa de curaj și cu neputința de a spune „nu". Spatele încovoiat semnifică povara prea grea pe care o poartă cu ei. Ei fac adeseori lucruri care nu le convin, ceea ce le împiedică evoluția. La nivel fizic, starea lor se ameliorează prin mișcare. Asta semnifică faptul că ar trebui să urmeze o „mișcare" și pe plan sufletesc.

Uwe

„Am dureri de spate și devin tot mai rigid."

Uwe avea puțin peste 20 de ani și lucra în firma socrului său ca muncitor necalificat, deși învățase o meserie bună ca meșteșugar. Nu avea însă curajul să spună că munca nu îi face nicio plăcere. Nu vedea niciun fel de posibilitate de a progresa. Și totuși, ținea strâns de acea slujbă.

„Am devenit flexibil în mai multe privințe."

Diagnosticul de boală Bechterew l-a determinat pe Uwe să se preocupe îndeaproape de legile vieții. Atunci când s-a decis să-și schimbe slujba, a înflorit. Și în alte privințe s-a străduit să devină mai flexibil, să nu-și mai facă griji și să vadă partea pozitivă a lucrurilor. Dădea atenție tot mai mult testelor de curaj, pe care le trecea tot mai bine. Curând n-a mai acuzat dureri. Coloana vertebrală i-a devenit tot mai mobilă. Acum se simte împlinit de munca pe care o face și este tot mai echilibrat.

Calea spre vindecare

Întrebați-vă

- ce ar trebui să lăsați să treacă,
- cum puteți căpăta curaj pentru schimbare,
- în ce privință ați putea deveni mai flexibili,
- în ce măsură vă blochează gândirea negativă.

Descoperiți pentru voi înșivă

- cum puteți trece mai bine și mai ușor peste ceea ce vă îngrădește,
- cum vă puteți deschide noului,
- cum vă puteți prezenta cu mai mult curaj,
- cum vă puteți întări încrederea și respectul de sine.

Obiectivul salutar poate fi: Stabiliți-vă un obiectiv care să corespundă talentelor, abilităților și necesităților voastre. Aici este esențial să fiți flexibili și deschiși eventualelor corecții de curs.

Ideea conducătoare: „Îmi cunosc necesitățile și merg plin de afecțiune și încredere pe propriul drum. Sunt flexibil și curajos și îmi urmez convingerile interioare."

Cum vă puteți sprijini suplimentar corpul: Faceți o terapie în galeriile din Bad Gastein. Aceasta aduce o alinare de durată a simptomelor dureroase prin combinația de substanțe active cu conținut de radon natural, căldură și umiditatea aerului, precum și prin inhibarea proceselor inflamatorii.

Lupusul eritematos sistemic (LES)

La această boală autoimună mecanismele proprii de apărare se îndreaptă împotriva întregului organism (= sistemic). Se ajunge la inflamații cronice ale pielii, ale articulațiilor, ale sistemului nervos și ale organelor interne.

Simptome: sunt numeroase și se manifestă cu pronunțare variabilă. Cel mai vizibil semn este erupția cutanată (roșeața) la nivelul obrajilor, în forma unui fluture. Alte simptome sunt scăderea performanței, oboseala, pierderea în greutate și durerile.

Cauze sufletești

Trăsături de caracter relevante în cazul LES sunt viziunea pozitivă asupra vieții și utilizarea timpului.

Ne stimulează evoluția activitățile pe care le desfășurăm? O bună măsură în acest sens este bugetul energetic. Întreținem relații constructive, în care să putem face schimburi utile, de la care să ne încărcăm energetic? Adesea activitățile noastre sunt legate de respectul de sine. Dacă nu suntem conștienți de valoarea proprie, nu o să avem curajul necesar pentru a ne autodepăși și a ne valorifica potențialul. Aici este vorba de acceptarea acelor provocări prin care să putem progresa.

Calea spre vindecare

Întrebați-vă

- în ce măsură activitățile voastre vă sustrag energia,
- ce vă împiedică să progresați,
- dacă vedeți prea mult negativul lucrurilor,
- dacă vă recunoașteți școala zilnică.

Descoperiți pentru voi înșivă

- cum vă puteți spori energia,
- cum să vă îngăduiți mai multe plăceri,
- cum puteți dobândi o viziune mai pozitivă asupra evenimentelor,
- cum vă puteți prezenta pozitiv față de școala zilnică,
- cum vă puteți spori potențialul.

Obiectivul salutar poate fi: Considerați că meritați să vă folosiți timpul în beneficiul propriu și durabil. Fiecare om dispune de talente și abilități unice. Recunoașteți-le pe ale voastre și transformați-vă dintr-o „omidă urâtă“, așa cum vă vedeți acum, într-un minunat fluture.

Ideea conducătoare: „Îmi recunosc propria valoare și îmi folosesc timpul prețios, spre bucuria tuturor, astfel încât să pot duce o viață fericită.“

Poliartrita cronică (poliartrita reumatoidă)

Poliartrita cronică este cea mai frecventă boală reumatică. Este o boală autoimună care afectează în primul rând articulațiile, unde se declanșează și reacțiile inflamatorii.

Simptome: rigiditatea articulară matinală și durerile la mobilizarea degetelor. Din cauza limitării funcționale cauzate de dureri, persoanele afectate evită și mai mult mișcările, astfel încât musculatura nefolosită se atrofiază. În stadiul avansat, articulațiile sunt deformate și distruse. Simptome suplimentare pot fi: inflamații ale tecilor sinoviale tendinoase (tenosinovita) și ale burselor (un mic sac cu fluid care căptușește și lubrifiază zona în care elementele articulare – oase, tendoane, ligamente, mușchi sau piele – se freacă unele de altele), „noduli reumatismali" și chiar inflamații ale organelor (valvele cardiace, ochii, rinichii).

Cauze sufletești

Trăsătură de caracter relevantă în cazul poliartritei cronice este viziunea pozitivă asupra vieții.

Tendințele de a ne face griji și de a critica își au originea în viziunea negativă asupra vieții. Persoanele afectate tind să vadă partea negativă a evenimentelor. Sunt adesea foarte critice față de semenii lor. Nu au încredere că aceștia ar putea realiza ceva bun și corect. Se așteaptă doar la rezultate negative. De aceea preferă să facă totul singuri, suprasolicitându-se. În felul acesta își provoacă sieși și celorlalți suferință. Corpul reacționează la observațiile critice otrăvitoare prin acumularea de substanțe toxice și de reziduuri, pe care le depune în articulații. Astfel apar dureri. În felul acesta primim înapoi, cum s-ar spune, ceea ce provocăm altora. Depozitările din articulații conduc la imobilitate. Asta ne arată cât de mult ne poate îngrădi o viziune negativă asupra vieții, făcându-ne să batem pasul pe loc. Adeseori se adaugă și alte sedimente printr-o alimentație săracă în substanțe nutritive. Acelea pot fi reduse moderat prin măsuri corespunzătoare de detoxificare și purificare. Pe viitor limitați pe cât posibil aporturile negative, atât la interior, cât și la exterior.

Calea spre vindecare

Întrebați-vă

- dacă vă frapează părțile negative,
- dacă aveți pretenții prea mari de la voi înșivă și de la ceilalți,
- dacă sunteți sinceri cu voi înșivă. Îi vorbiți pe alții de rău ca să apăreți voi înșivă într-o lumină mai bună?

Descoperiți pentru voi înșivă

- cum vă puteți considera anturajul cu mai multă toleranță și înțelegere,
- cum puteți trece peste lucrurile care vă împovărează și cum puteți lăsa mai multă bucurie și ușurință în viața voastră,
- cum vă puteți vedea pe voi înșivă într-o lumină favorabilă,
- cum vă puteți fortifica sistemul nervos,
- cum puteți detoxifica, purifica și cum vă puteți ameliora alimentația.

Obiectivul salutar poate fi: Importantă este câștigarea unei atitudini pozitive față de ceilalți oameni și față de viață. Următoarea zicală vă poate fi de ajutor: „Un optimist vede în fiecare problemă o șansă, un pesimist vede în fiecare șansă o problemă." Sprijiniți-vă corpul cu o alimentație vitalizantă, pentru a-i păstra performanța.

Ideea conducătoare: „Caut conștient la toți cei din jur caracteristicile pozitive. Vreau să văd în toate evenimentele partea pozitivă."

Cum vă puteți sprijini suplimentar corpul

- Nu consumați carne, deoarece aceasta conține un acid gras (acid arahidonic) care provoacă reacțiile inflamatorii.
- Evitați acizii grași saturați, deoarece aceștia favorizează inflamațiile și declanșează boli reumatismale.
- Practicați gimnastica moderată pentru a vă depăși durerile și rigiditatea.
- Și înotul este un sport potrivit.

Scleroza multiplă (scleroza în plăci)

Scleroza multiplă este descrisă ca fiind o boală cronică cu episoade acute de deteriorare a diferitelor funcții nervoase. Tecile de mielină ale fibrelor nervoase se distrug, ceea ce duce la tulburări în transmiterea impulsurilor nervoase, tulburări care inițial sunt reversibile. Mai târziu însă, țesutul nervos de susținere începe să prolifereze, crescând neregulat, atât la nivelul creierului, cât și al măduvei spinării, în focare cenușii, de consistență dură, bine delimitate, numite „plăci" (scleroză).

Următoarele simptome pot apărea: La început se observă tulburări de vedere sub formă de vedere dublă, tremurături ale pleoapelor, scăderea acuității vizuale. Adesea se adaugă nesiguranța la mers și amețelile. Pe parcurs se asociază pareza spastică a membrelor, precum și tulburări de sensibilitate. Cei afectați merg împleticit și nesigur. Mai pot apărea și tulburări ale funcției vezicii urinare.

Cauze sufletești

Trăsătura de caracter relevantă în cazul sclerozei multiple este iertarea.

Cu cât progresează boala, cu atât deplasarea devine mai grea pentru persoanele respective. Cu timpul acestea își pierd tot mai mult controlul asupra membrelor inferioare, până când nu se mai pot descurca singure și au nevoie de ajutor. La un moment dat nu mai pot duce o viață independentă. Aceste procese corporale sunt un simbol pentru comportamentul sufletesc. Observațiile au arătat că unii pacienți sunt foarte duri cu ei înșiși. Se pun întrebările: Care sunt motivele și ce urmăresc prin asta? Ce se ascunde în spatele conduitei lor? Vor să impună ceva prin duritate și pierd din vedere faptul că prin flexibilitate se obțin soluții mai bune? În ce privință nu doresc să se deplaseze pe plan sufletesc? Au o părere greșită despre responsabilitate (inclusiv cea personală)? Le este teamă că nu vor corespunde așteptărilor (proprii)? E posibil ca scaunul cu rotile să fie o ocazie „bine-venită“ de evadare? Firește că pacienții nu sunt conștienți de toate astea. Pot exista însă multe motive bazate pe diverse caracteristici sufletești pentru care cineva nu dorește să-și asume răspunderea, ci rămâne mai degrabă pasiv, retrăgându-se chiar într-o stare de absolută neajutorare.

După cum ne-au demonstrat anii îndelungați de observații, modelele comportamentale servesc de obicei obiectivului de a dobândi laudă și apreciere. Poate că cei afectați doresc să demonstreze ceva celorlalți sau să le apară acestora deosebit de capabili. De multe ori nu sunt conștienți de motivarea lor. Doar cei sinceri cu ei înșiși își pot da seama de adevăratele mobiluri. Acest lucru este absolut necesar, deoarece în caz contrar există pericolul ca aceste persoane să devină complet dependente de ceilalți, atât fizic, cât și pe plan sufletesc. Nu mai pot trăi autodeterminat, ci se află la îndemâna altora, lăsându-se conduși în scaunul cu rotile. Aspirația excesivă după apreciere se poate arăta în mai multe moduri la pacienții cu scleroză multiplă.

Maximilian și Hubert

„Cu greu progresez.“

Doi bărbați tineri aveau scleroză multiplă, ambii nu se puteau desprinde de părinți. Deși erau trecuți de 30 de ani, se lăsau conduși de părinți, care decideau totul, răsfățându-i. Erau tratați ca niște copii mici, rămânând astfel imaturi și dependenți. Dar cine se lasă controlat din exterior și nu își asumă responsabilitatea pentru propria viață nu poate evolua. Ambii au făcut cunoștință apoi cu legile vieții (independent unul de celălalt) la noi în cabinet. Din acel punct evoluția fiecăruia a adoptat cursuri complet diferite.

„Detașarea interioară a fost decisivă."

Hubert a reușit mai întâi o separare fizică de părinți, pe interior însă nu s-a putut desprinde. De mai multe ori pe zi vorbea la telefon cu mama lui, care-i prescria totul. După scurt timp s-a decis să se întoarcă în casa părintească. Imediat după aceea boala a recidivat cu un nou puseu, pe care el l-a ignorat, rămânând mai departe acasă. Boala i s-a agravat vizibil și curând a ajuns în scaunul cu rotile.

În schimb, Maximilian și-a luat viața în propriile mâini, de îndată ce a recunoscut cauzele bolii. A părăsit casa părintească și s-a mutat într-un alt oraș. A luat în calcul până și schimbarea obiectului de studii. Își vizita părinții tot mai rar și a fost capabil să ducă o viață tot mai independentă. A învățat să dea ascultare vocii interioare, să recunoască ce este benefic pentru el și să pună curajos totul în practică. A dat atenție corpului, unei alimentații sănătoase, a învățat să gătească și a efectuat periodic metodele de detoxificare și purificare. Curând nu au mai fost detectate semnele sclerozei multiple. Pacientul s-a vindecat complet.

IMPORTANT **O boală atât de severă solicită de urgență preocuparea îndeaproape cu propria persoană. Ea cere să fie făcute modificări – uneori chiar drastice – în propria viață.**

Calea spre vindecare

Întrebați-vă

- ce v-a blocat evoluția,
- dacă sunteți dispuși să căutați cauza bolii la voi înșivă sau vă uitați mai bine după ajutor extern,
- în ce domenii ați predat cârma propriei vieți,
- dacă sunteți disciplinat sau vă lăsați mai bine în voia sorții.

Descoperiți pentru voi înșivă

- cum vă puteți lua viața în propriile mâini,
- cum puteți recunoaște motivele acțiunilor voastre,
- cum puteți învăța să renunțați la activități dacă motivul vostru este unul greșit,
- cum puteți prelua responsabilitatea pentru voi înșivă,
- cum puteți dezvolta voința să acționați corect.

Obiectivul salutar poate fi: Dacă ați înțeles conexiunile profunde ale bolii, se cere apoi voința de a schimba ceva. Prin efort și perseverență veți reuși să puneți în practică cele învățate. Dacă acționați din motivul corect, e decisiv să vă mențineți stabil și statornic. Veți observa imediat – prin recidiva bolii – dacă v-ați abătut din drum.

Ideea conducătoare: „Mă iubesc și mă respect și îmi iau viața în propriile mâini, îmi urmez vocea interioară și sunt dispus să-mi urmez drumul cu disciplină și determinare."

Cancerul - Tumorile

Cancerul este una dintre fantomele înfricoșătoare ale epocii noastre. Înainte de toate pentru că ne amenință viața, iar tratamentul este unul foarte agresiv pentru corp. Momentul central în cazul bolilor tumorale este aspirația excesivă după apreciere, care este la fel de autodistructivă ca însuși cancerul. Nu vă subestimați niciodată propriile forțe. Recunoașteți mesajul și puneți capăt distrugerii.

Mobilizarea forțelor și a resurselor proprii

Tumorile apar ca urmare a înmulțirii necontrolate a celulelor prin diviziune celulară. Ele pot lua naștere în orice țesut. Celulele nou formate sunt mai puțin diferențiate și nu pot îndeplini funcțiile tisulare specifice. Tumorile benigne sunt delimitate adesea de o capsulă de țesut conjunctiv. Prin nevoia de spațiu, țesutul originar este împins de la locul său, ceea ce face să apară semne de boală. În funcție de țesutul în care își au punctul de plecare, se deosebesc, de exemplu, lipoame (din țesut gras), fibroame (țesut conjunctiv), mioame (țesut muscular neted), hemangioame (țesut vascular sanguin), adenoame (glande salivare). Unele dintre acestea se pot maligniza pe parcurs.

Tumorile maligne apar în special la vârste cuprinse între 40 și 70 de ani. În ultima vreme însă se întâmplă tot mai des și la persoane tinere. Pentru acestea se folosește adeseori termenul general de „cancer", deși în sensul strict al cuvântului, în limbajul medical uzual, acesta se numește „carcinom" (proliferare malignă a țesutului epitelial/de acoperire). Tumorile maligne pot pătrunde rapid și fără bariere în țesutul învecinat, distrugându-l și propagându-se apoi la distanță pe cale sanguină sau limfatică, unde formează tumori fiice (metastaze) în diverse organe.

Simptome: la început aproape lipsesc, mai târziu se înrăutățește starea generală, pacienții resimt oboseală și pierd în greutate.

Factori de risc la nivelul corpului: alimentația (de exemplu, prea multe grăsimi nesănătoase, puține fibre, prea puține substanțe antioxidante), consumul exagerat de alcool, factorii de mediu, factori chimici (de exemplu, hidrocarburile aromatice policiclice din fumul de tutun și din gazele de eșapament) și radiațiile.

Cauze sufletești

Trăsătura de caracter relevantă în cazul tumorilor este iertarea, mai ales aspirația exagerată după apreciere. În funcție de organul afectat, se mai adaugă cel puțin una dintre trăsăturile de caracter corespunzătoare organului respectiv.

Celule canceroase izolate apar permanent în corpul nostru, însă organismul este dotat cu mecanisme corespunzătoare capabile să le contracareze, înlăturându-le. Forțele de apărare proprii îndeplinesc zilnic activități enorme. De fapt, corpul este capabil să dizolve chiar tumori mai mari, atunci când este înlăturată cauza declanșatoare. Acest lucru este confirmat de „vindecările spontane". Majoritatea oamenilor subestimează forțele și resursele propriului corp, care sunt prezente tocmai pentru a împiedica apariția bolilor și, respectiv, a le face față. Oamenii care se ocupă activ de mesajul transmis de bolile lor și se străduiesc să-și recapete echilibrul sufletesc, care introduc schimbări și își modifică regimul alimentar, au șanse foarte bune să se vindece. Cea mai bună premisă o reprezintă mobilizarea forțelor naturale de apărare și de auto-vindecare, ameliorarea pe plan spiritual. Dacă mesajul unei boli a fost înțeles și transpus în practică, atunci, în conformitate cu legea cauzei și efectului, boala dispare, deoarece și-a îndeplinit scopul.

Atitudinea față de diagnosticul și de boala numită „cancer" este o provocare pentru mulți dintre noi, mai ales la început. Un om trece printr-o multitudine de sentimente precum temeri, îndoieli, speranță, optimism, resemnare, depresie... o adevărată baie de emoții. Într-un final rămâne decisivă întrebarea dacă sentimentele încărcate de optimism sunt mai puternice și se vor impune. Tot un efect pozitiv îl are și comportamentul de susținere și încurajare al celor apropiați, chiar și atunci când este abordat un alt drum decât cel prevăzut de medicina convențională. Dacă mediul reacționează negativ, acest lucru îl va costa pe pacient multă energie, pentru a se apăra. Astfel îi este redusă încrederea. Dar cine reușește să-și accepte boala și s-o recunoască drept ajutor, cine se încumetă să o depășească – acela se află deja pe drumul corect.

Cauza profundă a cancerului

În știință sunt controversate mai multe cauze. Mai tot timpul se presupun anumite cauze genetice. Între timp însă, mai multe studii au arătat că nu genele, ci comportamentul și caracterul nostru sunt factorii decisivi pentru apariția tumorilor. Aici simbolica apariției bolilor reprezintă un mare ajutor. Carcinoamele sunt formate din celule care se comportă ca niște „străini" și „altfel" decât ar trebui. Ele se multiplică și își trăiesc propria viață. În cursul acestui proces pătrund în țesuturile învecinate, distrugând celulele proprii organismului. Dacă transpunem acest lucru la nivelul personalității, se pune întrebarea: Unde anume predau cei implicați „cârma" propriei vieți? Cei afectați își pliază personalitatea, nu își recunosc și nu își trăiesc propriul potențial. Nu au un respect de sine sănătos. De aceea își caută aprecierea în afară, pentru a-și afla confirmarea. Firește că fiecare om are nevoie de apreciere, într-o anumită măsură. Ce se întâmplă însă atunci când această măsură este depășită? Atunci când pentru persoanele respective nu se mai pune problema dacă ceea ce fac este corect, ci este vorba doar de apreciere? Acești oameni nu-și trăiesc propria personalitate, propriul, individualul și unicul eu. Ei trăiesc o viață dependentă de lauda celorlalți. Se tem că, dacă merg pe propriul drum, pierd iubirea acestora. Cred că-și pot reevalua și spori respectul de sine prin adaptare și laudă din afară. Căutarea aprecierii se transformă în scopul întregii vieți. Acești oameni sunt „controlați din exterior". Vorbim aici de aspirația exagerată după apreciere. Granițele spre dorința firească de apreciere sunt curgătoare. Până la un nivel îndreptățit și sănătos, dorința de laude ocazionale pentru realizările obținute este una firească. Aspirația după apreciere nu este ușor de recunoscut din afară. Chiar și pentru cei implicați este adeseori o nouă provocare să-și justifice sieși motivele. Însă acest lucru este absolut necesar pentru a progresa pe calea spirituală. Fiecare își cunoaște singur motivele și și le poate clarifica. Întrucât aspirația excesivă după apreciere periclitează dezvoltarea ulterioară, boala, care oglindește de fapt propriul comportament condus din exterior, vrea să zgâlțâie aceste persoane, trezindu-le la realitate. Distingem în general două tipuri principale de aspirație excesivă după apreciere:

- tipul mai cu seamă „introvertit";
- tipul mai cu seamă „extrovertit".

Introvertiții tipici sunt aceia care se sacrifică pentru alții și se adaptează acestora, pentru a fi apreciați. Nu își dau seama că în felul acesta nu vor dobândi niciodată aprecierea altor persoane.

Fiindcă de adevărata și sincera iubire, ca și de respect, beneficiem tocmai atunci când avem curajul să ne trăim personalitatea. Cine se sacrifică acționează de fapt împotriva dorinței originare a oricărui om de a fi luat așa cum este și de a fi iubit de dragul său. De aceea ajung cei implicați într-un adevărat cerc vicios, trebuind să se străduiască tot mai mult, deoarece ei sunt de părere că poate totuși o să ajungă să primească aprecierea dorită.

Extrovertiții tipici vor să fie mereu în centrul atenției. De aceea și sunt activi în diverse cluburi și au întotdeauna ceva de spus. Sau vor să se afle în centrul preocupărilor la întâlnirile periodice din jurul mesei rotunde. Asemănător se comportă și la locul de muncă: acolo vor să-și impună neapărat voința și opiniile indiferent dacă acestea sunt obiectiv corecte sau nu. Chiar și încăpățânarea, care este orientată doar spre propriul eu, joacă un rol. Încăpățânarea veritabilă nu trebuie confundată cu capacitatea de a se afirma. Aceasta din urmă este o trăsătură pozitivă de caracter, în măsura în care este folosită pentru lucruri corecte obiectiv, servind așadar scopului de a atinge maximul de beneficiu pentru toți cei implicați. Citiți și exemplele despre aspirația excesivă după apreciere.

Heinz

„Voiam să fiu mereu primul și cel mai bun."

Heinz era de vârstă mijlocie și avea de spus un cuvânt greu în clubul de echitație din care făcea parte, savurându-și rolul de „favorit al femeilor" și vârându-se mereu în față la toate evenimentele organizate în comun. Mereu își „dădea importanță" și se declara mulțumit doar atunci când le dovedea din nou tuturor că el este cel mai mare, cel mai bun călăreț și cel mai popular bărbat din club. Își juca rolul atât de exagerat și de bătător la ochi, încât era evident că se afla în căutare de apreciere din exterior. Deoarece aceia care nu i-o acordau erau considerați adversarii lui, pe care-i împingea veritabil pe margine sau îi agresa verbal.

„Cancerul m-a făcut să reflectez, iar acum acționez doar din motive corecte."

De-abia boala canceroasă l-a făcut pe Heinz să reflecteze asupra propriei persoane. Firește că asociațiile trăiesc și din angajamentul individual al fiecăruia și au nevoie de oameni care să preia responsabilitatea spre bucuria tuturor, participând la organizarea și desfășurarea evenimentelor. Dar depinde de motiv. A face ceva pentru toți este corect și bine. Dar dacă este vorba de a se prezenta favorabil doar pe sine, aceasta dăunează personalității.

Așa cum cancerul are tendința de a invada nu doar organe izolate, ci întregul organism, aspirația exagerată după apreciere se așterne ca un văl peste întregul caracter, deformând și agravând toate cele cinci trăsături de caracter. Dezvoltarea individuală a personalității este pusă serios sub semnul întrebării. Întrucât cine are de-a face cu aceasta și-a „predat" deja personalitatea și se orientează după ceilalți. De aceea și primește această primă avertizare printr-o boală „severă"! În ce măsură sunt afectate cele cinci trăsături de caracter?

Sinceritatea: atunci când aspirăm excesiv la apreciere, jucăm un rol care nu ni se potrivește. Este ca și când am purta o mască. Suntem nesinceri față de noi înșine și față de ceilalți. Nu facem ceea ce ne place, ci ne orientăm după ceilalți sau dorim să ne prezentăm într-o lumină favorabilă.

Curajul: aspirația excesivă după apreciere ne accentuează deficitul de curaj și încredere de sine. Nu îndrăznim să facem ceea ce considerăm a fi corect, ci îndeplinim de fapt așteptările altora. Sau prezentăm un tip fals de curaj prin comportamentul extrovertit.

Iertarea: mulți oameni așteaptă permanent laude de la ceilalți. Se enervează dacă nu sunt lăudați și apreciați suficient. O pacientă, de pildă, se străduia în fiecare zi să gătească tot mai bine pentru soțul ei, fără însă să primească laude pentru aceasta. Cine se așteaptă la confirmare din partea celorlalți nu poate decât să fie dezamăgit. Cei în cauză se simt repede jigniți. Le vine greu să ierte presupusa neglijare (ofensă, ignorare).

Viziunea pozitivă asupra vieții: bolnavii de cancer au tendința de a vedea multe lucruri negativ. Mai ales propria persoană este considerată ca fiind inferioară și este văzută mult mai rău decât este în realitate. Nu-și recunosc propria valoare și nu consideră că merită să facă ceva pentru sine. Se prețuiesc prea puțin și se îndoiesc de propriul potențial.

Folosirea timpului: atunci când facem lucruri care dăunează evoluției propriei personalități, irosim timpul.

Fundamentală pentru vindecare este și rămâne găsirea cauzei. Deoarece cancerul arată că la cei afectați ceva se cere îmbunătățit. Aceste persoane sunt solicitate să se ocupe intensiv de propria personalitate, să-și revizuiască felul de a vedea lucrurile și să-și modifice modelul emoțional și comportamental.

Cea mai bună premisă pentru vindecare este o atitudine optimistă și încrezătoare. Aceasta activează sistemul imunitar și motivează acțiunea.

IMPORTANT O boală atât de gravă solicită preocuparea nemijlocită de sine însuși. Ea apelează la întreprinderea de schimbări uneori drastice în viață.

Calea spre vindecare

Întrebați-vă

- dacă aveți suficientă încredere în sine,
- dacă vă apreciați și iubiți propria persoană,
- din ce motive acționați,
- dacă motivele voastre vă sunt influențate de dorința de apreciere,
- cât de sinceri sunteți cu voi înșivă.

Descoperiți pentru voi înșivă

- cum vă puteți spori încrederea de sine la modul „sănătos",
- cum să vă susțineți cu mai mult curaj punctul de vedere,
- ce modificări concrete sunt în curs în viața voastră,
- dacă vă urmați sentimentele.

Obiectivul salutar poate fi: Determinați-vă singuri viața și dați ascultare intuiției, care vă spune ce este corect pentru voi. Fiecare poate învăța să se delimiteze dacă este necesar și să spună „nu“ atunci când acesta este răspunsul corect. Cine se depliază capătă o charismă pozitivă și va deveni o personalitate, recunoscută și apreciată necondiționat, doar de dragul acesteia.

Ideea conducătoare: „Mă recunosc drept o persoană valoroasă și înlocuiesc aspirația după apreciere prin iubire de sine.“

În decursul anilor am putut însoți cu succes mai mulți pacienți cu cancer pe drumul spre vindecare, ceea ce a fost întotdeauna o mare bucurie pentru noi. Știm că vindecarea este posibilă și putem să încurajăm pe fiecare să meargă pe acest drum. Cine este dispus să-și analizeze minuțios atitudinile și comportamentul anterior și să-și conștientizeze motivele poate descoperi lucruri uimitoare despre sine. Fiecare dintre pacienți este unic și de aceea felul și modul în care se prezintă aspirația excesivă după apreciere sunt deosebit de variate. Pe lângă aspirația excesivă după apreciere, organul sau regiunea care suferă vă oferă indicii suplimentare cu privire la boala canceroasă.

Susțineți-vă suplimentar corpul

- Detoxificați și purificați pentru a elimina reziduurile canceroase.
- Refaceți-vă flora intestinală și fortificați-vă sistemul imunitar.
- Preocupați-vă de o alimentație energetică, vitalizantă și echilibrată, pentru a vă aproviziona corpul cu toate cele necesare.
- Evitați cofeina, nicotina și alte substanțe toxice.
- Oligoelementul molibden susține metabolismul celular și preia funcția de detoxificare în rinichi și ficat. Se află în: cereale, leguminoase, legume cu frunze verzi, broccoli, dovlecei, tipuri de legume (sfecla roșie, varza roșie), în fructe închise la culoare (coacăze negre, afine, cireșe negre).

Cancerul cutanat (de piele)

Există mai multe feluri de cancer cutanat, în funcție de tipul de celule care degenerează:

- Așa-numitul „cancer cutanat alb“ (cancerul superficial) cuprinde carcinomul bazocelular și carcinomul cu celule scuamoase. Ambele metastazează foarte rar.
- „Cancerul negru“, melanomul malign (cu punct de plecare în celulele pigmentate, melanocitele), este foarte agresiv și metastazează rapid.

Simptomul călăuzitor este apariția nouă sau modificarea unei pete pigmentate pe piele, uneori însoțită de mâncărime. Mai târziu pot apărea mici ulcerații și sângerări.

Factori de risc la nivelul corpului sunt arsurile solare, mai ales cele din perioada copilăriei și cele din aparatele de bronzat.

Cauze sufletești

Trăsăturile de caracter relevante în cazul cancerului cutanat sunt curajul, iertarea și viziunea pozitivă asupra vieții.

Pielea este un organ foarte „activ". Ea poate elimina substanțe toxice și resorbi substanțe nutritive. Printre altele, lumina solară în cantități moderate este importantă pentru producerea de vitamina D. Prea mult soare însă conduce la insolații și dăunează pielii. Nu degeaba se spune „Pielea nu uită nimic".

Prin intermediul pielii putem intra în contact cu ceilalți oameni, iau naștere puncte de atingere. Într-o anumită măsură, pielea reflectă atât relațiile noastre cu ceilalți oameni, cât și cu noi înșine. Ne simțim bine în propria piele? Sau îi lăsăm pe ceilalți să ne determine, deoarece ne este teamă să nu le pierdem aprecierea? Există conflicte cu cei apropiați nouă, conflicte din care s-au acumulat emoții negative? În raporturile cu ceilalți suntem provocați mereu să reacționăm. În unele situații este necesar curajul de a ne delimita. În alte cazuri ne este permis să practicăm iertarea, pentru a putea trăi în pace cu noi înșine și cu ceilalți.

Calea spre vindecare

Întrebați-vă

- cum vă vedeți pe voi înșivă,
- dacă aveți curajul să vă apropiați de ceilalți,
- dacă vă puteți ieși din propria piele și relaționa cu ceilalți (poate fi vorba și de o prietenie),
- dacă puteți accepta apropierea,
- dacă aveți încredere în sine și în ceilalți,
- dacă reușiți să vă delimitați la nevoie,
- dacă vă puteți ierta pe voi și pe ceilalți,
- în ce măsură aveți o viziune negativă,
- în ce măsură faceți ceva pentru a fi lăudați și apreciați, adică vă lăsați conduși din afară.

Descoperiți pentru voi înșivă

- cum vă puteți spori propria valoare,
- cum să dobândiți curaj pentru a întemeia relații valoroase cu ceilalți,
- cum să vă apropiați de ceilalți și să schimbați din experiență,
- cum să trăiți și să evoluați cu curaj,
- cum să fiți mai afectuoși cu propria persoană.

Obiectivul salutar poate fi: Este nevoie de curaj și încredere pentru a te apropia de ceilalți, a-i contacta și a te deschide prietenilor. Asta reușește cel mai bine atunci când oamenii sunt conștienți de propria valoare și au curajul să stea de partea propriilor sentimente. Asta înseamnă să și le exprime și să se deschidă. Încrederea face viața mai ușoară. Fiecare om dispune de capacități și calități minunate, care se cer valorificate. Pentru aceasta avem nevoie de încrederea în sine și în ceilalți, pentru ca abilitățile să se poată desfășura și manifesta. Cel mai mare sentiment de siguranță îl dobândim prin încrederea în Dumnezeu.

Ideea conducătoare: „Mă deschid plin de încredere față de ceilalți oameni și acord atenție propriului centru. Sunt în siguranță și protejat în lume. Mă iubesc și sunt conștient de valoarea mea ca personalitate."

Cancerul de colon și de rect

Cancerul de intestin poate apărea în principiu în orice segment al intestinului. De cele mai multe ori însă se manifestă în ultima porțiune a intestinului sau la nivelul intestinului gros (colonului).

Simptomele tipice: durerile lipsesc la început. Primele semne sunt perturbări ale funcției de evacuare a scaunului (materiilor fecale), constipația alternând cu diareea. În plus, se pot adăuga eliminarea de sânge și mucus. Dacă tumoarea se extinde în vecinătate, apar probleme la ședere și dureri pe traiectul nervilor (nevralgii), ajungându-se chiar și la ocluzie intestinală. Stagnarea materiilor fecale duce la dureri de tip colică. Într-un stadiu mai avansat se adaugă inapetența și pierderea în greutate.

Factorii de risc la nivelul corpului: regimul alimentar unilateral, sărac în fibre și cu o pondere ridicată de grăsimi animale și proteine, carnea foarte sărată, conservată și afumată.

Cauze sufletești

Trăsătura de caracter relevantă în cazul cancerului de colon și rect este iertarea.

La toate îmbolnăvirile tractului digestiv, alimentația joacă un rol esențial. Pentru sănătatea intestinului este important ca flora intestinală să se mențină în echilibru și acolo să se instaleze bacteriile „bune".

La bolile intestinului este vorba de tema slobozirii, a debarasării. Dacă ne agățăm și ne fixăm de ceva care nu ne face bine, pierdem energie. În cazul cancerului de colon, această fixare se transformă deja în îndărătnicie. Din cauza acestei încăpățânări, nu ascultăm de vocea interioară. Adică de ceea ce vor să ne arate legile vieții. Inițial este vorba de conștientizarea a ceea ce ar trebui slobozit. Ne putem da seama că anumite obiceiuri nu ne duc mai departe, ba chiar ne dăunează? Sau este vorba de gândurile noastre, de puncte de vedere, de profesie sau de relații? Nu cumva motivele acțiunilor noastre sunt acelea că dorim să fim lăudați și apreciați? Să începem prin a ne schimba atitudinea față de propria persoană și de ceilalți și ne vom găsi pacea. Merită să fim răbdători și încrezători. Dacă ne debarasăm de ceea ce ne dăunează, simțim cum încordarea și stresul cedează. Este ca și când un „nod" din intestin s-ar desface, practic, de la sine.

Maja

„Eram invidioasă pe angajații mei."

Femeia de 50 de ani era de 20 de ani patroană. Profesia îi făcea multă plăcere, dar nu-și putea permite repaus decât rareori. Mergea în concediu cel mult o săptămână pe an. Corpul a atenționat-o de mai multe ori, ea însă nu reușea să reducă volumul de muncă. Apoi a urmat diagnosticul: cancer de colon.

„Mi-era frică să nu-mi pierd popularitatea."
În cadrul consilierii terapeutice a devenit tot mai conștientă de faptul că ar trebui să slăbească frâul afacerii, din moment ce dispunea de angajate foarte capabile. La o privire mai profundă asupra comportamentului propriu, Maja a înțeles că de fapt era invidioasă pe acestea și de asta nu dorea să petreacă vacanțe prea lungi. Se temea că angajatele vor ajunge prea populare și-și va pierde astfel clienții personali. Își dorea să fie cea mai bună și mai simpatizată. Dorea să se facă indispensabilă.

Calea spre vindecare

Întrebați-vă

- dacă aveți resentimente sau sunteți mânioși,
- care sunt situațiile, obișnuințele, oamenii, atitudinile ce vă țin pe loc, deși ați dori să vă desprindeți,
- de ce vă vine greu să vă desprindeți,
- de ce vă cramponați de ceva,
- în ce măsură faceți ceva doar pentru a apărea într-o lumină favorabilă.

Descoperiți pentru voi înșivă

- cum vă puteți desprinde mai ușor,
- cum vă puteți debarasa de toate conduitele și modalitățile de gândire care vă împiedică evoluția,
- ce semne primiți și, respectiv, ce situații se ivesc atunci când sunteți gata să cădeți din nou în vechiul model comportamental,
- cum vă puteți schimba motivele, astfel încât să acționați pentru că așa găsiți de cuviință,
- cum să vă întrebați mereu pe viitor din ce motive acționați.

Obiectivul salutar poate fi: Acordați atenție situațiilor în care se cer slobozirea sau iertarea. Luați în considerare evenimentele și din perspectiva celor implicați. Aceasta vă va conduce la cea mai bună soluție pentru toți și vă este utilă sănătății.

Ideea conducătoare: „Sunt deschis fluxului vieții, dau drumul și sunt liber."

Cancerul de col uterin (carcinomul cervical)

Este vorba de apariția unei tumori maligne la nivelul colului uterin.

Simptomele tipice sunt rare în stadiul inițial. Primele semne sunt sângerările vaginale – între menstruații –, reapariția sângerărilor după menopauză sau sângerări după contactul sexual. Alte semne pot fi: o secreție vaginală urât mirositoare de culoare galben-maronie, iar în stadiile avansate, durerile.

Factorii de risc la nivelul corpului sunt fumatul, excesul ponderal, multiplii parteneri sexuali și sarcinile multiple.

Cauze sufletești

Trăsăturile de caracter relevante în cazul cancerului de col uterin sunt curajul, iertarea și folosirea timpului.

Bolile organelor genitale ne sugerează să reflectăm asupra relațiilor interumane. Dacă recunoaștem prezența conflictelor, se pune întrebarea: Cum să le abordăm? Dacă le reprimăm, înseamnă că abordăm o atitudine defensivă și dorim să le „dăm la o parte". Dar nimeni nu poate să fugă veșnic de propriile conflicte. Ne vor ajunge întotdeauna din urmă. De aceea este spre binele tuturor dacă ne conștientizăm conflictele interioare și le înfruntăm din timp. Astfel se poate aduce o clarificare înainte de a avea urmări negative care se pot manifesta. Pentru aceasta avem nevoie de curaj.

A fi curajos înseamnă a-ți susține principiile și a-ți urma vocea interioară. Se referă adesea la decizii personale importante despre drumul în viață, despre profesie, sau despre conviețuirea în familie și împărțirea sarcinilor în gospodărie. Atunci când se îmbolnăvesc de cancer de col uterin, femeile tinere ar trebui atenționate asupra faptului că nu dispun de curajul necesar pentru a fi ele însele. Nu își valorifică potențialul în totalitate. Sunt de părere că ceilalți pot totul mai bine decât ele însele, se lasă ușor influențate și cred altora mai mult decât sieși. Ar trebui să învețe să aibă încredere în propria voce interioară și să se străduiască să meargă pe propriul drum.

Magda

„Eram condusă de cele mai multe ori din afară."

Magda avea 34 de ani atunci când a aflat în cadrul unui control medical preventiv că rezultatul testului Papanicolau era de 4b până la 5. A fost un șoc pentru ea să afle că suferă de un cancer de col uterin în stadiul incipient. Medicul i-a recomandat o conizație (o operație la care este îndepărtat un fragment de țesut uterin de formă conică), pentru a-și păstra uterul și astfel fertilitatea. Se cerea intervenția imediată, deoarece exista pericolul unei răspândiri a celulelor tumorale. Se excludea o cale alternativă spre vindecare. În ciuda temerilor cu privire la supraviețuire, Magda a refuzat intervenția. A început să caute o cale alternativă. Cu ani în urmă făcuse cunoștință cu legile vieții și știa că ceva în viața ei se cerea schimbat. A decis să-și asume răspunderea pentru propria sănătate și a solicitat o consiliere terapeutică. S-a dovedit astfel că în special lipsa de curaj și neputința de a ierta erau cauzele îmbolnăvirii: nu avea curajul să trăiască independent, ci acționa de cele mai multe ori dirijată din afară. Iubirea de sine nu era suficient de bine dezvoltată. Avea senzația că trebuie să se ascundă, nu se considera destul de bună. Acum a recunoscut că înainte dorise mereu să fie perfectă și să nu jignească pe nimeni. Aceasta era de fapt o formă ascunsă de aspirație excesivă după apreciere.

„Am învățat să-mi percep necesitățile și dorințele."

De atunci înainte și-a petrecut mult timp pentru a se cunoaște mai bine pe sine și a-și asculta mai bine vocea interioară. A fost o experiență cu totul nouă pentru ea, deoarece mai înainte nu-și ascultase interiorul decât rareori și nu cunoștea astfel decât puțin despre propriile necesități. Și-a folosit timpul retragerii interioare pentru a-și verifica atitudinile și modul de comportament. La traducerea în practică a cunoștințelor și-a dat seama că de fapt depindea de decizii mărunte, cotidiene. De atunci înainte, Magda verifica dacă simte într-adevăr nevoia să accepte anumite invitații sau dacă de fapt nu are curajul să le refuze. A început să fie mai sinceră cu ea însăși și să facă doar ceea ce dorea cu adevărat. Încă îi mai venea greu să spună „nu". Vechiul principiu „doar nu poți face una ca asta" s-a dovedit a fi mai puternic. Totuși, s-a lăsat motivată de cel mai mic succes. Curând, i-a venit mai ușor să-și trăiască propriile necesități. Îi făcea bine să se comporte cu mai multă afecțiune față de propria persoană. Asta includea și faptul că acorda mai multă atenție alimentației și se ocupa de o detoxificare și purificare intensivă a corpului. Reușea tot mai bine să-și întrevadă modelul comportamental și să și-l modifice corespunzător. În decurs de 18 luni s-a însănătoșit complet.

Calea spre vindecare

Întrebați-vă

- cum vă merge în relația/căsnicia voastră, dacă există conflicte și care sunt acelea, ce legătură ar putea avea conflictele cu propria persoană, ce procese educative s-ar putea afla în spatele acestora,
- dacă trageți împreună cu partenerul la aceeași căruță, aveți aceleași interese și obiective,
- dacă dispuneți de suficient spațiu pentru a vă dezvolta personalitatea,
- dacă aveți curajul să vorbiți despre sentimentele voastre,
- dacă vă sacrificați,
- dacă sunteți conștiente de valoarea proprie și dacă v-o valorificați.

Descoperiți pentru voi însevă

- cum să vă percepeți tot mai des sentimentele și să le transpuneți,
- cum să rezolvați astfel conflictele, încât să nu nedreptățiți pe nimeni din cei implicați,
- cum să vă creați mai mult spațiu liber,
- cum să vă recunoașteți tot mai bine potențialul și să vă dezvoltați personalitatea.

Obiectivul salutar poate fi: Relațiile interumane sunt acelea care trebuie verificate prioritar și puse în ordine. Clarificați-vă armonia atitudinii față de propria persoană și față de ceilalți, pentru a vă păstra autenticitatea.

Ideea conducătoare: „Acord atenție persoanei și sentimentelor mele. Îmi dezvolt personalitatea în conformitate cu ambianța mea."

Cancerul de ficat (carcinomul hepatic)

Cancerul hepatic poate avea ca punct de plecare fie celulele hepatice (carcinomul hepatocelular), fie pe cele ale căilor biliare (carcinomul de ducte biliare). În 90% dintre cazuri cancerul hepatic apare ca urmare a unei ciroze hepatice. Adeseori însă apare sub formă de cancer secundar, adică de metastaze hepatice cu punct de plecare în organele din vecinătate sau de la distanță (de exemplu, cancerul de stomac, de intestin, de plămân, de sân, de uter sau de prostată).

Simptome tipice: în stadiul inițial aproape lipsesc, deși e posibil să apară o oarecare oboseală. Indicii în direcția respectivă mai pot fi scăderea în greutate, o durere surdă în abdomenul superior drept sau un colorit gălbui al pielii. Deja în acest moment cancerul hepatic este destul de avansat. În stadii ulterioare apar perturbări ale metabolismului proteic manifestate, de exemplu, prin rețineri de apă în țesuturi și în cavitatea abdominală.

Cauze sufletești

Trăsătura de caracter relevantă în cazul cancerului hepatic este iertarea.

Ficatul este un organ care prelucrează substanțele toxice, fiind împovărat de toxine alimentare, dar mai ales de „toxinele emoționale". Toxinele emoționale sunt cele care iau naștere prin sentimente și modele comportamentale care au de-a face cu a nu putea ierta: enervarea, mânia, furia, resentimentele și dorința de răzbunare. Dacă nu ne reușește neutralizarea acestor sentimente, ele vor putea declanșa efecte negative în corpul nostru.

Carina

„M-am chinuit prea mult timp cu ranchiuna mea."

Carina a primit diagnosticul de cancer hepatic la vârsta de 60 de ani, întrucât ficatul ei nu mai putea face față supărării acumulate. Aproape 20 de ani a locuit împreună cu soacra, soțul și fiul într-un apartament de patru camere. Carina nu s-a simțit niciodată bine în acea situație și s-a chinuit permanent cu emoții negative. Toate presupusele nedreptăți care veneau din partea soacrei erau îndurate în tăcere. Soțul era și el destul de sever cu fiul lor, ceea ce ea nu putea suporta. În plus, ea nu se preocupase niciodată de o alimentație sănătoasă, creând ficatului și mai multe probleme.

Calea spre vindecare

Întrebați-vă

- dacă modele comportamentale din complexul „a nu putea ierta“ se asociază la voi cu nevoia de apreciere,
- dacă vă irosiți timpul preocupându-vă de comportamentul celorlalți, enervându-vă sau criticându-i,
- dacă vă enervați adesea și țineți mult timp supărare,
- dacă vă alimentați sănătos.

Descoperiți pentru voi înșivă

- la ce vor să vă atenționeze legile vieții prin imaginea din oglindă, pentru a vă putea elibera de enervări și a vă putea dezvolta în continuare,
- cum puteți să vă distanțați de situații supărătoare,
- ce puteți face pentru a accepta mai ușor atitudinea altor oameni,
- cum vă puteți purta cu mai multă afecțiune,
- cum vă puteți spori încrederea în sine.

Obiectivul salutar poate fi: Atitudinea față de ceilalți ar trebui să fie marcată de afecțiune și pace. Pentru asta este necesar să considerăm în toate situațiile și evenimentele și punctul de vedere al celuilalt și să ne străduim să găsim împreună o soluție.

Ideea conducătoare: „Reacționez cu calm și trăiesc în pace cu mine și cu semenii mei. Sunt liniștit, mă mențin în propriul centru și îmi petrec ziua fără încordare. Atunci când ceva mă supără, fac o mică pauză înainte să reacționez.“

Cancerul de prostată (carcinomul de prostată)

Tumoarea are ca punct de plecare epiteliile din partea externă a glandei. Creșterea tumorii pare să fie stimulată de hormonii masculini. În sprijinul unui diagnostic precoce se determină nivelul PSA (antigen specific prostatic) din sânge și se efectuează examinarea prin tușeu rectal.

Simptome tipice: Carcinomul prostatei se simte la tușeul rectal ca o excrescență de consistență crescută. Semnele timpurii sunt extrem de rare. Mai târziu se instalează simptome precum diminuarea fluxului urinar, urinatul frecvent, mai ales nocturn, dureri profunde de spate, dureri de tip sciatic, de șold sau de pelvis (bazin).

Cauze sufletești

Trăsăturile de caracter relevante în cazul cancerului de prostată sunt curajul, iertarea și folosirea timpului.

Bolile organelor genitale stimulează întrebările referitoare la atitudinea față de relațiile interumane și de potențialul creator, mai cu seamă în căsnicie sau parteneriat, dar și la locul de muncă. Există stres în relația de cuplu sau în profesie? De asemenea, bărbaților le este dificil să-și exprime sentimentele și să reacționeze la ele. Reușiți să discutați cu partenera despre problemele și conflictele pe care le aveți? Există temeri în viața profesională? Vă temeți că nu veți mai putea fi atât de performant precum credeți că vi s-ar cere? Aveți încredere în propria persoană și în propriile capacități? Sau căutați mai degrabă aprecierea din afară? Mulți ajung să fie comandați din exterior în dorința lor de a primi apreciere, fiind capabili să facă orice pentru asta.

Calea spre vindecare

Întrebați-vă

- cum vă merge în parteneriat/căsnicie – dacă există conflicte și, dacă da, care sunt acestea, ce legătură au cu persoana voastră și ce procese educative se află în spatele acestora,
- dacă dispuneți de suficientă libertate pentru a evolua personal,
- dacă vă deplasați cu partenera în aceeași direcție și dacă aveți interese și idealuri comune,
- dacă aveți curajul să vorbiți despre sentimentele voastre,
- dacă prin iubire înțelegeți ce trebuie, dacă o raportați prea mult la iubirea fizică,
- dacă sunteți prea fixat pe lucruri materiale, fizice, sexuale,
- dacă aveți probleme cu îmbătrânirea și vă temeți de scăderea vigorii și a performanței,
- dacă vă puneți prea tare sub presiune pentru a corespunde așteptărilor.

Descoperiți pentru voi înșivă

- cum puteți aborda mai bine relațiile interumane (de exemplu, cu mai mult calm și cu afecțiune),
- cum să vă reduceți presiunea la care sunteți supus,
- cum să vă recunoașteți propria valoare și s-o folosiți,
- cum să acordați mai multă atenție armoniei sufletești cu partenera și mai puțină iubirii fizice.

Obiectivul salutar poate fi: Revizuiți-vă înainte de toate relațiile interumane și corectați-le. Parcurgeți-vă imaginația sufletesc-spirituală. Acordați statutul maxim dezvoltării sufletești.

Ideea conducătoare: „Îmi întemeiez relațiile interumane în conformitate cu principiile respectului și iubirii."

Cancerul de sân (carcinomul mamar)

Cancerul de sân este cea mai frecventă formă de cancer la femei. Cea mai mare parte a tumorilor este detectată în cadranul supero-extern al sânului, adică în regiunea dintre axilă și claviculă.

Simptome tipice: simptomele timpurii sunt rare. Simptomul călăuzitor este nodulul la sân, de consistență tare, nedureros și de cele mai multe ori slab delimitat. Din cauza aderențelor nu poate fi delimitat și nici mobilizat cu ușurință față de țesutul din jur. Mai târziu se poate ajunge la retracția mamelonului sau la pătrunderea prin piele. Timpuriu sunt afectați și ganglionii limfatici regionali.

Factorii de risc la nivelul corpului sunt excesul ponderal, alimentația bogată în carne și grăsimi, fumatul și alcoolul.

Cauze sufletești

Trăsăturile de caracter relevante în cazul cancerului de sân sunt curajul și iertarea.

Persoanele afectate sunt de obicei femei foarte afectuoase și amabile. Ele ajută și se sacrifică pentru alții, de altfel mult prea mult. Le place să fie mămoase și să-i ocrotească pe alții, de asemenea au tendința să se adapteze acelora și nu-și exprimă opiniile decât rareori. Profund în interiorul lor se află dorința de a fi iubite și apreciate. Au mare nevoie de armonie și iau multe asupra lor pentru a evita conflictele. Urmarea este însă că sfârșesc prin a fi „comandate din exterior". Își neglijează personalitatea și nu-și trăiesc individualitatea.

Ulrike

„Îmi plăcea nespus să fiu recunoscută și apreciată în societate."

Femeia de 30 de ani avea cancer de sân. Era căsătorită cu un bărbat care o lovea adesea. Perechea nu avea copii. Ulrike avea o slujbă bună și i-ar fi fost foarte ușor să-și părăsească bărbatul și să trăiască pe cont propriu. Soțul ei însă era primar, ceea ce îi oferea femeii ocazia să se afle în centrul societății.

„Valorile exterioare nu-mi mai erau atât de importante și am fost dispusă să-mi iau viața în propriile mâinii și să fiu fericită."

Era recunoscută și apreciată peste tot și îi plăcea rolul. În plus, îi era teamă să rămână singură. Deficitul de curaj și aspirația excesivă după apreciere au făcut-o să rămână într-o situație în care își pierdea tot mai mult din personalitate.

În cele din urmă s-a îmbolnăvit de cancer de sân: astfel legile vieții au încercat s-o trezească la realitate, pentru a reflecta la persoana și viața proprie și pentru a-și găsi un nou drum într-o viață independentă.

Anastasia

„Aveam mustrări de conștiință și îmi răsfățam copiii."

Anastasia era o mamă ce-și creștea singură cei doi copii, fiind nevoită să muncească pentru a-și câștiga existența. Avea doar puțin timp pentru copii și de aceea și mustrări de conștiință. Pentru a compensa acest lucru, își răsfăța mult copiii. Făcea totul pentru ei. Chiar și ca adolescenți, aceștia nu ajutau cu nimic în gospodărie. După fiecare masă, se ridicau pur și simplu și plecau, lăsând totul pe loc.

„M-am sacrificat."
Anastasia își organiza viața în funcție de copii, alerga seara după program acasă pentru a le pregăti masa. Observa că are din ce în ce mai puțină energie, dar nu avea curajul să-și roage copiii, care între timp aveau 15 și 17 ani, s-o ajute. Apoi a observat modificări la nivelul sânului și a făcut cancer.

Calea spre vindecare

Întrebați-vă

- dacă, la modul simbolic, luați prea mult sau prea multe la piept,
- dacă vă sacrificați pentru alții,
- dacă vă încărcați cu sarcini pe care și alții le-ar putea rezolva,
- dacă vă iubiți și apreciați pe voi înșivă și vă susțineți punctul de vedere.

Descoperiți pentru voi înșevă

- din ce motive acționați,
- cum puteți căpăta curajul de a merge pe propriul drum,
- cum puteți delega treburile,
- cum vă puteți delimita mai bine, atunci când este cazul.

Obiectivul salutar poate fi: A duce o viață autodeterminată înseamnă a avea în vedere propriul bine la luarea deciziilor. Unele persoane sunt de părere că ar fi vorba de egoism, din moment ce te gândești numai la tine și nu și la ceilalți. Mulți confundă însă „a te gândi la ceilalți" cu „a face totul pentru ceilalți", pentru a fi recunoscut și apreciat de aceștia. Însă sacrificarea propriei personalități și a evoluției personale nu-i va face mai fericiți pe termen lung pe cei dragi și apropiați. Putem și se cuvine să ne ajutăm semenii. Dar trebuie ca ajutorul să fie potrivit pentru toți. A avea curajul de a lua decizii în conformitate cu vocea interioară ușurează viața și atrage după sine progresul. Veți deveni astfel o personalitate respectată de toți.

Ideea conducătoare: „Am curajul să susțin ceea ce gândesc și simt și-mi exprim deschis opinia. Știu că voi avea parte de iubirea și aprecierea celorlalți dacă merg autodeterminat pe propriul drum și acționez cu afecțiune."

Cancerul de stomac (carcinomul gastric)

La cancerul gastric iau naștere formațiuni maligne din celulele stomacului. În stadiul inițial modificările sunt prezente doar în straturile superficiale ale mucoasei gastrice. În stadiul avansat se ajunge la modificări palpabile ale țesuturilor în etajul abdominal superior, la ascită (acumulare de lichide în cavitatea abdominală) și la mărirea ganglionilor limfatici.

Simptome tipice: primele semne sunt de cele mai multe ori inobservabile: senzația de apăsare sau de sațietate precoce, grețuri, inapetență și arsuri epigastrice, care de cele mai multe ori sunt ignorate. Mai târziu apar pierderea masivă în greutate, vărsăturile, oboseala, repulsia față de anumite alimente și băuturi, ca de exemplu carnea și alcoolul, dureri, hemoragii gastrice și anemie.

Factorii de risc la nivelul corpului sunt consumul excesiv de alcool, consumul de alimente bogate în nitriți sau nitrați, alimente foarte sărate, consumul frecvent de alimente încinse pe grătar sau de afumături.

Cauze sufletești

Trăsăturile de caracter relevante în cazul cancerului gastric sunt iertarea și curajul.

Un proverb este foarte edificator aici: spunem „Asta îmi cade greu la stomac" atunci când înghițim lucruri neplăcute, „negative", acele sentimente negative a căror cauză n-o putem elucida și înlătura. Ele pot declanșa apariția unor tumori maligne. Ar trebui să avem curajul să discutăm chestiunile apăsătoare cu persoanele în cauză și să le clarificăm. De ce ne vine greu să facem asta? Ne temem că astfel ne-am pierde popularitatea? Uneori este necesar să ne delimităm, chiar dacă acest lucru nu este pe placul celorlalți. Asta nu trebuie să aibă loc sub forma unor critici negative, ci constructiv, cu scopul de a soluționa problema astfel încât toți să se simtă bine – inclusiv noi înșine. Ne putem clădi mai întâi o bază de discuție bazată pe încredere, în care să ne putem exprima opinia într-o atmosferă politicoasă, plină de tact și afecțiune. Firește că la început se cere depășirea reticențelor, ieșirea din propria piele, dar cu fiecare încercare lucrurile vor decurge mai bine.

Calea spre vindecare

Întrebați-vă

- ce vă „zace“ în stomac și ce vă deranjează,
- ce temeri aveți,
- dacă vă iubiți propria persoană,
- dacă aveți o imagine rea despre voi înșivă,
- dacă doriți să primiți laudă și apreciere din afară.

Descoperiți pentru voi înșivă

- cum să vă construiți curajul pas cu pas,
- cum să rezolvați constructiv chestiuni apăsătoare și cum îi puteți ierta pe ceilalți,
- cum vă puteți ameliora atitudinea față de o anume situație, astfel încât să nu vă mai streseze,
- cum puteți găsi drumul spre mai multă afecțiune de sine,
- cum puteți acționa din motive corecte,
- cum vă puteți spori încrederea de sine.

Obiectivul salutar poate fi: Încercați să soluționați conflictele cât de repede posibil. Detașați-vă apoi total și iertați ce este de iertat, astfel încât să nu mai fiți stăpâniți de sentimente sau gânduri apăsătoare. Hrăniți-vă conștient, menajându-vă stomacul.

Ideea conducătoare: „Sunt conștient de persoana mea, mă iubesc așa cum sunt și abordez provocările vieții cu mult curaj și spre binele propriu și al celor din jur.“

Cancerul limbii și al cavității bucale

În cavitatea bucală pot apărea tumori. De cavitatea bucală aparțin întreaga mucoasa bucală, de la roșul buzelor până la vălul palatin sau palatul moale, palatul dur, mucoasa obrajilor, gingia, planșeul bucal și limba. Atât cancerul labial (al buzelor), cât și cel lingual (al limbii) sunt așadar o formă de cancer bucal. Carcinomul lingual afectează predominant marginile limbii, mai rar dosul sau vârful acesteia.

De la marginile limbii este posibilă propagarea la planșeul bucal, maxilarul inferior, la nivelul palatului, al peretelui lateral al faringelui și la spațiile învecinate. Carcinoamele cavității bucale nu dau de cele mai multe ori semne multă vreme, fiind detectate adeseori, din păcate, în stadiul final. Cu toate acestea, medicul stomatolog poate detecta adesea stadiile incipiente ale unui cancer bucal.

Simptomele tipice depind de localizarea tumorii: se poate observa astfel o umflătură în cavitatea bucală sau senzația de corp străin. Pot apărea și tulburări de masticație sau la înghițit. Sângerările în gură (saliva roșie!) sau mărirea ganglionilor regionali pot fi semne precoce de boală.

Factorii de risc la nivelul corpului sunt consumul cronic de alcool (mai ales tăriile) în combinație cu nicotina, igiena precară a cavității bucale, alimentația deficitară, marginile ascuțite ale dinților, protezele dentare prost plasate.

Cauze sufletești

Trăsăturile de caracter relevante în cazul cancerului cavității bucale sunt iertarea și viziunea pozitivă asupra vieții.

Vorbirea este strâns legată de cavitatea bucală. Ne folosim de limbă la vorbire și mâncat: oamenii cu cancer de limbă sau de cavitate bucală au tendința de a critica, de a vorbi negativ despre ceilalți, de a ponegri, și pot avea accese de furie. Critica negativă este ca un bumerang și revine mereu asupra celui care o emite. Noi înșine nu devenim mai buni ponegrindu-i pe ceilalți. Dacă se exprimă prea mult negativ, din cauza acestuia va suferi – simbolic – limba, căci ea este „abuzată“, astfel încât declarațiile otrăvite vor cădea din nou asupra ei, otrăvind-o. Când apare tumoarea, este împiedicată și vorbirea, cei afectați nu mai pot vorbi prea bine. Asta clarifică faptul că au scos din ei prea multe lucruri neplăcute. Trebuie să avem permanent în vedere faptul că tot negativul pe care-l reproșăm sau îl împingem altora are legătură cu noi înșine. Tot ceea ce ne deranjează la ceilalți este întotdeauna imaginea în oglindă a propriilor slăbiciuni. E important să reflectăm la ce au de-a face evenimentele neplăcute cu propria persoană. De ce mă înconjor cu oameni care au „două mâini stângi“ și care fac „totul“ greșit? A da vina pe alții nu este o soluție. Dacă noi înșine ne vom îmbunătăți, va deveni mai bun și mediul nostru.

Calea spre vindecare

Întrebați-vă

- ce cuvinte vă ies pe gură – cum vă exprimați, pe ce puneți accentul, pe partea pozitivă sau pe cea negativă,
- când ar fi mai bine să vă „mușcați limba“ decât să spuneți ceva anume,
- dacă și ce anume nu puteți ierta,

- dacă aveți predilecția spre a vedea viața negativ,
- dacă vă iubiți suficient propria persoană,
- dacă faceți multe lucruri pentru a primi laudă și apreciere,
- dacă aveți obiceiuri dăunătoare sănătății (prea mult alcool, fumatul),
- dacă acordați atenție alimentației, verificând ce vă face bine.

Descoperiți pentru voi înșivă

- cum puteți pune accentul mai mult pe pozitiv,
- ce situații vă provoacă critica și cum le puteți controla mai bine,
- cum să vă recunoașteți mai bine imaginea din oglindă și procesele educative,
- cum să vă consolidați respectul de sine,
- cum să vă iubiți mai mult propria persoană,
- cum să acționați doar de dragul de a o face.

Obiectivul salutar poate fi: Obiectivul vostru ar trebui să fie acela de a vedea mai mult partea bună din ceilalți oameni și de a căuta soluționarea constructivă a conflictelor. Învățați din propria imagine în oglindă și atunci veți descoperi tot mai puține lucruri care vă supără sau enervează.

Ideea conducătoare: „Sunt plin de afecțiune față de persoana mea și față de ceilalți și îmi exprim afecțiunea prin vorbire și alegerea cu grijă a cuvintelor."

Cancerul osos (sarcomul)

Termenul „cancer osos" cuprinde toate îmbolnăvirile maligne care se dezvoltă din țesutul osos. Tumorile maligne au rareori punctul de plecare direct în os (cancerul osos primar). Adeseori este vorba de metastaze la distanță ale altor tumori maligne, de pildă ale prostatei sau plămânilor. Simptomele depind de localizarea bolii în oase. Pot apărea dureri considerabile.

Cauze sufletești

Trăsăturile de caracter relevante în cazul cancerului osos sunt curajul și iertarea.

Oasele ne susțin, ne oferă sprijin și stabilitate. Temerile ne fac să ne pierdem acest fundament, care ne permite să ne deplasăm în siguranță și cu succes în viață. Se dezvoltă tot mai multe complexe de inferioritate. Dacă dorim să compensăm asta prin căutarea aprecierii din afară, ne lăsăm conduși din exterior și pierdem tot mai mult din personalitate.

Helmut

„Evitam conflictele, le făceam pe plac tuturor."

Helmut avea 40 de ani, era căsătorit și de profesie maseur. I s-a diagnosticat o tumoare malignă la nivelul coloanei vertebrale. Pe parcursul consilierii terapeutice a înțeles treptat ce impact a ajuns să aibă lipsa lui de curaj de-a lungul vieții: avusese un tată foarte dominant, iar lui Helmut i se ceruse destul de timpuriu să-și formeze o opinie. Ar fi trebuit să și-o susțină în fața tatălui, dar nu a avut curajul. Helmut ceda de cele mai multe ori. La vârsta adultă, s-a străduit să corespundă normelor sociale și să apară într-o lumină favorabilă. Prietena sa era cu câțiva ani mai în vârstă. Lui Helmut îi venea greu să se situeze de partea acestei diferențe de vârstă și s-o apere în fața celorlalți.

„Mi-am format propria opinie și mi-am sporit încrederea de sine."
În chestiunile de rutină, ceda de cele mai multe ori, făcându-le pe plac celorlalți, deoarece se temea de conflicte deschise, indiferent dacă era vorba despre un concediu sau de achiziționarea unei mașini. Își reprima propriile dorințe și idei. Cu cât se încumeta mai puțin, cu atât mai mult sporea cerința de apreciere din partea altora, până când a ajuns să gândească și să acționeze condus din exterior. Se străduia foarte mult să-i ajute pe toți, neglijându-se pe sine. Mereu era preocupat să audă cuvinte de laudă pentru munca de maseur. Pentru că dorea să fie cel mai bun, urma în permanență cursuri de perfecționare. Recunoașterea legilor vieții i-a schimbat radical viața. S-a recunoscut imediat atunci când i-am enumerat trăsăturile de caracter tipice bolii pe care o avea. Astăzi se străduiește să-și formeze propria opinie, să și-o apere și să și-o exprime. Se supraveghează conștient, își verifică mereu sincer motivele pentru care acționează, construindu-și astfel pas cu pas încrederea în sine. Soția îl susține în procesele de transformare, bucurându-se să aibă alături un soț tot mai stabil.

Calea spre vindecare

Întrebați-vă

- dacă și în ce situații aveți temeri,
- dacă vă formați propria opinie, independentă de reacția celorlalți, și o susțineți,
- dacă vă iubiți propria persoană,
- din ce motive acționați – doriți doar să apăreți într-o lumină favorabilă?

Descoperiți pentru voi înșivă

- ce dorințe și ce obiective aveți,
- cum vă puteți întări „șira spinării“, stabilitatea, și cum să le mențineți,
- cum să dovediți mai multă afecțiune de sine,
- cum să vă încredeți în propriile forțe,
- ce vă fortifică încrederea de sine,
- cum să vă recunoașteți potențialul.

Obiectivul salutar poate fi: Dezvoltați-vă neapărat curajul! Recunoașteți faptul că numai așa veți putea găsi bucurie și împlinire pe termen lung în viață, dacă vă veți urma intuiția și veți face ceea ce considerați a fi corect. Sunteți unici, ca orice personalitate. Fiți conștienți de propria valoare și de bunele caracteristici.

Ideea conducătoare: „Sunt dispus să-mi apăr personalitatea, opiniile și dorințele și să-mi urmez drumul. Fac asta cu afecțiune față de cei din jur și respectându-le sentimentele.“

Cancerul pulmonar (carcinomul bronșic sau carcinomul pulmonar)

Prin deteriorarea cronică a mucoasei (de exemplu, prin fumat) se ajunge la devierea de la creșterea și reînnoirea normală a celulelor, astfel încât pot apărea tumori. Se disting două grupe: carcinomul pulmonar cu celule mici și cel fără celule mici. Recunoașterea timpurie a acestuia este rareori posibilă.

Simptome tipice: tusea și respirația dificilă sunt înțelese greșit multă vreme. De-abia când apare expectorația cu sânge și pierderea în greutate se trage alarma. Durerile apar relativ târziu. În plus, se mai adaugă un anume disconfort, o senzație de corp străin sau de presiune la nivelul toracelui.

Factorii de risc la nivelul corpului sunt fumatul, inhalarea de azbest și radiațiile.

Cauze sufletești

Trăsătura de caracter relevantă în cazul cancerului pulmonar este folosirea timpului.

Conform ritmului prevăzut de natură, fazele de încordare trebuie urmate de faze de relaxare și invers. Bolile de plămâni atenționează persoanele respective că ar trebui să acorde mai multă atenție corpului și sănătății. Așa cum inspirația și expirația decurg după un ritm stabilit de natură, și relaxarea regulată ar trebui să aibă loc periodic, după fiecare încordare. Reflectați în liniște de ce nu vă acordați relaxarea necesară. Vă lăsați puși sub presiune de ceilalți sau poate chiar de voi înșivă, dorind să fiți bine văzuți? Sau doriți să fiți perfecți? Vă percepeți ca nefiind suficient de valoroși, astfel încât să nu vă luați timpul pentru relaxare? Sau aveți sentimentul că nu sunteți valoroși dacă nu produceți ceva și dacă din când în când vă permiteți doar să leneviți? Așadar, ar trebui să avem un ritm de viață sănătos, să ne preocupăm de suficientă regenerare și de o alimentație sănătoasă. Să evităm tot ce este nesănătos: drogurile, țigările, cafeaua și consumul excesiv de alcool. Timpul pe care-l investim în sănătate este timpul cel mai util folosit!

Calea spre vindecare

Întrebați-vă

- cum arată ritmul vostru de viață,
- prin ce vă lăsați suprasolicitați,
- dacă nu cumva vă irosiți timpul cu anumite obișnuințe, comportamente sau activități,
- ce obiceiuri dăunează sănătății,
- dacă vă vedeți prea negativ propria persoană și încercați compensarea prin prea multă muncă,
- dacă vă iubiți și respectați suficient,
- dacă faceți multe lucruri doar pentru a fi lăudați și apreciați de alții.

Descoperiți pentru voi înșivă

- cum vă puteți debarasa de obiceiuri dăunătoare sănătății, ca de exemplu fumatul,
- cum puteți acorda mai multă atenție sănătății,
- ce puteți face pentru a dedica mai mult timp relaxării,
- cum vă puteți reface energia,
- cum puteți privi mai pozitiv propria persoană,
- cum vă puteți iubi mai mult,
- în ce măsură veți verifica mai atent pe viitor motivele acțiunii și veți face ceva doar pentru că așa considerați a fi corect.

Obiectivul salutar poate fi: Luați-vă timp pentru voi și pentru propria sănătate și puneți bazele vitalității până la vârste înaintate. Astfel este posibilă folosirea bogăției de experiență pe care o oferă o viață îndelungată și progresul în dezvoltarea personalității. Pentru a realiza acest obiectiv, este adesea necesară renunțarea la obiceiuri dăunătoare sănătății.

Ideea conducătoare: „Sunt conștient de faptul că o bună folosire a timpului este o sursă valoroasă de energie. Mă iert atunci când nu am putut rezista ispitei și stabilesc un nou început. Mă iubesc și mă respect, dau deoparte ce nu-mi face bine corpului și-i acord suficiente faze de relaxare."

Cancerul sângelui (leucemia)

Leucemia este o boală a globulelor albe ale sângelui: se ajunge la o înmulțire exagerată a acestora. Se ajunge la o diseminare pe cale sanguină a celulelor mature și imature, incapabile funcțional. Ca urmare, sunt reprimate tot mai multe globule roșii și trombocite (plăcuțe sanguine), putând apărea simptome de anemie și de deficit plachetar. Trombocitele sunt importante pentru coagularea sângelui. Nefiind funcționale, celulele albe multiplicate în exces, care sunt implicate primar în apărarea imunitară, vor lăsa să apară infecții care nu mai pot fi combătute.

Cauze sufletești

Trăsăturile de caracter relevante în cazul leucemiei sunt iertarea, viziunea pozitivă asupra vieții și folosirea timpului.

Cine are complexe de inferioritate încearcă să compenseze acest lucru prin aspirația excesivă după apreciere. Cei afectați se postează prin conduita lor în centrul atenției, deoarece ei cred că astfel vor fi percepuți și recunoscuți. Atenția fiindu-le concentrată spre exterior, aceștia ajung să fie cu timpul tot mai mult „controlați din exterior". Acest comportament însă nu le aduce siguranța de sine pe care și-o doresc. Astfel se pierd pe ei înșiși și mai pierd și multă energie. Fluxul vieții le este perturbat, deoarece ei se orientează prea tare după ceilalți. În felul acesta pierd timp prețios necesar propriei evoluții. Adeseori gândurile noastre joacă un rol decisiv: ne blocăm singuri calea cu gândurile proprii? Ar trebui să avem mai multă încredere și optimism în gândire? Recunoașteți-vă potențialul și dezvoltați iubirea de sine, pentru a putea aborda calea aleasă cu bucurie și curaj.

Manfred

„Totdeauna am vrut să acaparez atenția nedivizată a tuturor."

Manfred frecventa bucuros evenimente și serbări la care ocupa locul central, povestind mereu istorisiri discutabile și glume negative care își atrăgeau uneori și critici. Se bucura atunci când oamenii râdeau și se amuzau ascultându-le. Dar nu făcea asta pentru plăcerea celorlalți. Motivul său principal era să iasă în evidență și să atragă atenția integrală a acestora. Manfred s-a îmbolnăvit de leucemie.

„Am recunoscut adevăratele motive și am procedat în consecință.“

Fusese deja clasat și abandonat de medicina convențională drept caz „lipsit de speranță“ atunci când a venit în cabinetul nostru. Împreună am dat de urmele cauzei, iar el a recunoscut conexiunile dintre evenimentele din viața lui și comportamentul propriu. A fost foarte motivat să lucreze cu propria persoană, pentru a se însănătoși. A început să se întrebe mereu de ce făcea ceea ce făcea. De îndată ce și-a justificat lui însuși motivele, și-a schimbat și conduita și interesele. Soția l-a susținut foarte mult, contribuind astfel la vindecarea lui. Astăzi pacientul se bucură de sănătate și-și urmărește atent adevăratele motive ale obiectivelor private și profesionale.

Calea spre vindecare

Întrebați-vă

- dacă vă recunoașteți valoarea,
- dacă sunteți conștient de potențialul pe care-l aveți,
- din ce motive acționați,
- dacă gândiți prea negativ.

Descoperiți pentru voi înșivă

- ce puncte forte, talente și capacități aveți,
- cum vi le puteți promova pentru a spori astfel încrederea de sine,
- cum vă puteți descoperi potențialul și cum vi-l puteți pune în valoare,
- cum vă puteți îmbunătăți motivele de acțiune,
- cum puteți înțelege mai bine limbajul legilor vieții, pentru a intra tot mai mult în fluxul vieții,
- cum puteți deveni mai pozitiv.

Obiectivul salutar poate fi: Cel mai important lucru pentru a putea renunța la aspirația excesivă după apreciere este recunoașterea și verificarea motivelor de acțiune. Acționați de dragul corectitudinii unei chestiuni sau pentru a oferi bucurie fără recompensă.

Ideea conducătoare: „Mă iubesc și mă accept așa cum sunt. Sunt conștient de valoarea mea și trăiesc fiecare zi pentru bucuria mea și a celor din jurul meu.“

Cancerul tiroidian (carcinomul tiroidian)

Tumoarea tiroidiană se dezvoltă din celulele glandei tiroide. În funcție de tipul de celulă de la care se pornește, există mai multe forme de cancer.

Simptomele tipice sunt, de exemplu, un nodul dur la nivelul tiroidei, de consistență crescută. În funcție de localizare, poate provoca răgușeală, tulburări de deglutiție (înghițire), senzația de îngustime în gât sau stază (încetinirea sau blocarea circulației sângelui) în venele gâtului.

Cauze sufletești

Trăsăturile de caracter relevante în cazul cancerului tiroidian sunt iertarea și folosirea timpului.

Glanda tiroidă arată cum ni se prezintă situația energetică. Unde investim exagerat de multă energie, energie care însă nu ne conduce la țintă? A te amesteca în problemele celorlalți și a dori să-i salvezi poate fi un gest bine intenționat. Însă „bine intenționat" este de cele mai multe ori contrariul „binelui". Deoarece ar trebui să respectăm liberul arbitru al fiecăruia și să ne abținem de la intervențiile în procesele educative ale celorlalți. Fiecare are de trecut anumite provocări, iar noi nu putem ști de fapt ce ar fi cel mai bine pe termen lung pentru celălalt. Oamenii care fac pe misionarii atrag în mod curios în jurul lor persoane care aparent sunt nevoiașe și lipsite de ajutor. În acest mod ei sunt de fapt puși la încercare dacă „mușcă momeala", deoarece aceia nu vor de fapt susținerea lor. De obicei acele persoane nu ne solicită ajutorul. Oamenii care se potrivesc își oferă unul altuia energie, adică după o întrevedere se simt încărcați de ambele părți cu energie. Următoarele întrebări vă pot ajuta să vă verificați relațiile cu ceilalți:

- Ce motive se află la baza raporturilor cu semenii voștri? Vreți să-i ajutați sau chiar să-i salvați?
- Ce interese comune vă leagă de semeni? Este vorba aici mai ales de dezvoltarea personală?

Primiți energie de la prieteni, rude, cunoscuți, vă simțiți încărcați după ce ați fost împreună cu ei sau sunteți complet epuizați și sleiți, fiindcă ați turnat apă într-un „butoi fără fund"?

Evelyn

„Mereu voiam să-mi salvez partenerii."

Evelyn suferea de cancer tiroidian. Era divorțată. După despărțirea de soț a avut alte două relații la scurt timp, una după alta. Evelyn vrusese să-i „salveze" pe toți cei trei bărbați, deși aceștia nu se simțeau deloc neajutorați. În plus, se ocupa exagerat de mult de fiica ei de 20 de ani. Pentru toate cele patru persoane ea investise enorm de multă energie, care acum îi lipsea. Acești oameni nu voiau să se schimbe așa cum își imagina ea. Pe parcursul bolii, a făcut cunoștință cu legile vieții, analizându-și îndeaproape relațiile.

„Mi-am recunoscut maniera repetitivă și am decis să mi-o schimb.“

A început prin a se ocupa mai mult de propria persoană. Astfel a dispărut tendința de a-și face griji pentru alții. A înțeles că actualul partener nu i se potrivea și s-a despărțit de acesta, deoarece motivele pentru care se aflau împreună erau unele false. Deja era pregătită să-și vadă și fiica exact așa cum era și s-o lase să-și trăiască propria viață. Între timp Evelyn se simte bine fizic. Se preocupă să-și găsească și să lege acele prietenii care-i fac bine.

Calea spre vindecare

Întrebați-vă

- pentru ce investiți prea multă energie,
- cu ce vă petreceți timpul,
- în ce măsură vă amestecați prea mult în treburile celorlalți,
- în ce măsură vă suprasolicitați,
- în ce măsură la baza preocupărilor voastre se află aspirația excesivă după apreciere,
- în ce măsură nu vă respectați și iubiți așa precum meritați.

Descoperiți pentru voi înșivă

- când este corect să-i sprijiniți pe ceilalți și când este mai bine să acordați atenție propriilor forțe,
- când vă amestecați și doriți să salvați pe cineva, care nu știe să vă aprecieze ajutorul,
- cum vă puteți încărca propriile „baterii“,
- cum să vă diminuați aspirația excesivă după apreciere și s-o înlocuiți cu motive potrivite pentru toți cei implicați,
- cum puteți deveni mai pozitivi,
- cum vă puteți purta mai multă afecțiune.

Obiectivul salutar poate fi: Prieteniile armonioase și relațiile bune reușesc doar atunci când ne acceptăm și ne putem iubi pe noi înșine. Relațiile pozitive cu semenii noștri ne aduc energie și ne fac plăcere! E frumos atunci când ne completăm și ne susținem reciproc. Avem libertatea să ne alegem acei oameni care sunt pe aceeași lungime de undă cu noi!

Ideea conducătoare: „Verific cu cine și cu ce îmi petrec timpul. Am grijă tot timpul ca prin asta să câștig energie. Mă corectez pe mine însumi și îi ajut și pe ceilalți."

Cancerul vezicii urinare (carcinomul vezical)

La cancerul vezical este vorba de o proliferare malignă a mucoasei vezicale.

Factori de risc la nivelul corpului: după preluarea substanțelor nocive (chimicale cancerigene, amine aromatice, fumul de tutun, abuzul de medicamente), acestea pot fi resorbite în sânge și eliminate prin intermediul rinichilor și al vezicii urinare.

Simptomul de bază este reprezentat de prezența sângelui în urină. Cu timpul se adaugă nevoia imperioasă de a urina, usturimile la urinare și durerile.

Cauze sufletești

Trăsătura de caracter relevantă în cazul cancerului vezicii urinare este iertarea/desprinderea.

Toate organele aflate în abdomenul inferior au de-a face în sensul strict sau mai larg cu relațiile interumane. Vezica urinară elimină negativul. Cancerul acesteia semnifică neputința de debarasare. În ce măsură am acumulat prea multe emoții negative, care nu au fost prelucrate? Suntem nevoiți să mergem mai des la toaletă. Avem probleme cu lăsatul (liber al) apei, așa cum avem probleme să ne desprindem de ceva pe plan emoțional. Prin aspirația excesivă după apreciere pot fi îngreunate relațiile interumane, din asta rezultând emoții negative. Aceste situații sunt dedicate procesului nostru educativ, iar noi ne putem dezvolta de aici un punct forte, anume capacitatea de a putea ierta. Întrebați-vă: sunteți conștienți de valoarea proprie? Aveți senzația propriilor necesități? Acționați cu autodeterminare și în conformitate cu legile vieții? Reflectați asupra motivelor deciziilor voastre.

Calea spre vindecare

Întrebați-vă

- cu cine vă petreceți timpul liber,
- dacă în căsnicia/parteneriatul vostru centrul de greutate se află în sectorul trupesc,
- dacă sunteți împreună cu oameni care vă costă multă energie,

- dacă au existat conflicte cu persoane apropiate, în care au fost implicate emoții negative,
- dacă prieteniile pe care le aveți vă furnizează sau vă răpesc energie.

Descoperiți pentru voi înșivă

- cum puteți ieși mai mult din propria piele și lega prietenii,
- cum vă puteți deschide unui bun prieten și găsi împreună soluții problemelor voastre,
- cum puteți întreține o prietenie/căsnicie constructivă, în care partenerii să se sprijine reciproc,
- dacă puteți ierta pe cineva pentru a vă elibera de poveri sufletești,
- cum puteți absolvi școala zilnică împreună cu alți oameni,
- cum puteți avea parte de mai multă bucurie în viață.

Obiectivul salutar poate fi: Relațiile interumane sunt esențiale pentru viața și pentru evoluția noastră. E important să fim pretențioși în alegerea acestora. În căsnicie este ideal ca ambii parteneri să se susțină și completeze reciproc și să se dezvolte o iubire sufletesc-spirituală care să reprezinte cea mai puternică legătură dintre cei doi.

Ideea conducătoare: „Îmi petrec timpul cu oameni care se află pe aceeași lungime de undă cu mine și mă debarasez de tot și de toate cele ce mă costă prea multă energie. Îmi iubesc și îmi respect persoana și necesitățile."

Limfomul Hodgkin (boala Hodgkin)

La această afecțiune este vorba de proliferări ale țesuturilor limfatice, în mare parte de natură ganglionară, în care se evidențiază celule caracteristice (celule gigante de tip Reed-Sternberg). În funcție de localizare, răspândire și tipul de țesut conținut, se deosebesc mai multe tipuri și stadii clinice evolutive.

Simptome tipice: printre primele semne se înregistrează o creștere de volum nedureroasă a unui ganglion limfatic din zona gâtului. Pot fi afectate și organe precum ficatul, splina sau plămânii, afectare care se manifestă prin simptomele corespunzătoare. Caracteristice sunt oboseala și scăderea performanței, transpirațiile nocturne și scăderea masivă în greutate.

Cauze sufletești

Trăsăturile de caracter relevante în cazul unui limfom sunt iertarea și folosirea timpului.

Sistemul limfatic joacă un rol important în eliminarea deșeurilor din corp, precum și în apărarea la boli. Dacă acumulăm prea multe lucruri negative pe parcursul vieții, suntem suprasolicitați. Pierdem energie, iar pozitivul nu se mai poate manifesta. Adeseori este necesară o delimitare clară și refuzul lucrurilor care nu ne sunt pe plac. La modul simbolic este vorba de „transportul și evacuarea" sentimentelor și comportamentelor negative. Altfel spus: trecerea peste, debarasarea de unele chestiuni din trecut, care ne apasă, și preocuparea cu lucruri constructive și profitabile ne vor oferi bucurie și puteri noi. Aici intervine și o anumită doză de respect de sine. Ar trebui să ne preocupăm de folosirea utilă a timpului, în favoarea propriei evoluții.

Calea spre vindecare

Întrebați-vă

- dacă vă lăsați copleșiți de prea mult negativ,
- dacă aveți senzația că nu sunteți destul de buni,
- dacă vă lipsește curajul de a spune „nu" și de a vă delimita,
- dacă aveți prea puțin respect de sine.

Descoperiți pentru voi înșivă

- cum să permiteți mai mult pozitiv în viața voastră,
- cum să vă puneți mai bine în valoare punctele forte și talentele,
- ce puteți șterge din planul zilnic pentru a face mai mult loc preocupărilor constructive.

Obiectivul salutar poate fi: Este necesară debarasarea de orice lucru consumator inutil de energie: slobozirea. Câștigul de energie din tot ceea ce vă face plăcere și vă aduce relaxare este o parte esențială a bugetului vostru energetic.

Ideea conducătoare: „Acord atenție unui buget energetic echilibrat. Atunci când pierd energie încerc să aflu motivul și să schimb situația, astfel încât să-mi refac energia."

Tumorile cerebrale

Tumorile cerebrale sunt aglomerări de celule, de cele mai multe ori benigne, din interiorul craniului, pot fi însă și metastaze ale unor tumori maligne (de exemplu, cancerul pulmonar sau cel de sân).

Simptomele sunt puțin caracteristice, depinzând de localizare, mărime și viteza de creștere.

Simptome tipice: eventuale atacuri de epilepsie, dureri puternice de cap de natură hormonală, însoțite de grețuri, vărsături, tulburări de vedere sau de comunicare, modificări rapide de personalitate, perturbări hormonale, precum și probleme de coordonare și apariția de paralizii.

Cauze sufletești

Trăsăturile de caracter relevante în cazul tumorilor cerebrale sunt iertarea și viziunea pozitivă asupra vieții.

Gândurile sunt forțe puternice. Gândurile noastre iradiază energie și au astfel un efect corespunzător. Dacă ne suprasolicităm creierul cu prea multe gânduri negative, acesta va suferi. Cei afectați persistă adesea în astfel de gânduri și se fixează tot mai mult pe negativ. Uneori aceste gânduri negative servesc la a-i pune pe ceilalți într-o lumină proastă, pentru a se prezenta pe sine într-una pozitivă. Prin criticatul oamenilor și al situațiilor câștigăm impresia că suntem mai presus de ei sau de circumstanțe. În felul acesta ne îndepărtăm tot mai mult de realitate. Luarea de decizii constructive și găsirea de soluții devine tot mai dificilă. În felul acesta nu ne vom putea dezvolta efectiv respectul de sine. În alte cazuri, cei implicați nu pot încheia cu trecutul. Deplâng trecutul, se lamentează mult și-și așază propria persoană în centrul atenției. Ne aflăm însă aici pentru a trăi în prezent. După caz, se cere adaptarea la diverse condiții și privirea plină de optimism și încredere în viitor.

Nadja

„Vedeam mereu totul doar negativ."

Nadja a venit la cabinetul nostru cu diagnosticul „tumoare cerebrală inoperabilă". Medicii îi prevăzuseră o durată de supraviețuire de maximum șase luni. Gândea extrem de negativ, critica în permanență și făcea tot timpul numai remarci negative. Mergea atât de departe, încât orice exprimări pozitive ale celorlalți erau întoarse imediat în negativul lor.

„Mi-am schimbat complet atitudinea – și a crescut bucuria."

După ce și-a recunoscut cauza bolii, a lucrat cu asiduitate la schimbarea atitudinii într-una pozitivă. Soțul ei a susținut-o, atrăgându-i mereu atenția atunci când spunea ceva negativ. Sarcina ei era aceea de a formula totul pozitiv și de a gândi și afirma doar lucruri pozitive. Între timp a supraviețuit cu mai mulți ani prognosticul medicilor. Se simte bine, cu excepția unor senzații ocazionale de amețeală. Se bucură mult mai mult de viață decât înainte, deoarece a descoperit frumusețea și bucuriile acesteia.

Klaus

„Întotdeauna îmi ponegream fratele."

Klaus avea o firmă împreună cu fratele mai mare. Angajații firmei îl stimau mai mult pe frate, ceea ce îl făcea pe Klaus foarte gelos. Se ocupa permanent cu gândurile negative despre frate și cu ponegrirea acestuia, pentru a apărea el însuși într-o lumină mai bună. Chibzuia la tactici care să-i ofere apreciere. S-a dezvoltat o tumoare cerebrală. După consilierile terapeutice, s-a decis să învețe din punctele forte ale fratelui. A descoperit și care-i erau propriile forțe și cum pot fi completate cu cele ale fratelui. În curând a beneficiat cu adevărat de apreciere din partea salariaților, iar firma a înregistrat succese mari. În ce privește sănătatea, i-a mers din ce în ce mai bine.

Calea spre vindecare

Întrebați-vă

- în ce privință gândirea sau punctul de vedere asupra unei persoane sau situații sunt negative,
- ce poveri din trecut purtați cu voi,
- cu ce fel de gânduri vă ocupați cu preponderență.

Descoperiți pentru voi înșivă

- cum să vă debarasați de negativul trecutului,
- cum puteți vedea și partea pozitivă a lucrurilor,
- cum puteți dezvolta mai multă încredere și optimism,
- cum să vă stabiliți noi obiective pentru viitor,
- cum să vă recunoașteți procesele educative și să ieșiți fortificați dintr-o situație negativă.

Obiectivul salutar poate fi: Este important să trageți o linie sub trecut și să vă despovărați. Nu mai puteți schimba nimic la trecut. Dar vă puteți modela prezentul și puteți stabili cursul pentru viitor. Viitorul se află în mâna voastră. El depinde de deciziile pe care le luați astăzi. Vă reușește cu atât mai bine cu cât vă desprindeți de trecut, trăgând însă învățăturile din acesta. Ar trebui să vă concentrați pe găsitul pozitivului în negativ. O atitudine pozitivă față de viață vă oferă noi posibilități, bucurii și încredere.

Ideea conducătoare: „Mă desprind de trecut, iau astăzi deciziile corecte pentru a putea păși cu încredere și optimism în viitor."

Creierul și sistemul nervos

Creierul are o „linie directă“ cu legile vieții. El le oferă o perspectivă asupra tuturor proceselor corpului. Mai ales substanțele toxice sunt dăunătoare pentru creier și sistemul nervos (de exemplu, nicotina, alcoolul). Tot astfel se comportă și cu sentimentele și gândurile negative și cu fanteziile. Aveți grijă de centrul vostru de comandă și control.

Păstrați-vă capul limpede

Sistemul nervos (împărțit în central și periferic), împreună cu creierul, are sarcina să coordoneze toate funcțiile tuturor părților corpului. Pentru a-și putea îndeplini acest rol, necesită prezența anumitor aparate de recepție specializate, numite receptori. Acestea preiau excitațiile și transformă semnalele respective în informații. Fibrele nervoase aferente (care vin de la periferie) ale sistemului nervos periferic le conduc mai departe spre centrele de colectare centrale – creierul și măduva spinării în calitate de sistem nervos central –, unde sunt prelucrate și transformate în „comenzi“. Comenzile centrului de control sunt trimise din nou prin intermediul fibrelor nervoase eferente ale sistemului nervos periferic către organele respective, cum ar fi mușchii sau alte organe, unde se declanșează reacții țintite: sistemul motor dirijează activitatea musculară, cel senzorial preia semnalele organelor de simț, le conduce mai departe și le prelucrează. Așa-numitul sistem nervos vegetativ sau autonom nu se supune controlului voluntar, fiind un fel de al treilea sistem nervos. Acesta reglementează în special funcțiile vitale (de exemplu, bătăile inimii, respirația, digestia, metabolismul). El asigură menținerea echilibrului interior al proceselor susținătoare de viață – homeostazia. Cei doi adversari – simpaticul și parasimpaticul, părți componente ale sistemului nervos vegetativ – conlucrează la punerea de acord a reacțiilor organismului.

Creierul este situat în cavitatea osoasă craniană și este parte componentă a sistemului nervos central. Cântărește în jur de 2 kilograme și solicită aproape 15 procente din cantitatea totală de energie consumată de corp. Este acoperit de trei învelișuri: meningele tare (dura mater), mijlociu (arahnoida) și moale (pia mater). Spațiul dintre meningele moi este umplut cu lichid cefalorahidian (LCR), pentru a proteja creierul de traumatisme.

Cauze sufletești

Trăsăturile de caracter relevante în cazul bolilor creierului sunt iertarea, viziunea pozitivă asupra vieții și folosirea timpului.

Creierul este centrul de control, comandă, comutare și memorie al corpului. El culege zilnic numeroase informații, pentru a avea o imagine clară despre starea de sănătate a fiecărei celule. Printr-o permanentă comparație între ce trebuie să fie și ce este dirijează procesele de adaptare corespunzătoare. În acest scop, creierul este dotat cu un ecran rafinat (la figurat vorbind) care mediază, transmite legilor vieții imagini asupra tuturor proceselor și celulelor din organism. Astfel poate fi asigurată menținerea funcției organelor și regenerarea fiecărei celule în parte. Pentru buna funcționare a creierului este absolut necesară furnizarea de substanțe nutritive de bună calitate și în cantitate adecvată. Acestea trebuie să poată avea acces ușor la creier pentru a-și putea îndeplini funcția de îndată. Acest lucru este însă posibil doar atunci când creierul însuși este liber de substanțe toxice și depuneri de tot felul de reziduuri, iar vasele de sânge nu sunt îngustate sau indurate. Doar un creier bine aprovizionat își poate îndeplini toate funcțiile. El este strâns conectat de restul sistemului nervos. Împreună reacționează foarte sensibil la substanțe toxice. Aici ne referim la acele otrăvuri pe care noi le introducem personal în corp, de exemplu prin fumat, alimente, cafea sau medicamente.

Pe lângă otrăvurile fizice, asupra sistemului nervos mai acționează și cele sufletești, provocând daune, cum ar fi gândurile negative, temerile și sentimentele de vinovăție sau reproșurile:

- Gândurile negative reprezintă cele mai mari poveri pentru creier. Uneori suntem testați printr-un impuls negativ pentru gândire (griji, temeri, ceva nu funcționează așa cum am dori). Noi singuri decidem dacă „mușcăm" și ne lăsăm „devorați" de acestea sau nu. În special dimineața ne stabilim cursul pozitiv al zilei, decizându-ne să nu „mușcăm", ci să întâmpinăm gândirea negativă constructiv și cu încredere.
- Teama se instalează acolo unde e un deficit de curaj. Atunci ne însoțesc multe sentimente negative și ne limitează raza de acțiune.
- Sentimentul vinovăției și autoreproșurile sunt o povară enormă pentru sistemul nervos și apar atunci când noi înșine nu ne iertăm.

Dacă sunteți tensionați, iar sistemul vostru nervos e suprasolicitat, o să vă deranjeze cu atât mai mult evenimentele neplăcute și slăbiciunile altora. Sunteți irascibili și tindeți să-i criticați pe alții. Critica se răsfrânge însă asupra voastră, ceea ce vă împovărează și mai mult. Atunci când sunteți relaxați vă este mult mai ușor să vedeți partea pozitivă.

Calea spre vindecare

Întrebați-vă

- dacă „târâți" după voi chestiuni negative din trecut,
- dacă aveți temeri,
- dacă aveți sentimente de vinovăție,
- dacă resimțiți mânie, ură, răzbunare,
- dacă suferiți alături de ceilalți (empatie, identificare afectivă),
- dacă aveți obiective și preocupări care vă oferă împlinirea,
- dacă sunteți receptivi la nou și vă bucurați să învățați din el.

Descoperiți pentru voi înșivă

- cum vă puteți situa deasupra lucrurilor, pentru a reacționa cu mai mult calm,
- cum vă puteți debarasa de sentimente negative,
- cum vă puteți folosi util timpul, în privat și la locul de muncă,
- cum vă puteți consolida creierul și sistemul nervos.

Obiectivul salutar poate fi: Aprovizionați-vă creierul și sistemul nervos cu toate substanțele nutritive importante și îngăduiți-i suficientă odihnă. Starea ambelor se reflectă în bunăstarea voastră. Cu „nervi de oțel" se rezolvă mai bine problemele dificile, iar un creier funcțional susține luarea unor decizii bune.

Ideea conducătoare: „Mă străduiesc să câștig mai multă încredere în Dumnezeu și astfel mai mult optimism."

Sprijiniți-vă corpul

- Detoxificați și purificați pentru a vă elibera creierul și sistemul nervos de substanțe toxice.
- Refaceți-vă flora intestinală și întăriți-vă sistemul imunitar.
- Preocupați-vă de o alimentație energetică, vitalizantă și echilibrată, pentru a vă aproviziona corpul cu toate cele necesare.
- Beți zeamă de varză acră sau must de sfeclă roșie sau pulbere de sfeclă roșie cu suc de lămâie sau de portocală proaspăt presată și apă.
- Drojdia de bere neîndulcită, fluidă conține substanțe nutritive importante pentru creier.
- Consumați suficientă vitamina B și susțineți astfel funcția celulelor nervoase.
- Consumați avocado (lecitină). Stimulează funcția de memorare.
- Folosiți grăsimi sănătoase, de exemplu uleiuri presate la rece sau unt din smântână, dar nu le încingeți. Acestea vă mențin vasele de sânge permeabile, astfel încât creierul și sistemul nervos să fie aprovizionate cu suficient oxigen.

- Spre finalul după-amiezii beți ceai de mușețel (sau de mentă) cu suc de valeriană (obținut prin presare).
- Faceți plimbări în aer liber – oxigenul este indispensabil unei bune funcționări a creierului.
- Evitați cafeaua sau alte băuturi ce conțin cofeină – acestea solicită organele centrale de control.
- Evitați substanțele care dau dependență și drogurile, deoarece acestea influențează negativ creierul.

Accidentul vascular cerebral (apoplexia, infarctul cerebral)

În cazul unui accident vascular cerebral (AVC) este vorba în 80% din cazuri de obstruarea printr-un cheag de sânge a unui vas sanguin care aprovizionează creierul (accident vascular ischemic). Un așa-numit accident vascular hemoragic se produce printr-o hemoragie cerebrală.

Simptomele se manifestă în funcție de mărimea și localizarea accidentului vascular: dezorientare, confuzie, tulburări ale stării de conștiență sau chiar pierderea acesteia, până la insuficiențe respiratorii și circulatorii amenințătoare de viață. Deficitele neurologice se manifestă în funcție de teritoriul cerebral afectat.

Factorii de risc la nivelul corpului sunt hipertensiunea arterială, diabetul, fumatul, tulburările de ritm cardiac, tulburările în metabolismul lipidic și excesul ponderal.

Prevenția poate fi reprezentată de mișcare, alimentație sănătoasă, reducerea stresului, renunțarea la fumat, mai puțin alcool, precum și reducerea greutății corporale în caz de obezitate.

Un declanșator frecvent este ateroscleroza (calcificarea) vaselor sanguine cerebrale.

Cauze sufletești

Trăsături de caracter relevante în cazul AVC sunt iertarea și folosirea timpului.

Mulți oameni se năpustesc de așa manieră în munca lor, încât de-abia dacă mai au timp pentru ei înșiși. Dacă se mai pun și sub presiune pentru a realiza cât mai mult sau dacă fac parte dintre aceia care se enervează cu ușurință, atunci pot fi „loviți de dambla" pentru a fi frânați. Corpul va reacționa cândva, lovind la rândul său, atunci când a fost „lovit" timp îndelungat.

La vârste înaintate, cauzele AVC sunt de altă natură: mulți oameni sunt insuficient solicitați. Creierul lor primește prea puține impulsuri, ceea ce le frânează evoluția ulterioară. Tocmai pensionarii ar trebui să se preocupe de stabilirea de provocări și de obiective. Altfel amenință pericolul unei stagnări sufletești și – ca oglindă a sufletului – a uneia trupești. Tocmai la această vârstă putem profita de bogata experiență acumulată și putem face mari progrese pe calea evoluției sufletești. Care sunt efectele pozitive ale unei preocupări pline de sens la vârste înaintate ne-o sugerează exemple cunoscute. Unii dirijori, oameni de știință și actori, ca de exemplu Johannes Heesters, au rămas activi până târziu. Fiecare persoană își poate extinde talentele și abilitățile, indiferent de domeniu, menținând o formă mentală bună. Important este să-și stabilească la timp cursul, pentru a nu se instala declinul.

Dieter

„Pe când mă înfuriam, mi-am pierdut cunoștința."

Dieter era șeful unei mari firme. La orice fleac reacționa violent, enervându-se, vedea multe negativ și avea deseori atacuri de furie în întreprindere. În calitate de șef, își rezervase libertatea de a veni și a pleca atunci când voia el. Întrucât prefera să facă din noapte zi, apărea de multe ori târziu la serviciu și era adesea în toane proaste. Nici în alte privințe nu punea preț pe sănătatea lui.

„Am ajuns mai relaxat și am dat atenție propriilor necesități."
Într-o zi, Dieter a făcut un acces de furie la firmă și a suferit imediat după aceea un AVC. Acest avertisment l-a zguduit puternic, așa că a reușit să reacționeze tot mai calm și mai liniștit. Avea grijă să nu se mai suprasolicite și s-a declarat dispus să-și revizuiască și ritmul cotidian. A fost uimit de cât de multe putea realiza acum în mult mai scurt timp și cât de bine decurgeau lucrurile la firmă de când dădea mai multă atenție propriilor necesități.

Calea spre vindecare

Întrebați-vă

- ce vă face să vă enervați,
- dacă nu vă puteți ierta pe voi sau pe altcineva,
- în ce măsură vă puneți singuri sau pe alții sub presiune,
- dacă vă suprasolicitați, dacă acordați prea puțină atenție sănătății,
- dacă sunteți prea puțin solicitați și nu mai aveți niciun fel de provocări.

Descoperiți pentru voi înșivă

- ce puteți face pentru sănătatea voastră, pentru a rămâne performanți și în perioade mai dificile,
- cum puteți aborda provocările mai liniștit și cu mai mult calm,
- ce fel de obiective și preocupări vă stabiliți la bătrânețe, pentru a rămâne activi mental.

Obiectivul salutar poate fi: Revizuiți-vă rutina zilnică pentru a descoperi cum puteți reduce din balast. Învățați să delegați, deoarece încrederea pe care le-o acordați altora se întoarce la voi ca energie, sub formă de mai mult timp și liniște.

Ideea conducătoare: „Mă iubesc și mă stimez pe mine și corpul meu. Mă comport cu afecțiune cu mine și cu ceilalți. Îmi păstrez flexibilitatea la orice vârstă și rămân deschis pentru noutăți."

Sprijiniți-vă suplimentar corpul

- Dacă simțiți simptomele unui AVC, sunați de îndată salvarea, fiindcă poate fi vorba de o urgență care pune în pericol viața.
- Luați imediat o linguriță de bicarbonat de sodiu dizolvat într-un pahar cu apă.
- Reflectați, după ce faza acută a trecut, cum puteți schimba stilul de viață, de exemplu renunțând la fumat.
- Detoxificați și purificați, pentru a evacua substanțe dăunătoare care vă calcifică vasele sanguine.
- Hrăniți-vă sănătos pentru a vă curăța vasele.
- Respectați-vă timpii de regenerare, pentru a evita stresul cu efect de îngustare a vaselor.
- Îngrijiți-vă de un somn înainte de miezul nopții, deoarece în această perioadă vă odihniți cel mai bine.

Boala Parkinson (paralizia cu friguri)

Boala Parkinson („paralizia cu friguri") este o boală degenerativă a sistemului nervos (în zona extrapiramidală a acestuia) care se manifestă prin mișcări involuntare, dar și prin co-afectarea unora dintre mișcările voluntare, totul din cauza unui deficit de dopamină în creier.

Simptome tipice:

- reducerea mobilității (bradichinezie/achinezie): de exemplu, mersul târșâit, cu pași mici și nesiguri (mersul în vârful picioarelor), un mers la care brațele nu balansează.

- rigiditate musculară treptată (rigor) – caracteristică este fața inexpresivă, cu o mimică redusă
- reducerea stabilității posturale (instabilitate posturală): postura încovoiată, printr-o stabilitate redusă la redresarea trunchiului, mersul nesigur, predispoziția spre căzături
- tremurături musculare (tremor).

Simptome asociate: oboseală, labilitate emoțională, melancolie.

Cauze sufletești

Trăsăturile de caracter relevante în cazul bolii Parkinson sunt viziunea pozitivă asupra vieții și folosirea timpului.

Persoanele în cauză sunt preocupate excesiv de lucrurile negative, ceea ce duce la suprasolicitarea sistemului nervos. Își fac mult prea multe griji, petrec mult timp cu gândurile la evenimente triste și suferă adesea alături de cei implicați. Sau interacționează cu oameni care îi costă multă energie. Sentimentele și gândurile negative, dar și implicarea emoțională în suferință solicită sistemul nervos într-o mare măsură. A simți compasiune pentru cineva este în ordine, dar suferința din milă arată că nu ne putem delimita de problemele celorlalți, implicându-ne peste măsură. Dacă persoana în cauză este apropiată nouă, există pericolul deosebit de a merge prea departe cu mila. Emoțiile precum mila ne împiedică să ne păstrăm mintea clară pentru a putea reacționa adecvat. „Suferind împreună“ cu ceilalți nu-i vom putea ajuta, ci doar ne facem rău nouă înșine, pierzând energie.

Helmut

„Sunt tensionat și cu nervii la pământ.“

Helmut era șeful unei mari companii. Nu se putea deconecta niciodată, punea la suflet orice nu funcționa, se simțea responsabil personal pentru toate, suprasolicitându-și pe deplin sistemul nervos, și asta de ani de zile. În cele din urmă și-a construit pentru el și familie o casă mare. Pe parcursul construcției, multe nu au decurs cum trebuia, făcându-l să se enerveze permanent. A purtat mai multe procese cu firma de construcții.

„Am învățat să gândesc pozitiv.“

Toate acestea îl costau multă energie pe Helmut. Tensiunea permanentă asupra sistemului nervos a condus în cele din urmă la Parkinson. Boala l-a „zdruncinat“ în aceeași măsură în care el însuși se lăsase „zdruncinat“ de toate evenimentele negative din viață. Atunci când Helmut a înțeles legătura, a încercat tot posibilul pentru a se debarasa de tendința de enervare și a căpăta o viziune mai pozitivă. Nu i-a fost ușor, dar a reușit până la urmă să stopeze boala, resimțind din nou bucurie și putând să lucreze mai relaxat.

Calea spre vindecare

Întrebați-vă

- ce gânduri și tematici vă preocupă,
- cu ce fel de oameni vă petreceți timpul,
- dacă suferiți prea mult atunci când ceilalți sunt afectați.

Descoperiți pentru voi înșivă

- cum puteți ține la distanță emoțional evenimente apăsătoare,
- cum vă puteți menaja și stimula sistemul nervos,
- cum să căpătați mai multă încredere în faptul că totul își are sensul său.

Obiectivul salutar poate fi: Dacă adoptați o atitudine pozitivă în ansamblu și vă menajați sistemul nervos, puteți opri evoluția acestei boli, adesea obținând chiar și o ameliorare.

Ideea conducătoare: „Mă aflu în fluxul vieții, mă detașez de negativ și am încredere că totul se îndreaptă în direcția bună."

Sprijiniți-vă suplimentar corpul:
Fizioterapia întreține mobilitatea, îmbunătățește capacitatea de reacție și stabilizează echilibrul.

Demența/boala Alzheimer

În cazul demenței scad continuu performanțele mentale, mai ales memoria și capacitatea de gândire. Există mai multe forme de demență care sunt subordonate diverselor procese de îmbolnăvire. Cea mai frecventă formă este considerată a fi boala Alzheimer. Funcția celulelor nervoase este inhibată de proteine nocive. În centrele responsabile pentru memorie se ajunge la un deficit al mesagerului activator numit acetilcolină. El stimulează transmiterea impulsurilor nervoase și prin aceasta regăsirea conținutului existent.

Simptome: uitarea (la început e afectată memoria de scurtă durată), până la pierderea completă a memoriei și dezorientare. Interesele dispar, emoțiile se aplatizează, până când se dezintegrează întreaga structură a personalității. Înțelegerea și vorbirea sunt încetinite, orientarea în timp și spațiu se pierd. Viața autonomă nu mai este posibilă. Cei afectați devin dependenți de îngrijire în cel mai înalt grad.

Factori de risc la nivelul corpului la apariția bolii Alzheimer sunt sindromul metabolic (exces ponderal, hipertensiune arterială, nivel ridicat al lipidelor în sânge și diabetul zaharat), inflamațiile și stresul oxidativ (radicalii liberi nu sunt descompuși suficient și pot duce la depuneri de substanțe dăunătoare în creier).

Cauze sufletești

Trăsăturile de caracter relevante în cazul bolii Alzheimer sunt viziunea pozitivă asupra vieții și folosirea timpului.

Obiectivul este prevenirea acestei boli, care se strecoară neobservată timp îndelungat, sau măcar stoparea într-o fază timpurie. Oamenii care își suprasolicită sistemul nervos decenii de-a rândul prezintă riscul de a face această boală. De aici recunoaștem cât de important este să ne menajăm creierul și sistemul nervos și să ne facem gânduri la timp cu privire la stilul de viață. Ar trebui să avem mereu în fața ochilor obiectivul supraordonat de îmbunătățire a propriei personalități. Aici sunt incluse prelucrarea evenimentelor negative și privirea pozitivă către viitor. La urma urmei, toate slăbiciunile caracterului care n-au fost corectate pot duce la o cădere energetică, lucru care influențează și sistemul nervos.

Calea spre vindecare

Întrebați-vă

- dacă mergeți devreme la culcare pentru a da posibilitatea creierului să se regenereze,
- dacă aveți tendința de a vă retrage din viață după un eveniment neplăcut, ca să fugiți din calea dificultăților, dacă prin acestea v-ați pierdut pofta de viață și nu v-ați mai stabilit și alte obiective,
- dacă aveți înclinația de a vă pierde în tot felul de fantezii, nerecunoscând astfel multe indicii și ajutoare din partea legilor vieții,
- dacă v-ați lăsat copleșiți de o anume comoditate și ați ajuns astfel la o stagnare sufletească,
- dacă alimentația voastră aprovizionează creierul cu toate cele necesare.

Descoperiți pentru voi înșivă

- cum vă puteți concentra pe deplin asupra activității actuale,
- cum vă puteți stimula concentrarea, pentru a recunoaște școala zilnică,
- cum să fiți receptivi la ce-i nou și să reacționați flexibil la schimbări,

- cum să nu vă mai lăsați copleșiți de lucruri negative din trecut și să priviți cu mai multă bucurie și încredere în viitor,
- cum puteți da atenție sporită în general lucrurilor pozitive,
- cum puteți detoxifica și purifica periodic,
- cum să acordați atenție sporită unei alimentații sănătoase, pentru a asigura funcționalitatea creierului.

Obiectivul salutar poate fi: Prevenția este deosebit de importantă. Preocupați-vă încă din tinerețe de o viziune pozitivă asupra vieții și de permanenta stimulare mentală. Asigurați-i creierului suficient timp pentru regenerare, mai ales prin somnul dinainte de miezul nopții, precum și printr-o alimentație sănătoasă.

Ideea conducătoare: „Îmi iubesc și îmi stimez corpul și îi ofer permanent ceea ce îi trebuie. Pășesc cu încredere și optimism în viitor.“

Distonia vegetativă

Distonia vegetativă este un dezechilibru al sistemului nervos vegetativ care coordonează toate procesele involuntare, cum ar fi circulația sanguină sau funcția digestivă.

Simptomele posibile pot fi destul de variabile, de exemplu nervozitate, irascibilitate, tulburări de somn, amețeli, dureri de cap, crampe musculare, palpitații sau senzația de presiune gastrică.

Cauze sufletești

Trăsături de caracter relevante în cazul distoniei neurovegetative sunt curajul și viziunea pozitivă asupra vieții.

În cazul poverilor sufletești (stresului psihic), corpul își folosește mai întâi rezervele de energie. Dacă apare și mai mult stres psihic, care nu mai poate fi prelucrat corespunzător, se ajunge la un deficit energetic de durată. După ce au fost epuizate și ultimele rezerve de energie se ajunge la dezechilibre în funcționarea sistemului nervos autonom. Deci întrebarea fundamentală este: Prin ce anume am pierdut atâta energie? Această pierdere poate fi cauzată, de exemplu, de deciziile greșite în privința tuturor trăsăturilor de caracter. Din experiență putem spune că este vorba mai ales de trăsături negative subordonate termenilor de curaj și viziune pozitivă asupra vieții. Dacă prevalează gândurile negative în ce ne privește, respectiv în ce privește succesul unei acțiuni, ne vine greu să inițiem pașii necesari. Aceste gânduri ne debilitează curajul. Dacă ne schimbăm concepțiile, câștigăm energie și multe o să ni se pară mai ușoare.

Calea spre vindecare

Întrebați-vă

- dacă și în ce privințe aveți temeri,
- dacă și în ce măsură vă vine greu să spuneți „nu", să vă delimitați,
- dacă vă faceți griji și chibzuiți mult.

Descoperiți pentru voi înșivă

- cum puteți da dovadă de mai mult curaj în anumite împrejurări,
- cum vă puteți debarasa de gânduri distructive,
- cum vă puteți forma gânduri mai pozitive,
- cum vă puteți soluționa mai bine sarcinile și conflictele.

Obiectivul salutar poate fi: Formele de manifestare atât de puțin specifice ale acestei boli, care nu oferă indicii asupra unui organ anume, ne arată că ar trebui să ne îngrijim de atitudini pozitive și mai multă bucurie în toate domeniile vieții. Înarmați-vă cu curajul de a da curs senzațiilor și intuițiilor.

Ideea conducătoare: „Acord mai multă atenție intuiției, pe care o transpun cu curaj și încredere în practică."

Durerea sciatică

Termenul „durere sciatică" descrie simptomatica provocată de compresarea sau inflamația nervului sciatic. În multe cazuri, compresiunea pe nervul sciatic este provocată de o hernie de disc. În mod clasic, prin ridicarea unei greutăți sau printr-o mișcare neîndemânatică de răsucire se declanșează durerea extrem de violentă, un „junghi".

Simptome: tipice sunt durerile violente ce iradiază pe traiectul nervului sciatic, de la fese, pe partea posterioară (din spate) a membrului inferior, până la nivelul piciorului – ocazional și sub formă de furnicătură – sau senzația de amorțire, mergând până la aspecte de paralizie.

Cauze sufletești

Trăsăturile de caracter relevante în cazul durerilor sciatice sunt curajul și viziunea pozitivă asupra vieții.

Atunci când avem dureri sciatice acute, acestea se accentuează, cel puțin în faza inițială, la fiecare mișcare, deci trebuie să evităm mișcarea. La sensul figurat, se înțelege astfel: ne aflăm pe un drum care pentru evoluția noastră s-a dovedit a nu (mai) fi unul bun. Ceva ne împiedică să ne mobilizăm. Este frica? Sau sunt îndoielile? De multe ori ne aflăm în fața unor schimbări, decizii concrete, care necesită curaj. O viziune negativă asupra lucrurilor poate să ne complice și mai mult situația, îngreunându-ne anumiți pași. O combinație între curaj și optimism se dovedește a fi aceea care ne va ușura drumul spre decizii corecte.

Calea spre vindecare

Întrebați-vă
- dacă și de ce anume ar trebui să vă detașați,
- dacă ar trebui să vă reorientați,
- ce decizie să luați,
- ce gânduri sau sentimente negative vă împiedică să alegeți un drum nou.

Descoperiți pentru voi înșivă
- ce noi sarcini vă așteaptă,
- cum vă puteți spori încrederea de sine și optimismul cu privire la pașii necesari,
- cum puteți găsi curajul necesar deciziilor.

Obiectivul salutar poate fi: De multe ori nu vrem să acceptăm că a expirat timpul pentru ceva anume. Detașarea de acesta și schimbările pot fi legate de nesiguranță. Cu încredere și optimism veți descoperi cu ușurință curajul necesar deciziilor și introducerii schimbărilor.

Ideea conducătoare: „Îmi exersez zilnic curajul prin decizii mărunte și dobândesc astfel încrederea de a putea întreprinde schimbări mai mari."

Durerile de cap (migrenele)

Conform sondajelor OMS, în Europa circa 3,3% din populație suferă de dureri de cap (cefalee) continue. Durerile primare sunt considerate o afecțiune independentă. De aici fac parte, de exemplu, migrena, cefaleea de tensiune și cefaleea de tip cluster. Durerile secundare apar ca simptome în cadrul altor boli.

Durerile obișnuite nu au o localizare precisă, sunt dureri surde, uneori pulsatile. Adesea se resimt mai puternic în zona frunții, a tâmplelor sau în vârful capului și se accentuează la aplecare sau presiune. Debutează treptat, se accentuează până la un punct culminant și cedează din nou după un anumit timp.

În cazul migrenei, durerile sunt extrem de puternice, de cele mai multe ori de o singură parte, și survin repetat paroxistic. Durează adesea câteva ore, ajungând până la trei zile. Posibile fenomene asociate sunt greața, vărsăturile, sensibilitatea exacerbată la lumină, zgomot și mirosuri, mai rar lipsa apetitului și irascibilitatea.

Factori externi declanșatori pot fi stresul, medicamentele, cofeina, nicotina, vinul roșu și ciocolata.

Cauze sufletești

Trăsăturile de caracter relevante în cazul cefaleei puternice sunt iertarea și viziunea pozitivă asupra vieții.

Atunci când dorim să aflăm cauzele declanșatoare ale migrenei, ne ajută câteva proverbe și expresii: „Asta îmi dă dureri de cap“ sau „Îmi bat capul“, adică ne facem prea multe griji. Sau „Nu știu unde-mi e capul“, adică ne propunem prea multe, ne punem sub presiune, ca să reușim totul. Ambele ne solicită foarte mult capul, creierul, astfel încât nu trebuie să ne mire dacă avem senzația că ne „crapă“ capul. Vrem prea multe și ne izbim uneori cu capul de pereți, vrând să trecem prin aceștia. Chiar este corect tot ce vrem noi să facem? Și, mai ales, care e motivul pentru care procedăm astfel? Vrem să dobândim laudă și apreciere? Fugim de ceva, mai ales de propriul curaj? Sau poate ne solicităm capul/creierul cu toxine precum cofeina, nicotina, poate chiar cu droguri? Creierul nostru este foarte performant, dar nu e prevăzut pentru un efort permanent. Orice încordare necesită o relaxare, care să aducă o compensare utilă regenerării creierului.

Rita

„Migrena m-a obligat să mă odihnesc.“

Rita, o femeie de afaceri care lucra pe cont propriu, suferea permanent de atacuri de migrenă. Lucra „zi și noapte“, lua totul în serios, dorind ca toate să decurgă perfect. Timpul liber era pentru ea un concept necunoscut, iar pentru o relaţie amoroasă nu era loc. Nu-și rezerva timp nici măcar pentru mese, astfel încât creierul ei nu mai primea substanțele nutritive necesare pentru a funcționa permanent la un nivel performant.

„Am învățat să mai respect și perioadele de odihnă.“

Nu prea avea angajați, deoarece era de părere că nu-și permite financiar, capriciu pe care îl plătea cu prețul propriei sănătăți. Atacurile de migrenă o puneau periodic la pat. Acestea voiau să-i dea de înțeles că trebuie să planifice și faze de odihnă și să dea o mai mare atenție propriei persoane. În cazul ei, era necesară angajarea unei asistente care s-o scutească de unele sarcini. Astfel a putut lucra mai eficient, respectându-și pauzele. Atacurile de migrenă nu i-au mai răpit apoi timpul. Această mutare i-a adus în final chiar un câștig financiar, deoarece, fiind mai performantă, avea și un randament mai mare.

Pacienții cu migrenă se pun singuri sub presiune, stresându-se fără să-și dea seama de asta. De obicei dau vina pe factori externi, cum ar fi vremea, întrucât migrenele apar mai ales cu ocazia schimbărilor vremii. Se pune întrebarea dacă persoanele afectate sunt capabile să distingă între influențele externe și cele interne. Cine este sincer cu el însuși caută cauzele la propria persoană – și le și găsește.

Calea spre vindecare

Întrebați-vă

- dacă și cu ce vă stresați singuri,
- cum vă puteți organiza mai bine timpul,
- ce sarcini puteți delega,
- dacă urmăriți ceva care de fapt nu vă este benefic,
- dacă vă supărați sau înfuriați ușor,
- dacă vă solicitați prea tare creierul cu substanțe toxice.

Descoperiți pentru voi înșivă

- cum puteți realiza o balanță mai bună între muncă și timpul liber, încordare și relaxare,
- cum vă puteți atinge obiectivele cu un consum mai redus de energie,
- ce măsuri ați putea lua pentru a vă încărca mai bine cu energie și a vă regenera.

Obiectivul salutar poate fi: Creierul uman are neapărată nevoie de relaxare și regenerare. Nu vă suprasolicitați. Concentrându-vă pe esențial, veți lucra mai eficient, rezolvând o problemă după alta. Acest mod eficient de lucru vă motivează apoi și vă aduce sentimente pozitive. Îngăduindu-vă regulat plăcerea, o să vă crească și randamentul!

Ideea conducătoare: „Mă iubesc și mă respect și pun preț pe un mod de viață echilibrat și liniștit. Reușesc să păstrez echilibrul între muncă și timpul liber, dintre încordare și relaxare."

Durerile nervoase (nevralgiile)

Durerile nervoase apar atunci când se ajunge la deteriorarea nervilor. Acestea se produc prin inflamații, compresiune, iradieri, arsuri chimice sau tulburări metabolice.

Nevralgiile sunt dureri paroxistice, extrem de puternice, fulgerătoare, aproape insuportabile, care se limitează la teritoriul deservit de un anume nerv. În plus, apare adesea și o sensibilitate la atingere în regiunea respectivă. Cele mai cunoscute forme sunt nevralgia de trigemen (la nivelul feței), sciatica (vezi mai sus) și zona (herpesul) zoster.

Cauze sufletești

Trăsătura de caracter relevantă în cazul nevralgiilor este viziunea pozitivă asupra vieții.

A păstra „veșnic" experiențe și situații negative din trecut înseamnă o mare povară pentru sistemul nervos. Durerile ne atrag atenția că trebuie să ne activăm și să ne ocupăm constructiv de aceste poveri. Nu mai putem schimba nimic din trecut. Putem însă învăța din experiența câștigată, astfel încât aceasta să ne fie benefică. În orice lucru negativ există și o parte pozitivă. Există atâtea lucruri pozitive și constructive care ne motivează și ne dăruiesc energie. Acestea pot fi subliniate și pentru ele trebuie să fim recunoscători.

Lea

„Aveam dureri puternice la nivelul feței."

Lea era chinuită periodic de o nevralgie de trigemen. În cadrul unei consilieri terapeutice în cabinetul nostru, a reieșit că Lea suferea destul de tare din cauza condițiilor de locuit. Trebuise să se mute de mai multe ori, deoarece, după toate aparențele, nu avea „noroc" la alegerea locuinței. În primul apartament, vecinii fuseseră atât de gălăgioși, încât Lea nu-și putuse găsi liniștea. Lea s-a mutat într-un alt oraș. Noii vecini s-au dovedit a fi insuportabili în toate privințele. Nici acolo nu a rezistat mult și s-a mutat din nou.

„Mi-am recunoscut imaginea din oglindă și mi-am redus criticile."
La început mergea destul de bine, până când începea să-și dea seama că orice ar face nu e pe placul proprietarului. Ce aveau de-a face aceste situații cu boala ei? Lea critica mult. Dacă acest lucru îi călca pe nervi pe ceilalți? Atunci când

și-a recunoscut slăbiciunea, a înțeles și faptul că o nouă mutare nu ar fi adus nicio schimbare, căci pe sine se lua pretutindeni. Atâta vreme cât criticile ei permanente ofereau ocazia oglindirii imaginilor ce-o deranjau, nu-și putea afla liniștea. A făcut eforturi să-și schimbe conduita. A funcționat: trigemenul s-a liniștit definitiv. Și cu proprietarul s-a ajuns la o relație convenabilă.

Calea spre vindecare

Întrebați-vă

- dacă și la cine aveți mereu ceva de criticat,
- în ce măsură intervine legea imaginii în oglindă, ajungând să vă criticați de fapt pe voi înșivă,
- în ce măsură purtați cu voi poveri din trecut, pe care până acum nu le-ați prelucrat,
- dacă și referitor la ce eveniment sau situație aveți sentimentul vinovăției și ce nu vă puteți ierta,
- dacă sunteți însoțiți de temeri și în ce domeniu al vieții.

Descoperiți pentru voi înșivă

- cum puteți deveni mai toleranți,
- cum puteți privi lumea prin ochelari „mai pozitivi",
- cum să vă iertați pe voi și pe ceilalți,
- cum să vă debarasați de poveri sufletești,
- cum vă puteți vedea pe voi înșivă într-o lumină mai pozitivă,
- cum puteți privi în viitor cu mai multă încredere și optimism.

Obiectivul salutar poate fi: Eliberați-vă de balast. Fiți deschiși și recunoscători pentru tot ce-i frumos. Recunoștința despovărează nervii și aduce energie.

Ideea conducătoare: „Închei cu trecutul, pentru a pune în prezent piatra de temelie pentru un viitor frumos. Mă bucur din ce în ce mai mult de părțile pozitive ale vieții."

Epilepsia

Epilepsia este termenul cuprinzător pentru o boală cronică a sistemului nervos central. Există mai mult de 30 de tipuri diferite, în funcție de forma de manifestare, cursul bolii sau cauze. La un atac de epilepsie se produce brusc o creștere extremă a activității celulelor nervoase. Reacțiile care urmează depind de funcțiile neuronilor implicați.

Se descriu două forme de atacuri (crize epileptice):

- forma focală (localizată)
- forma generalizată

La epilepsia localizată, atacul începe într-o zonă limitată a creierului (focalizat), iar persoana afectată rămâne conștientă. La forma generalizată, nici simptomele și nici cursul nu pot fi localizate anatomic, ambele emisfere cerebrale sunt afectate simultan și se instalează tranzitoriu o stare de pierdere a cunoștinței.

În cadrul epilepsiei generalizate se disting câteva forme mai frecvente:

- Criza de grand mal: se manifestă prin pierderea cunoștinței, încordarea întregului corp și convulsii ale membrelor. În caz de cădere, există pericolul de rănire. Apoi urmează o fază de confuzie și de epuizare. Adesea apar spume la gura persoanelor respective, iar maxilarele sunt extrem de încleștate.
- Absențele sau crizele de petit mal: o absență scurtă, temporară.
- Crize mioclonice: ușoare spasme musculare.

Preventiv se recomandă evitarea factorilor declanșatori cum ar fi privarea de somn și consumul de alcool.

Cauze sufletești

Trăsături de caracter relevante în cazul epilepsiei sunt iertarea și folosirea timpului.

Persoanele afectate trăiesc într-o situație foarte tensionată, lucru pe care îl evidențiază corpul încordat pe timpul accesului. Alterarea însoțitoare a stării de conștiență indică faptul că persoana nu este conștientă de permanenta încordare. Epilepticii își suprasolicită corpul, până când acesta se prăbușește (colabează). Persoanele cu epilepsie ar trebui să aibă mai multă grijă pentru a putea înregistra la timp semnalele și limitele propriului corp. Aici există mari diferențe pe plan individual: unii suportă mai mult, alții mai puțin. Fiecare trebuie să-și cunoască propria tolerabilitate, să și-o accepte și să se poarte cu afecțiune cu propriul corp. Epilepticii se plâng adesea de soarta lor, fiindcă nu tolerează prea mult și dezvoltă în general o viziune negativă asupra vieții.

Leo

„Am crize de epilepsie de mai mulți ani.“

Leo avea 40 de ani și avea crize de epilepsie de mai bine de zece ani. Situația sa familială era una neobișnuită. Locuia cu mama lui, văduvă, și cu sora acesteia.

Tatăl lui murise pe când el era încă mic, lipsindu-l astfel de un model masculin. Avea în schimb în preajmă două femei extrem de grijulii. Leo făcea crizele doar atunci când una dintre femei se afla de față. Mai apoi ea se simțea obligată să-și intensifice grija și temerile.

„Mi-am luat curajos viața în propriile mâini.“

Femeile nu au înțeles că atacurile erau un semnal pentru ele: să învețe să-l lase liber. În aceste condiții, el nu și-a putut dezvolta niciodată liber propria personalitate. Leo se simțea absolut neputincios față de cele două femei atât de puternice, neîndrăznind să-și propună obiective proprii, deși i-ar fi plăcut s-o facă. De-abia când a decis să se separe de mamă și să-și trăiască propria viață s-au rărit și crizele, iar în cele din urmă au dispărut.

În anumite cazuri, epilepsia are de comunicat ceva nu numai celor afectați, ci și aparținătorilor. De exemplu, adesea părinților le vine greu să-și lase copiii (cel târziu la 20 de ani) liberi să-și trăiască propria viață, neavând încredere că aceștia vor reuși. Dar numai așa pot deveni personalități independente capabile să-și îndeplinească sarcinile vieții.

IMPORTANT Epilepsia nu este o boală psihică. Cei afectați dispun de o inteligență normală, chiar peste medie.

Calea spre vindecare

Întrebați-vă

- dacă sunteți sinceri cu voi înșivă,
- ce activități vă fac bine,
- dacă luați în seamă semnele corpului și mai încetiniți ritmul,
- dacă sunteți nemulțumiți de condiția fizică,
- dacă vă depășiți adesea limitele firești.

Descoperiți pentru voi înșivă

- cum vă percepeți mai bine semnele corpului și cum reacționați la ele,
- cum vă puteți accepta corpul, așa cum este,
- cum vă puteți accepta limitele, așa cum sunt,
- cum puteți dezvolta o viziune pozitivă asupra vieții,
- cum vă puteți iubi, așa cum sunteți.

Obiectivul salutar poate fi: Epilepsia vă îndeamnă către un stil de viață orientat în primul rând după constituția voastră fizică. Duceți o viață independentă, printr-o ocupație care să vă ofere împlinire, luând în considerare suficiente faze de relaxare. Iubiți-vă și îngrijiți-vă corpul.

Ideea conducătoare: „Mă accept așa cum sunt și mă port cu afecțiune cu mine însumi. Sunt sincer cu mine însumi și îmi recunosc limitele."

Tulburările de somn

Somnul este o stare de odihnă fiziologică recurentă, mai ales pe timpul nopții, cu schimbarea stării de conștiență și a funcțiilor corpului. Pot interveni diverse tulburări ale manierei somnului: dificultăți de adormire, de a rămâne adormit sau somnul neodihnitor. Mai departe există hipersomnia – o nevoie crescută de somn și, de asemenea, mai pot apărea tulburări ale ritmului somn-veghe, cauzate, de exemplu, de munca în schimburi sau zboruri în zone cu diferențe de fus orar. Coșmarurile, somnambulismul, enurezisul nocturn (mai ales la copii) pot de asemenea influența negativ somnul.

Cauze sufletești

Trăsături de caracter relevante în cazul tulburărilor de somn sunt toate cele cinci domenii.

Regenerarea este condiția de bază ca toate funcțiile corpului să se poată desfășura normal. Cantitatea de energie regenerativă pe care ne-o pun la dispoziție legile vieții pentru regenerarea corpului depinde, evident, de deciziile noastre zilnice. Dacă am luat multe decizii corecte pe parcursul zilei, primim o cantitate corespunzătoare de energie. Dacă ziua însă nu a decurs așa cum ar fi trebuit și nu am luat multe decizii corecte, atunci ne va lipsi vizibil energia. Somnul este deci o minunată oglindă pentru felul cum a decurs ziua. Dacă nu ne realizăm antrenamentul zilnic sau o facem doar cu un succes mediocru, pe o perioadă mai îndelungată, tulburările de somn sunt primele semne care ne avertizează. Pe parcursul zilei am dormitat, ratând șanse, iar noaptea nu mai putem dormi. Tulburările de somn cronice sunt avertismente serioase, care vor să ne trezească, zgâlțâindu-ne.

Toate trăsăturile de caracter sunt supuse zilnic testelor:

Sinceritatea: aici știm că „o conștiință curată este ca perna moale". Această importantă trăsătură de caracter este determinantă pentru celelalte patru. Punctul decisiv aici este sinceritatea față de noi înșine.

Curajul: Ni se îngustează cumva zona de desfășurare prin tot mai multe temeri? Ne sacrificăm pentru că nu putem spune nu?

Iertarea: Sentimente precum mânia, răzbunarea sau ranchiuna nu ne lasă să ne găsim liniștea. Tot așa sentimentele de vinovăție (= a nu se ierta pe sine) ne pot consuma până la epuizare.

Viziunea pozitivă asupra vieții: Grijile și gândurile negative ne pot face să rulăm ore întregi în „roata de hamster".

Folosirea timpului: Timpul înseamnă energie! Dacă irosim timpul, ne aflăm la cheremul „vampirilor energetici", lipsindu-ne astfel energia necesară regenerării.

Un somn odihnitor ne regenerează bine creierul, astfel încât să putem dispune de o bună intuiție peste zi. De asemenea, ne vine mai ușor să ne concentrăm. Dacă o noapte nu am dormit bine, putem compensa unele lucruri intensificând eforturile de concentrare dimineața. Putem dormi adânc și odihnitor atunci când nu visăm nimic împovărător. Dacă avem prea multe vise care ne fac să dormim agitat, acestea ne indică faptul că pe timpul zilei suntem prea visători. Acest lucru face să ne lipsească de impulsurile spre o gândire pozitivă și să pierdem multe ocazii oferite de școala vieții. Doar în puține cazuri este vorba de vise care ne transmit o știre importantă – poate un pericol iminent. Ne putem da seama de însemnătatea lor prin faptul că ne rămân mult timp în memorie. Exerciții zilnice de concentrare ne ajută să devenim mai conștienți, astfel încât visele să se reducă, ajungând chiar să dispară. În cazul hipersomniei este vorba de o evadare din realitate. Cei afectați pierd atâta energie încât sunt veșnic obosiți și simt nevoia să doarmă. Acest somn însă nu le aduce regenerarea dorită, iar ei ar trebui să verifice unde anume pierd acea energie.

Calea spre vindecare

Întrebați-vă

- dacă vă cunoașteți deficitele și încercați să le ameliorați,
- dacă recunoașteți testele la care sunteți supuși zilnic de școala vieții și dacă faceți eforturi să interpretați tot mai bine semnalele legilor vieții,
- dacă acordați atenție bilanțului energetic propriu.

Descoperiți pentru voi înșivă

- ce activități sau contacte vă costă multă energie și ce activități vă furnizează energie,
- cum vă puteți reface energia,
- ce puteți face pentru a vă redobândi liniștea,
- cum vă puteți deconecta de rutina zilnică, dând grijile deoparte,
- cum puteți parcurge ziua mai atenți pentru a vă înțelege mai bine antrenamentul zilnic și a-l absolvi.

Obiectivul salutar poate fi: Prin deciziile zilnice primiți atâta energie încât corpul vostru poate fi regenerat peste noapte. Astfel vă puteți scula dimineața odihniți și proaspeți, pentru a face față antrenamentului zilnic.

Ideea conducătoare: „Am grijă să-mi păstrez bugetul energetic la un nivel potrivit. Acest lucru îmi reușește prin respectarea legilor vieții."

Sprijiniți-vă corpul

- Faceți suficientă mișcare în cursul zilei – cel puțin o jumătate de oră pe zi.
- Nu mâncați prea târziu seara și în niciun caz alimente greu digerabile.
- Renunțați seara la băuturi care conțin cofeină.
- Aerisiți-vă bine dormitorul.
- Reduceți factorii deranjanți somnului, cum ar fi zgomotul sau lumina.
- Băile cu valeriană, roinița sau lavandă pot favoriza somnul.
- Spre finalul după-amiezii beți ceai de mușețel (sau de mentă) cu suc de valeriană (obținut prin presare).
- Lăsați seara să decurgă liniștit și mergeți relaxați la culcare.
- Evitați somniferele și alcoolul, pentru că acestea reduc efectul odihnitor al somnului.
- Drojdia de bere lichidă hrănește creierul și sistemul nervos.

Dinții și aparatul de susținere dentară

Dinții sunt astăzi simbolul multor lucruri – mai ales pentru situația și poziția pe care o ocupă cineva. O dantură precară atrage repede stigmatul: un om oarecum „precar". Fiți prudenți și nu-i evaluați pe ceilalți. Nu vă grăbiți cu critica. Și savurați lauda, atunci când o primiți.

Cuvintele au efect tămăduitor

Coroana dentară este acoperită de smalțul dentar, cea mai dură substanță din organism. Sub acesta, dentina formează masa principală a coroanei și rădăcinii dintelui. În interior se află pulpa dentară, care conține nervi și vase de sânge. Rădăcina este înconjurată de cimentul dentar. Prin intermediul fibrelor fixate de oasele maxilarului și de rădăcină se conferă dintelui stabilitate, păstrând însă și o anumită mobilitate proprie. La nivelul coletului (gâtului) dintelui se inserează gingia.

Factori de risc la nivelul corpului: alimentația procesată industrial și săracă în substanțe nutritive, produse ca zahărul alb, făina albă, orezul decorticat. Alimentele care cresc necesarul de minerale precum băuturile bogate în cofeină, poluanții de mediu și medicamentele. Deficitul de vitamine A și D, deficitul de calciu, magneziu și zinc. Igiena bucală deficitară, proteze dentare deficitare sau lipsa acestora, periajul dentar greșit.

Cauze sufletești

Trăsăturile de caracter relevante în cazul afecțiunilor dentare sunt iertarea și viziunea pozitivă asupra vieții.

Putem crea premise bune pentru o dantură sănătoasă prin îngrijirea atentă a dinților și o alimentație corespunzătoare. Dar și conduita noastră sufletească decide asupra sănătății dinților. De aceea ar trebui să vă verificați atitudinea față de viață. Este important ce anume introducem în gură (hrana). Și mai decisiv este ce ne „iese" din gură, și anume ce spunem și mai ales cum ne exprimăm. Abținerea de la critici ajută la menținerea sănătății dentare. Avem oare suficientă „mușcătură" (pătrundere, ascuțime) în viață? Dentina este materialul cel mai dur pe care-l avem în corp. Avem noi „tăria" să ne recunoaștem persoana și să luăm decizii în favoarea noastră?

Calea spre vindecare

Întrebați-vă

- dacă vorbiți clar și lămurit, cât de des vi se pune întrebarea „Poftim?",
- dacă vă alegeți cu grijă cuvintele,
- cum vă sună vocea, de exemplu, plângăreață sau veselă,
- dacă subliniați mai degrabă pozitivul sau sunteți critici, cât de des veniți cu ceva negativ în discuție,
- dacă vă amestecați în treburile celorlalți fără să fiți întrebați, dacă veniți cu comentariul vostru mai degrabă negativ peste tot,
- dacă contraziceți repede și pretindeți că știți totul mai bine,
- dacă răspândiți fleacuri și zvonuri negative,
- dacă vedeți în ceilalți oameni mai degrabă pozitivul sau negativul.

Un exemplu: unei prietene îi place rochia pe care o purtați. „Ce rochie frumoasă porți astăzi!" Distrugeți cumva lauda și admirația celeilalte printr-un „A, e destul de veche..."?

Descoperiți pentru voi înșivă

- cum puteți merge mai liber prin viață fără evaluări,
- cum să vă îndreptați atenția mai mult spre aspectele pozitive,
- cum să deveniți mai pozitivi în exprimare,
- cum puteți răspândi mai multă bucurie în jur.

Obiectivul salutar poate fi: Vorbiți despre lucruri pozitive. Există atâtea lucruri frumoase și plăcute! Cercetați în școala zilnică după evenimente și realizări pozitive.

Ideea conducătoare: „Mă abțin de la critică și încerc să subliniez pozitivul. În situații critice îmi păstrez obiectivitatea și încerc să găsesc o soluție."

Sprijiniți-vă corpul

- Detoxificați și purificați pentru a vă elibera corpul de substanțe dăunătoare.
- Refaceți-vă flora intestinală și fortificați-vă sistemul imunitar.
- Preocupați-vă de o alimentație energetică, vitalizantă și echilibrată, pentru a vă aproviziona corpul cu toate cele necesare. O alimentație cu multe fructe, legume și cereale joacă un rol esențial în sănătatea dentară.
- Acordați atenție unei bune igiene dentare, periajul atent și complet, utile sunt și folosirea aței dentare și a periuțelor interdentare. Periuța e bine să aibă un cap mic, în perioadele dintre folosiri să fie menținută uscată și să fie schimbată destul de des. Pentru îndepărtarea resturilor alimentare poate fi folosit suplimentar și dușul bucal.

- Nu consumați fructele (și sucurile de fructe) pe parcursul întregii zile, ci mai bine într-o singură porție, pentru a nu vă ataca prea des smalțul dentar cu substanțele acide. Așteptați puțin cu periajul până când smalțul înmuiat de acizi se reface.
- Folosiți pastă de dinți fără fluor pentru a vă proteja flora bucală naturală. Necesarul de fluor este acoperit din surse naturale, printr-o alimentație variată lactovegetariană.
- Detoxificați-vă gingia: înainte de culcare adăugați în apa pentru clătit o jumătate de linguriță de pământ terapeutic (din cel fin, pentru uz intern). Faceți gargară cu acesta și mergeți la culcare cu resturile de pământ mineral în gură. Dimineața curățați bine.
- Evitați zahărul alb. Pe lângă distrugerea dinților la contactul direct cu aceștia, duce și la pierderea calciului. Aceasta slăbește materialul dentar.
- Clătiți cu ceai de salvie la inflamațiile mucoasei bucale și faringiene.
- Folosiți balsam gingival, de exemplu Weleda, pentru a fortifica gingiile.
- Evitați plombele cu amalgam.

Bruxismul

Bruxismul este termenul general pentru scrâșnitul dinților, încleștarea dinților (adeseori în somn), fenomen în cadrul căruia pot apărea forțe enorme care acționează pe articulațiile maxilarului. Acest lucru se întâmplă mai ales inconștient și pe timpul nopții. În unele cazuri pot fi de vină plombe prost aplicate, protezele sau o postură deficitară a corpului.

Simptomele însoțitoare pot fi: dureri ale mușchilor masticatori, ale articulației maxilarului, dureri de cap, tocirea dinților, fisuri în smalțul dentar, dureri de dinți sau favorizarea inflamațiilor gingiei, ajungându-se până la pierderea dinților, iar în cazurile extreme, la încordarea mușchilor spatelui cu dureri de spate, amețeli, greață, tinitus sau tulburări de vedere.

Cauze sufletești

Trăsăturile de caracter relevante în cazul bruxismului sunt iertarea și folosirea timpului.

Zicale cunoscute precum „Trebuie să strângi din dinți“ sau „Mestec (rumeg) la o problemă“ ne clarifică implicarea danturii în chestiunile problematice. Scrâșnitul sau încleștarea dinților pot apărea atunci când suntem prea ambițioși, prea îndărătnici (neînduplecați). Vrem să reușim prea multe într-un timp prea scurt și ne extenuăm. Ia naștere astfel o situație stresantă. Aici ne-ar fi de ajutor o bună planificare a timpului. Poate că evenimentele din timpul zilei nu sunt prelucrate corect sau temele primite la școala zilnică nu au fost pe deplin înțelese. Prin scrâșnit se încearcă eliminarea lucrurilor nerezolvate, a tensiunilor acumulate.

Calea spre vindecare

Întrebați-vă

- dacă în momentul de față mușcați dintr-o problemă majoră,
- ce vă face să simțiți tensiunea,
- în ce privință stăruiți prea mult, și de ce,
- dacă ajungeți adesea în situații stresante.

Descoperiți pentru voi înșivă

- cum vă puteți rezolva problema,
- cum puteți aborda o chestiune dedicat dar cu mai puțină stăruință,
- cum puteți recunoaște mai bine sprijinul legilor vieții și cum să vă ameliorați situația,
- cum vă puteți relaxa mai bine.

Obiectivul salutar poate fi: Ar trebui să ne acordăm mai bine planurile și obiectivele cu legile vieții. Asta ne-ar putea scuti de drumuri ocolitoare și eronate, dacă înțelegem mesajul. Veți primi „undă verde" și transpunerea în practică va curge, dacă obiectivul este cel corect și benefic.

Ideea conducătoare: „Îmi verific conduita cu privire la folosirea timpului, pentru a evita stresul. Îmi sunt de ajutor o bună planificare și voința de a mă elibera de tot ceea ce nu-mi este favorabil."

Caria

Se poate ajunge la apariția cariilor printr-o igienă bucală și o alimentație deficitară. Bacteriile ascunse în placa dentară transformă carbohidrații în acizi. Se ajunge astfel la demineralizarea smalțului. Netratată, caria se propagă mai departe la stratul de dentină până când, în cele din urmă, este atinsă și pulpa dentară. Procesul poate continua extinzându-se către canalul radicular și al vârfului rădăcinii, până când se ajunge la moartea nervului.

Simptome tipice: la nivelul vârfului rădăcinii se ajunge la inflamația soclului dentar, până când este afectată întreaga alveolă dentară, împreună cu osul maxilar. Forma cronică a cariei decurge de cele mai multe ori fără durere, cea acută, dimpotrivă, este foarte dureroasă.

Cauze sufletești

Trăsăturile de caracter relevante în cazul cariei sunt viziunea pozitivă asupra vieții și curajul.

Cea mai bună dantură este cea proprie. Atunci când apare o carie, dinții trebuie tratați cât mai curând posibil. După consultarea cu medicul stomatolog, ar trebui confecționate plombe din material plastic, ceramică sau aur. Evitați amalgamul din cauza conținutului ridicat de mercur.

Problemele cu dantura ne indică destul de clar slăbiciunile, slăbiciuni care își găsesc drumul spre exterior prin ceea ce declarăm. Vorbirea este energie, este vibrație. Criticăm prea mult, cârtim, ocărâm sau ne văicărim prea mult – confruntăm astfel dantura cu toate aceste emoții negative. Să nu uităm că gândurile noastre precum autocompătimirea, îndoielile și neîncrederea sunt energii puternice. Astfel de conduite ne pot „găuri" cu timpul dinții. Firește că și gingia suferă din această cauză. Viziunea negativă asupra vieții este însoțită adesea de lipsa de curaj, mai ales atunci când se alătură grijile și lipsa speranței. Atunci ne vine deosebit de greu să luăm decizii. Ne este teamă să nu luăm decizia greșită. Dacă ajungem într-un „vârtej" negativ, acesta ne va împiedica să ne construim activ viața, să avem „mușcătură", să putem aborda ceva.

O alimentație completă și naturală întărește dantura și previne cariile. Evitați alimentele care conțin zahăr. Prin zahărul rafinat, corpul pierde vitamina B și calciu. Prin alimente cu zaharuri naturale (de exemplu, siropul gros de agave, siropul de arțar sau stevia), organismul primește minerale.

Calea spre vindecare

Întrebați-vă

- ce atitudine față de viață aveți,
- ce fel de gânduri vă însoțesc de obicei,
- dacă criticați mult,
- dacă aveți curajul de a lua decizii.

Descoperiți pentru voi înșivă

- cum puteți recunoaște tot mai mult pozitivul în viață,
- cum puteți dezvolta puterea și voința de a face față situațiilor care vă așteaptă,
- cum vă puteți vedea pe voi înșivă mai pozitiv, sporindu-vă astfel încrederea de sine,
- cum puteți trece pe o alimentație naturală,
- cum puteți prelua controlul propriei vieți.

Obiectivul salutar poate fi: Folosiți-vă cunoștințele despre legile energiei pentru a face ceva bun pentru corp. Încercați să căpătați o viziune pozitivă asupra tuturor evenimentelor. Treceți prin viață cu încredere și optimism. Aveți încredere în forțele voastre pozitive.

Ideea conducătoare: „Acord atenție gândurilor despre mine și am grijă la ce vorbesc."

Parodontopatiile

Parodontopatiile sunt bolile țesutului de susținere a dinților, care pot conduce la inflamația sau atrofierea alveolei dentare. Atrofiile care nu au o cauză inflamatoare – extrem de rare în forma pură – se numesc „parodontoze". Forma inflamatoare (acută) se numește „parodontită".

Simptome tipice: semnele predominante de natură inflamatoare ale unei parodontite se limitează inițial la gingie și la apariția de pungi gingivale. Gingia are o culoare roșu-închis, este tumefiată, sângerează ușor și este foarte sensibilă. Plăcile microbiene pot pătrunde cu timpul tot mai adânc în pungile gingivale, creând un mediu nutritiv ideal pentru numeroși germeni patogeni și accentuând inflamația. În cazurile avansate ale bolii, procesul se extinde și asupra osului. Osul se distruge, atrofiindu-se, iar cu timpul dintele devine tot mai mobil, putând fi în cele din urmă pierdut.

Factori de risc la nivelul corpului: igiena bucală precară, alimentația eronată (malnutriția), scrâșnitul dinților (încleștarea și frecarea dinților) sau solicitarea izolată a dinților.

Cauze sufletești

Trăsăturile de caracter relevante în cazul bolilor gingiei sunt curajul și viziunea pozitivă asupra vieții.

Un atac de parodontoză poate depinde de o anumită fază a vieții. Aceasta înseamnă că problemele gingiei pot fi intensificate de tensiunea nervoasă, odihna nocturnă prea scurtă, probleme de natură privată sau profesională. Atunci când ar trebui de fapt să acționăm, dar nu îndrăznim să „mușcăm" din lipsă de curaj, simbolica este foarte clară. Gingia se retrage, osul este resorbit. Același lucru se petrece și atunci când din lipsă de încredere și din vulnerabilitate ne pierdem susținerea. Atunci și dinții își pierd susținerea și cad. Sângerările gingivale ne indică pierderea bucuriei de viață. Dacă nu luă deciziile corecte, pot apărea consecințe deloc îmbucurătoare. Coletele dentare sensibile simbolizează propria sensibilitate și vulnerabilitate, care apar atunci când nu ne trăim forța interioară.

Calea spre vindecare

Întrebați-vă

- prin ce anume v-ați pierdut susținerea interioară,
- unde vă lipsește mușcătura, adică curajul de a interveni activ,
- dacă și prin ce v-ați pierdut vitalitatea,
- dacă și în raport cu ce sunteți sensibil și vulnerabil.

Descoperiți pentru voi înșivă

- cum să vă depășiți teama și să luați decizii,
- cum vă puteți spori respectul de sine,
- cum să vă consolidați forța interioară și determinarea.

Obiectivul salutar poate fi: Viața presupune decizii. Cu mușcătura (curajul) necesară și cu optimism puteți soluționa toate sarcinile și puteți dobândi sprijin și stabilitate.

Ideea conducătoare: „Îmi configurez pozitiv un aici și acum, acceptând provocările școlii zilnice. Investesc astfel în sănătatea mea și în propriul viitor.“

Ficatul

Ficatul detoxifică organismul. Poate suporta și dezactiva foarte multe toxine. Dar la un moment dat și pentru ficat poate să fie prea mult. Bolile ficatului reflectă faptul că ne dăunăm singuri propriului organism, deoarece permitem prea multe sentimente negative. Curățați-vă de acestea, astfel încât sentimente precum enervarea sau invidia să nu vă afecteze.

Marea fabrică pentru stabilitate

Ficatul este cea mai mare glandă din corpul nostru, implicată în foarte multe procese. Ocupă o poziție centrală în metabolism. Are legături strânse cu metabolismul grăsimilor și cu cel proteic, depozitează carbohidrații și îi pune apoi la dispoziția organismului. Tot în ficat este produs și sucul digestiv numit „bilă" (fierea), care joacă un rol decisiv în detoxificarea organismului.

Cauze sufletești

Trăsătura de caracter relevantă în cazul îmbolnăvirilor ficatului este iertarea.

Sarcina principală a ficatului este să elimine din corp toate substanțele toxice și reziduurile care iau naștere prin metabolism. Cu cât mai improprie e alimentația, cu atât rezultă mai multe toxine. Fumatul, cafeaua, carnea, ouăle și grăsimile încinse dăunează ficatului. Și alcoolul îl solicită. Suprasolicitarea ficatului nu se observă de la început, deoarece ficatul nu manifestă sensibilitate la durere. Din fericire, este foarte capabil de regenerare. Printr-o alimentație sănătoasă putem sprijini funcțiile ficatului.

Cum rămâne însă cu partea sufletească? Care dintre modelele comportamentale ne solicită ficatul și care ni-l despovărează? Sentimentele și comportamentele negative acționează precum otrăvurile. Cu toții cunoaștem ziceri ca „roade la ficați" sau „s-a îngălbenit", „s-a înverzit" (ca urmare a unei anumite emoții). Toate acestea sunt mișcări emoționale care au legătură strânsă cu trăsătura de caracter „iertare". Este vorba de oameni care se enervează ușor, devin mânioși, se supără, sunt invidioși sau geloși. Cine se încarcă cu astfel de emoții și sentimente și se otrăvește pe interior timp îndelungat ajunge să simtă cândva pe propriul corp. Ficatul este suprasolicitat cu aceste otrăvuri – din afară, cu o alimentație inadecvată, din interior, cu incapacitatea de a ierta.

Calea spre vindecare

Întrebați-vă

- dacă vă enervați ușor, dacă vă supărați și ce situații vă deranjează cel mai mult,
- dacă sunteți geloși sau invidioși,
- dacă îi criticați deseori pe ceilalți și ce vă deranjează la aceștia,
- în ce măsură sunteți nemulțumiți,
- dacă sunteți cătrăniți (înveninați).

Descoperiți pentru voi înșivă

- cum puteți deveni mai calmi și mai relaxați,
- cum să vă țineți mai bine „în frâu" emoțiile negative,
- cum să vă situați deasupra lucrurilor și să nu mai fiți atât de irascibili,
- ce dorește să vă comunice imaginea din oglindă: în ce măsură ceea ce vă deranjează la ceilalți include un mesaj pentru propria persoană.

Obiectivul salutar poate fi: Învățați de la trecut și lăsați-l apoi în urmă. A sta deasupra lucrurilor, a deveni mai calm și mai echilibrat este obiectivul de acum și aici. Astfel vă sprijiniți sănătatea și vă construiți un viitor agreabil. Ceea ce semănați veți și culege.

Ideea conducătoare: „Sunt împăcat cu mine însumi și cu ceilalți. Reacționez cu calm și relaxare."

Sprijiniți-vă corpul

- Detoxificați și purificați pentru a vă elibera corpul de substanțe dăunătoare.
- Refaceți-vă flora intestinală și fortificați-vă sistemul imunitar.
- Preocupați-vă de o alimentație energetică, vitalizantă și echilibrată, pentru a vă aproviziona corpul cu toate cele necesare.
- Evitați grăsimile cu un conținut ridicat de acizi grași saturați și pe cele supraîncinse de orice tip, pentru a evita supraîncărcarea ficatului.
- Consumați grăsimi pozitive (de exemplu, uleiuri cu conținut mare de acizi grași nesaturați), în cantități mici (nu le încingeți), pentru a oferi ficatului materia primă pentru funcțiile sale.
- Renunțați pe cât posibil la sarea de bucătărie – folosiți Tamari (sos de soia obținut prin fermentație lactică), sare de mare sau sare gemă în cantități mici.
- Beți ceaiuri din plante sau sucuri proaspăt presate din păpădie pentru detoxificarea ficatului și stimularea întregului metabolism.

Atrofierea ficatului (ciroza hepatică)

Se poate ajunge la atrofierea ficatului din cauza mai multor boli. Țesutul de susținere al ficatului (un țesut conjunctiv care nu poate prelua funcțiile celulelor hepatice) proliferează în detrimentul celulelor hepatice, ceea ce duce la limitarea funcției ficatului. Vascularizarea organului suferă și ea și se produce stază (stagnarea) sanguină la nivelul venei porte (o venă mare, care conduce sângele spre ficat).

Simptomele tipice sunt tulburări în etajul abdominal superior, balonări, pierdere în greutate, slăbiciune, grețuri și intoleranță la grăsimi.

Factori de risc la nivelul corpului sunt abuzul de alcool și hepatitele de tip B sau C.

Cauze sufletești

Trăsătura de caracter relevantă în cazul cirozei hepatice este iertarea.

Funcția ficatului este aceea de a ne curăța sângele de toxine. Substanțele toxice din alimente și mai ales sentimentele precum supărarea, gelozia, invidia, mânia sau furia otrăvesc ficatul și-i dăunează. Este util de știut cum lucrează legile vieții. Suntem confruntați mereu cu testări care ne scot la iveală slăbiciunile. Adeseori apar în familie situații care ne pun la încercare, arătându-ne dacă ne enervăm, ne este ciudă sau totuși iertăm. În ce măsură sunt prezente sentimente de vinovăție? Este vorba de ceva ce nu ne putem ierta? Ne reproșăm faptul că am obstrucționat ceva în viață? Nu ne ajută la nimic dacă ne enervăm pentru ceva care ne aduce în fața ochilor părți ale personalității noastre ce se cer ameliorate. E vorba mai mult de a descoperi sensul profund al situațiilor dificile și de a face ceva din acestea. Ne putem recunoaște slăbiciunile cu ajutorul legii imagini în oglindă, le putem prelucra și diminua. Ce vă deranjează la ceilalți?

Gabi

„Cum de am făcut ciroză hepatică?“

Femeia de 70 de ani a venit la cabinetul nostru pentru că suferea de ciroză hepatică. Nu-și putea explica motivul și cauza bolii, deoarece nu consuma niciun fel de alcool și trăia în mare măsură sănătos. S-a constatat că nu-și putea ierta fratele, cu care se afla în conflict de decenii din cauza unor probleme familiale mai vechi. Își târa permanent resentimentele peste tot. După ce a făcut cunoștință cu trăsăturile de caracter și cu gândurile evoluției ulterioare, Gabi a fost în măsură să considere totul dintr-o altă perspectivă și să-și ierte fratele. Astfel, pacienta a putut să se bucure de anii care i-au mai rămas.

Calea spre vindecare

Întrebați-vă

- în ce situați reacționați iritabil,
- în ce măsură aceste situați vă privesc,
- în ce măsură aceste situații sunt probe (încercări) pentru voi, pe care le puteți trece și îndrepta totul spre bine,
- ce emoții negative vă descoperiți,
- dacă vă învinuiți singuri pentru ceva sau dacă vă chinuie îndoielile,
- ce evenimente au existat în trecutul vostru și care mai declanșează și astăzi emoții negative,
- dacă vă aflați în căutarea de țapi ispășitori și dacă încă mai purtați pică unor persoane.

Descoperiți pentru voi înșivă

- cum puteți învăța să reacționați neutru în situații supărătoare,
- cum să vă recunoașteți imaginea în oglindă,
- cum să puteți recunoaște pozitivul în negativ,
- cum puteți ierta trecutul,
- cum puteți adopta o atitudine afectuoasă față de propria persoană și de ceilalți.

Obiectivul salutar poate fi: A ierta înseamnă a trece peste și a privi totul mai tolerant. Asta aduce o mare ușurare. Dacă ceva nu funcționează așa cum vă doriți, reflectați în liniște la ce s-ar putea ascunde în spatele acestuia și cum îl puteți schimba. Dacă nu sunt posibile schimbări, atunci vă puteți modifica propria atitudine, abordând chestiunea mai relaxat.

Ideea conducătoare: „Mă accept așa cum sunt și iau viața așa cum este. Mă deschid frumosului și mă detașez de sentimentele de vinovăție și de critica la adresa mea și a altora."

Hepatita și icterul

La icter este vorba de coloritul galben al pielii. Primele schimbări de culoare se observă mai întâi la nivelul conjunctivei oculare. Cauza este concentrația crescută a bilirubinei (pigmentului biliar). Coloritul galben al pielii și mucoaselor este semnul mai multor boli ale ficatului, căilor biliare sau sângelui. Nu este considerată o boală de sine stătătoare.

Simptomele tipice sunt colorarea în galben a mucoaselor și a pielii, inițial a conjunctivei. În plus, urina se colorează într-un galben intens, până la cafeniu-închis. Ocazional poate surveni și o mâncărime sâcâitoare a pielii.

Cauze sufletești

Trăsătura de caracter relevantă în cazul icterului este iertarea.

O zicală cunoscută spune „se îngălbenește de ciudă". Alteori se spune și „a se înverzi de mânie, frică, furie". În spatele acestora se află vechea înțelepciune populară că îmbolnăvirile ficatului ascund sentimente negative față de propria persoană sau față de ceilalți. Emoțiile negative perturbă funcția de detoxificare a ficatului. În cele din urmă este vorba întotdeauna de iertare. În ce relație ies la suprafață resentimente, invidie, gelozie sau chiar ură? Cu cât mai mult ne ambalăm în asemenea sentimente negative, cu atât mai puțin vom reuși să privim situația cu claritate și constructiv. Din asta se poate dezvolta o viziune negativă generală asupra lucrurilor și se ajunge la icter.

Calea spre vindecare

Întrebați-vă

- dacă anumite împrejurări sau situații vă fac mânioși în prezent,
- dacă ar trebui să iertați ceva cuiva,
- dacă există o situație neplăcută din trecut care acum vă provoacă sentimente negative,
- cât timp vă lăsați cuprins de astfel de sentimente, irosindu-vă timpul prețios,
- dacă ceva din viață vă provoacă amărăciune,
- dacă invidiați pe cineva.

Descoperiți pentru voi înșivă

- cum puteți învăța să iertați,
- ce posibilități vă oferă legea imaginii în oglindă pentru a dobândi o altă perspectivă asupra lucrurilor,
- cum să vă debarasați tot mai repede de emoții negative,
- cum puteți transforma emoțiile negative în unele pozitive,
- cum puteți schimba o anume situație, care nu vă este benefică,
- cum puteți reuși să scăpați repede de enervare și resentimente,
- cum puteți înceta să vă mai enervați.

Obiectivul salutar poate fi: Strădaniile voastre ar trebui să fie acelea de a aborda constructiv emoțiile apăsătoare și de a vă ierta vouă înșivă și celorlalți. Atunci vor putea să-și facă loc bucuria și fericirea în viața voastră. Așadar, una dintre cele mai importante lecții este aceea de a slobozi, a lăsa să treacă, a trece peste. Eliberarea ajută la o conviețuire pașnică.

Ideea conducătoare: „Mă desprind de sentimente negative cu privire la mine sau la ceilalți. Pentru a reuși, încerc să mă pun în situația celuilalt și să-i înțeleg comportamentul."

Glanda salivară abdominală (pancreasul)

Micul organ este relativ ascuns, aproape de regiunea spatelui. Această glandă este totuși foarte importantă pentru metabolism și valorificarea alimentelor. Bolile pancreasului vor să ne arate faptul că trebuie să devenim mai conștienți de propria valoare. Nimeni nu are nevoie să se ascundă, dar nici să aspire prea tare după apreciere.

Îndulciți-vă viața prin iertare

Pancreasul este situat în partea superioară a abdomenului, transversal în spatele stomacului, și se varsă împreună cu canalul biliar în duoden. Glanda produce zilnic un litru până la un litru și jumătate de suc pancreatic care conține enzime pentru digestia grăsimilor, a proteinelor și a glucidelor (carbohidraților). În afară de asta mai produce și hormonii numiți „insulină" și „glucagon". Insulina este produsă de așa-numitele „insule Langerhans" (grupuri de celule din interiorul țesutului pancreatic). Împreună cu adversarul (antagonistul) ei, glucagonul, contribuie la reglarea conversiei de energie.

Cauze sufletești

Trăsătura de caracter relevantă în cazul pancreasului este iertarea.

Pancreasul are de îndeplinit funcții centrale în reglarea metabolismului și a echilibrului energetic. Pentru dezvoltarea noastră sufletească este decisivă conștientizarea propriei valori. Dacă nu există suficient respect de sine nu este stimulat progresul personal, deoarece, pentru a compensa acest deficit din interior, mulți dintre cei în cauză vor căuta confirmarea valorii lor în afară. Se străduiesc să obțină lauda și aprecierea celorlalți. Denumim asta aspirația excesivă după apreciere. Există două modalități de manifestare a acesteia:

- Forma extrovertită: își poziționează propria persoană în centru pentru a primi apreciere.
- Forma introvertită: își retrage propria persoană, încercând să stea la dispoziția altora, pentru a le primi recunoștința.

Analizați din ce motive acționați așa. Faceți ceva pentru că așa considerați că e corect? Sau o faceți pentru a primi laude și recunoștință? Pericolul mare în ultimul caz este pierderea autodeterminării. Persoanele afectate fac doar ceea ce este pe placul altora. Printr-un astfel de comportament respectul de sine scade tot mai mult. Se declanșează un cerc vicios. Unii manifestă chiar o necesitate de-a dreptul puerilă de laudă și apreciere: doresc să fie alintați și răsfățați, în timp ce ei înșiși rămân mai degrabă pasivi. În spatele acestui comportament se ascunde o anumită comoditate, nevoia de a-și procura plăcere fără a deveni ei înșiși activi. Exemple despre cum se manifestă aspirația excesivă găsiți în prima secțiune a cărții.

Calea spre vindecare

Întrebați-vă

- din ce motive acționați,
- cum vă estimați voi înșivă,
- dacă vă simțiți neglijați și cum întâmpinați asta,
- dacă faceți ceea ce faceți pentru a primi de la alții ceea ce vă refuzați voi înșivă,
- dacă vă faceți timp pentru voi.

Descoperiți pentru voi înșivă

- cum vă puteți spori respectul de sine, fără a căuta apreciere din afară, ci doar prin evitarea slăbiciunilor și recunoașterea și sprijinirea punctelor forte,
- cum vă puteți produce plăcere vouă și altora, doar de dragul plăcerii,
- cum puteți da dovadă de mai multă autodisciplină pentru ameliorarea sănătății.

Obiectivul salutar poate fi: Puneți-vă propriile dorințe și necesități în concordanță cu legile vieții. Controlați-vă sincer motivele acțiunilor proprii. Numai voi o puteți face. Dacă faceți ceva fiindcă așa considerați corect și potrivit, atunci trăiți-vă viața. Doar așa puteți să vă bucurați de succes și apreciere, fără a fi dependenți de ele.

Ideea conducătoare: „Îmi urmez obiectivele proprii și sunt independent de opinia și cerințele celorlalți. Aduc mai multă bucurie în viața mea."

Sprijiniți-vă corpul

- Detoxificați și purificați pentru a vă elibera corpul de substanțe dăunătoare.
- Refaceți-vă flora intestinală și întăriți-vă astfel sistemul imunitar.
- Preocupați-vă de o alimentație echilibrată, hrănitoare, pentru a aproviziona corpul cu toate cele necesare.
- Nu consumați zahăr alb, deoarece acesta duce la creșterea imediată a glicemiei.
- Folosiți topinambur (napi porcești), fie proaspeți, fie sub formă de pulbere. Conțin inulină, care poate înlocui amidonul fără să influențeze glicemia.
- Faceți multă mișcare – aceasta vă întărește sistemul imunitar.

Diabetes mellitus (diabetul zaharat – al adultului)

Aceasta este așa-numita „boală a zahărului". Fie este vorba de un deficit de insulină în corp, fie celulele au devenit insensibile la acțiunea insulinei. Glicemia crește, deoarece insulina reglează nivelul zahărului în sânge. Valorile crescute ale glicemiei indică faptul că valorificarea carbohidraților este insuficientă. Și metabolismul proteinelor și al grăsimilor este afectat. Boala rămâne mult timp neobservată.

Simptome: sunt urinatul frecvent, setea intensă și oboseala pronunțată. O glicemie crescută timp îndelungat distruge vasele de sânge. Urmările pot fi tulburări de vascularizație la nivelul membrelor inferioare, modificări ale retinei, pericolul unui infarct miocardic sau al unui accident vascular cerebral. Și funcția rinichilor poate fi afectată, iar ficatul se încarcă cu grăsime. Mai departe suferă și fibrele nervoase, care se manifestă prin perturbări ale sensibilității și dureri în membrele inferioare.

Factori de risc la nivelul corpului sunt excesul în greutate, hipertensiunea arterială, creșterea nivelului de grăsimi în sânge, greșeli în alimentație.

Prevenția la nivelul corpului: mișcarea, alimentația sănătoasă, scăderea în greutate.

Cauze sufletești

Trăsătura de caracter relevantă în cazul diabetului este iertarea.

Insulina intervine în transformarea zahărului în energie la nivelul celulei. Dacă ne lipsește insulina, acest proces nu poate avea loc. La sensul figurat, ne putem întreba în ce măsură ne lipsește „dulcele", plăcerea din viață din care putem extrage energie. Bucuria de viață este efectul de care avem parte atunci când ne preocupăm de propria evoluție. În cazul diabetului zaharat (și al celorlalte boli ale pancreasului), persoanele afectate nu-și recunosc propria valoare și își compensează acest deficit printr-o formă individuală de aspirație excesivă după apreciere. Această „soluție" pe termen lung nu ne poate purta prea departe pe calea evolutivă, ceea ce face ca boala să „sară în ajutor". Decisiv este să învățăm să facem ceva fiindcă este corect. Dacă acționăm astfel, beneficiem atât noi, cât și cei din jur. Dacă ne străduim să ne ascultăm mereu intuiția, aceasta ne va arăta drumul corect și ne va conduce către bucurii și satisfacții durabile.

Paul

„Nu-mi mai permit nimic dulce."

Paul avea 50 de ani când a primit diagnosticul de diabet. Soția îl părăsise. Aici presupunea el că ar fi cauza bolii. Nu voia să renunțe la soția cu care avea și doi copii. Ani de-a rândul soția îi fusese alături și îl răsfățase. Își dorea să fie îngrijit la fel și mai departe.

„Am început să acționez din motive corecte."

El căuta permanent aprecierea colegilor. De aceea organiza adesea acasă la el petreceri, la care își răsfăța oaspeții cu meniuri gătite elaborat, pentru a fi răsplătit apoi de aceștia prin cuvinte admirative. După ce a făcut cunoștința legilor vieții, Paul a dat vieții sale un nou curs. S-a declarat dispus să treacă peste plecarea soției. S-a preocupat mai mult de persoana lui și de propriile interese. Curajos, și-a schimbat și alimentația. Nu mai era atât de important pentru el cum îl judecă musafirii. Fiind foarte consecvent, a reușit să-și asume responsabilitatea pentru propria persoană, să-și facă viața plăcută și să se și vindece.

Calea spre vindecare

Întrebați-vă

- în funcție de ce motive luați deciziile,
- dacă ați proceda la fel și atunci când nu ar observa nimeni,
- ce contează cu adevărat pentru voi,
- ce motive se află în centrul relațiilor interumane,
- dacă aveți parte de suficientă bucurie în viață.

Descoperiți pentru voi înșivă

- cum vă puteți spori valoarea în mod constructiv,
- cum puteți acționa din motive corecte,
- cum puteți pune accentul mai mult pe valorile interioare,
- cum vă puteți „îndulci" viața în sensul pozitiv,
- cum vă puteți asculta conștient vocea interioară, intuiția.

Obiectivul salutar poate fi: Luați decizii corecte – în beneficiul tuturor și fără să vă expuneți ostentativ rezultatele sau să așteptați elogii. Doar atunci când sunteți sinceri cu voi înșivă o să puteți recunoaște mobilurile interioare și o să le puteți schimba la nevoie. Un alt obiectiv este trecerea la o alimentație sănătoasă.

Ideea conducătoare: „Mă iubesc și mă respect așa cum sunt. Mă aflu în propriul meu centru, mă bucur de viață și acționez din motive corecte."

Inima și circulația sângelui

Inima – aproape că nu există un alt organ în jurul căruia să se împletească mai multe mituri. La sentimente puternice, inima reacționează imediat, bătând mai repede atunci când suntem emoționați. Inima se menține sănătoasă (sau se vindecă) în funcție și de starea interioară. Învățați să faceți față mai bine emoțiilor stresante. Acceptați sentimentele și creșteți odată cu ele!

Fiți afectuoși – cu voi înșivă și cu ceilalți

Inima este un organ musculos aproximativ de mărimea unui pumn și se află în torace, în spatele sternului. Jumătatea dreaptă a inimii pompează sângele folosit către plămân, pentru a-l elibera de bioxidul de carbon și a-l îmbogăți cu oxigen (mica circulație corporală sau circulația pulmonară). Sângele saturat în oxigen se întoarce apoi în jumătatea stângă a inimii, de unde este împins cu presiune crescută în marea circulație a corpului pentru a aproviziona celulele periferice cu oxigen și substanțe nutritive. Pulsul este comandat de un sistem de excitație de sine stătător aflat sub comanda sistemului nervos vegetativ (simpatic și parasimpatic). Activitatea electrică desfășurată la nivelul inimii poate fi înregistrată cu ajutorul electrocardiogramei (ECG). Este considerată ca fiind normală o frecvență (un puls) în condiții de repaus între 60 și 80 de bătăi pe minut, dar la sportivii de performanță această valoare poate fi mult mai redusă (ajungând până la 40 de bătăi pe minut). Tensiunea arterială normală este cuprinsă între 130 mm Hg (maxima, sau „sistolica") și 85 mm Hg (minima, sau „diastolica").

Factorii de risc la nivelul corpului: excesul ponderal, fumatul, hipertensiunea arterială și nivelul crescut al colesterolului.

Cauze sufletești

Trăsătura de caracter relevantă în cazul bolilor cardiovasculare este iertarea.

„Mi se rupe inima", „mi se face inima cât un purice", „îmi râde inima", „din toată inima", „a avea inimă de aur" – avem atât de multe expresii care arată cât de strâns legate ne sunt sentimentele de inimă. „Doar cu inima vezi bine", spune micul prinț din povestirea lui Antoine de Saint Exupéry. Într-adevăr, inima nu este doar o

„pompă" care facilitează curgerea sângelui până la nivelul fiecărei celule, ci dispune și de o structură nervoasă care ne preia sentimentele și le distribuie.

Acceptarea sentimentelor împiedică transformarea oamenilor în persoane cu „inimă de piatră" sau chiar „fără inimă". Atitudinea și sentimentele noastre au un efect direct asupra sistemului cardio-vascular: atunci când sunteți emoționați, inima vă bate mai repede. Sentimente puternic încărcate emoțional precum frica, ura sau furia deranjează ritmul natural al inimii. Pentru inimă, toate acele sentimente care exprimă opusul unei relații bazate pe afecțiune și toleranță sunt sentimente „negative", cum ar fi teama, furia și agresivitatea. Aceste sentimente dăunează inimii mai ales atunci când sunt de durată. Chiar și stresul emoțional, cum ar fi, de exemplu, acela de „a nu mai ști ce să faci", teama de a nu fi pe măsura așteptărilor, povara pe care o reprezintă neputința iertării, toate acestea ne împovărează inima. Aici își au toate caracteristicile prezente în trăsătura de caracter numită iertare un puternic impact. Ele cauzează hipertensiune arterială, și ca urmare a acesteia pot apărea boli coronariene sau chiar infarctul de miocard. Dacă ne ambalăm în emoții negative, riscăm ca modificările patologice deja prezente în vasele noastre să-și facă efectul. Printr-un stil de viață relaxat și afabil însă, îngustările arterelor coronare chiar se pot redresa. Arta constă în modificarea atitudinii interioare pentru a putea face față stresului emoțional, astfel încât acesta să nu poată produce niciun fel de daune. Sentimente pline de afecțiune pentru propria persoană și pentru ceilalți fortifică inima. Învățați să aveți încredere în voi înșivă și să acceptați provocările, să aveți încredere și răbdare. Sentimente de iubire, recunoștință, bucurie și iertare ne întăresc inima și ne ajută să ne păstrăm sănătatea.

Calea spre vindecare

Întrebați-vă

- dacă vă ambalați în sentimente neplăcute și vă mențineți mult în astfel de poziții,
- dacă vă enervați sau mâniați ușor, dacă sunteți invidioși sau geloși,
- dacă uneori vă suprasolicitați sau vă puneți sub presiune (reflectați asupra motivelor),
- dacă aveți temeri, de pildă angoase existențiale sau teama de a suferi pierderi,
- cum arată viața voastră sentimentală și dacă acceptați sentimente pozitive,
- dacă acordați suficientă atenție necesităților proprii.

Dacă înțelegeți conexiunile dintre problemele trupești și modelele comportamentale, puteți decide din nou, în orice situație și în orice moment, dacă doriți să vă despovărați inima sau dimpotrivă. Pe baza acestei recunoașteri puteți adopta conștient decizia de a nu vă mai enerva, pentru ca inima să-și păstreze calmul și în situații de criză, respectiv să-și recapete curând calmul.

Descoperiți pentru voi înșivă

- cum puteți face față mai bine sentimentelor neplăcute, astfel încât să dăunați cât mai puțin sănătății,
- cum puteți evita stresul,
- cum puteți reduce temerile,
- cum vă puteți aduce mai multă bucurie și astfel mai multe sentimente pozitive în viață,
- cum puteți supraveghea mai bine balanța dintre muncă și odihnă,
- cum puteți ierta pe cineva (mai repede).

Obiectivul salutar poate fi: Cui trăiește în armonie cu el însuși și cu tot ce e în jurul său îi vine mai ușor să exerseze în răbdare și calm, să capete încredere în Dumnezeu și să se desprindă.

Ideea conducătoare: „Am o atitudine afectuoasă față de mine însumi și față de ceilalți. Sunt calm și relaxat. Simt ce-mi este benefic și-l traduc în fapte, spre binele meu."

Susțineți-vă corpul

- Detoxificați și purificați pentru a vă proteja vasele sanguine de depuneri.
- Refaceți-vă flora intestinală și întăriți-vă sistemul imunitar.
- Preocupați-vă de o alimentație echilibrată, constructivă, pentru a aproviziona corpul cu toate cele necesare.
- Acordați atenție unei alimentații complete pentru menținerea unui nivel sănătos al colesterolului.
- Evitați grăsimile cu un conținut ridicat de acizi grași saturați, așa cum se află în grăsimile animale cum ar fi salamuri, cârnați, carne, precum și ascuns în produsele rafinate sau de panificație.
- Evitați acizii grași trans (iau naștere la hidrogenarea uleiurilor vegetale). Aceștia pot fi găsiți în produsele rafinate, condimente pentru supe, chipsuri sau margarină. Pe termen lung stimulează calcificarea vaselor de sânge.
- Acizii grași pozitivi (acizi grași nesaturați din grăsimile vegetale, precum uleiul de măsline sau de nuci) sunt importanți pentru sănătate, în calitatea lor de purtători și depozite de energie în multe procese fiziologice, precum şi ca materiale de construcție pentru toate tipurile de celule. Nu consumați însă aceste uleiuri încinse (fiți atenți și la grăsimile ascunse din produsele lactate și din nuci).
- Folosiți Tamari pentru condimentat (sos de soia obținut prin fermentație lactică). Sarea de mare sau sarea gemă doar în cantități mici și evitați neapărat sarea de bucătărie. Prea multă sare contribuie la creșterea tensiunii arteriale.
- Nu consumați cafea și nici alcool tare.

- Un efect stimulator pentru inimă îl au preparatele din suc de păducel proaspăt presat.
- Preocupați-vă de un echilibru între încordare și relaxare.
- Asigurați-vă un somn odihnitor, în special înainte de miezul nopții.
- Mențineți-vă sistemul circulator în mișcare și faceți zilnic mișcare, de preferat la aer curat.
- Dacă sunteți supraponderal, reduceți-vă greutatea.

Boala coronariană: angina pectorală

Prin îngustarea sau chiar ocluzia vaselor coronariene este împiedicată vascularizația inimii și, drept urmare, și afluxul de oxigen și substanțe nutritive furnizoare de energie. Acest lucru conduce la o disproporție între necesar și ofertă. Cel mai frecvent declanșator fizic este ateroscleroza (rigidizarea, calcificarea) vaselor coronariene.

Simptomele tipice: primul semn demn de luat în serios este angina pectorală – etapa premergătoare infarctului de miocard. Durerea este surdă, nu poate fi bine localizată și iradiază de cele mai multe ori în umărul, brațul sau mâna stângă. Se mai adaugă frica, respirația grea și o senzație de moarte iminentă. Simptomele sunt declanșate de cele mai multe ori de stresul puternic fizic sau emoțional, calmându-se după circa un sfert de oră, atunci când stresul se reduce. Vă rugăm să consultați neapărat un medic la apariția acestor simptome!

Cauze sufletești

Trăsăturile de caracter relevante în cazul anginei pectorale sunt iertarea și curajul.

Pacienții resimt îngustarea vaselor coronariene ca pe o „îngustime" a pieptului și suferă de lipsă de aer. Poate că punem în general prea multe la inimă? Prin ce ne îngrădim? Prea multe temeri, mai ales aceea de a nu realiza suficient sau de a nu corespunde așteptărilor, suprasolicită inima și ne îngrădesc evoluția ulterioară. Din cauza fricii nu ne asumăm provocările și îndráznim să facem din ce în ce mai puțin, astfel încât zona de desfășurare ni se îngustează tot mai mult. Dacă, dimpotrivă, abordăm cu curaj provocările – fără presiune –, ni se lărgește astfel zona de influență și ne putem pune în valoare potențialul.

Calea spre vindecare

Întrebați-vă

- dacă și în ce situații vă îngrădiți într-atât, încât nu mai beneficiați de esențialul pentru viață (împlinire, obiective, plăcere),

- în ce situații vă lipsește curajul de a vă susține părerea,
- în ce măsură vă blochează temerile,
- dacă uneori se strecoară gânduri care vă împovărează.

Descoperiți pentru voi înșivă

- care vă sunt dorințele inimii și cum vi le puteți îndeplini,
- când faceți ceva de dragul altora și în ce măsură vă este potrivit,
- cum să vă apărați mai mult propriile dorințe.

Obiectivul salutar poate fi: Îndepărtați presiunea din toate domeniile vieții. Deveniți conștienți de abilitățile și de punctele voastre forte, folosiți-le cât mai des și bucurați-vă de rezultate. Cu mai mult curaj veți reuși să vă creați spațiul liber necesar pentru a respira în voie și a deveni tot mai performanți.

Ideea conducătoare: „Îmi apreciez valorile și mi le folosesc. Am curajul să merg pe propriul drum. Trăiesc autentic."

Boala coronariană: infarctul de miocard

Infarctul de miocard este forma extremă a bolii coronariene. Prin îngustarea puternică a unei artere coronariene se ajunge la vascularizația deficitară a mușchiului cardiac. Dacă lipsa de oxigen durează prea mult, țesutul cardiac moare.

Factori de risc la nivelul corpului: hipertensiunea arterială, ateroscleroza, fumatul și excesul de acizi.

Simptomele tipice: dureri puternice survenite brusc, iradiind în brațul stâng. Pot fi însoțite de dispnee (greutate în respirație), frica de moarte, transpirații abundente și grețuri/vărsături. La femei, simptomele sunt nespecifice: respirație scurtă, superficială, greață, vărsături sau chiar tulburări în abdomenul superior (indigestie). În loc de dureri puternice ele pot resimți o presiune sau senzația de îngustare în piept.

> **IMPORTANT** **Este absolut necesară o intervenție clinică rapidă. Sunați salvarea (tel. 112).**

Cauze sufletești

Trăsătura de caracter relevantă în cazul infarctului de miocard este iertarea.

La un infarct miocardic, sentimente precum supărarea, furia, mânia, precum și senzația de a fi tot timpul sub presiune suprasolicită inima, astfel încât aceasta cedează în adevăratul sens al cuvântului. Oamenii se suprasolicită pe ei și pe alții, prin pretenții mult prea ridicate. Nu se relaxează și nici nu pot renunța. Ce se află în spate? Au oare pacienții cu infarct sentimentul de a nu fi suficient de buni? Speră la apreciere din partea cuiva? Doresc să arate mereu ce pot și vor să fie mereu cei mai buni? În final nu se comportă prea afectuos cu propria persoană, deoarece se îndeamnă singuri în permanență, fără să țină seama de semnalele de avertizare ale corpului. Trebuie să știm că un infarct prezintă semne premergătoare, semne care însă nu sunt percepute sau luate în serios.

Rudi

„Aveam în piept o îngustare cumplită, înfricoșătoare."

Rudi se impunea sub presiune pe el însuși, dar îi punea și pe ceilalți. Avea mai mulți angajați și impunea un regulament strict. Se comporta cu personalul ca un „stăpân pe plantație". Adeseori nu era mulțumit de performanțele acestora, se enerva pentru fleacuri, avea accese de furie și era nerăbdător. De aceea prefera să facă totul singur și muncea „pentru trei".

„Am devenit mai senin și am putut reacționa cu mai mult calm."
La un moment dat, inima i-a refuzat serviciile. Rudi a suferit un infarct. După aceea, a reușit să reacționeze cu tot mai mult calm, deoarece simțea destul de repede că enervarea nu-i făcea bine inimii. Și personalului i-a mers mai bine după aceea, deoarece șeful a devenit mai liniștit și mai tolerant. Interesant a fost și faptul că, paralel cu aceste progrese, a scăzut și rata greșelilor angajaților.

Peter

„Avusesem un infarct de miocard."

Peter a venit în cabinetul nostru după ce suferise un infarct. A ieșit în evidență faptul că el nu prea avusese o dispoziție prea liniștită. Soția lui ne-a confirmat că el obișnuia să se enerveze mereu pentru orice. În plus, obiectivul lui fusese acela de a fi întotdeauna primul.

„Nu m-am mai suprasolicitat pentru a face impresie bună."
Până și la drumețiile împreună cu prietenii își cheltuia ultimele rezerve. Odată și-a pus întreaga ambiție pentru a ajunge primul pe culme. S-a chinuit într-atât, încât chiar a reușit. Sus era complet epuizat și extenuat.

Din ambele exemple putem recunoaște bine rolul pe care-l joacă aspirația excesivă după apreciere și neputința de a se desprinde de ceva. Ambele persoane se vedeau în permanență în concurență cu ceilalți, dorind să fie mereu primii și cei mai buni. Își depășeau limitele cu nepăsare, doar pentru a face impresie bună. S-au îndemnat singuri până au ajuns la colaps din cauza epuizării.

Se poate observa tot mai des că pacienții cu angină pectorală sau cu infarct de miocard sunt înclinați spre depresie. Și depresia solicită inima, astfel încât riscul de boli cardiace crește. Deoarece depresiile au în general o influență nefavorabilă asupra inimii, acestea trebuie recunoscute la timp ca fiind semnalul de alarmă, luate în considerare și ameliorate (vezi secțiunea dedicată).

Calea spre vindecare

Întrebați-vă

- în ce situații nu vă aflați la propriul mijloc, adică nu puteți fi calmi și relaxați,
- dacă vă enervează greșelile altora și în ce măsură s-ar putea afla în spatele supărării legea imaginii în oglindă,
- dacă și în ce situații nu puteți aștepta în liniște, fiind prea nerăbdători,
- dacă vă propuneți prea multe într-un timp prea scurt,
- dacă sunteți înclinați să faceți totul singuri și nu puteți delega,
- dacă în situații dificile reacționați prin supărare sau chiar mânie, dacă sunteți neiertători,
- cât timp durează enervarea (ore, zile sau chiar luni?),
- în ce măsură o aspirație excesivă după apreciere joacă un rol.

Descoperiți pentru voi înșivă

- cum vă puteți debarasa mai repede de enervare,
- cum puteți învăța să reacționați mai calm,
- cum puteți deveni mai senini și cum să vă retrageți în sine, odihnindu-vă,
- cum puteți ierta (mai repede),
- cum puteți recunoaște mai bine legea imaginii în oglindă,
- cum să vă împărțiți mai bine timpul, fără să vă mai propuneți prea multe sau predând unele sarcini,
- cum să vă extindeți punctele tari, pentru a nu mai trebui să căutați aprecierea din afară,
- cum puteți avea mai multă plăcere în viață.

Obiectivul salutar poate fi: Prestigiul și a fi cel mai bun nu înseamnă totul. Dedicați-vă mai mult chestiunilor de inimă. Familia și relațiile interumane armonioase sunt o binefacere pentru inimă. Fiți mai afectuoși cu voi înșivă și cu ceilalți.

Ideea conducătoare: „Merg prin viață cu seninătate și bucurie. Mă bucur de capacitățile mele și îmi folosesc slăbiciunile pentru a mă dezvolta personal. Îmi păstrez calmul și seninătatea și sunt tolerant față de ceilalți. Acord atenție unui stil de viață echilibrat, cu odihnă suficientă."

Hipertensiunea arterială

Vorbim de hipertensiune arterială atunci când maxima (sistolica) se menține constant peste 140 mm Hg, iar minima (diastolica) – peste 90 mm Hg. O creștere a tensiunii diastolice trebuie interpretată ca fiind mai problematică, deoarece semnifică îngustarea în special a ramificațiilor arteriale mici periferice, crescând astfel rezistența la circulația sângelui. În felul acesta se îngreunează reîntoarcerea la inimă a sângelui pompat. Dacă tensiunea crescută durează o perioadă mai lungă, vasele de sânge se uzează și se sclerozează (se rigidizează). Tensiunea va crește în continuare și se vor produce pagube serioase la nivelul arterelor din diverse organe, mai ales din inimă, creier sau rinichi.

Factorii de risc la nivelul corpului sunt consumul ridicat de sare, alcool și cafea, excesul ponderal, lipsa de mișcare, fumatul, pilula anticoncepțională, tulburări ale metabolismului lipidic. Pe lângă hipertensiunea primară menționată mai sus (circa 90% din cazuri) mai există și una secundară (mai puțin de 10% din cazuri) cauzată de bolile de rinichi, afecțiuni ale sistemului endocrin sau de administrarea de medicamente. Adeseori nu există simptome o lungă perioadă de timp.

Primele semne pot fi: durerile de cap, amețeala, epistaxisul (hemoragia nazală) sau dispneea (greutatea în respirație).

Cauze sufletești

Trăsătura de caracter relevantă în cazul hipertensiunii arteriale este iertarea.

Supărarea, mânia și furia ne fac sângele să „clocotească", astfel încât tensiunea crește. Factorii care acționează pe circulația sanguină, îngreunând funcția inimii, sunt stări emoționale negative, stările tensionate, faptul de a fi foarte dur cu propria persoană, conflicte nerezolvate și purtate mereu cu sine. A dori să ai totul sub control, a avea pretenții prea mari, a dori să faci totul singur, toate acestea sunt lucruri care pe termen lung suprasolicită pe oricine. Creșterea tensiunii arteriale simbolizează comportamentul exagerat. Astfel sunt neglijate adesea sentimentele pozitive, atât atenția față de propria persoană, cât și cea față de ceilalți. Cu mai puțină presiune și cu mai multă relaxare pot fi obținute rezultate bune. Fiți liniștiți și senini. Aveți încredere!

Calea spre vindecare

Întrebați-vă

- dacă și în ce situații vă puneți sub presiune,
- dacă și ce conflicte nerezolvate purtați cu voi,
- dacă și când reacționați prin supărare, furie sau mânie,
- dacă vă agățați de ceva ce nu vă face bine, de pildă de vechi obișnuințe.

Descoperiți pentru voi înșivă

- ce puteți face pentru a reacționa cu mai multă seninătate,
- cum puteți învăța să fiți mai „cordiali" cu voi înșivă și cu ceilalți,
- cum reușiți să fiți mai toleranți, lăsând oamenii așa cum sunt,
- cum să vă desprindeți de ce nu vă priește.

Obiectivul salutar poate fi: Dacă diminuați presiunea interioară, în special în situațiile în care vă simțiți provocați, puteți fi mai liniștiți și mai relaxați. Soluțiile constructive sunt găsite mai ușor.

Ideea conducătoare: „Încerc să fiu mai tolerant. Mă comport cu afecțiune cu mine însumi și cu cei din jur. Sunt calm și relaxat."

Hipotensiunea arterială

Dacă tensiunea arterială are valori cuprinse între 95 și 100, respectiv 60 până la 65 mm Hg, vorbim de hipotensiune arterială, adică tensiune scăzută.

Simptomele tipice sunt, de exemplu, paloare, extremități reci și oboseală. În picioare, de cele mai multe ori tulburările se accentuează, deoarece tensiunea se reduce și mai mult. Ridicarea bruscă în picioare sau statul prea mult în picioare pot declanșa atacuri de leșin.

Sunt afectați în special: persoanele foarte slabe (mai ales femei), adolescenții în perioada de creștere și bătrânii.

Cauze sufletești

Trăsăturile de caracter relevante în cazul hipotensiunii arteriale sunt curajul și folosirea timpului.

Tensiunea scăzută simbolizează energia insuficientă pentru a readuce tensiunea la valori normale. Cum ia naștere această situație? Adesea lipsește încrederea de sine și curajul pentru a face față solicitărilor vieții. În special în domeniul relațiilor interumane există permanent provocări care se cer depășite. Aici sunt importanți prietenii potriviți, care să aibă aceleași idealuri și să depună eforturi pentru propria dezvoltare. Mai ales prieteniile dintre persoane de același sex (bineînțeles, numai pe plan spiritual) aduc energie și încarcă bateriile. Îngrijiți-vă de contacte care vă fac bine.

Calea spre vindecare

Întrebați-vă

- dacă și de ce vă lipsește energie,
- dacă vă lăsați descurajați prea repede de ceilalți,
- în ce măsură vă lipsește curajul. Nu cutezați să vă apropiați de alți oameni?

Descoperiți pentru voi înșivă

- cum vă puteți încărca „bateria“,
- de ce aveți nevoie – pe plan spiritual – pentru a vă „pune pe roate“,
- cum vă puteți aduce mai multă bucurie în viață,
- cum să legați prietenii valoroase, în care să puteți face schimb de orice și care să vă susțină în atingerea obiectivelor.

Obiectivul salutar poate fi: Fiți încrezători că vă puteți îndeplini obiectivele. Cu cât dezvoltați mai mult curaj în a le aborda, cu atât primiți mai multă energie pentru următorii pași, ceea ce se răsfrânge pozitiv asupra motivației. Cu sprijinul prietenilor, multe vor decurge mai ușor.

Ideea conducătoare: „Am încredere în abilitățile mele și îmi procur regulat energie. Mă bucur de viață și de prietenii pe care-i am.“

Tulburările de ritm cardiac (aritmiile)

În repaus inima bate cu o frecvență de 60 până la 80 de ori pe minut. Semnalul electric (impulsul) necesar se declanșează în nodul sinusal din atriu și se propagă apoi pe căile de conducere către ventricule. Performanța maximală a pompei este realizată prin coordonarea perfectă a tuturor celulelor musculare cardiace. Tulburările pot apărea fie în formarea impulsului, fie în conducerea acestuia. În cazul unei funcții deficitare a pompei cardiace se ajunge la insuficiență cardiacă sau stop cardiac.

Simptomele tipice sunt neregularități mai mici sau mai mari care de multe ori nu sunt percepute ca atare. Un puls prea lent (bradicardie) poate duce la „poticneli“ ale inimii, atacuri de amețeală și chiar scurte episoade de pierdere a cunoștinței. O frecvență cardiacă prea mare (tahicardie) se resimte ca palpitații sau „tremurături" ale inimii, cu un puls rapid. Bătăile suplimentare ale inimii, care apar în afara ritmului normal, se numesc „extrasistole".

Cauze sufletești

Trăsăturile de caracter relevante în cazul aritmiilor sunt iertarea și folosirea timpului.

Un ritm deficitar în conducerea vieții se oglindește în perturbările ritmului cardiac: pacienții cu tulburări de ritm cardiac au tendința de a-și propune prea multe pentru o zi, nereușind să-și împartă corect timpul. Inima lor bate pentru prea multe lucruri. Și totuși, le rămâne mult prea puțin timp pentru prietenii. Sentimentele de prietenie și iubire au un efect liniștitor și deosebit de benefic pentru inimă. Dacă nu ne preocupăm să ne creăm un cerc de prieteni, nu numai că ne privăm de una dintre cele mai importante șanse de învățare, dar pierdem și ocazia de a primi încărcătura de energie și bucurie de care avem nevoie.

Calea spre vindecare

Întrebați-vă

- ce vă scoate din ritm,
- dacă alocați suficient spațiu sentimentelor,
- dacă vă puneți sub presiune pentru a corespunde așteptările altora,
- dacă temerile joacă un rol și care ar fi acelea,
- dacă vă împotmoliți în prea multe detalii.

Descoperiți pentru voi înșivă

- cum puteți ajunge la un ritm de viață regulat,
- cum să vă planificați ziua, astfel încât să rămână timp și pentru persoana voastră,
- cu ce fel de oameni legați prietenii și ce fel de contacte ar trebui să îngrijiți,
- ce este cu adevărat important pentru voi.

Obiectivul salutar poate fi: Ordinea în toate domeniile vieții și un ritm de viață sănătos vor face inima să bată regulat. O bună planificare face ca multe să decurgă mai eficace și în liniște.

Ideea conducătoare: „Îmi împart timpul astfel încât să mă simt bine, să resimt plăcere și să-mi pot cultiva prieteniile."

Intestinul

În organul lung de șapte până la nouă metri se petrec destul de multe lucruri: hrana este pregătită, este oferită celulelor, iar resturile nedigerabile sunt eliminate din corp. Bolile „centrului de control al stării de bine" iau naștere atunci când ne înfundăm singuri cu lucruri negative. Învățați să vă debarasați de tot ce nu vă trebuie.

Debarasați-vă și veți câștiga energie

Intestinul se desfășoară între sfincterul piloric (de la ieșirea din stomac) până la orificiul anal, fiind astfel cea mai lungă parte a tubului digestiv. El se compune din intestinul subțire, intestinul gros și rect. Alimentele sunt predate pe porțiuni de la stomac spre intestin. Sucul pancreatic alcalin neutralizează aciditatea celui gastric și furnizează toate enzimele necesare digestiei. Bila conține acizi biliari care intervin în digestia grăsimilor. Prin vilozitățile intestinale (protuberanțe ale mucoasei) suprafața intestinului este mult mărită. Acestea resorb substanțele alimentare digerate și le transportă mai departe în sânge. La nivelul intestinului gros se resoarbe o mare cantitate de apă. Resturile nedigerate și nedigerabile se depozitează în rect până la următoarea golire a intestinului. În interiorul intestinului și pe peretele acestuia se stabilesc trilioane de microorganisme (1,5 kg). Acestea sunt permanent influențate de alimentație, de stilul de viață și de medicamente.

Cauze sufletești

Trăsătura de caracter relevantă în cazul bolilor intestinului este iertarea.

Intestinul este un organ foarte complicat și complex, ale cărui funcții o depășesc cu mult pe cea de digestie. Pe bună dreptate ecosistemul microscopic din intestin este denumit „centrul de control al stării de bine". Toate sentimentele noastre și modurile de comportament au influență directă asupra funcțiilor intestinului. Prin intermediul intestinului sunt „slobozite" materiile fecale, ceea ce înseamnă, că toate problemele intestinului arată la modul simbolic că ceva ar trebui „slobozit". Cramponarea de ceva sau cineva costă energie valoroasă, energie care nu ne mai stă la dispoziție pentru lucruri pozitive. Slobozirea poate afecta toate domeniile vieții, atât personal, cât și profesional. Pot fi obiecte, oameni, obiceiuri sau concepții care nu sunt benefice evoluției noastre. Ar trebui să dăm ascultare „senzației din vintre" (presimțirii, intuiției). Intuiția noastră se exprimă adesea prin intermediul senzațiilor și este cel mai bun îndrumător. Ar trebui să le dăm atenție conștient.

Calea spre vindecare

Întrebați-vă la problemele intestinului subțire

- dacă și ce nu puteți digera/valorifica așa cum trebuie,
- dacă și în ce privințe vă folosiți de valorile personalității (punctele forte și abilitățile) și dacă vă puneți în valoare ce aveți bun în voi,
- dacă și ce nu puteți accepta/primi,
- ce situații nu puteți cuprinde și înțelege în detaliu,
- dacă aveți tendința să luați decizii doar pe plan rațional și să nu dați atenție intuiției.

Întrebați-vă la problemele intestinului gros

- dacă vă cramponați de ceva sau de cineva,
- de ce nu sunteți dispuși să le dați drumul,
- dacă vă fixați de obiceiuri și concepții care de fapt nu vă fac bine,
- cum puteți conștientiza astfel de comportamente.

Descoperiți pentru voi înșivă

- cum vă puteți elibera de ceea ce vă împovărează/blochează,
- cum puteți aborda lucrurile mai flexibil și mai lejer,
- cum vă puteți deschide și înțelege mai bine conexiunile dintre evenimente,
- cum vă puteți percepe și urma mai bine intuiția,
- cum vă puteți exprima tot mai mult punctele forte și abilitățile,
- cum puteți păși prin viață cu mai multă plăcere și ușurință.

Obiectivul salutar poate fi: A nu putea slobozi este tema centrală în bolile intestinului. Debarasarea vă oferă în dar energie. Este un drum constructiv și promițător acela de a promova un sistem digestiv sănătos.

Ideea conducătoare: „Am încredere în fluxul vieții și sunt dispus să mă debarasez de ceea ce mă blochează."

Sprijiniți-vă corpul

- Detoxificați și purificați.
- Refaceți-vă flora intestinală și fortificați-vă sistemul imunitar.

- Preocupați-vă de o alimentație echilibrată, hrănitoare, pentru a aproviziona corpul cu toate cele necesare.
- Mestecați bine hrana până se îmbibă bine cu salivă.
- Se recomandă trei mese pe zi. Între mese nu consumați decât băuturi bogate în substanțe nutritive.
- Întocmiți-vă o dietă simplă și ușoară, ea vă menajează intestinul.
- Beți ceai de semințe de in, pentru a vă îngriji intestinul.
- Consumați puține crudități în cursul zilei, iar seara deloc. Cruditățile sunt greu de digerat și împovărează intestinul.
- Luați preparate enzimatice pentru a vă stimula digestia.
- Condimente cu rol ajutător sunt anasonul și chimenul dulce. Ele stimulează digestia și acționează împotriva balonărilor.
- Luați masa de seară devreme (ideal între orele 18 și 19).
- La constipație ajută zeama de varză acră, prunele uscate sau fulgi uscați de arahide.
- Bentomed ajută la arsuri stomacale, diaree, constipație sau balonări.

Balonarea (flatulența)

În cazul balonărilor este vorba despre o acumulare excesivă de gaze în tractul gastrointestinal. Acestea iau naștere atunci când alimentele incomplet digerate ajung în segmentele joase ale intestinului . Acolo au loc procese de fermentație și de putrefacție, care se manifestă prin balonare. Aceasta poate apărea și atunci când se mănâncă în grabă, la consumul de varză, leguminoase sau ceapă, înlocuitori de zahăr cum ar fi sorbitolul și xilolul din multe produse *light*.

Următoarele simptome sunt caracteristice: persoana afectată are senzație de plenitudine și de presiune. Presiunea este redusă prin eliminarea frecventă de gaze prin anus. Dacă stomacul și intestinul apasă în sus, pot apărea chiar tulburări cardiace.

Cauze sufletești

Trăsături de caracter relevante în cazul flatulenței sunt iertarea și viziunea pozitivă asupra vieții.

Gazele se produc prin prezența în număr mare a unor bacterii în intestin, fiind vorba de o falsă populare a acestuia, favorizată de o alimentație nesănătoasă. Aceste gaze sunt produse de putrefacție foarte toxice, care afectează flora intestinală normală. Dacă alimentele nu mai sunt digerate în totalitate, se ajunge pe termen lung la simptomele unor carențe. Primul pas constă în schimbarea alimentației și refacerea florei intestinale. În plus, este de mare ajutor alegerea cu grijă a meniului și combinarea alimentelor. Mestecatul suficient și îmbibarea bună cu salivă, precum și masa luată într-un climat relaxant previn balonările.

Ce cauză sufletească se află în spatele balonărilor? Poate fi vorba de evenimente greu digerabile pentru noi sau de unele care provoacă o presiune internă prea mare. Nu putem accepta ceva așa cum este, iar acel ceva „fermentează" în noi. Corpul nostru încearcă să acapareze mai multă atenție prin intermediul balonărilor, cerându-ne o soluție pentru a ne regăsi calmul. Să trecem peste ceva, să fim mai toleranți, să ne schimbăm atitudinea față de o anume situație, pentru a putea digera mai bine condițiile respective? Sau poate că ne cramponăm de ceva sau cineva spre dezavantajul nostru? Debarasarea aduce ușurare în toate privințele.

Calea spre vindecare

Întrebați-vă

- dacă există ceva de care vă vine greu să vă debarasați,
- dacă și ce „fermentează" în voi,
- dacă ceva vă împovărează în mod deosebit și ce anume este acel ceva,
- dacă obiceiurile alimentare vă sunt benefice.

Descoperiți pentru voi înșivă

- ce puteți face pentru a rezolva anumite probleme,
- cum puteți reacționa cu mai mult calm în situații ce nu corespund așteptărilor voastre,
- cum puteți vedea partea pozitivă a situațiilor dificile,
- cum vă puteți hrăni conștient mai sănătos,
- cum vă puteți lua mai mult timp pentru mese, pentru a mesteca mai bine alimentele.

Obiectivul salutar poate fi: E important de știut ce „fermentează" în voi și ce vă pune sub presiune. Pot fi fleacuri, dar și probleme serioase. Tot ceea ce puteți slobozi înseamnă o contribuție importantă la mai multă libertate.

Ideea conducătoare: „Am încredere în mine și în viață și sunt receptiv schimbărilor."

Blocarea scaunului (constipația)

Golirea periodică a intestinului este esențială, întrucât asigură curățirea corpului. Prin blocarea scaunului (constipație) se înțelege evacuarea întârziată sau cu dificultate a conținutului intestinal. De regulă, vorbim de o evacuare în limite normale atunci când aceasta se face cel puțin o dată pe zi, însă există variații individuale. Luați seama la corpul vostru pentru a putea înregistra abaterile. De asemenea, și alimentația joacă un rol important. Alimentele bogate în fibre stimulează peristaltica (mișcările intestinului) prin iritația fibrelor musculare propulsive ale intestinului. Constipația este un simptom care trebuie luat în serios. Ea poate fi o apariție însoțitoare sau urmarea unor modificări în tubul digestiv sau a altor boli, dar și simplă, condiționată de alimentație.

Cauze sufletești

Trăsătura de caracter relevantă în cazul constipației este iertarea.

În cazul constipației, ne agățăm de ceva anume. Nu ne putem debarasa. Ne facem griji? Ne cramponăm de obiceiuri învechite, care ne țin pe loc? Ne temem că s-ar putea întâmpla ceva neplăcut sau ceva rău? Urmărim ceva cu prea mare îndârjire și nu vrem să renunțăm sub nicio formă, deși ar exista destule semne ce ne arată contrariul? E ceva din trecut, de care ne-am atașat și nu dorim să ne lipsim? Sau ne „împingem" înapoi de la abordarea unei probleme, ceea ce se oglindește fizic prin constipație? Dacă ne părăsim slăbiciunile, putem elimina mai ușor și scaunul. Fiți deschiși în fața schimbărilor și a noilor oportunități. Aveți gânduri pozitive și priviți cu încredere și optimism în viitor.

O dietă săracă în fibre ne încetinește intestinul. Impulsionați mai bine totul printr-o alimentație completă, bogată în fibre, cu fructe și legume proaspete.

Katharina

„Intestinul îmi era foarte lent – nu avusesem niciodată astfel de probleme."

Katharina era mamă a patru copii. Avea o fiică de 14 ani și încă trei copii sub zece ani. De la o vreme a început să o supere din când în când o constipație îndărătnică. De mai mulți ani se hrănea lacto-vegetarian și nu avusese niciodată probleme cu digestia. De aceea, pentru ea era de neînțeles de unde apărea brusc, în anumite situații, acea constipație. Fiind familiarizată încă de mult cu legile vieții, a început să reflecteze cum și-ar putea transfera situația fizică în comportamentul sufletesc.

„Mi-am dat seama că digestia stagnantă era un indiciu pentru a elibera ceva ce țineam strâns legat de mine."

Katharina a ajuns într-un final la concluzia că de fapt își trata fiica cea mare la fel ca și pe ceilalți frați mai mici. Fata avea nevoie de ceva mai multă libertate, pentru a-și putea câștiga propria experiență și pentru a lua propriile decizii. Katharina și-a pus în aplicare cunoștințele, rămânând tot timpul consecventă. Înainte de a se amesteca în deciziile fiicei sale, controla dacă e corect sau nu s-o facă. Astfel a înțeles că de cele mai multe ori era mai bine să nu se implice și să o lase pe fată să hotărască singură. Ca urmare, digestia a început să funcționeze din nou fără probleme. În plus, Katharina a învățat să-și asculte cu mai multă atenție semnalele corpului. De atunci înainte a putut să se ajute de îndată singură atunci când apăreau probleme.

Calea spre vindecare

Întrebați-vă

- dacă vă cramponați de ceva ce nu vă face bine și care în cele din urmă vă costă multă energie,
- de ce vă vine greu să vă detașați,
- dacă țineți strâns ceva, ce de fapt vrea să vă părăsească,
- dacă refuzați schimbările și care sunt acelea,
- dacă și în ce relație insistați pe propria opinie.

Descoperiți pentru voi înșivă

- cum vă puteți da seama dacă vă agățați de ceva ce vă împovărează,
- cum puteți reuși să treceți mai ușor peste ceva,
- în ce situații ar trebui să reacționați mai flexibil,
- cum vă poate reuși, în situații conflictuale, să vă apropiați de ceilalți și să interveniți cu un arbitraj,
- cum puteți aduce cu încredere schimbările necesare.

Obiectivul salutar poate fi: Detașarea aduce ușurare. Primitul și dăruitul se echilibrează. Dacă vă verificați motivele și aflați de ce vă cramponați de ceva, puteți găsi adesea și soluția pentru a renunța mai ușor.

Ideea conducătoare: „Sunt deschis, flexibil și receptiv la schimbări."

Boala Crohn (enterita regională) și colita ulceroasă

Boala Crohn și colita ulceroasă sunt boli inflamatorii cronice ale intestinului care pot afecta diferite segmente ale tractului digestiv, de la esofag până la anus. De cele mai multe ori afectează segmentele joase ale intestinului.

Simptome: dureri abdominale sub formă de crampe, diaree, scădere în greutate, puseuri febrile și inflamația intestinului gros (colonului).

Cauze sufletești

Trăsăturile de caracter relevante în cazul inflamațiilor intestinale sunt curajul și iertarea.

Inflamația ne împiedică rutina zilnică, tot așa cum noi înșine ne împiedicăm prin cramponare. Nu putem progresa și nu ne putem dezvolta. Renunțarea începe cu lucruri mici, de pildă cu obiceiurile. Adeseori sunt vechi obiceiuri alimentare care ne deranjează sănătatea. Și schimbările în ritmul de viață ne pot fi utile. Astfel, corpul va primi rapid noi energii atunci când i se vor furniza substanțe nutritive într-o formă ușor digerabilă și va beneficia de faze suficiente pentru regenerare, mai ales de somnul dinainte de miezul nopții.

Sufletește este vorba despre verificarea curajului. În acest scop, ar trebui să ne analizăm în primul rând relațiile interumane. Unora le vine greu să se apropie de alți oameni și să treacă periodic testele la care sunt supuși de către ceilalți. Cei afectați de boala Crohn se încapsulează adesea, nu își ies din propria piele și se retrag în „cochilia“ lor. Respectul de sine este destul de scăzut. De aceea se adaptează mai degrabă celorlalți în loc să ia în seamă propriile sentimente (poate incomode). Dacă se debarasează de frică, o să le vină mult mai ușor să se apropie de alți oameni. Adesea este nevoie de curaj pentru o renunțare. Renunțarea are efect eliberator. Dacă dau dovadă de curaj, le crește și respectul de sine.

Theo

„Brusc aveam disconfort abdominal repetat.“

Theo conducea zilnic mașina de la locuința lui spre locul de muncă aflat la 80 km distanță, ceea ce era o mare povară pentru el. În plus, se simțea tot mai rău în căsnicie. Astfel că a început prin a se subordona și a se acomoda, pentru ca viața de cuplu să funcționeze cât de cât. Într-o bună zi a primit diagnosticul de colită. Atunci când a recunoscut însă legătura dintre boală și comportamentul adoptat, Theo a înțeles că are de renunțat la câte ceva atât personal, cât și profesional.

„Am avut curajul să renunț la ce mă împovăra.“

Și-a îndreptat atenția mai mult asupra propriei persoane și a început să ia decizii care să-i stimuleze evoluția. A căpătat curajul de a-și susține punctul de vedere și de a face ceea ce el considera a fi corect. Respectul de sine i s-a îmbunătățit progresiv. În schimb, altercațiile cu soția erau tot mai mari. În cele din urmă a căpătat curajul de a se despărți de aceasta, apoi s-a mutat mai aproape de locul de muncă. De-abia atunci și-a dat seama cât timp irosise zilnic pe drum. În noile condiții putea folosi acel timp mult mai util. Avea senzația că dispune de mai multă energie decât înainte. Tot mai clar își recunoștea abilitățile și și le valorifica. Pe termen lung a reușit să se schimbe atât de mult pe plan profesional, încât și-a pus mai bine în valoare punctele forte și a desfășurat o activitate care-i aducea împlinire. Theo s-a vindecat.

Calea spre vindecare

Întrebați-vă

- ce vă stânjenește și vă face nefericiți,
- la ce ar trebui să renunțați,
- dacă și în ce relație vă lipsește curajul să schimbați ceva,
- dacă aveți tendința de a vă ține departe de ceilalți.

Descoperiți pentru voi înșivă

- ce vă împiedică să renunțați,
- ce v-ar putea motiva să vă debarasați de ceva,
- cum puteți căpăta curaj pentru a vă schimba pozitiv viața,
- cum puteți să vă apropiați mai mult de oameni și să legați prietenii,
- ce puteți face pentru a vă bucura de libertate și a vă ușura viața.

Obiectivul salutar poate fi: Eliberați-vă, renunțând cu încredere și curaj la ceea ce vă împiedică evoluția. Dați frâu liber cunoștințelor. Începeți cu lucruri mărunte, înainte de a trece la luarea deciziilor mai mari. Întăriți-vă astfel încrederea în sine.

Ideea conducătoare: „Mă iubesc așa cum sunt și am curajul să mă schimb și să progresez, sunt dispus să eliberez (să nu mă mai cramponez).“

Diareea

Scaunul se formează de-abia în intestinul gros, prin resorbția apei, și se compune din resturi alimentare nedigerate cum ar fi celuloza, din bacterii și resturi jupuite din mucoasa intestinală. Procesul de închegare a scaunului poate fi perturbat în diverse moduri, astfel încât să rezulte în final un scaun subțire și adeseori mai frecvent ca de obicei. Urmările sunt tulburări în bilanțul apei și electroliților. Întrucât mișcările intestinului se află sub control vegetativ (nu sunt supuse voinței), este posibil ca, de exemplu, teama, încordarea sau sperietura să aibă influență asupra acestora. Diareea este un simptom care trebuie luat în serios. Diareile pot fi o apariție însoțitoare sau urmarea altor îmbolnăviri.

Cauze sufletești

Trăsături de caracter relevante în cazul diareii sunt curajul și iertarea.

Diareea ne arată simbolic ce avem de făcut: să ne debarasăm. Mulți oameni cunosc fenomenul diareii de scurtă durată cu ocazia emoțiilor sau a fricii de examen. În viață ne lovim mereu de lucruri care ne provoacă teamă. Unele dintre ele ne pot lua prin surprindere, astfel încât nu ne putem pregăti suficient. Alte evenimente nu pot fi prelucrate – digerate – decât cu greu. Dacă reușim să eliminăm teama, putem întâmpina provocările cu mai mult curaj. După aceea ne vom simți plini de energie. Atunci când apare în cadrul unei gripe a stomacului sau intestinului, diareea este de fapt o măsură de curățire cât mai rapidă și completă a organismului de toxine și reziduuri acumulate. Aceste procese de curățenie sunt poate neplăcute, dar absolut utile.

Calea spre vindecare

Întrebați-vă

- ce vă împovărează și vă costă prea multă energie,
- dacă vă este frică de un eveniment,
- în ce privință vă lipsește încrederea în sine,
- în ce privință vă vine greu să renunțați,
- dacă nutriți gânduri care vă împiedică să puneți în practică ceea ce vă este benefic,
- dacă vă hrăniți sănătos,
- dacă acordați suficientă atenție detoxificări și purificării corpului.

Descoperiți pentru voi înșivă

- cum vă puteți debarasa de poveri,
- cum puteți face cu curaj pași importanți în viață,
- cum vă puteți spori încrederea în sine,
- cum să vă conștientizați mai bine alimentația, cu cât mai puține toxine și reziduuri,
- cum vă puteți susține detoxificarea și purificarea.

Obiectivul salutar poate fi: Ține de școala zilnică să fim confruntați cu provocări de tot felul. Priviți acest lucru pozitiv, ca pe o oportunitate de a evolua. Abordați-vă sarcinile cu îndrăzneală și câștigați-vă astfel încrederea în sine și afirmarea.

Ideea conducătoare: „Renunț la temeri pentru a câștiga energie și mai multă poftă de viață."

Inflamația apendicelui (apendicita)

La așa-zisa „apendicită" este vorba de inflamația apendicelui vermiform, situat la joncțiunea dintre intestinul subțire și cel gros. Apendicele este o prelungire tubulară cu terminație oarbă a cecumului, situat în partea din dreapta-jos a abdomenului.

Simptome: dureri abdominale sub formă de crampe, greață, vărsături și uneori febră. Abdomenul inferior este sensibil la durere.

Vă rugăm să cereți sfatul medicului la primele semne, deoarece există pericolul unei perforații.

Cauze sufletești

Trăsături de caracter relevante în cazul apendicitei sunt curajul, viziunea pozitivă asupra vieții și folosirea timpului.

Mulți adolescenți au înclinația spre alimente nesănătoase, cum ar fi cartofii prăjiți, preparatele fast-food sau dulciurile. Acest tip de alimentație este bogat în calorii și sărac în substanțe nutritive. De fapt, tocmai în anii tinereții este importantă aprovizionarea corpului cu substanțele nutritive necesare formării și creșterii. În cazul inflamației apendicelui este vorba de acumularea toxinelor rezultate. Paharul este plin și amenință să se „reverse".

În ce măsură s-au adunat lucruri negative în viața noastră sentimentală, care ne depășesc și vor acum să izbucnească? Există resentimente sau poate chiar mânie împotriva unei persoane sau situații? În ce măsură sunt implicate și temerile? În special tinerii se pot simți nesiguri atunci când e cazul să devină tot mai independenți. Sau atunci când vor să se îndrepte pe un drum pe care părinții nu-l apreciază. Sau poate că cei afectați se simt ajunși într-o înfundătură (așa cum este de fapt și apendicele), în care sunt chinuiți de temeri, îndoieli și neajutorare? Se cere curaj pentru o confruntare, clarificarea situației și schimbarea acesteia.

IMPORTANT O apendicită acută este o urgență. Un medic trebuie să decidă fără întârziere dacă apendicele trebuie înlăturat pe cale chirurgicală.

Calea spre vindecare

Întrebați-vă

- ce obiceiuri alimentare aveți, dacă vă ridicați corpul pe un fundament sănătos sau îi furnizați doar calorii „oarbe“,
- în ce măsură vă simțiți inconfortabil în actuala situație,
- dacă și în ce măsură s-au acumulat sentimente negative care acum stau să izbucnească,
- în ce măsură vă este teamă,
- dacă ceva în interiorul vostru vrea să „penetreze“ și să erupă.

Descoperiți pentru voi înșivă

- ce vă pare important în viață și unde ar trebui să ducă drumul vostru,
- dacă și cum vă situați de partea propriilor dorințe și sentimente,
- cum vreți să vă îndepliniți dorințele,
- cum să dați atenție mai conștient unei alimentații sănătoase.

Obiectivul salutar poate fi: Hrăniți-vă pe viitor mai conștient, astfel încât corpul să primească toate cele necesare. Câștigați mai multă energie și bucurie de viață printr-o mai bună utilizare a timpului. Încercați să vă percepeți dorințele și necesitățile și să vi le realizați, independent de ceilalți.

Ideea conducătoare: „Îmi iubesc corpul și am grijă de el. Îmi urmez vocea interioară pentru a-mi găsi propriul drum.“

Intoleranța alimentară

După consumul unui aliment se ajunge la reacții nedorite. Spre deosebire de alergii, aici sistemul imunitar nu este implicat. Poate fi vorba de un deficit de enzime.

Simptome: stări de indispoziție, oboseală, depresie, tulburări gastrice sau intestinale (diaree, grețuri).

Factori favorizanți la nivelul corpului: alimentația de proastă calitate cu produse procesate industrial, cu mulți aditivi, un comportament alimentar nesănătos, influențele de mediu și stresul.

Cauze sufletești

Trăsăturile de caracter relevante în cazul intoleranței alimentare sunt iertarea și folosirea timpului.

Pe de o parte intoleranțele alimentare ne atrag atenția asupra faptului că ar trebui să acordăm mai multă atenție alimentației, în favoarea uneia naturale, constructive. Ar trebui să ne acordăm timp, să cumpărăm produse proaspete și să le gătim corespunzător, în loc să recurgem la meniuri gata preparate. Multe dintre comoditățile pe care ni le oferă industria alimentară sunt incompatibile cu sănătatea noastră, așadar sunt „intolerabile". Pe de altă parte, ar trebui să reflectăm și la obiceiurile alimentare pe care le mai avem și care sunt eventual intolerabile pentru evoluția noastră, deci ne sunt nefavorabile, și totuși, nu am putut încă renunța la ele. Ceva din rutina zilnică ne costă mult prea multă energie, care ne lipsește apoi pentru lucruri pozitive și constructive.

Calea spre vindecare

Întrebați-vă

- dacă vă simțiți adesea inconfortabil în anumite relații interumane,
- dacă sunteți stăpâniți uneori de sentimente negative precum enervarea sau invidia,
- cum vă decurge ziua de obicei, liniștită sau agitată,
- dacă vă rezervați destul timp pentru mese și dacă le luați în liniște,
- dacă vă preocupați conștient de o alimentație sănătoasă.

Descoperiți pentru voi înșivă

- cum puteți evita sentimentele negative sau cum să le prelucrați mai bine,
- cum puteți deveni mai pozitiv,
- cum puteți câștiga mai multă poftă de viață,
- în ce domenii vă puteți îmbunătăți folosirea timpului,
- cum vă puteți face o zi mai liniștită,
- cum vă puteți hrăni mai sănătos,
- cum vă puteți ameliora comportamentul alimentar.

Obiectivul salutar poate fi: Conviețuirea cu ceilalți oameni ar trebui să decurgă mai relaxat și mai pașnic și să vă ofere sentimente plăcute. Cine privește totul mai degrabă pozitiv și se străduiește să abordeze mai multe perspective are parte de o viață mai ușoară și mai plăcută. Reflectați la utilizarea timpului în ansamblu. Un timp folosit bine este ceva benefic nouă și sănătății. Controlați-vă comportamentul și rutina zilnică în această privință.

Ideea conducătoare: „Îmi controlez planurile, deciziile, activitățile, să văd dacă îmi sunt sau nu benefice, și îmi corectez conduita în funcție de observațiile făcute. Ceea ce este just pentru mine este și pentru ceilalți."

Îngustarea intestinului – ocluzia intestinală (ileus)

Tubul intestinal poate fi obturat de diverse aderențe provocate de inflamații, tumori intestinale, calculi biliari (pietre) sau prin hernii strangulate. Tabloul simptomatic este variabil, în funcție de locul obstruării, precum și de gradul acesteia: poate fi vorba doar despre o îngustare sau de o ocluzie completă. Există două forme de ileus: într-unul tranzitul este împiedicat de un obstacol mecanic și în altul din cauza unei paralizii a intestinului (ileus funcțional). Întrucât este vorba despre o situație care pune viața în pericol, este absolut necesar un control medical.

Simptome: în funcție de localizare, dureri abdominale sub formă de crampe, balonări intestinale, vărsături cu conținut gastric, duodenal sau chiar de materii fecale, precum și blocarea eliminării gazelor și a fecalelor prin anus.

Cauze sufletești

Trăsăturile de caracter relevante în cazul îngustării sau al ocluziei intestinale sunt curajul și iertarea.

Îngustarea intestinului are caracter de simbol. Ne strâmtorăm, cramponându-ne de ceva pe care de fapt ar trebui să-l slobozim. Cramponarea de ceva fals ne blochează și ne consumă energia. Aici intervine adesea și încăpățânarea. Temerile și inhibițiile se află și ele în spatele comportamentului nostru, îngreunând eliberarea. Îndoielile și alte sentimente negative ne opresc de la inițierea schimbărilor ce se cer. Slobozitul acționează eliberator, salvator. Suntem dotați cu liberul arbitru și avem oricând posibilitatea să luăm decizii corespunzătoare și să ieșim dintr-o situație.

Calea spre vindecare

Întrebați-vă

- în ce măsură sunteți fixați de obiceiuri care nu vă fac bine,
- dacă vă agățați de o persoană cu care nu mai armonizați, pierzând astfel multă energie,
- dacă există dependențe în anumite domenii,
- dacă aveți păreri sau convingeri care vă dăunează și care se cer revizuite,
- dacă există ceva din trecut ce încă nu a fost depășit, iertat,
- dacă există o situație de viață care ar trebui schimbată urgent.

Descoperiți pentru voi înșivă

- cum vă puteți elibera de chestiuni din trecut și cum le puteți ierta,
- cum vă puteți debarasa de poveri sufletești pentru a face loc la ceva constructiv,
- cum puteți deveni mai receptivi la opiniile și ideile celorlalți,
- cum puteți păși prin viață mai liberi și cu mai multă ușurință.

Obiectivul salutar poate fi: Poverile ce iau naștere prin cramponarea de ceva sau cineva conduc la pierderea de energie și strâmtorare. Prin slobozire veți câștiga energie și libertate.

Ideea conducătoare: „Mă debarasez de ceea ce îmi împiedică evoluția, sunt receptiv la nou și merg cu încredere și curaj înainte."

Sindromul de colon iritabil

Colonul iritabil mai este denumit și „intestin nervos" ori „sindrom de intestin iritabil" – o tulburare funcțională a sistemului digestiv.

Simptomele sunt de natură cronică, precum dureri abdominale, balonări (meteorism), senzația imperioasă de defecație, diaree și constipație. Simptomele pot fi izolate sau combinate și pot avea diverse grade de severitate, uneori pot dura o perioadă îndelungată, urmate apoi de perioade asimptomatice. Adesea pot apărea și simptome mai puțin specifice: dureri de cap, dureri de spate, tulburări de micțiune, palpitații, anxietate, depresie, probleme de concentrare, tulburări de somn.

Cauze sufletești

Trăsăturile de caracter relevante în cazul intestinului iritabil sunt iertarea și folosirea timpului.

Corpul îi atenționează pe cei afectați – prin simptome mai mult sau mai puțin dureroase – că ar trebui să acorde mai multă atenție situației lor interioare. Poate că ar trebui să-și recunoască deschis nemulțumirea. Probabil că s-au ocupat prea puțin de ei înșiși. Digestia, care brusc nu mai funcționează cum trebuie, le solicită mai multă atenție. Probabil că s-au acumulat de-a lungul timpului multe sentimente negative, de care acum persoanele respective ar trebui să devină conștiente. Ar trebui să vă debarasați de tot ce vă presează și „fermentează" înăuntrul vostru, pentru a vă recâștiga echilibrul. La luarea deciziilor și abordarea schimbărilor iminente un rol important îl joacă curajul. Există de asemenea și o legătură strânsă cu o altă trăsătură de caracter, și anume abilitatea de a folosi util timpul: cine acordă puțină atenție alimentației, se hrănește nesănătos, recurge adesea la fast-food și nu dă mare importanță meselor regulate își dăunează singur pe termen lung. A te hrăni sănătos și a furniza corpului toate substanțele necesare înseamnă timp folosit util.

Calea spre vindecare

Întrebați-vă

- dacă vă împovărează ceva și despre ce este vorba,

- în ce măsură sunteți nemulțumiți, deși nu ați recunoscut asta până acum,
- dacă există ceva care vă costă multă energie,
- dacă există ceva de care ar trebui să vă debarasați,
- în ce măsură aveți temeri,
- în ce măsură vă vin greu schimbările și care sunt acestea,
- dacă insistați cu încăpățânare asupra opiniei voastre.

Descoperiți pentru voi înșivă

- ce puteți face pentru a vă elibera de anumite probleme,
- cum să vă reușească găsirea soluțiilor în stări conflictuale,
- cum vă puteți depăși eventuala stare de anxietate,
- în ce măsură ar trebui să acționați mai flexibil,
- cum puteți avea parte din nou de mai multă bucurie,
- cum să abordați schimbările și să le vedeți partea pozitivă,
- ce puteți face pentru a conștientiza importanța unei alimentații sănătoase,
- cum puteți reuși să vă luați mai mult timp pentru mese și a mesteca bine.

Obiectivul salutar poate fi: Descoperiți de ce anume vă țineți strâns în situația actuală, deși vă îngrădește și vă împiedică dezvoltarea. Aparent, acestea pot fi banalități (de exemplu, obișnuințele) care au totuși o mai mare însemnătate decât ni se pare la prima vedere. La un sindrom sever de intestin iritabil se află în spate probleme majore. Verificați dacă e iminentă o schimbare pe plan personal sau profesional.

Ideea conducătoare: „Sunt receptiv la nou și mă comport flexibil. Am încredere în mine și în viață și manifest curaj și deschidere la orice schimbare pe toate planurile. Sunt atent la cerințele corpului meu și îmi ascult vocea interioară. Îmi aprovizionez corpul cu hrană sănătoasă, pentru a-i întreține funcțiile."

Metabolismul

Metabolismul nostru este un sistem deosebit de complex care asigură echilibrul organismului – pe planul fizic și, prin intermediul acestuia, și pe plan sufletesc. De aceea, în cazul unui metabolism lipsit de integritate intervin toate cele cinci trăsături de caracter. Acordați atenție alimentației: dacă organismului îi merge bine, sufletul se bucură.

Interacțiuni minunate

Metabolismul nostru cuprinde toate procesele biochimice care se desfășoară în organism. Corpul preia substanțe din hrană, le integrează în propriile substanțe și elimină într-un final deșeurile și reziduurile rezultate. Metabolismul servește menținerii funcțiilor organismului. Rolul decisiv îl are aici alimentația corectă, care trebuie să livreze corpului tot ce e necesar funcționării normale.

Cauze sufletești

Trăsăturile de caracter relevante în domeniul metabolismului sunt toate cele cinci: sinceritatea, curajul, iertarea, viziunea pozitivă asupra vieții și folosirea timpului.

Pentru sănătatea noastră este esențial ca omul să se afle într-o stare de echilibru și ca toate procesele la nivelul corpului să se deruleze impecabil. Condițiile (stările) fizice și cele sufletești se află într-o interacțiune strânsă. Influență asupra funcțiilor corpului o au următoarele:

- gândirea și acțiunile noastre,
- evoluția valorilor noastre spirituale, deci a punctelor forte,
- recunoașterea și prelucrarea slăbiciunilor,
- aportul de substanțe nutritive și lichide printr-o alimentație sănătoasă,
- oxigenul,
- microorganismele proprii corpului,
- încărcarea (bateriilor),
- suficientă odihnă și somnul înainte de miezul nopții,
- mișcarea.

Cu cât facem față mai bine școlii zilnice, deci ne recunoaștem și ne urmăm procesele educative, cu atât mai bine vor funcționa procesele metabolice în corpul nostru, întrucât corpul este oglinda interiorului. Dacă metabolismul se află în echilibru, ne simțim bine și dispunem de putere și energie. Și sentimentele ne sunt echilibrate, iar cele pozitive predomină.

Calea spre vindecare

Întrebați-vă

- dacă obiceiurile alimentare vă dăunează sănătății,
- care din trăsăturile de caracter necesită atenție deosebită și se cer revizuite,
- dacă și în ce măsură gândurile vă influențează conduita,
- dacă temerile vă perturbă echilibrul.

Descoperiți pentru voi înșivă

- cum vă puteți diminua temerile,
- cum vă puteți întreține mai bine sănătatea,
- cum vă puteți spori energia,
- cum vă puteți spori iubirea de sine,
- cum puteți resimți mai multă bucurie.

Obiectivul salutar poate fi: Acordați atenție în primul rând alimentației. Furnizați corpului materialele necesare pentru procesele metabolice, pentru a avea suficientă energie pentru sarcinile voastre. Evitați alimentele care împiedică corpul să-și facă treaba. Veți crea astfel premisele pentru a face față școlii zilnice.

Ideea conducătoare: „Mă străduiesc să-mi păstrez sănătatea furnizând corpului cele necesare și dezvoltându-mi valorile sufletești."

Sprijiniți-vă corpul

- Detoxificați și purificați, sprijinind astfel procesele metabolice.
- Refaceți-vă flora intestinală și întăriți-vă astfel sistemul imunitar.
- Preocupați-vă de o alimentație energetică, vitalizantă și echilibrată, pentru a vă aproviziona corpul cu toate cele necesare. Renunțați la toxine, aditivi și alte materiale sau poluanți.
- Evitați grăsimile cu un conținut mare în acizi grași saturați conținuți în grăsimile animale precum cârnați, carne, dar și ascunse în produse finite sau cele de panificație. Acestea îngreunează metabolismul.
- Evitați acizii grași trans (iau naștere prin hidrogenarea parțială a uleiurilor vegetale). Se găsesc în produse rafinate, condimente pentru supe, chipsuri, margarină.

- Tipurile de grăsimi „pozitive“ (precum acizii grași nesaturați din grăsimile de origine vegetală, ca de exemplu uleiul de măsline sau de nuci) sunt importante pentru multe procese fiziologice în corp, de pildă pentru resorbția vitaminelor A, D, E și K, precum și pentru funcțiile hormonale și enzimatice. Și creierul se bazează pe grăsimile de calitate.
- Nu încingeți grăsimile.
- Nu folosiți sarea de bucătărie (comună), ci Tamari (sos de soia obținut prin fermentație lactică), sare de mare sau sare gemă în cantități mici.
- Activați-vă metabolismul prin mișcare zilnică.
- Băile de nămol susțin detoxificarea și purificarea și hrănesc corpul.

Guta

Guta este o tulburare de metabolism care se manifestă prin creșterea nivelului acidului uric în sânge. Atunci când se consumă cantități mari de proteine animale concentrate din carne, acestea nu mai pot fi descompuse complet. Astfel, crește concentrația produsului intermediar, care este acidul uric, iar acesta se depune în articulații.

Simptomele unui atac de gută sunt durerile puternice, tumefierea (umflare), înroșirea, adesea și febra. De cele mai multe ori este afectat degetul mate de la picior (podagra). Pe parcurs sunt atacate și distruse articulațiile. Nodulii gutoși (tofii gutoși) se formează la nivelul pavilionului urechii sau al tendoanelor din apropierea articulațiilor. Se ajunge la deformarea și anchilozarea articulațiilor.

Cauze sufletești

Trăsătura de caracter relevantă în cazul gutei este viziunea pozitivă asupra vieții.

Prin tendința către o viziune negativă asupra vieții ajungem rigizi și inflexibili sufletește. În ce motiv de gândire ne înțepenim, astfel încât să ne fie blocată mobilitatea spirituală? Ne înțepenim în emoții negative, așa cum simbolizează durerile? Ne blocăm singuri prin gândurile și cuvintele negative. Nu suntem pregătiți să învățăm și nici deschiși pentru nou. De fapt, viața ne oferă atâtea lucruri frumoase!

Calea spre vindecare

Întrebați-vă

- unde dați dovadă de inflexibilitate și aveți o atitudine rigidă,
- ce vedeți negativ,
- în ce măsură sunteți rigizi în gândire.

Descoperiți pentru voi înșivă

- cum să treceți peste negativul din trecut,
- cum să vă faceți gândurile și atitudinile mai „maleabile", deci să recunoașteți tot mai mult aspectele pozitive și să reveniți astfel în „fluxul" vieții,
- cum să vă detoxificați și purificați corpul.

Obiectivul salutar poate fi: Fiți deschiși pentru o alimentație sănătoasă. Iertați trecutul și priviți pozitiv în viitor.

Ideea conducătoare: „Mă îndrept către părțile pozitive ale vieții. Mă adaptez flexibil la fluxul vieții și pășesc cu încredere într-un viitor pe care mi-l făuresc eu însumi."

Vă sprijiniți corpul astfel:

- Evitarea alimentelor bogate în purine: alcoolul, carnea, spanacul, mazărea.
- Repausul articulației și aplicarea de comprese reci sau pungi cu gheață în atacul de gută.

Ochii

Firește că este frumos și plăcut să privești lumea prin ochelarii cu lentile roz. Totul în jur este ușor și colorat. Și totuși, ochelarii blânzi nu fac față provocărilor vieții. De aceea trebuie să scoateți filtrul (sau ochelarii de cal) din fața ochilor. Ascuțiți-vă mai bine privirea pentru temele pe care vi le pune în față școala zilnică.

Mențineți liberă oglinda sufletului

Ochiul constă din globul ocular și din dispozitivele ajutătoare (mușchii oculari, pleoapele, aparatul lacrimal) care servesc mobilității și protecției acestuia. Globul ocular are trei straturi. Stratul exterior, sclerotica („albul ochiului"), servește menținerii formei. Partea centrală a acesteia, corneea, este transparentă și conduce razele de lumină către interior. Stratul mijlociu, coroida, conține vasele de sânge care vascularizează ochiul. În spatele corneei, acest strat devine vizibil: irisul, care are în centru pupila. Coroida înconjoară trei sferturi din globul ocular și îmbracă pe interior sclerotica, alunecând pe sub aceasta și asigurând astfel acomodarea (vederea la distanță și de aproape). Cristalinul, lentila oculară situată în spatele irisului, concentrează razele de lumină și le transmite către cel de-al treilea strat al globului ocular, retina. Mușchii oculari asigură contracția și dilatarea cristalinului. Prin forma sa convexă spre exterior, cristalinul asigură concentrarea razelor pe retină, astfel încât aici se formează o imagine răsturnată, care este transmisă apoi de nervul optic creierului. Atunci când apar tulburări, deosebim boli oculare și defecte vizuale. Bolile oculare apar ca urmare a modificărilor patologice ale ochiului. Cauza acestora poate fi găsită numai atunci când considerăm ochii ca parte integrantă a corpului, iar pe acesta ca pe o unitate și ca pe o oglindă a sufletului. În cazul defectelor vizuale cum ar fi miopia sau hipermetropia, ochiul nu este capabil să se adapteze procesului vizual fiziologic, instinctiv, deci să se acomodeze.

Factori de risc la nivelul corpului sunt vârsta, substanțele toxice și deșeurile din organism, alimentația, lumina slabă, lucrul rigid în fața monitorului, încordarea mușchilor oculari, ai cefei și spatelui.

Cauze sufletești

Trăsături de caracter relevante în cazul afecțiunilor oculare sunt sinceritatea și viziunea pozitivă asupra vieții.

Cele două organe senzoriale pentru văz și auz sunt ca frate și soră. Ambele au caracter simbolic. Dacă se îmbolnăvesc urechile, nu vrem sau nu putem să auzim ceva. Dacă se îmbolnăvesc ochii, nu dorim sau nu putem să vedem ceva. Uneori închidem ochii față de ceva (vedere slabă). Nu vrem să recepționăm ceea ce se întâmplă. Dacă o facem, fugim de școala zilnică. Ne este cumva frica de a răspunde provocărilor? Ne lipsește curajul pentru schimbările necesare? O viziune negativă asupra lucrurilor ne deteriorează nu doar simbolic, ci și în realitate capacitatea de a vedea. Asta nu înseamnă însă că trebuie să privim totul prin ochelarii cu lentile roz. Și totuși, printr-o viziune fundamentală pozitivă, încrezătoare, ne putem dedica și putem aborda provocările zilnice mult mai ușor și cu succes.

Calea spre vindecare

Întrebați-vă

- spre ce vă îndreptați privirile – spre valori „exterioare" sau spre unele interioare,
- în ce măsură nu sunteți dispuși să vedeți realitatea,
- dacă vă recunoașteți însușirile bune și le puneți în valoare,
- ce fel de concepție de viață aveți.

Descoperiți pentru voi înșivă

- cum vă puteți ascuți privirea asupra vieții,
- cum puteți înțelege mai bine limbajul legilor vieții,
- cum puteți trăi mai conștient viața de zi cu zi,
- cum puteți face față rutinei zilnice mai pozitiv și cu mai multă încredere.

Obiectivul salutar poate fi: Mergeți prin viață cu ochii deschiși, pentru a putea distinge esențialul. O vedere clară a lucrurilor este premisa pentru decizii bune. Fiți însă pregătiți să priviți și lucrurile neplăcute și dificile în ochi. Asta vă întărește curajul și încrederea în biruirea provocărilor.

Ideea conducătoare: „Sunt deschis proceselor educative și văd în toate evenimentele și sarcinile un pas mai departe pe calea propriei evoluții."

Sprijin pentru corp

- Detoxificați și purificați, deoarece și vederea depinde de reziduurile acumulate în corp.

- Refaceți-vă flora intestinală și întăriți-vă sistemul imunitar.
- Preocupați-vă de o alimentație echilibrată, hrănitoare, pentru a vă aproviziona corpul cu toate cele necesare.
- Faceți dimineața spălături oculare cu apă sedimentată cu pământ terapeutic pentru curățare sau spălături oculare cu Symbiflor (vezi subcapitolul „Fiți buni cu voi înșivă").
- Beți suc de morcovi proaspăt presat, pentru a vă menține acuitatea vizuală.
- Păstrați-vă mobilitatea ochilor prin exerciții. De exemplu, priviți alternativ de zece ori în sus, în jos, la dreapta și la stânga.
- Faceți exerciții de relaxare pentru ochi și pentru mușchii cefei și ai spatelui.

Cataracta („steaua gri")

Cataracta este cea mai frecventă boală a cristalinului, care duce la opacifierea acestuia.

Simptomele sunt scăderea acuității vizuale, slăbirea sensibilității la contrast și sensibilitatea extremă la lumină (la lumina orbitoare, la blițuri). Și vederea în culori este afectată. Cataracta poate duce până la orbire.

Factori de risc la nivelul corpului: alimentația săracă în substanțe nutritive, acumularea de deșeuri în corp, bolile (de exemplu, diabetul zaharat), leziunile sau medicamentele (cortizon).

Cauze sufletești

Trăsătura de caracter relevantă în cazul cataractei este viziunea pozitivă asupra vieții.

Caracterul simbolic al acestei afecțiuni se arată clar: se interpune un „văl" în fața ochilor. Aveți în vedere faptul că totul în viață este pozitiv, totul are un sens. Puteți să vă dezvoltați dorința de a recunoaște acest sens, pentru a dobândi o viziune pozitivă. Totul este gândit ca un sprijin în favoarea noastră. Viața este bucurie! Firește că există și vremuri „tulburi", dar asta nu înseamnă că trebuie să rămânem blocați în ele sau să aruncăm un văl peste ele. Găsiți o cale de ieșire, recunoscând ce puteți schimba. Adesea sunt suficiente „doar" o schimbare de atitudine a perspectivei proprii și disponibilitatea de a privi cu mai multă încredere în viitor.

Calea spre vindecare

Întrebați-vă

- ce vă perturbă, ce vă întristează,

- în ce măsură vedeți multe lucruri prea cenușiu, prea tulbure și negativ,
- dacă aveți puține speranțe referitoare la un viitor pozitiv.

Descoperiți pentru voi înșivă

- ce vă poate face mai fericiți,
- ce vă poate provoca mai multă bucurie,
- ce puteți descoperi tot mai pozitiv în viețile voastre.

Obiectivul salutar poate fi: O viziune pozitivă asupra vieții presupune voința de a percepe frumosul, binele și constructivul. Vă poate ajuta un jurnal zilnic în care să consemnați toate evenimentele și constatările frumoase, stimulante, chiar și pe cele aparent neînsemnate. Recitiți adesea aceste gânduri, mai ales atunci când vă vine greu să vedeți ceva pozitiv.

Ideea conducătoare: „Rămân pozitiv, orice s-ar întâmpla. Știu că acolo unde se află umbră există și lumină. După ce îmi voi fi transpus în practică legile vieții, o să-mi meargă mult mai bine. Atunci am să fiu fericit și mulțumit."

Conjunctivita (inflamația conjunctivei)

Conjunctiva este o membrană mucoasă care acoperă fața interioară a pleoapelor și se răsfrânge apoi în fund de sac pe fața anterioară a ochiului până lângă cornee.

Factori de risc la nivelul corpului sunt, de exemplu, iritanți fizici (praf, lumină solară puternică), mici corpi străini, iritanți chimici. Și o infecție bacteriană este posibilă.

Simptome: congestia („ochi înroșiți"), umflătura, arsurile, lăcrimare uneori abundentă și o senzație de corp străin (senzația „am ceva în ochi").

Cauze sufletești

Trăsătura de caracter relevantă în cazul conjunctivitei este viziunea pozitivă asupra vieții.

Suntem confruntați mereu cu situații care nu ne plac în mod deosebit sau chiar ne deranjează. În aceste cazuri ni se testează reacția. Ne lăsăm influențați, până când ne doare, ajungem să plângem sau ne străduim să păstrăm o anumită distanță, încercând să găsim o soluție? E posibil să ni se țină în față o oglindă care nu ne place, din care deocamdată nu suntem dispuși să învățăm? Suntem pregătiți să facem față obstacolelor zilnice, căutând soluții? Atunci o să învățăm să ieșim din dificultăți. Acest lucru ne întărește.

Calea spre vindecare

Întrebați-vă

- ce „iritant" vă deranjează vederea,
- dacă există ceva ce nu doriți să priviți, deoarece vă provoacă durere,
- dacă vă lăsați influențați prea tare de altcineva.

Descoperiți pentru voi înșivă

- cum vă puteți redobândi viziunea clară asupra lucrurilor,
- cum puteți găsi soluția unui conflict, a unei neplăceri,
- cum puteți redobândi mai multă plăcere de viață.

Obiectivul salutar poate fi: Antrenamentul nostru cotidian ne rezervă multe sarcini și teste. Acceptați provocările cu bucurie și cu ochii la pândă („în patru"), iar dacă uneori nu funcționează, trageți învățăturile respective. Asta o să vă ajute să dobândiți o atitudine pozitivă față de școala zilnică. Puteți descoperi multe, făcând progrese enorme.

Ideea conducătoare: „Sunt pregătit să-mi privesc școala zilnică și să profit de aceasta cât pot de bine. Mă străduiesc să-mi trec cu bucurie examenele."

Glaucomul („steaua verde")

Tensiunea intraoculară este crescută, astfel încât se ajunge la deteriorarea nervului optic. Ca urmare scade capacitatea vizuală, iar în absența tratamentului se ajunge la orbire.

Se deosebesc mai multe forme:

- glaucomul primar (blocarea fluxului umorii apoase, fie direct, fie, mai rar, printr-o îngustare congenitală a unghiului din ochi),
- glaucomul dobândit (urmarea sau complicația altor boli oculare),
- glaucomul congenital (la nou-născuți sau copii mici).

Cauze sufletești

Trăsătura de caracter relevantă în cazul glaucomului este viziunea pozitivă asupra vieții.

„Steaua verde" sau glaucomul este un avertisment imperios, deoarece o tensiune intraoculară crescută continuu poate provoca daune permanente, ajungând până la orbire. De aceea o recunoaștere precoce a bolii este deosebit de importantă. Presiunea intraoculară se află în strânsă legătură cu starea noastră – internă – de încordare. O presiune oculară internă se creează prin presiunea la care ne supunem noi înșine. Ne provocăm în permanență stres, la care se adaugă și tendința noastră de a ne supăra și enerva. Nu am realizat ceea ce ne-am dorit în viață? Sau poate chiar avem senzația de a fi eșuat? Supărarea și punerea sub presiune nu conduc la țintă. Trecutul nu este reversibil. Ceea ce contează sunt prezentul și viitorul. Priviți în față, la obiectivele pe care le doriți și le mai puteți atinge (privind realist)? Abordați-le cu bucurie și încredere și faceți ce puteți mai bine din viața voastră!

Calea spre vindecare

Întrebați-vă

- dacă și în ce condiții vă puneți sub presiune,
- dacă vă simțiți puși sub presiune de ceilalți,
- dacă și despre ce vă enervați adesea,
- dacă ceva vă întristează,
- dacă și în ce măsură aveți o viziune negativă asupra vieții.

Descoperiți pentru voi înșivă

- cum puteți ierta și slobozi lucrurile negative din trecut,
- cum vă puteți ușura viața,
- cum puteți privi pozitiv în față și cum să vă bucurați de anii ce urmează.

Obiectivul salutar poate fi: Scotociți după procese educative în evenimentele trecute, pentru a dobândi o viziune pozitivă. Recunoștința pe care o veți resimți vă ajută să priviți evenimentele curente într-o lumină pozitivă.

Ideea conducătoare: „Îmi pun pe ochi «ochelari pozitivi», privesc mereu cu atenție la ce se întâmplă și sunt deschis noilor cunoștințe. Îmi petrec viața relaxat și cu bucurie."

Hipermetropia

În cazul hipermetropiei focalizarea se face în spatele retinei. Cu cât un obiect este ținut mai aproape de ochi, cu atât mai în spate se deplasează punctul de focalizare. Astfel, obiectele devin tot mai neclare cu cât se află mai aproape de observator. În cazul hipermetropiei vârstnicilor, cauza se află în pierderea capacității de acomodare a cristalinului și în slăbirea mușchilor care-l antrenează. Vederea de aproape este îngreunată.

Cauze sufletești

Trăsătura de caracter relevantă în cazul hipermetropiei este sinceritatea.

Hipermetropia înseamnă că cineva nu vede ceea ce este evident. Unii oameni fac al doilea pas înaintea primului și ajung astfel să se împiedice. A nu reflecta consecvent la ceva, a nu putea să aștepți, a nu termina treburile începute sunt modele de comportament care arată că aceste persoane trăiesc mai mult în viitor decât aici și acum.

În ce privește hipermetropia vârstnicului, aceasta nu trebuie privită ca o boală în sine. Mai mult sau mai puțin toate persoanele de vârstă matură sunt afectate. Cristalinul nu mai este atât de elastic și nu se mai poate acomoda. Totuși, merită reflectat în ce măsură cu timpul am devenit inflexibili și nu ne mai schimbăm cu aceeași ușurință ca în anii tinereții.

Ochii sunt puternic solicitați în activitățile noastre. Mai ales munca în fața monitorului este una foarte extenuantă, deoarece privirea se concentrează rigid pe monitorul calculatorului, iar mișcările ochilor sunt minimale. Așa se poate instala o anumită rigiditate, o durificare. Anumite exerciții de relaxare și mobilitate pentru ochi pot îmbunătății vederea. La fel de important este și să dăm atenție pauzelor și unor condiții optimale la locul de muncă (mai ales în ce privește distanța față de monitor și iluminarea).

De asemenea, detoxificarea și purificarea, precum și o alimentație sănătoasă, cu multe fructe și legume, fără cafea și nicotină, ne protejează vederea.

Calea spre vindecare

Întrebați-vă

- dacă sunteți cu gândurile mai ales la viitor și astfel nu observați prezentul,
- ce este evident și nu doriți să vedeți,
- în ce domenii sunteți sau ați devenit prea rigizi și inflexibili,
- în ce măsură vă este teamă de îmbătrânire. Nu vă mai simțiți la fel de atractivi și performanți, ceea ce vă provoacă îngrijorare?

Descoperiți pentru voi înșivă

- cum puteți recunoaște șansele pozitive în fiecare segment al vieții și cum le puteți savura,
- cum vă puteți bucura de aici și acum,
- ce puteți face pentru a vă menaja ochii.

Obiectivul salutar poate fi: Concentrați-vă pe „aici“ și „acum“ și faceți un pas după altul. Astfel puteți evita greșelile care apar prin acțiuni pripite.

Ideea conducătoare: „Mă străduiesc să-mi îndrept gândurile spre prezent și văd astfel procesele educative pe care vreau să mi le însușesc. Dacă le stăpânesc, mă pot îndrepta spre un viitor frumos."

Miopia

În cazul miopiei, razele de lumină pătrunse în ochi se focalizează înaintea retinei, deoarece refracția acestora în globul ocular este prea puternică sau globul ocular este prea lung. Rezultatul: obiectele aflate la distanță apar neclare. Miopul poate vedea așadar de aproape mai bine decât la distanță. De aceea își ține obiectele aproape de ochi.

Cauze sufletești

Trăsături de caracter relevante în cazul miopiei sunt sinceritatea și curajul.

A fi miop înseamnă a nu vedea bine la distanță. Cu cât ne apropiem mai mult de obiecte, cu atât le putem recunoaște mai bine. Limbajul simbolic este clar: cine este „scurt văzător" nu poate acționa „larg văzător". La figurat, a fi miop înseamnă că, de exemplu, în cazul bolilor căutăm doar soluții ce aduc ameliorare de scurtă durată, pe termen lung însă nu aduc vindecarea. Dacă nu intervenim la cauza bolii, se vor instala în scurt timp alte simptome. Aici este necesară schimbarea perspectivei: dacă ne străduim să privim mai departe, o să putem recunoaște boala ca pe o sarcină prin care vom progresa.

La toate deciziile pe care le luăm ar trebui să dezvoltăm privirea de ansamblu și să ducem reflecțiile până la capăt, mai ales în cazul așa-ziselor „decizii-cheie", adică a deciziilor cu consecințe pe termen lung și de mare anvergură (de exemplu, alegerea profesiunii, a partenerului, încheierea unei căsătorii, dorința de a avea copii, schimbarea domiciliului). Putem cere ajutorul lui Dumnezeu și al legilor vieții, pentru a face alegerea corectă. Dacă suntem vigilenți și luăm în seamă semnalele, cu ajutorul intuiției putem lua deciziile corecte și benefice pe termen lung pentru toți cei implicați.

Calea spre vindecare

Întrebați-vă

- ce nu vreți să vedeți în depărtare și în viitor,
- dacă vă este frică de viitor și referitor la ce,
- unde nu doriți să vă asumați responsabilitatea și de ce,
- referitor la ce nu sunteți dispuși să vă ridicați privirile dincolo de marginea câmpului vizual imediat.

Descoperiți pentru voi înșivă

- ce puteți face pentru a învăța să gândiți pe termen lung,
- cum puteți face față cu încredere provocărilor,
- cum puteți privi cu mai multă încredere în viitor.

Obiectivul salutar poate fi: Aveți curaj să răspundeți provocărilor și să progresați. Pentru asta este nevoie de o viziune pozitivă asupra lucrurilor, precum și de încredere și optimism. Descoperiți sentimentele de care vă lăsați conduși, ce dorințe aveți, ce cale vi se potrivește pe termen lung. Aveți în vedere și motivul vostru! Vedeți-vă valoarea interioară! Aveți curaj să arătați ce zace în voi!

Ideea conducătoare: „Vreau să fiu deschis, pentru a vedea totul exact așa cum este. Am curajul să abordez noi perspective și privesc cu optimism și încredere în viitor.“

Organele de reproducere

Organele de reproducere (sexuale, genitale) feminine, ca și cele masculine, au în permanență legătură cu parteneriatul (cuplul, asocierea). În cazul dereglărilor în aceste domenii este vorba de o stagnare (îngrădire) a creativității. Ar trebui să ne punem următoarele întrebări: Care ne sunt rolurile? Ne sunt benefice relațiile pe care le avem? Clarificați-vă situația și câștigați astfel o nouă energie vitală.

Dezvoltați-vă un abdomen creativ

Organele genitale servesc reproducerii sexuale – cele masculine și cele feminine servesc formării, păstrării și transmiterii celulelor embrionare. Cele feminine asigură în plus îngrijirea și ocrotirea oului fertilizat până la naștere. Organele sexuale feminine interne sunt reprezentate de ovare, trompele uterine, uter și vagin. La exterior se află zona pubiană cu labiile mari, labiile mici și clitoris. Organele sexuale masculine interne sunt reprezentate de testicule, epididim, canalele seminale, canalul ejaculator, precum și vezicula seminală (aceasta produce o secreție alcalină, cu un conținut ridicat de fructoză, care are rol de liferant de energie pentru spermatozoizi; canalul excretor se varsă împreună cu canalele seminale în uretră) și glanda Cowper (aceasta produce o secreție vâscoasă pentru umidificarea și clătirea uretrei înaintea apariției ejaculării). La acestea se adaugă prostata și uretra. Scrotul și penisul reprezintă organele genitale masculine externe.

Cauze sufletești

Trăsătura de caracter relevantă în cazul bolilor organelor genitale este folosirea timpului.

Organele genitale masculine și feminine simbolizează puterile noastre creatoare și emoționale, creativitatea (ingeniozitatea) din noi. Ele servesc creării unei vieți noi. La problemele cu organele reproductive se pune întrebarea în ce măsură creativitatea ne este atât de blocată, încât nu ne putem valorifica potențialul și până la urmă ne irosim timpul. Se înțelege că în astfel de situații cel mai la îndemână lucru este analiza relației de cuplu. În alte împrejurări, problemele pot avea legătură și cu alte relații interumane strânse. Doar foarte rar poate fi de vină situația profesională, atunci când aceasta ne împiedică de așa manieră creativitatea, încât nu putem progresa. O folosire utilă a timpului este un factor esențial în zilele noastre, iar abaterile continue ne influențează foarte mult. Ele sunt legate întotdeauna de o pierdere de energie. Acest lucru se află în contradicție cu funcția creatoare de viață a organelor genitale. Astfel, bolile acestor organe sunt un simbol pentru tot ce ține de irosirea timpului. Clarificarea relațiilor interumane aduce în cele din urmă energie și promovează procesul de vindecare.

Calea spre vindecare

Întrebați-vă

- dacă vă simțiți bine în relația de cuplu și în alte relații interumane,
- în ce măsură vă puteți desfășura potențialul creativ personal sau profesional,
- dacă ambii parteneri se află pe o treaptă asemănătoare sufletește/spiritual, dacă împărtășesc aceleași interese și obiective și dacă „trag la aceeași căruță“,
- dacă beneficiați în relația de cuplu de suficientă libertate pentru a vă dezvolta personalitatea și dacă ambii parteneri se sprijină reciproc,
- în ce măsură puteți vorbi deschis despre toate,
- dacă vă puteți arăta deschis sentimentele.

Descoperiți pentru voi înșivă

- cum vă puteți folosi mai bine timpul și astfel șansele evolutive,
- ce puteți face activ pentru a vă îmbunătăți relația de cuplu,
- cum puteți comunica sincer și deschis cu partenerul,
- cum vă puteți organiza relația astfel încât ambii parteneri să beneficieze de mai multă energie,
- cum vă puteți organiza relațiile interumane cu afecțiune și spre binele tuturor,
- cum vă puteți împlini profesional.

Obiectivul salutar poate fi: O căsnicie sau un parteneriat este o sursă de bucurie și energie pentru ambii parteneri, atunci când cei doi se înțeleg unul pe celălalt și când există un echilibru între apropierea lor și libertatea de acțiune a fiecăruia. Procesul vostru educativ ar putea fi acela de a vă percepe ca pe o personalitate creatoare, care își organizează și susține pozitiv relațiile.

Ideea conducătoare: „Am grijă să-mi folosesc util timpul și să așez toate relațiile mele interumane pe o bază plină de afecțiune.“

Sprijiniți-vă corpul

- Aveți grijă de o bună igienă în zona intimă și asigurați astfel menținerea unei flore vaginale sănătoase.

- Pilula anticoncepțională modifică flora vaginală, iar antibioticele o pot distruge. Ambele trebuie evitate.
- Folosiți băi de șezut cu mușețel în caz de inflamații.
- Băi bazice sau băi cu bicarbonat de sodiu servesc contracarării acidității. Pentru aceasta adăugați trei linguri de sare de baie bazică sau bicarbonat în cada de baie și rămâneți acolo timp de 30 de minute. Din când în când frecați-vă cu un prosop aspru.
- În caz de mâncărime și pentru a acidifica mediul vaginal: baie de șezut cu oțet și un tampon îmbibat în iaurt. Pentru baia de șezut adăugați apă caldă și oțet ușor acidulat într-o cadă de plastic, așezați-vă deasupra și faceți spălături vaginale cu amestecul. La final puteți unge orificiul vaginal cu un ulei bun, pentru a-l feri de uscăciune. Pentru a vă confecționa un tampon cu iaurt, introduceți un tampon normal într-un borcan cu iaurt natural, până începe să se umfle. Introduceți-l apoi pentru circa 30 de minute în vagin. Ambele proceduri pot fi repetate la nevoie.
- Evitați măsuri igienice excesive (de obicei, pentru spălat ajunge apa curată).
- Evitați lenjeria sintetică și folosiți una din bumbac.

Bolile prostatei

Prostata este un organ de mărimea unei castane, situat sub vezica urinară. Face parte dintre organele genitale masculine interne. Ea produce o secreție care servește drept hrană spermatozoizilor și le facilitează motilitatea. Pot apărea trei posibile îmbolnăviri ale prostatei, de remarcat este însă că o anumită creștere de volum se întâlnește mai ales la bărbații în vârstă:

- Prostatita: inflamația acută sau cronică a prostatei.
- Hiperplazia benignă de prostată (HBP), sau sindromul benign de prostată: mărirea benignă a prostatei.
- Carcinomul de prostată: tumoră malignă.

Simptome: dificultăți sau dureri la micțiune (urinare), micțiuni frecvente, mai ales noaptea, flux urinar slab, dificultăți în a începe urinarea, până la imposibilitatea de a urina, urinarea cu sânge, modificări de erecție, infecții de căi urinare, dureri la nivelul bazinului. Netratate, acestea pot duce la stagnarea retrogradă a urinei până la nivelul rinichiului (hidronefroză) și, în final, la insuficiență renală.

Cauze sufletești

Trăsătura de caracter relevantă în cazul îmbolnăvirilor prostatei este folosirea timpului.

La o îmbolnăvire a prostatei este vorba în primul rând de relația de cuplu. Cauza se poate afla la fel de bine și în alte relații interumane sau de la locul de muncă. Și bărbații întâmpină provocări în relații. Ce rol le revine în această privință? Își văd confirmată bărbăția mai ales în sexualitate și și-o trăiesc din acest motiv din plin? Sau mai degrabă se subordonează, de dragul păcii? Admit sentimentele și pot vorbi despre ele? Decurge la ei totul pe fondul rațiunii sau încearcă să-și asculte și vocea interioară? De ce apar bolile prostatei cu precădere în a doua jumătate a vieții? Odată cu înaintarea în vârstă scade și performanța. În loc să insistăm mai departe pe forța fizică, noua provocare este de a recunoaște și conștientiza valorile sufletești și spirituale și de a ne îndrepta mai ales către ele. Acestea le pot oferi bărbaților o altă dimensiune a plăcerii și împlinirii.

Fritz

„În sinea mea eram scindat."

Fritz urma să fie martor la căsătoria celui mai bun prieten al său. Acest lucru i-a adus un conflict interior, deoarece se îndoia că acea căsnicie va rezista prea mult. Mult prea des în trecut fusese alături de prietenul său atunci când existaseră conflicte în relația acestuia. Prin problemele cu prostata i-a devenit clar că nu ar fi putut să fie martor, deoarece el considera legătura ca fiind una nepotrivită. Cu inima grea, a reușit să refuze invitația, lucru care a dus la ameliorarea simptomelor.

Calea spre vindecare

Întrebați-vă

- ce tablou despre bărbăție vi se profilează,
- ce nu e în ordine în relațiile voastre interumane,
- ce atitudine aveți față de sexualitate, dacă aveți senzația că nu vă puteți demonstra virilitatea decât predominant prin sexualitate sau dacă simțiți nevoia de a vă afirma mai ales pe plan sexual,
- dacă vă temeți că potența va scădea cu vârsta și dacă aveți dificultăți în a accepta acest lucru.

Descoperiți pentru voi înșivă

- cum vă puteți descoperi calitățile pe plan sufletesc și spiritual,
- cum vă puteți așeza centrul de greutate al relației voastre pe o bază spiritual-sufletească,
- ce puteți face pentru ca relațiile voastre interumane să devină (și mai) armonioase,
- ce preocupări vă pot aduce (mai ales la pensie) bucurie și împlinire.

Obiectivul salutar poate fi: Actul sexual nu are nimic de-a face cu performanța și virilitatea, ci este un semn de iubire, un schimb de tandrețe. Luați o relație în care ambii parteneri progresează și se dezvoltă armonios ca pe un mare dar.

Ideea conducătoare: „Am grijă de corpul meu și de sănătatea mea. Recunosc importanța valorilor sufletești. Ele îmi îmbogățesc viața și relația."

Chisturile ovariene

Ovarele produc hormoni (predominant estrogeni și progesteron) și ovule capabile de fertilizare. Un chist este o umflătură în formă de sac, delimitată printr-o capsulă plină cu lichid. Se poate forma la nivelul ovarelor sau al trompelor.

Cea mai frecventă cauză fizică este un folicul (o bășicuță cu lichid în care se formează ovulul) care la ovulație nu se sparge, așa cum ar trebui să se întâmple în mod normal.

Simptomele posibile: chisturile mici nu sunt însoțite de obicei de simptome și se pot resorbi spontan. Posibile simptome sunt dureri pelviene (în abdomenul inferior), senzația de presiune abdominală, sângerări menstruale neregulate sau puternice.

Cauze sufletești

Trăsăturile de caracter relevante în cazul chisturilor ovariene sunt curajul și folosirea timpului.

Ovarele reprezintă condiția procreării. Ele ne reprezintă pe de o parte feminitatea, pe de altă parte puterea de creație. Puterea creativă se referă la copii și în general la creativitate, inclusiv în domeniul profesional. Suntem noi, ca femei, convinse de a putea crea ceva? Credem în noi, în forțele și în posibilitățile noastre, sau ne blocăm? Dacă ne recunoaștem valoarea, o să știm și cum s-o transportăm în afară și s-o punem în valoare la modul constructiv.

Ute

„Mi s-a găsit un chist."

Ute avea un chist ovarian. La locul de muncă nu îndrăznea să-și spună părerea. Se subordona celorlalți. Atunci când nu era de aceeași părere cu aceștia, ceda întotdeauna. Atunci când a făcut cunoștință cu legile vieții, și-a dat seama și de propria conduită.

„Am reușit să-mi spun părerea cu mai mult curaj."

Din acel moment a făcut eforturi să ia atitudine și să intervină cu propuneri proprii. A constatat că ceilalți pot profita de propunerile și sugestiile ei, munca în echipă a devenit mai productivă, aducându-i și mai multă plăcere. Acest lucru a motivat-o să continue. După ce și-a recunoscut și schimbat modul de comportament, a dispărut și chistul.

Calea spre vindecare

Întrebați-vă

- dacă vă simțiți în inferioritate ca femei,
- cum vă susțineți propria poziție,
- dacă credeți în creativitatea și ingeniozitatea voastră,
- dacă șovăiți între copil și carieră.

Descoperiți pentru voi însevă

- cum puteți dobândi curajul de a crede în voi și în forțele proprii,
- cum puteți câștiga mai multă încredere de sine,
- cum vă puteți spori încrederea de sine și optimismul.

Obiectivul salutar poate fi: Curajul vă ajută să acceptați provocările și să vă puneți ideile în practică. Acest lucru vă dă încredere în sine. Deosebit de important este să aveți încredere în intuiția feminină și să vă folosiți de aceasta.

Ideea conducătoare: „Sunt recunoscătoare că sunt femeie, iar cu intuiția și priceperea mea pot determina multe lucruri pozitive."

Inflamația organelor genitale feminine

O floră vaginală sănătoasă (lactobacili), un mediu vaginal sănătos (un pH sub 4,5) și dopul de mucus de la nivelul orificiului colului uterin asigură o protecție eficientă împotriva agenților infecțioși. Agenții infecțioși ascendenți pot duce la inflamații ale vaginului, trompelor uterine, ovarelor sau uterului (inflamația colului uterin/cervicita, inflamația mucoasei uterine/endometrita sau inflamația musculaturii uterului/miometrita).

Simptome: (în funcție de organul afectat) secreție vaginală, tulburări ale ciclului menstrual, sângerări neregulate, mâncărime și arsuri la nivelul vaginului, până la dureri puternice în abdomenul inferior.

Factori de risc la nivelul corpului care perturbă flora vaginală pot fi: antibioticele, folosirea tampoanelor, contactul sexual, stresul, diabetul.

Cauze sufletești

Trăsături de caracter relevante în cazul inflamațiilor organelor genitale sunt curajul, viziunea pozitivă asupra vieții și folosirea timpului.

Organele genitale se află în strânsă legătură cu feminitatea, relațiile cu bărbații și sexualitatea. Femeile care nu se pot accepta pe ele însele caută adesea confirmarea în relații care să le ofere senzația că sunt utile. Sau cred că numai în umbra unui bărbat pot fi acceptate. În privința sexuală, este posibil ca aceste femei să nu aibă curajul să spună „nu", de teamă ca partenerul să nu le retragă iubirea. Femeile ar trebui să-și recunoască valoarea în planul global al creației și să-și trăiască și dezvolte individualitatea. Într-o relație armonioasă, ambii parteneri se susțin reciproc în acest proces, se completează și trăiesc cu plăcere împreună.

Calea spre vindecare

Întrebați-vă

- dacă și de ce vă vine greu să vă acceptați rolul de femeie,
- dacă și de ce vă respingeți corpul,
- cum vă simțiți în relația pe care o aveți,
- dacă în relația cu sexul opus s-au produs răniri ce trebuie iertate,
- dacă și de ce aveți senzația că nu sunteți respectată și apreciată,
- care vă este atitudinea față de sexualitate și cum v-o trăiți,
- dacă puteți spune ***nu*** atunci când nu simțiți nevoia de raport sexual,
- dacă vă este teamă că nu veți mai fi iubită dacă spuneți „nu" (în privința sexuală),
- dacă v-ați pus amândoi de acord în ce privește planificarea familiei.

Descoperiți pentru voi însevă

- cum ați putea fi fericite în rolul de femeie,
- cum să vă situați de partea propriei persoane,
- ce rol joacă sexualitatea pentru voi,
- ce puteți face pentru a avea o relație fericită și armonioasă, care să vă dea putere pentru propriile obiective.

Obiectivul salutar poate fi: Adeseori partenerii nu vorbesc sau nu vorbesc deschis despre diferitele aspecte ale relației lor. Obiectivul lor ar trebui să fie clarificarea, în cadrul unei discuții pline de afecțiune, a propriilor dorințe și a celor ale partenerului și de a găsi împreună soluții.

Ideea conducătoare: „Recunosc semnificația rolului meu de femeie în familie și în societate. Îmi accept cu plăcere atribuțiile."

Menopauza (climacteriul)

Faza de tranziție, în care menstruațiile regulate se reduc treptat, până când ovarele își încetează definitiv funcția, apare înainte de menopauză. Sângerarea menstruală apare la intervale tot mai neregulate și din ce în ca mai rar, până când încetează definitiv. Între 48 și 52 de ani își face apoi apariția menopauza (ultima menstruație). Întrucât corpul trebuie să se adapteze la schimbările hormonale, pot apărea fenomene de carențe climacterice, care conduc la sindromul climacteric.

Cele trei simptome tipice sunt:

- valurile de căldură (bufeurile)
- amețelile
- transpirațiile

În plus, pot apărea irascibilitatea, diminuarea libidoului, palpitațiile și tulburările de somn.

Cauze sufletești

Trăsăturile de caracter relevante în cazul climacteriului sunt viziunea pozitivă asupra vieții și folosirea timpului.

Instalarea menopauzei este un proces natural. Anii de tranziție anunță începutul unui nou segment al vieții. Cu cât femeile întâmpină mai pozitiv aceste schimbări, cu atât mai bine și mai ușor pot trece prin această perioadă, acceptându-și modificările fizice. Teama de îmbătrânire și sentimentul de a fi mai puțin atractive au efecte negative. Femeile care sunt bine ancorate în realitate și au o muncă și preocupări ce le împlinesc au de obicei mai puține probleme cu menopauza. Suprasolicitările trebuie evitate, deoarece și ele pot duce la dereglări. Ciclul menstrual este o oportunitate minunată, încorporată în fiecare femeie, prin care se detoxifică și purifică în mod regulat. Atunci când sângerarea lunară încetează, femeile ar trebui să se preocupe de luarea de măsuri corespunzătoare, prin care să susțină acest proces.

Calea prin care vă puteți susține anii de tranziție

Întrebați-vă

- dacă aveți o preocupare care să vă ofere împlinire,
- dacă vă folosiți timpul în mod util,

- în ce măsură vă este teamă de îmbătrânire, în ce privință vă simțiți mai puțin atractive,
- dacă sunteți suprasolicitate.

Descoperiți pentru voi însevă

- prin ce puteți înlocui modalitatea de detoxificare și purificare pe cale naturală,
- cum să aprobați această fază naturală în viața voastră și cum să descoperiți avantajele acesteia,
- cum să-i acordați corpului suficiente faze de odihnă,
- cum puteți recunoaște privilegiile vârstei și cum puteți menține performanța,
- cum să vă dedicați unor preocupări interesante împreună cu prietenii.

Obiectivul salutar poate fi: Propriile obiective sunt extrem de importante pentru evoluția ulterioară, mai ales în această etapă a vieții. Fiecare segment al vieții își are farmecul său – descoperiți și aici părțile pozitive ale vârstei.

Ideea conducătoare: „Mă iubesc așa cum sunt și dau ascultare vocii interioare, care mă conduce mereu, astfel încât să mă pot dezvolta."

Sprijiniți-vă corpul

- Ceaiul de salvie, trifoi roșu și semințe de rodie poate ameliora simptomele.
- Puteți reduce bufeurile astfel: faceți sport regulat, până când începeți să transpirați. Dușurile alternative (întregul corp sau numai picioarele sau brațele). Procedați astfel: alternați apa caldă cu apa rece, terminând întotdeauna cu apa rece.
- Recurgeți la o alimentație săracă în acizi, mai degrabă la una bazică. Acizii, pe care corpul îi putea cândva elimina cu ajutorul menstruației, nu mai pot fi îndepărtați acum decât prin valuri de căldură și transpirație.

Mioamele uterine

Peretele uterului constă în special din musculatură netedă. În perioada de maturitate sexuală feminină, musculatura poate prolifera, dând naștere unor mioame (miomuri). Femeile nu prezintă de obicei simptome. În funcție de mărime însă, unele miomuri pot conduce la sângerări menstruale abundente sau prelungite. Atunci când apasă pe intestin sau pe vezica urinară pot apărea simptome de tipul tulburărilor de micțiune sau constipației. De asemenea, pot apărea și dureri de spate. Creșterea miomului este dependentă de estrogeni, astfel încât după menopauză nu mai apar mioame sau cele prezente regresează. De cele mai multe ori acestea sunt benigne. Se malignizează doar arareori.

Cauze sufletești

Trăsăturile de caracter relevante în cazul miomului uterin sunt curajul și folosirea timpului.

În cele mai multe cazuri este vorba despre căsnicie sau parteneriat. Rareori se întâmplă ca femeile fără un partener să dezvolte mioame. În acele cazuri boala are de-a face cu alte relații interumane strânse. În uter se face implantarea oului embrionat, uterul este prima sa locuință. Un astfel de adăpost oferă siguranță și protecție. Aceste sentimente vor să sporească și să se maturizeze. Dacă apar mioamele, aceste sentimente elementare pentru bunăstare au fost încălcate anterior. Persoanele afectate pot reflecta dacă se simt rănite de o persoană apropiată lor sau sunt intimidate de aceasta. Pentru a ierta este de folos legea imaginii în oglindă. Mioamele care apar în locul unde crește și se dezvoltă o nouă viață au de obicei legătură cu dorința neîmplinită de a avea copii. La figurat poate fi vorba și de o idee care nu s-a putut maturiza și de aceea nu a fost pusă în aplicare. Credeți în voi, în ideile și dorințele voastre. Aveți dreptul să vă organizați viața așa cum vă place! Cu cât mai important este un proiect, cu atât mai mult depinde de a nu fi nestatornic, ci consecvent, lucru valabil atât pentru dorința de a deveni părinte, cât și pentru toate celelalte obiective.

Bernadette

„În principiu, până la punerea diagnosticului nu am avut simptome."

Bernadette avea 45 de ani atunci când i s-a diagnosticat un miom. Era căsătorită și avea trei copii. Soțul ei era foarte ocupat cu serviciul și călătorea mult. Cel mai mic dintre copii avea zece ani și nu mai avea nevoie de mamă atât de mult ca înainte.

„Acum făceam ceva și pentru mine, ajungând să fiu tot mai mulțumită."

Bernadette și-a dat seama că s-a sacrificat pentru familie și că nu mai face nimic pentru ea însăși. În plus, nu era pe deplin mulțumită în căsnicie. A înțeles că ea era cea care trebuia să acționeze, făcând primul pas. A descoperit cum și-ar fi putut valorifica abilitățile pe plan profesional și și-a găsit o slujbă cu jumătate de normă. A devenit astfel mai sigură pe ea și mai mulțumită, ceea ce s-a răsfrânt și asupra căsniciei. Miomul i-a dispărut.

Calea spre vindecare

Întrebați-vă

- dacă totul în căsnicie/parteneriat este coerent (închegat),
- cum simțiți sexualitatea cu partenerul,
- dacă aveți aceleași dorințe/idealuri ca și partenerul sau vă adaptați acestuia,
- dacă vă sacrificați făcând lucruri care nu corespund intuiției,
- dacă vă lipsește curajul să faceți sau să spuneți ceea ce vi se pare a fi corect,
- dacă faceți anumite lucruri doar pentru a primi lauda și aprecierea cuiva.

Descoperiți pentru voi însevă

- cum veți găsi curajul de a merge pe propriul drum, de a vă pune în valoare potențialul,
- ce puteți face pentru a vă îndrepta căsnicia/parteneriatul sau o altă relație interumană, astfel încât toți cei implicați să fie mulțumiți,
- cum să vă respectați pe voi însevă, astfel încât să nu depindeți de aprecierea celorlalți.

Obiectivul salutar poate fi: Fiecare femeie poate învăța să-și dovedească pe cont propriu calitățile și priceperea, să-și aprecieze valorile și abilitățile și să le îndrăgească. Important este să ascultați în interiorul vostru, să aveți încredere în propriile sentimente și să țineți la opinia voastră. Dezvoltați-vă mai departe, și din acest lucru va profita și anturajul vostru.

Ideea conducătoare: „Țin la mine, am încredere în propriile abilități și sentimente, care îmi indică drumul corect."

Polipii

Polipii sunt proliferări ale mucoasei, de cele mai multe ori benigne. Celulele mucoasei încep să se divídă (multiplice) mai des ca de obicei. Cei mai frecvenți polipi la nivelul organelor genitale apar pe canalul colului uterin și în cavitatea uterină. Pot avea de la mărimea unui bob de linte până la aceea a unei cireșe.

Simptome: de cele mai multe ori polipii nu cauzează probleme. În cazuri izolate pot apărea hemoragii masive, neregulate sau scurgeri cu aspect mucos.

Cauze sufletești

Trăsăturile de caracter relevante în cazul polipilor sunt curajul și folosirea timpului.

Atunci când sunt implicate organele genitale, este vorba în general de relații interumane, dar și de situații profesionale. În primul rând ar trebui să ne facem gânduri cu privire la căsnicie sau parteneriat sau despre relații strânse cu semenii noștri. Este totul în ordine? Polipii sunt tumori benigne, adică ceva este „încapsulat". Suntem „încapsulați" într-un fel oarecare în relația noastră, adică strâmtorați? Ne urmăm propria voce interioară sau ne lăsăm strâmtorați, „încapsulați" într-o relație? Ne comportăm astfel în primul rând pentru ca partenerul și, respectiv, anturajul să ne accepte și să ne iubească? Ar trebui să ne revizuim motivele, pentru a nu ne lăsa dirijați din exterior, irosindu-ne timpul prețios prin neglijarea dezvoltării propriei personalități. Aveți curajul să mergeți pe drumul pe care vi-l indică intuiția. O relație nu poate funcționa bine decât atunci când ambii parteneri își acordă suficientă libertate.

Calea spre vindecare

Întrebați-vă

- cum vă simțiți în relația voastră,
- dacă dispuneți de suficientă libertate pentru a vă dezvolta așa cum doriți,
- din ce motive sunteți împreună cu actualul partener,
- dacă aveți curajul să vă urmați propriile dorințe interioare.

Descoperiți pentru voi înseva

- pe ce drum vrea să vă îndrepte intuiția,
- cum puteți căpăta curajul de a vă îndeplini dorințele,
- ce puteți face pentru a vă corecta activ relația.

Obiectivul salutar poate fi: Într-o relație bazată pe iubire, fiecare partener dispune de libertatea de a se dezvolta. La modul ideal, cei doi se susțin reciproc.

Ideea conducătoare: „Am curajul să-mi accept sentimentele și dorințele. Îmi acord mie și celor apropiați suficientă libertate pentru a ne putea dezvolta cu toții."

Scurgerile vaginale (secrețiile vaginale)

O floră vaginală sănătoasă și un mediu vaginal acid împiedică pătrunderea și înmulțirea germenilor patogeni.

Pot apărea următoarele simptome: o secreție fără culoare și miros poate fi datorată unei acumulări de căldură, îmbrăcămintei prea strâmte, lenjeriei sintetice sau în caz de stres psihic în limite normale.

Schimbarea culorii sau a mirosului însă pot indica apariția unei îmbolnăviri. Senzațiile de mâncărime sau de arsură pot fi semne asociate.

Cauze sufletești

Trăsătura de caracter relevantă în cazul secreției vaginale este folosirea timpului.

Cum se prezintă lucrurile cu parteneriatul/căsnicia? Ce anume vă produce mâncărime sau arsuri? Există ceva negativ, care încearcă să se scurgă în afară? Apare ceva deranjant, împovărător, care solicită atenția și reacția voastră? Adeseori debutează cu fleacuri. Puteți găsi soluția împreună cu partenerul, într-o discuție bazată pe afecțiune. Reflectați și la legea imaginii în oglindă. Poate că partenerul oglindește o conduită care ar trebui să vă dea de gândit. Aveți un obicei asemănător? Sau oglinda vă prezintă contrariul propriei slăbiciuni? În orice relație de cuplu există procese educative comune. Obișnuiți-vă de timpuriu să înlăturați la timp eventualele dezacorduri. Veți evita astfel acumularea lucrurilor negative. Reflectați și la cum vă puteți îndrepta conduita proprie, pentru ca și relația să se îndrepte. Aproape că nu există nimic mai frumos decât a învăța împreună și cu iubire la școala zilnică și a ieși împreună fortificați din acest proces.

Calea spre vindecare

Întrebați-vă

- dacă e ceva de clarificat în relație voastră,
- ce vă deranjează actualmente în căsnicia/parteneriatul vostru,
- dacă vă neglijați cumva propria persoană.

Descoperiți pentru voi însevă

- ce vrea să vă spună legea imaginii în oglindă,
- cum vă puteți preocupa mai mult de voi înșivă,
- cum puteți aduce mai multă armonie în relația voastră.

Obiectivul salutar poate fi: Dacă există cumva probleme în parteneriat, ar trebui să le rezolvați cât mai curând. Încercați să recunoașteți o eventuală imagine în oglindă. E posibil ca tocmai asta să fie ceea ce vă deranjează la partenerul vostru? O discuție lămuritoare poate aduce mai multă înțelegere de ambele părți și o soluție.

Ideea conducătoare: „Îmi folosesc creativitatea pentru a-mi organiza relația de cuplu și alte relații interumane la modul plăcut și plin de afecțiune."

Tulburările menstruale – sindromul premenstrual

În timpul ciclului menstrual (durează circa 28 de zile) au loc periodic procese complicate la nivelul organelor genitale interne. Ovarele produc hormoni care au rolul de a pregăti ciclic uterul pentru implantarea oului fertilizat. Dacă nu s-a ajuns la o fertilizare, mucoasa uterină va fi eliminată odată cu sângerarea menstruală. Tulburările ciclului menstrual se exprimă în cantitatea, durata sau periodicitatea sângerării. Astfel, sângerarea poate să lipsească complet, se poate produce la intervale mai mari (un ciclu mai lung de 35 de zile) sau dimpotrivă (mai scurt de 24 de zile). Sângerările slabe sunt mai degrabă inofensive, cele puternice, dimpotrivă, pot avea la bază o inflamație a mucoasei uterine, un miom sau polipi. În plus, pot apărea sângerări între cicluri sau în prelungirea acestora, precum și sângerări menstruale extrem de lungi.

La așa-numitul „sindrom premenstrual" apar periodic, înainte de declanșarea sângerării, tulburări fizice sau psihice, de exemplu irascibilitate, stare depresivă, oboseală, acumulare de apă în țesuturi, tensiune la nivelul sânilor. Aceste simptome dispar odată cu apariția menstruației. Dacă însă simptomele sunt atât de marcante încât afectează viața cotidiană, vorbim de tulburare disforică premenstruală.

Simptome posibile sunt crampe abdominale, tensiune și sensibilitate în zona sânilor, dureri de cap și de spate, oboseală, foame exagerată sau lipsa poftei de mâncare, instabilitate emoțională (modificări ale dispoziției), irascibilitate, tristețe sau euforie, stări de anxietate.

Măsuri de prevenție sunt exercițiile fizice regulate, activități relaxante la aer curat (plimbări pe jos, mersul pe bicicletă), alimentație sănătoasă, masaje, băi.

Cauze sufletești

Trăsătura de caracter relevantă în cazul tulburărilor menstruale, ca și al sindromului premenstrual, este folosirea timpului.

Menstruația este o curățenie lunară care permite corpului femeii să se detoxifice și purifice regulat și în mod natural. În plus, sângerarea menstruală este o funcție feminină importantă a maturității sexuale. În sindromul premenstrual („perioada dinaintea perioadei") se poate oglindi respingerea sângerării menstruale. Am cumva senzația că prin menstruație sunt dezavantajată, îmi slăbesc puterile? Nu doresc să-mi accept feminitatea? Tulburările menstruale apar adesea de timpuriu la tinerele fete, care-și pot face astfel gânduri cu privire la temele fundamentale ale vieții: Cum își văd ele rolul de femeie? Asociază poate feminitatea cu subordonarea sau dependența și de aceea se apără împotriva acesteia? Tinerele femei sunt puse astăzi în fața unor mari provocări. Sunt așteptate decizii fundamentale: Doresc să facă „doar" carieră și să renunțe la propriii copii, lucru pe care poate că îl vor regreta într-o bună zi? Sau să întemeieze o familie? Care ar fi timpul potrivit pentru asta? Cum s-ar putea împăca succesul în carieră cu copiii? Ce rol joacă exemplul propriei mame în aceste considerații? Care este drumul cel mai potrivit pentru fiecare? Răspunsul nu poate fi găsit decât de fiecare dintre femei individual.

Calea spre vindecare

Întrebați-vă

- cum vă vedeți rolul de femeie,
- dacă vă acceptați feminitatea, cu tot ceea ce ține de aceasta,
- ce rol joacă sexualitatea pentru voi și dacă vă încumetați să vă urmați intuiția în această privință, indiferent de ce spun, fac sau gândesc ceilalți,
- cum că vedeți rolul de soție și mamă.

Descoperiți pentru voi înseva

- cum vă puteți bucura de feminitate,
- cum vă puteți accepta sângerarea lunară și curățenia trupească ce ține de aceasta ca fiind un proces natural, pentru care ar trebui să fiți recunoscătoare,
- cum puteți dezvolta o atitudine sănătoasă față de sexualitate,
- ce drum doriți să urmați – carieră sau copil – și cum vă puteți realiza ideile.

Obiectivul salutar poate fi: Rolul femeii este în transformare. Verificați din când în când, în situații concrete, dacă vă situați de partea propriilor sentimente și sunteți credincioase obiectivelor stabilite. Recunoașteți părțile pozitive pe care le au femeile și folosiți-le astfel încât să vă simțiți împlinite și fericite.

Ideea conducătoare: „Îmi accept cu plăcere rolul de femeie. Îmi ascult vocea interioară, pentru a-mi putea găsi propriul drum."

Organele respiratorii

Respirația este vitală. Organele respiratorii furnizează corpului energia elementară, oxigenul. În același timp, simptome precum tusea și guturaiul sunt încercări de a se curăța de părțile negative. Eliberați-vă de gândurile rele, eliberați-vă căile respiratorii și învățați să respirați din nou adânc!

Țineți ecluza deschisă pentru aer și viață

La respirație sunt implicate nasul, cu sinusurile paranazale, laringele, traheea, sistemul bronhic, mușchii respiratori și toracele, precum și punctul de comutare supraordonat, centrul respirator (aceasta este așa-numita „respirație externă“). Cei doi plămâni ocupă cea mai mare parte din cavitatea toracică. Frecvența respirației la un adult este cam de 10 până la 15 respirații pe minut. Respirația asigură schimbul de gaze la nivelul organismului, prin care este furnizat oxigenul vital și, la schimb, este descărcat bioxidul de carbon. Prin respirația internă se înțelege transportul prin sânge al oxigenului și al bioxidului de carbon, schimbul de gaze dintre sânge și celule, precum și procesele oxidative din cadrul metabolismului celular.

Factorii de risc la nivelul corpului sunt poluarea aerului și fumatul. Fumatul conduce la tusea fumătorului, mucoasa bronhică reacționează prin inflamație la substanțele toxice din fumul de țigară și secretă un mucus vâscos la nivelul bronhiilor. Acesta duce la boala pulmonară obstructivă cronică (BPOC) și la un risc crescut de cancer. Copiii din părinți fumători sunt adeseori bolnavi și fac de trei ori mai multe infecții respiratorii decât copiii nefumătorilor.

Cauze sufletești

Trăsături de caracter relevante pentru bolile aparatului respirator sunt viziunea pozitivă asupra vieții și utilizarea timpului.

Expresii precum: „nu-mi miroase a bine“, „nu-l pot mirosi“, „nu-l pot înghiţi“ ne arată clar că cineva sau ceva nu ne place. Din perspectiva sufletească, bolile căilor respiratorii superioare sunt puse în legătură cu gânduri negative, cuvinte neplăcute, critică și amestec în treburile altora. Segmentele respective sunt legate de vorbire. Negativul care ne iese din gură se întoarce înapoi la noi. Oameni cu lipsa unei viziuni pozitive asupra vieții văd mai ales negativul și greșelile la ceilalți. Exprimă asta prin cuvinte, sub formă de injurii și critici. Profitabil aici este recunoașterea imaginii în oglindă și întrebările: de ce mă deranjează pe mine asta? ce slăbiciune mi se prezintă, ca s-o corectez? Fiecare om se poate schimba doar pe el însuși și tocmai de aceea ar trebui să-și cunoască lungul nasului! Reflectați cum puteți vedea viața mai pozitiv, cum puteți aborda mai constructiv și mai lejer situațiile care vi se prezintă altfel decât vi le-ați dori voi. Preocupându-vă de schimbările pozitive, veți slobozi gândurile negative. Veți descoperi astfel mai multe motive de bucurie, iar cei din jurul vostru vor reacționa pe măsură. Aici e vorba de o schimbare de perspectivă, care merită efortul. Problemele cu organele respiratorii ne arată și faptul că acordăm prea puțină atenție nutriției și acumulăm prea multe substanțe toxice în corp. Tusea, guturaiul și amigdalele inflamate sunt posibilitățile corpului de a elimina aceste otrăvuri. Putem sprijini acest proces prin măsuri corespunzătoare (vezi subcapitolul „Fiți buni cu voi înșivă").

Avem nevoie de plămâni pentru a respira, pentru a inspira aerul. O boală de plămâni ne arată la sensul figurat că nu primim suficient aer. Ne lipsesc fazele de odihnă. Prin urmare, ar trebui să ne verificăm utilizarea timpului. Inspirăm și expirăm, ceea ce înseamnă un schimb continuu între a da și a lua. Tot atât de important este datul și luatul și în relaționarea cu propriul corp. Putem să-i cerem destule corpului, în schimb însă ar trebui să-i oferim o hrană care să-l întărească, să-i acordăm timp de relaxare și posibilități de a se încărca cu energie.

Calea spre vindecare

Întrebați-vă

- dacă priviți lucrurile mai degrabă critic,
- dacă aveți tendința de a exprima chestiuni negative, de a defăima și critica,
- dacă viziunea asupra vieții este mai degrabă una optimistă sau una pesimistă,
- dacă vă acordați suficientă odihnă și relaxare,
- dacă nu vă suprasolicitați, de exemplu muncind prea mult,
- dacă prin organizarea timpului liber puteți reîncărca energie – sau mai degrabă întindeți coarda prea tare, de exemplu stând treji până târziu sau ducând o viață nocturnă exagerată,
- dacă petreceți mult timp în spații închise, unde se fumează/fumați mult.

Descoperiți pentru voi înșivă

- cum puteți recunoaște tot mai des pozitivul în lucruri negative,
- cum ați putea înțelege și aplica mesajul imaginii din oglindă,
- cum vă puteți împărți mai bine timpul, astfel încât încordarea și relaxarea să fie în echilibru,

- cum puteți introduce cât mai puține otrăvuri în corp și cum le puteți elimina pe cele existente.

Obiectivul salutar poate fi: Străduiți-vă să vă folosiți timpul în mod util. Aici vă poate fi de folos o planificare pentru zi și săptămână, în care să țineți cont de suficiente perioade de odihnă. Prin asta ați făcut un prim pas, acela care asigură sprijinul legilor vieții. Aveți grijă la ceea ce gândiți și spuneți – trebuie să fie pozitiv.

Ideea conducătoare: „Sunt recunoscător pentru corpul meu și-i ofer periodic ocazia să respire profund și să se relaxeze, pentru a putea fi performant. Îmi despovărez organele respiratorii, criticând mai puțin."

Sprijiniți-vă corpul

- Dezintoxicați și purificați.
- Regenerați-vă flora intestinală și întăriți-vă sistemul imunitar.
- Luați în considerare o alimentație bogată în energie, echilibrată și revigorantă, care să aprovizioneze corpul cu toate cele necesare.
- Faceți mișcare în aer curat și asigurați un bun schimb de gaze la nivelul plămânilor.
- Atunci când vă aflați la aer curat, practicați spălăturile pentru ochi, nas și gât.
- Beți sucuri sau ceaiuri de cimbru sau de salvie – calmează căile respiratorii și acționează antiinflamator.
- Inhalați sau clătiți cu soluții sărate (de exemplu, cu sare de Emser) sau cu mușețel, ulei de cajeput, ulei de cimbru.
- Faceți un tratament cu o combinație potrivită de substanțe active cu conținut de radon natural, căldură și umiditate a aerului.
- Folosiți pătlagină îngustă (suc de plantă presată) la tusea seacă, iritativă, podbal și ridiche neagră (suc presat) la răgușeală, iritație faringiană și bronșită.
- Luați picături de Olbas sau inhalați-le. Picăturile calmează, acționează antiinflamator, antibacterian, expectorant și antispastic.
- Faceți-vă un serviciu și renunțați la fumat.
- Menajați-vă coardele vocale.

Amigdalita (angina, „roșul în gât")

Amigdalita este boala inflamatoare a amigdalelor din fundul gâtului. La copii poate fi inflamat întregul inel limfatic faringian.

Simptome caracteristice: febra, durerile în gât și durerile la deglutiție (la înghițire).

Factori de risc la nivelul corpului: alimentația bogată în zaharuri și aditivi, fast-food, produse de panificație cu acizi grași saturați.

Cauze sufletești

Trăsături de caracter relevante în cazul amigdalitei sunt curajul și atitudinea pozitivă asupra vieții.

Amigdalele sunt organe de prelucrare a substanțelor dăunătoare, a otrăvurilor. Observați ce fel de cuvinte „toxice“ vă ies din gură și luați în considerare că acestea lasă urme. La o amigdalită, înghițirea devine extrem de dureroasă. Ce n-ar trebui să înghițiți? Ar putea fi, de exemplu, teama de a nu putea atinge un anumit obiectiv, pentru că nu avem curajul necesar. Sau poate că blocada produsă de frică arată către o problemă de relație? Lipsește curajul de a căuta o soluție? La nivel fizic, o inflamație simplă sau chiar purulentă a amigdalelor ne arată că organismul nostru a primit prea multe otrăvuri, de care acum încearcă să se debaraseze. Acesta este un indiciu puternic că ar trebui să fim atenți ce anume oferim corpului. Pentru a ne menaja amigdalele este necesar un comportament alimentar conștient. Adesea copii fac amigdalită atunci când consumă prea multe dulciuri, zahăr, coloranți și arome artificiale. Mai ales în perioada de creștere este nevoie de un „material de construcție“ de calitate, pentru ca organismul să-și poată forma o substanță sănătoasă. Dacă susținem amigdalele la detoxificare și pe viitor și nu le mai solicităm peste măsură, o să revină ușor la normal. Dacă însă alegem să îndepărtăm organul de detoxificare și ne păstrăm obiceiurile alimentare, corpul trebuie să găsească o nouă posibilitate de a elimina toxinele.

Calea spre vindecare

Întrebați-vă

- cum arată vocabularul și termenii pe care-i folosiți – mai degrabă critic sau binevoitor, constructiv,
- dacă aveți temeri,
- cum vă hrăniți. Recurgeți adesea la fast-food, produse semipreparate, alimente cu aditivi sau cu zahăr?

Descoperiți pentru voi înșivă

- cum puteți fi mai conștienți de felul cum vorbiți (reflectați înainte de a vorbi),
- cum puteți dobândi mai mult curaj pentru a vă menține pe poziție și a avea încredere în voi înșivă,
- cum vă puteți schimba alimentația, trecând pe produse proaspete, sănătoase.

Obiectivul salutar poate fi: Căutați după temeri ascunse, căci acestea vă pot conduce la exprimări nechibzuite. Prin alegerea cu grijă a cuvintelor puteți contribui la un climat „netoxic“ de comunicare cu anturajul.

Ideea conducătoare: „Am o atitudine pozitivă față de viață și văd părțile bune în ceea ce mi se întâmplă. Îmi hrănesc corpul doar cu alimente de calitate.“

Astmul bronșic

În cazul astmului bronșic se ajunge la atacuri paroxistice de sufocare. Mai ales expirația este îngreunată. Pe de o parte se ajunge la contracția musculaturii bronhice, pe de altă parte se obstruează căile respiratorii prin tumefierea mucoasei din cauza inflamației și prin secreția abundentă, vâscoasă.

Simptomele crizei de astm sunt senzația de strângere în piept, lipsa de aer (sufocare) și tusea uscată iritativă. Marcantă este lipsa de aer, care îngreunează în special expirația și o face să dureze mai mult.

Cauze sufletești

Trăsături de caracter relevante la astmul bronșic sunt curajul și viziunea pozitivă asupra vieții.

În această boală pacientul este neliniștit, anxios și gâfâie după aer. Teama, strâmtoarea și neliniștea indică simbolic întreaga situație în care se află cel afectat. Temerile îi îngustează atât de mult capacitatea de acțiune încât dezvoltarea ulterioară este profund alterată. Neliniștea arată cât de urgent trebuie schimbată conduita. Persoanei afectate îi lipsește însă curajul pentru a se dezvolta liber, pentru a-și face rost de aer, cum s-ar spune. Uneori se mai adaugă o trăsătură negativă: persoanele respective au tendința de a vedea doar părțile negative, mai ales când se referă la propria persoană. O astfel de abordare îi împiedică să dea dovadă de curaj.

Calea spre vindecare

Întrebați-vă

- dacă și în ce relație vă simțiți strâmtorați,
- în ce situații vă este frică și de ce,
- cum vă vedeți voi înșivă și cum vă estimați propria valoare,
- dacă și cu ce ocazie vă lipsește curajul de a lua o decizie și de ce,
- dacă puneți adesea propria persoană pe ultimul plan.

Descoperiți pentru voi înșivă

- cum vă puteți crea mai mult spațiu liber,
- cum puteți reuși să spuneți „nu“ atunci când aveți senzația că ceva nu este în ordine; verificați și dacă vreți să spuneți acel „nu“ de frică sau din convingere că așa ar fi corect,
- care ar fi acele mici provocări pe care le-ați putea accepta la început, până dobândiți încredere în sine,
- ce alte posibilități ați mai avea pentru a vă întări încrederea în sine.

Obiectivul salutar poate fi: Gândiți pozitiv despre persoana voastră, pentru a vă recunoaște potențialul. Abordați lucrurile cu încredere și optimism. Luați-vă viața în propriile mâini, îndrăzniți să faceți ceva. Pașii mici aduc mai rapid senzația realizărilor. Țineți un jurnal al succeselor despre lucruri care vă reușesc, chiar și despre lucruri aparent neînsemnate.

Ideea conducătoare: „Am încredere că pot lua decizii, mai întâi unele mărunte, apoi tot mai ample. Dacă deciziile sunt greșite, am să învăț din ele și sunt recunoscător pentru asta. Încrederea în mine crește mereu.“

Boala pulmonară obstructivă cronică (bronhopneumopatia cronică obstructivă – BPOC)

Atunci când o bronșită cronică evoluează, se poate ajunge la o îngustare de căi respiratorii. Dacă și cilii (proiecții celulare asemănătoare firelor de păr care se mișcă în aceeași direcție, încercând să elimine din plămâni particulele străine și mucusul secretat) sunt distruși, de exemplu prin fumul de țigară sau alte substanțe otrăvitoare, nu mai pot transporta mucusul în afară. Mucoasa se inflamează și stratul muscular al bronhiilor se îngroașă, astfel încât căile respiratorii se îngustează tot mai mult.

Simptomele sunt reprezentate de tuse cronică însoțită de expectorație, mai ales dimineața. Dispneea (greutatea la respirație) apare la început la efort, apoi și la repaus. Dureri de cap, scădere în greutate, mărirea inimii. Mai târziu, atunci când inima nu mai poate face față efortului, se ajunge la stază (încetinirea circulației sângelui) în vestibulul aortic, care se manifestă prin umflarea membrelor inferioare (edeme) și ieșirea în evidență a venelor gâtului.

Factori de risc la nivelul corpului sunt fumatul și poluarea aerului.

Cauze sufletești

Trăsături de caracter relevante pentru BPOC sunt viziunea pozitivă asupra vieții și utilizarea timpului.

Tema principală este fumatul. Cine nu ia în seamă semnalele bronșitei cronice – tusea cronică, expectorația și dispneea – primește semne și simboluri tot mai evidente. Cine fumează dăunează enorm propriei sănătăți (în anumite circumstanțe și sănătății persoanelor din jur) și se limitează astfel foarte tare în propria evoluție. Timpul pe care oamenii îl dedică fumatului este de fapt un timp irosit. Negativul pe care și-l însușesc fumând se reflectă și în viziunea asupra vieții. Negativul atrage după sine și mai mult negativ. Fiți precauți cu critica.

În cazul în care aveți copii, luați în considerare și funcția voastră, de exemplu față de aceștia. Chiar dacă nu fumați în locuință sau în apropierea lor, exemplul vostru negativ va avea totuși urmări corespunzătoare asupra copiilor, în conformitate cu legea cauzei și efectului. Este un obiectiv important acela de a avea în vedere bunăstarea întregii familii și un stil de viață sănătos.

Calea spre vindecare

Întrebați-vă

- ce fel de obiceiuri dăunătoare sănătății aveți,
- ce atitudine față de viață aveți,
- ce vă face să fumați.

Descoperiți pentru voi înșivă

- ce puteți face concret pentru sănătatea voastră,
- cum vă puteți crește energia,
- cum vă puteți consolida caracteristicile pozitive,
- cum puteți vedea în general mai mult pozitivul lucrurilor,
- ce puteți face pentru autorealizare,
- cum vă puteți acorda mai multă liniște,
- cum vă puteți debarasa de obiceiuri dăunătoare sănătății, mai ales de fumat,
- care sunt situațiile pe care ar trebui să le evitați (de exemplu, localurile pentru fumători).

Obiectivul salutar poate fi: Vă puteți susține corpul în sensul pozitiv, acordându-i tot ceea ce are nevoie pentru a se ține departe de tot ce-i este nefavorabil și îi dăunează. Astfel, creați cele mai bune premise pentru a vă pune în aplicare forțele și a vă valorifica potențialul. Dacă înțelegeți și aplicați școala zilnică, o să aveți succes și o să vă puteți bucura tot mai mult de viață.

Ideea conducătoare: „Dau atenție sănătății mele și nu recurg la substanțe nocive. Mă preocup periodic de detoxificarea și purificarea corpului meu. Îmi folosesc talentele pentru instaurarea sănătății și a bucuriei de viață."

Bronșita

În cazul bronșitei este vorba de inflamația mucoasei ramificațiilor arborelui bronșic. Deosebim o formă acută și una cronică.

La bronșita acută se declanșează rapid tusea și expectorația unei secreții vâscoase, adesea însoțite de febră. De obicei este prezentă și o răceală, cu guturai, dureri în gât și răgușeală.

La bronșita cronică mucoasa respiratorie este inflamată permanent. Forma simplă decurge fără mari probleme. În cazurile severe însă, o bronșită cronică poate conduce la boala pulmonară obstructivă cronică (BPOC), care alterează serios performanța și calitatea vieții.

Factori de risc la nivelul corpului: de exemplu, fumatul, smogul, poluarea aerului (inclusiv cea de la locul de muncă); riscul este crescut pentru copiii din părinți fumători.

Cauze sufletești

Trăsături de caracter relevante la îmbolnăvirile bronhiilor sunt iertarea și viziunea pozitivă asupra vieții.

Bronșita ne indică simbolic ceva ce ar trebui revizuit. Atacurile îndelungate de tuse ne împiedică să vorbim. Dobândim astfel timp pentru a reflecta asupra a ceea ce vrem să spunem. Și exact asupra acestui lucru ne conduc și legile vieții: ar trebui să controlăm ce și cum vrem să spunem și mai ales să cântărim dacă este cazul să spunem ceva. A da buzna nechibzuit cu o opinie sau critică declanșează de cele mai multe ori dezbateri interminabile sau conflicte care nu ne sunt benefice și nu ajută pe nimeni.

Conflictele pot aduce în prim-plan emoții negative și critică. Există ceartă în familie sau probleme în sectorul profesional? Acestea nu se lasă rezolvate prin declarații negative. Chibzuiți în liniște și descoperiți cum puteți înlătura astfel de diferențe. În ce măsură vă este de folos imaginea în oglindă? Sau mai bine vă schimbați atitudinea, privind chestiunea cu mai multă toleranță și bunăvoință? Întotdeauna există o soluție care poate să vă aducă pacea, vouă și celorlalți.

Verena

„Tușeam permanent și eram răgușită“

Verena era învățătoare și se lupta permanent cu tusea și răgușeala. De fiecare dată, infecția începea cu dureri în gât și evolua mai departe spre bronșită. Întrucât antibioticele nu ajutau, s-a orientat spre terapia naturistă. Aceasta i-a ameliorat simptomele, dar predispoziția spre infecții respiratorii a rămas neschimbată. De-abia după ce a recunoscut motivele sufletești ale bolii i-a dispărut și bronșita.

„Am încetat să mai critic și am dat dovadă de mai multă disciplină.“
A descoperit faptul că își critica în permanență elevii, copleșindu-i cu reproșuri atunci când erau prea zgomotoși și nedisciplinați. Cu timpul însă a reușit să adopte o atitudine tot mai pozitivă și mai constructivă față de ei. Știa acum că motivul trebuie căutat în propriul comportament. Elevii i-au prezentat în fața ochilor propria imagine în oglindă și i-au arătat că ar fi indicat ca ea însăși să respecte regulile și să dea dovadă de mai multă autodisciplină. Pentru că Verena și-a schimbat atitudinea și comportamentul, făcând eforturi să nu mai critice, cursurile s-au desfășurat mult mai bine și i-au făcut și mai multă plăcere.

Calea spre vindecare

Întrebați-vă

- dacă vă place să vă amestecați în treburile altora,
- în ce măsură reacționați mânios sau agresiv față de alții,
- dacă și când spuneți lucruri negative și sunteți prin asta distructivi,
- dacă vă certați deseori și ridicați vocea.

Descoperiți pentru voi înșivă

- cum puteți fi mai toleranți față de semeni,
- cum vă puteți recunoaște imaginea în oglindă și cum învățați de la ea,
- cum vă puteți comporta mai pașnic cu semenii,
- cum puteți rezolva conflicte la modul constructiv.

Obiectivul salutar poate fi: Considerați evenimentele și situația cât mai neutru. Încercați să vă puneți în situația celuilalt și să gândiți ca el. Adesea, nu mai rămâne nimic de criticat. Luați în considerare obiectivele pentru care vă folosiți timpul și energia. Veți găsi mult mai ușor soluții mai bune.

Ideea conducătoare: „Mă străduiesc mereu să recunosc ambele fațete ale medaliei. Mă pun în situația celuilalt, înainte de a-mi crea o părere proprie. Mă informez înainte să mă manifest.“

Durerile în gât

Gâtul leagă capul de trunchi. În partea din față se află laringele. Gâtul este străbătut de trahee, esofag și vase de sânge. Coloana vertebrală cervicală asigură mobilitatea capului.

Simptome caracteristice: durerile în gât apar, de exemplu, cu ocazia unei inflamații a mucoasei faringelui (faringita). Adesea acestea prevestesc o răceală. Senzația de zgârietură în gât, problemele la înghițit, vocea îngroșată și răgușeala pot fi semne însoțitoare. Durerile în gât pot apărea și atunci când există inflamații în alte locuri, de exemplu ale amigdalelor (amigdalita) sau laringelui.

Factori de risc la nivelul corpului sunt iritațiile căilor respiratorii prin fumul de țigară, vapori toxici, praf, uscăciunea aerului sau solicitarea excesivă prin vorbitul tare.

Cauze sufletești

Trăsătura de caracter relevantă pentru durerile în gât este viziunea pozitivă asupra vieții.

Gâtul este implicat în trei procese importante: vorbire, respirație și înghițit. În cazul durerilor în gât ar trebui să reflectăm asupra modului în care comunicăm cu ceilalți: Ce am voie să spun? Cum și când e mai bine s-o spun? Când e mai bine să mă abțin? Vorbind la figurat, mobilitatea gâtului ne permite să vedem nu numai negativul, ci toate aspectele unei situații. Oare să înghit ceva, adică să accept ceva, deși pe moment îmi provoacă durere? Sau e valabil mai degrabă contrariul: înghit prea multe? Durerile în gât pot simboliza fie una, fie cealaltă. Este o provocare pentru fiecare dintre noi de a descoperi despre ce este de fapt vorba.

Calea spre vindecare

Întrebați-vă,

- în ce măsură vă rămâne ceva blocat în gât. Vă temeți să aduceți vorba despre ceva sau să discutați acel ceva până la capăt? De ce?
- în ce măsură nu dați atenție alegerii cuvintelor potrivite,
- dacă înghițiți (suportați) prea multe,
- dacă ceva vă ia aerul respirat (vă taie respirația).

Descoperiți pentru voi înșivă

- ce e mai bine să păstrați pentru voi,
- cum vă puteți exprima mai adecvat, constructiv și pozitiv,
- în ce situații își fac apariția tulburările de deglutiție (înghițire). Care sunt concluziile pe care le trageți în legătură cu conduita voastră?

Obiectivul salutar poate fi: O comunicare constructivă și motivantă facilitează o colaborare efectivă și armonioasă. Reflectați asupra lucrurilor pe care le pot declanșa cuvintele voastre asupra celorlalți.

Ideea conducătoare: „Dau atenție vorbelor mele și le aleg astfel încât ele să-mi provoace bucurie, mie și celorlalți."

Pneumonia (inflamația pulmonară)

Adesea pneumonia este precedată de o infecție simplă a căilor respiratorii superioare. Pneumonia este denumirea unor procese inflamatorii acute sau cronice ale țesutului pulmonar (bronhiile foarte mici, bronhiolele și alveolele pulmonare). Pneumonia poate fi declanșată de microorganisme, substanțe iritante, cum ar fi gazele toxice, sau corpi străini.

Simptome: tuse, expectorație, raluri (zgomote respiratorii), frisoane, febră mare, sete de aer, creșterea frecvenței cardiace.

Factorul de risc la nivelul corpului este un sistem imunitar slăbit, cum se întâlnește adesea la oamenii în vârstă, la copii, cei cu rezistența și apărarea la boli atenuate, cei cu boli cronice sau alcoolici.

Cauze sufletești

Trăsături de caracter relevante în cazul pneumoniei sunt viziunea pozitivă asupra vieții și utilizarea timpului.

Prin plămâni, corpul se aprovizionează cu oxigenul vital și cedează bioxidul de carbon devenit inutil. Este un schimb esențial. O pneumonie este un impuls puternic de a reflecta asupra stilului de viață și a comportamentului. Ritmul vieții influențează decisiv randamentul organismului. Noi suntem responsabili de asigurarea ritmului potrivit, adică de a alterna întotdeauna fazele de încordare (muncă) cu cele de relaxare (timp liber). Aceasta este o condiție pentru utilizarea optimă a timpului. De asemenea, este importantă și o bună aprovizionare a corpului și evitarea suprasolicitării. Anumite conduite ne pot dăuna: de exemplu, permanenta îngrijorare și chibzuirea îndelungată nu ne permit să respirăm liber.

Calea spre vindecare

Întrebați-vă

- dacă acordați atenție corpului și sănătății voastre,
- dacă trăiți așa cum vă doriți,

- cum vă împărțiți timpul,
- dacă vă încărcați „bateriile“ regulat și suficient,
- dacă puteți da drumul negativului „vechi“ și sunteți deschiși față de pozitivul „nou“.

Uneori încordarea crește așa de tare, încât apar gândurile sumbre și disperarea: ocazional – mai ales bătrânii –, o situație e percepută ca fiind fără ieșire, și apare fuga de ceva ce pare insolubil. Verificați dacă acesta este motivul pentru care sunteți atât de agitați și nu acordați corpului niciun pic de liniște și nicio pauză, fiindcă fugiți de ceva. Ce ar putea fi acel ceva? Gândurile și sentimentele negative pot răpi corpului multă energie vitală și voința de a trăi. Aici puteți interveni pentru a iniția o schimbare. Acordați corpului liniștea și odihna de care are nevoie. Opriți-vă o clipă și reflectați asupra situației actuale. Ascultați-vă vocea interioară și mesajul ei. Vă puteți pune, de exemplu, următoarele întrebări:

- În ce măsură sunteți nemulțumiți de situația în care vă aflați? E cumva una care vi se pare fără ieșire?
- Sunteți foarte deprimat sau descurajat?
- Prin ce ați pierdut atâta energie?

Descoperiți pentru voi înșivă

- ce motive aveți, ce vă poate motiva să deveniți din nou sănătoși,
- cum vă puteți schimba situația, astfel încât să fiți mai mulțumiți,
- cum vă puteți reface energia,
- ce puteți schimba pentru a dispune de mai mult timp pentru regenerare,
- cum puteți să recâștigați pofta de viață și să priviți cu mai multă încredere în viitor,
- cu cine puteți vorbi despre situația în care vă aflați. O altă persoană are o altă perspectivă și vă poate ajuta să găsiți o soluție. Pentru fiecare problemă există o soluție.

Obiectivul salutar poate fi: O împărțire a timpului care să vă ofere suficient spațiu liber. Situațiile care vă determină să vă faceți griji ar trebui să fie oportunități pentru a exersa încrederea în viață. Străduiți-vă să vedeți părțile pozitive ale vieții, să dobândiți un nou curaj pentru a vă îndeplini propriile dorințe, pentru a vă putea bucura de viață.

Ideea conducătoare: „Accept că sunt valoros. De acum înainte întâmpin toate evenimentele cu încredere. O să dau atenție unui ritm de viață sănătos.“

Răceala (infecțiile gripale) - gripa

Răceala este o infecție a căilor respiratorii superioare.

Simptomele unei răceli sunt strănutul, guturaiul, tusea, senzația de slăbiciune, temperatura ușor crescută. Uneori apar și durerile de cap sau de membre.

Gripa este cauzată de virusurile gripale și este o boală severă. Efectul patogen se manifestă mai ales asupra mucoasei căilor respiratorii, toxinele pot pătrunde însă și în restul corpului, unde pot provoca diverse simptome.

Simptomele gripei sunt reprezentate de debutul brusc, cu dureri de cap și de membre, oboseală puternică, febră, frisoane, usturimi oculare, tuse, guturai, dureri în gât, eventual diaree și vărsături.

Factori de risc la nivelul corpului: substanțele toxice introduse prin alimentație nesănătoasă (aditivi, fast-food etc.), precum și lipsa fazelor de odihnă.

Cauze sufletești

Trăsătura de caracter relevantă pentru gripă și răceli este folosirea timpului.

În cazul unei răceli comune nu este vorba de o boală în adevăratul sens al cuvântului. O putem considera liniștiți ca pe ceva util, întrucât este o criză de vindecare. Prin aceste crize de vindecare se pot elimina substanțele dăunătoare și deșeurile acumulate în corp, lucru pentru care se cuvine să fim recunoscători. Cauza unei răceli se află oarecum în suflet, în măsura în care poate fi evitată prin ceva mai multă ordine în viața noastră. Din această ordine face parte și o alimentație conștientă. Mulți oameni care și-au schimbat obiceiurile alimentare și fac eforturi pentru un stil de viață sănătos se confruntă tot mai rar cu asemenea crize. Un stil nesănătos, precum o alimentație greoaie, fumatul sau consumul de droguri suprasolicită organismul. Acesta va încerca să se debaraseze cât mai repede posibil de substanțele dăunătoare, lucru pe care-l poate face și printr-o gripă. Sprijiniți-vă corpul în acest proces de curățire. Acordați-i câteva zile de odihnă.

IMPORTANT Reflectați asupra alimentației și fiți exigenți cu ceea ce mâncați. Oferiți-i corpului ceea ce îi trebuie, în formă cât mai naturală, și evitați să-l împovărați cu otrăvuri și deșeuri.

O gripă vine adesea la momentul în care corpul își dorește liniște și odihnă. Ne-am săturat de multe și dorim să ne retragem. Dacă nu ne ocupăm singuri de perioadele de odihnă, o va face corpul însuși, obligându-ne să rămânem la pat. Atunci avem posibilitatea să reflectăm în liniște la toate și să le privim de la distanță. O răceală este așadar o bună ocazie pentru a ne purifica pe exterior și pe interior.

Calea spre vindecare

Întrebați-vă

- în ce măsură v-ați neglijat sănătatea,
- dacă și în ce măsură v-ați „otrăvit“ prin alimentație nesănătoasă,
- dacă și în ce relație v-ați suprasolicitat,
- dacă ritmul de viață vă oferă destule ocazii de încărcare cu energie.

Descoperiți pentru voi înșivă

- cum să favorizați dezintoxicarea și purificarea,
- cum să vă hrăniți conștient într-un mod sănătos,
- cum să vă respectați pauzele și să le petreceți util,
- cum să vă puteți încărca regulat și suficient „bateriile“.

Obiectivul salutar poate fi: Dezvoltați-vă mai departe pas cu pas talentul care să vă permită o alimentație sănătoasă – este o condiție pentru o viață lungă și sănătoasă. Prin aceasta vă puteți folosi util timpul și vă sporiți calitatea vieții.

Ideea conducătoare: „Îmi curăț corpul periodic și pe interior și previn astfel fazele acute și violente de dezintoxicare.“

Sinuzita (inflamația sinusurilor paranazale)

Sinusurile paranazale încălzesc și umidifică aerul inspirat, curățindu-l de praf și impurități. Mirosim cu nasul, iar cavitatea nazală este o cameră de rezonanță pentru voce. Atunci când infecțiile cavității nazale se propagă mai departe, se pot inflama și sinusurile paranazale, mai ales sinusul maxilar. Mai rar și infecțiile purulente ale rădăcinilor dentare pot provoca infecții acute sau cronice ale acestora.

Simptomele nu sunt foarte caracteristice: febră, paloare, dureri de cap (mai ales la aplecare), predispoziție crescută la infecții și un simț al mirosului alterat. Procesele cronice se desfășoară de obicei cu puține simptome.

Cauze sufletești

Trăsătura de caracter relevantă în cazul sinuzitei este viziunea pozitivă asupra vieții.

Fiecare știe cum este când s-a săturat de toate („i-a ajuns până la nas“) în adevăratul sens al cuvântului, dar și la figurat. Nasul înfundat simbolizează și arată că ceva nu ne place. Dacă procesul inflamator se prelungește și la nivelul sinusurilor, acesta este un indiciu că motivul sufletesc se derulează de mai mult timp. Avem senzația că ne aflăm neputincioși în fața unui anumit lucru? Aplecatul înainte este neplăcut – în fața căror situații nu ar trebui să ne „plecăm“? Sau poate că ne comportăm prea rigid față de ceva anume și ar trebui mai bine să ne „plecăm“? Sau poate că nu suportăm pe cineva? Ne creează cineva sau ceva probleme și nu găsim ieșirea? Chiar și atunci când oamenii au senzația că nu există nicio ieșire pentru ei, ținem să insistăm asupra faptului că, din punctul de vedere al legilor vieții, nu suntem puși niciodată în fața unei situații pe care să n-o putem stăpâni. Găsiți-vă calmul și rugați-vă pentru o soluție – intuiția o să vă arate calea.

Ferdinand

„Nu mai puteam respira liber.“

Omul de afaceri avea probleme cu un partener, ceea ce îl copleșea. Schimbările din firmă erau sabotate întruna, astfel încât nu era posibil niciun progres. Toate încercările de a clarifica situația rămăseseră fără succes. Sinuzita îi transmitea tot mai clar că e cazul că intervină cu o decizie clară, pentru a putea respira din nou liber. Ceea ce a și făcut.

Calea spre vindecare

Întrebați-vă

- ce nu vă place la viața voastră,
- dacă vă preocupați prea mult de viața altora și îi criticați,
- dacă vă vârâți nasul în ceva care nu vă privește.

Descoperiți pentru voi înșivă

- în ce situații ar fi mai bine să vă vedeți de propriile probleme și de voi înșivă,
- ce puteți face pentru a ameliora o anume situație,
- cum vă puteți percepe intuiția,
- cum puteți dobândi o atitudine pozitivă față de alți oameni.

Obiectivul salutar poate fi: Prin propria schimbare în bine se schimbă la fel și ambianța voastră. Cu cât reușiți mai bine să vă păstrați calmul în situații dificile și să găsiți o soluție bună, cu atât mai multă armonie o să existe în relația voastră cu ceilalți.

Ideea conducătoare: „Rezolv sarcinile pe care le am în față cu bucurie și calm.“

Tusea și răgușeala

Tusea înseamnă expulzarea aerului prin deschiderea bruscă a glotei, sub presiunea exercitată de aerul expirat. Poate fi susținută suplimentar și de mușchii respiratori, precum și de diafragmă. Tusea poate fi declanșată conștient sau involuntar, prin reflexul de tuse, cu rolul de a menține căile respiratorii curate.

Simptome caracteristice: există o tuse uscată și una însoțită de mucus, puroi sau sânge. Tusea se poate dezvolta și ca simptom al unei răceli. Adesea poate fi vorba și de diferite forme de bronșită, care deteriorează randamentul organismului. În cazuri foarte rare, tusea poate indica însă o boală mult mai severă, ca de exemplu o pneumonie sau un cancer pulmonar, mai ales atunci când expectorația este cu sânge.

Răgușeala este însoțită de o modificare a tonalității și a puterii vocii.

Factori de risc la nivelul corpului: mai ales fumatul și poluarea mediului. În cazul răgușelii, se adaugă și inflamațiile, suprasolicitarea coardelor vocale și leziunile laringelui.

Cauze sufletești

Trăsătura de caracter relevantă în cazul tusei și răgușelii este viziunea pozitivă asupra vieții.

Tusea poate fi declanșată ca un reflex pentru a elimina ceva străin: ne irită și ne gâdilă ceva în gât. Fumătorii tușesc deoarece plămânul lor încearcă să evacueze toxinele. Tot așa și răgușeala poate fi un proces de curățire de deșeuri. Astfel, vocea poate fi dimineața ceva mai încărcată (îngroșată), deoarece pe timpul nopții s-au depus diverse reziduuri la nivelul coardelor vocale. La modul simbolic, aici este vorba despre o legătură între „primirea“ și „predarea“ otrăvurilor. Ne enervează cineva atât de tare că ne grăbim cu critica? Sau disconfortul și critica sunt îndreptate de fapt împotriva noastră? Dacă am fi conștienți de efectul pe care îl au cuvintele, ne-am putea decide poate mai responsabil dacă, ce și cum să spunem ceva. Să luăm în considerare că legea imaginii în oglindă vrea să ne „vorbească“. Nu întotdeauna este plăcut, uneori poate durea destul de tare să reflectezi despre propria persoană și să-ți recunoști propriile slăbiciuni. Dacă însă le recunoaștem, le putem corecta. Pe termen lung, acesta este drumul mai simplu, deoarece multe probleme se rezolvă de la sine. Viața ni se simplifică, multe conflicte se sting, deoarece n-o să mai fim puși la încercare. Am evoluat.

Calea spre vindecare

Întrebați-vă

- dacă vă irită ceva sau cineva,
- dacă emiteți adesea critici și opinii negative,

- dacă doriți să spuneți cuiva ceva fără menajamente,
- dacă sunteți prea exigenți cu propria persoană și cu alții,
- dacă tindeți spre decizii pripite.

Descoperiți pentru voi înșivă

- cum puteți relaționa mai tolerant cu voi înșivă și cu cei din jur,
- cum puteți vedea pozitivul în lucruri negative,
- cum să vă păstrați calmul și să evitați critica și vorbele negative,
- ce puteți face pentru a reduce aportul de substanțe toxice.

Obiectivul salutar poate fi: Profitați de șansa de a învăța din ceea ce nu vă place. Abordați situațiile dificile orientându-vă pe soluții. Vor profita din asta atât caracterul vostru, cât și cei din jur.

Ideea conducătoare: „Mă port cu afecțiune față de mine și față de ceilalți și rezolv problemele prin faptul că sunt dispus să-mi recunosc imaginea din oglindă și să mă schimb."

Pielea, părul și unghiile

Pielea este zidul nostru (bariera) de apărare și cea care ne dă forma. În plus, ne ajută la detoxificarea corpului și prin ea ne putem hrăni. Pielea este și organul prin care comunicăm cel mai devreme cu mediul înconjurător. Dezvoltați-vă curajul, „năpârliți" și arătați clar și precis lumii adevăratele necesități.

Îngrijiți-vă învelișul de protecție

Pielea acoperă întregul corp. Ea vă protejează față de mediul înconjurător, de solicitări mecanice și de agenți patogeni. În același timp, reprezintă și legătura cu mediul înconjurător. Mulți senzori fac posibilă recepționarea multiplelor percepții. Mai departe, pielea este implicată și în reglarea bilanțului apei și a temperaturii prin intermediul transpirației. Pielea posedă și așa-numitele „extensii" sau anexe: părul, glandele cutanate și unghiile. Părul protejează corpul de frig și de solicitări mecanice. Părul de pe cap protejează craniul de frig și de radiația solară puternică, având și o semnificație estetică. Sprâncenele și genele protejează ochii de corpi străini. Părul din nas împiedică pătrunderea particulelor de murdărie în căile respiratorii. Glandele pielii sunt sudoripare, sebacee și odorante (de miros). Unghiile sunt formate dintr-un țesut compact de celule cornificate de la suprafața pielii. Cu ajutorul lor puteam apuca și manevra mai ușor obiecte mici. Avem o mai bună prestidigitație și dexteritate. În plus, unghiile oferă o bună protecție vârfurilor degetelor de la mâini și picioare și fac posibil scărpinatul.

Cauze sufletești

Trăsăturile de caracter relevante în cazul afecțiunilor pielii, ale părului și ale unghiilor sunt curajul și folosirea timpului.

În afară de funcția de protecție, pielea mai are și alte roluri: ea poate prelua și elimina diverse substanțe. Ea preia microorganisme și substanțe hrănitoare importante, care se află din abundență într-un aer curat. În felul acesta, pielea are o contribuție activă la alimentația organismului. De aceea, mai ales pentru orășeni este recomandabil să-și petreacă cât mai mult timp posibil la aer curat. De asemenea, putem prelua substanțe utile cu ajutorul băilor bogate în substanțe nutritive, cum ar fi cele de nămol, cu un consum minim de energie.

Eliminarea toxinelor și a deșeurilor prin piele are o mare însemnătate pentru sănătate. Bolile pielii oferă temporar corpului posibilitatea de a se debarasa de toxine și reziduuri și de a menaja astfel organele excretoare importante precum ficatul sau rinichii. Dacă se introduc medicamente în bolile pielii, acestea vor împiedica pentru o vreme eliminarea substanțelor toxice din organism. Provizoriu, pielea arată mai bine. De îndată ce administrarea medicamentelor e întreruptă, se agravează din nou și bolile de piele. Căci acum trebuie înlăturate suplimentar și substanțele toxice introduse în corp prin medicamente. Ia naștere un cerc vicios.

În calitatea ei de cea mai mare legătură cu lumea exterioară, pielea este un indicator al felului în care comunicăm cu semenii noștri. Ne putem apropia de ceilalți oameni? Putem accepta apropierea? Sau ne este frică să nu fim răniți? Luați în considerare că cea mai bună șansă pentru a ne dezvolta personalitatea este contactul cu ceilalți. Ar trebui să avem curajul să ne spunem opinia și să ne exprimăm dorințele. Firește că acest lucru trebuie să aibă loc la modul respectuos. De-abia atunci mediul nostru ne va înregistra ca pe o personalitate și ne va acorda atenție. Condiția primordială este ca noi înșine să ne recunoaștem valoarea și s-o acceptăm.

Calea spre vindecare

Întrebați-vă

- dacă și în ce situații nu vă puteți ieși din propria piele,
- dacă nu cumva trebuie să vă salvați pielea într-o oarecare privință, dacă aveți curajul să vă apărați sau dacă gândiți rău despre voi înșivă,
- dacă vă temeți că prea multă apropiere vă poate răni,
- dacă nu puteți suporta pe cineva,
- dacă vă „mănâncă pielea" și ce anume provoacă mâncărimea. Ce solicită mai multă atenție din partea voastră, cu ce ar trebui să vă confruntați mai îndeaproape? Cum vă puteți ocupa mai mult de voi înșivă?

Descoperiți pentru voi înșivă

- cum să abordați lucrurile cu mai mult curaj,
- cum să vă îndreptați mai mult spre oameni și să acceptați apropierea,
- cum să vă faceți prieteni,
- cum să deveniți mai siguri pe voi și să vă apărați mai bine.

Obiectivul salutar poate fi: A fi mai curajos este calea spre a ieși din propria „cochilie", adică din sine însuși. Prezentați-vă așa cum sunteți și nu mai chibzuiți la ce ar putea gândi ceilalți despre voi. Astfel veți câștiga în autenticitate și carismă.

Ideea conducătoare: „Mă apropii de oameni cu mult curaj, sunt deschis la solicitările altora și savurez schimbul de idei cu aceștia."

Sprijiniți-vă corpul

- Detoxificați și purificați pentru a curăța pielea de substanțe dăunătoare.
- Refaceți-vă flora intestinală și fortificați-vă sistemul imunitar.
- Preocupați-vă de o alimentație energetică, vitalizantă și echilibrată, pentru a vă aproviziona corpul cu toate cele necesare.
- Savurați băile de 15-20 de minute.
- Aplicați măști faciale/comprese pe bază de pământ terapeutic.
- După băi în apă clorată ar trebui să vă spălați cu oțet, pentru a vă reface stratul protector al pielii.
- Acidul silicic și respectiv siliciul activează metabolismul celular al țesutului conjunctiv, fortificându-l. Se află în băuturile din plante din coada-calului, în sucul de castravete (preparat în casă, eventual cu mere sau cu o bucățică de usturoi) și în cereale.
- Minactiv (Metz) presărați-l cel mai bine într-un mic dejun cu iaurt.
- Mergeți în stațiunea austriacă Bad Gastein și faceți un tratament în galeriile acesteia. Combinația de substanțe active cu conținut în radon natural, căldură și umiditatea aerului constituie o adevărată binefacere pentru piele.

Acneea

Acneea este o afecțiune inflamatoare a glandelor sebacee ale pielii. Afectează în special pielea feței, dar și alte regiuni ale corpului, care dispun de multe astfel de glande. Acestea sunt mai ales brațele, spatele, ceafa și decolteul. Pielea produce mult prea mult sebum, iar stratul superior se cheratinizează, ceea ce duce la înfundarea glandelor sebacee și la crearea unui mediu propice pentru bacterii, care declanșează inflamații.

Simptome posibile: Acneea se manifestă printr-o piele grasă, cu pustule și coșuri. În special tinerii aflați la pubertate sunt afectați.

Cauze sufletești

Trăsătura de caracter relevantă în cazul acneei este curajul.

Acneea apare îndeosebi la adolescenți. Pe de o parte corpul se poate debarasa la modul „inofensiv" de toxine și deșeuri, atunci când alimentația nu este una echilibrată. Pe de altă parte, acesta este un indiciu al faptului că tinerii la această vârstă sunt încă nesiguri, atunci când se pune problema să devină treptat independenți. Adeseori sunt nemulțumiți de felul cum arată și le este teamă să-și iasă din propria piele, să ia contact cu alți oameni, să-și spună părerea, să-și exprime dorințele și necesitățile. Sunt închiși, se retrag rapid. Mai întâi lipsa de curaj, apoi acneea! Și de-abia atunci ajung să nu se mai simtă deloc bine în propria piele. Așa începe cercul vicios. Din cauza acneei, mai ales la nivelul feței, se plac și mai puțin și nu se mai încumetă să iasă din „cochilia" în care s-au retras și să intre în contact cu alți oameni. Contactul și comunicarea cu oamenii se pot exersa conștient de către oricine. A vorbi tare și clar este un bun exercițiu, fiindcă reflectă încrederea de sine. A-ți exprima părerea în cadrul conversațiilor este un pas mai departe spre a căpăta și mai mult curaj.

Fabian

„Pielea îmi era înțesată de coșuri."

Fabian avea 20 de ani și o acnee severă. Era foarte nesigur pe el, de-abia îndrăznea să se exprime și se înroșea întruna. Locuia la țară, la marginea localității. Locul său de muncă se afla însă la capătul celălalt al localității. Nu mergea la serviciu trecând prin sat, deoarece ar fi întâlnit mulți oameni care îl cunoșteau.

„Am căpătat curaj și mă apropii tot mai mult de oameni."
Nu îndrăznea să le spună „bună dimineața" sau „bună seara" și sub nicio formă nu dorea să fie implicat într-o discuție. Astfel că lua în calcul un ocol de cinci kilometri (dus și apoi și întors). El se ferea din calea problemelor de curaj în adevăratul sens al cuvântului. Atunci când, în urma sfatului nostru, a început să străbată zilnic satul, devenind și în alte privințe tot mai curajos, acneea i s-a ameliorat semnificativ, dispărând apoi complet.

Calea spre vindecare

Întrebați-vă

- în ce situații vă lipsește curajul,
- ce nu vă încumetați să faceți,
- în ce situații aveți temeri,
- ce obiceiuri alimentare aveți,
- dacă vă detoxificați și purificați regulat corpul.

Descoperiți pentru voi înșivă

- ce însușiri pozitive aveți și ce talente,
- cum vă puteți accepta mai bine propriul eu,
- cum vă puteți spori curajul, cum puteți aborda oamenii mai siguri pe voi,

- cum vă puteți spori încrederea de sine,
- cum puteți conștientiza importanța unei alimentații sănătoase,
- cum vă puteți susține detoxificarea și purificarea prin intermediul pielii.

Obiectivul salutar poate fi: Tocmai la granița dintre adolescență și maturizare, tinerii sunt supuși unor provocări multiple. Acceptarea acestora și deschiderea în fața proceselor educative ajută la dezvoltarea individualității. Conștientizați-vă propriile valori și veți câștiga încredere de sine. Aveți multe oportunități pentru a vă forma viitorul.

Ideea conducătoare: „Sunt conștient de individualitate și de valoarea mea și am curajul să mă apropii de ceilalți oameni."

Alergiile

Organismul are posibilitatea să deosebească între ce este propriu și ce este străin corpului și să reacționeze corespunzător. Sistemul imunitar poate declanșa reacții menite să inactiveze substanțele străine pătrunse în corp (antigene, alergeni, bacterii). În cazul unei alergii vorbim de un răspuns exagerat al sistemului imunitar, care se abate de la normal. După un nou contact cu alergenul, se declanșează anumite simptome de boală, la care putem deosebi mai multe tipuri de reacții alergice.

Simptome posibile: În funcție de unde anume se întâlnește alergenul cu sistemul imunitar, simptomele pot varia. Ochii lăcrimează, nasul curge, persoana e nevoită să strănute. Poate apărea și tusea, chiar lipsa de aer. Mucoasele se pot tumefia. Se poate ajunge la astmul alergic.

Cauze sufletești

Trăsăturile de caracter relevante în cazul alergiilor pot fi toate cele cinci.

În zilele noastre, alergiile sunt tot mai frecvente. Uneori acestea sunt declanșate de alimente sănătoase, precum căpșunile sau nucile, sau de materii naturale, ca părul de animale sau polenul de flori. Dar de ce declanșează aceste materiale „inofensive" astfel de reacții violente la persoanele alergice? Pentru a înțelege, este necesar să deosebim între cauză și declanșator. „Declanșator" înseamnă lucruri venite din afară și care declanșează ceva în noi. Dar noi înșine stabilim cauza pentru procesele care se desfășoară în interiorul nostru. Cauza se află întotdeauna în noi!

La metodele de terapie convenționale este vorba despre evitarea pe cât se poate a declanșatorului, astfel încât să ne putem organiza viața cât de cât suportabil. Dar pentru a scăpa cu adevărat de alergii este necesar să le depistăm adevărata cauză, pe cea internă. Aceasta variază de la un individ la altul, iar la multitudinea de alergii care există pot juca un rol toate trăsăturile de caracter – sau combinații ale acestora. Dintre toate, un rol important îl au teme precum cramponarea, încăpățânarea, incapacitatea de a putea trece peste ceva. De aceea sunt alergiile atât de persistente. Ele oglindesc faptul că persoanele afectate sunt foarte încăpățânate și se închid în fața semnalelor legilor vieții. Dacă însă ne agățăm, în sensul sufletesc, de ceva care nu ne este benefic, nu putem primi noul și pozitivul. Atunci când refuzăm cu atâta îndârjire ceva important și pozitiv cum este mesajul legilor vieții, se explică și faptul că reacționăm atât de violent la alergeni. Exact așa cum noi, prin încăpățânarea noastră, ne claustrăm în fața vieții, și alergia ne închide un segment al vieții, iar noi nu mai putem savura partea pozitivă (natura, animalele, alimentele), așa cum s-ar cuveni de fapt.

Sinceritatea față de noi înșine ne poartă un pas mai departe. Dacă suntem dispuși să recunoaștem că motivul se află în interiorul nostru, nu în afară. Dacă înlăturăm cauza, adică o schimbăm, dispare și efectul, adică alergia, și anume pe termen lung. Doar disponibilitatea de a recunoaște înverșunarea și de a o refuza pe viitor ne ajută mai departe. Deoarece legile vieții răsplătesc și încercarea de a schimba ceva în bine. Încă ceva trebuie menționat la alergii: trebuie să fim conștienți de faptul că gândurile sunt forțe. Alergicii sunt însoțiți de ideea fixă că nu suportă anumite alimente și reacționează alergic numai la gândul acesta. Experiența noastră ne-a arătat că, atunci când persoanele respective și-au dirijat gândurile și cugetările în altă direcție, au putut să consume din nou toate alimentele.

Sophia

„Nu puteam să mănânc niciun fel de fructe."

Sophia, o femeie de 60 de ani, a venit la cabinetul nostru. Nu consumase toată viața ei niciun fel de fructe, deoarece i se diagnosticase încă din fragedă copilărie o alergie la fructe. Din „întâmplare", ne-a citit cartea (una dintre edițiile anterioare) și dorea acum să meargă pe urmele cauzei alergiei sale. S-a constatat că se agăța cu rigiditate și intransigență de anumite convingeri. Nu putea să reacționeze flexibil.

„Am devenit mai flexibilă și mai tolerantă!"

Atunci când a înțeles că alergia e un semnal de alarmă, prin care legile vieții voiau s-o atenționeze asupra comportamentului refractar, a fost pentru ea ca o eliberare dintr-o închisoare pe care și-o construise singură. A înțeles că toate dificultățile se datorau propriei conduite. A încercat ca de atunci înainte să fie mai flexibilă și mai deschisă. Curând s-au văzut și primele succese: relația cu semenii a devenit mai armonioasă și chiar și în alte domenii lucrurile decurgeau mai neted. Acum putea să descopere cu bucurie noile tipuri de fructe, pe care le și suporta.

Calea spre vindecare

Întrebați-vă

- la ce sunteți alergici – la figurat –, ce vă repugnă, ce refuzați complet,
- dacă reacționați exagerat la ceva „inofensiv",
- dacă vă respingeți o parte a personalității,
- dacă vă agățați de ceva, dacă aveți deschidere la nou,
- dacă vă petreceți timpul cu ceva care nu vă priește,
- dacă vă temeți să vă implicați în ceva pozitiv.

Descoperiți pentru voi înșivă

- cum puteți trece peste ceva,
- cum puteți reacționa în anumite situații cu mai mult calm și mai flexibil,
- cum vă găsiți curajul pentru viitoarele schimbări,
- cum vă puteți deschide vieții și provocărilor acesteia,
- unde anume sunteți „îndărătnici" (alergiile sunt „îndărătnice"), în sensul de inflexibili și nerezonabili, poate chiar încăpățânați.

Obiectivul salutar poate fi: Orice schimbare începe cu voința de vindecare, cu sârguința cunoașterii de sine. Abordați provocările vieții! Trăiți în concordanță cu legile vieții, aveți încredere că acestea vă vor oferi cel mai bun sprijin. Încercați să descifrați mesajul pe care vi-l transmite boala. Transpuneți-l în practică și priviți cu încredere și optimism în viitor!

Ideea conducătoare: „Mă cunosc și mă iubesc așa cum sunt. Sunt deschis, flexibil și dispus să mă schimb."

Bolile produse de ciuperci (micoze)

Ciupercile fac parte din categoria așa-ziselor plante inferioare. Există în jur de 50 de tipuri de ciuperci care pot produce îmbolnăviri. Dintre acestea, micozele cutanate sunt relativ inofensive. *Candida albicans* este o ciupercă de tip drojdie destul de frecventă și inițial inofensivă. Dar dacă sistemul imunitar este slăbit – de exemplu, după consumul de medicamente cum ar fi antibioticele sau cortizonul sau din cauza unei îmbolnăviri (diabet sau cancer) –, ciuperca poate apărea mai frecvent, producând chiar tulburări mai mari. Ciuperca se dezvoltă doar în anumite condiții – mai ales atunci când dispune de mult zahăr (cel rafinat, fructoza, mierea sau alți îndulcitori).

Simptomele tipice: Ciupercile cutanate pot afecta pielea mâinilor și picioarelor sau unghiile. Mai ales la nivelul palmelor și al tălpilor se manifestă printr-o senzație puternică și neplăcută de mâncărime.

Cauze sufletești

Trăsătura de caracter relevantă în cazul ciupercilor este iertarea.

Ciupercile sunt foarte tenace și reflectă de fapt propria încăpățânare: suntem verificați mereu dacă suntem deschiși și pregătiți să ne alăturăm evoluției în plină desfășurare. Atunci când ni se înaintează o propunere, să nu reacționăm mereu printr-un „Da, dar...", fără să reflectăm. Răspunsuri standard precum „Așa am făcut întotdeauna" sau „Așa nu am făcut niciodată" arată faptul că nu vrem să ne desprindem de lucruri vechi. Cine dorește să meargă mai departe trebuie să îndrăznească să facă ceva nou. Regiunea corpului în care apare ciuperca ne oferă indicii suplimentare, de pildă:

- Ciupercă la picioare semnifică: ne aflăm într-o situație care ne blochează evoluția, astfel încât nu putem înainta.
- Ciupercă la mâini: ne agățăm de ceva căruia nu vrem să-i dăm drumul.
- Ciupercile din intestin ne spun: suntem rigizi și blocați, deoarece intestinul reprezintă prelucrare și evacuare, iar toate tulburările legate de acesta simbolizează deja un comportament nedorit de fixare de ceva. Ciupercile în intestin ne indică menținerea unor obiceiuri dăunătoare.

În anumite cazuri se mai adaugă și o viziune negativă asupra vieții. Ne temem de ceva rău atunci când ar trebui să încercăm ceva nou și ne atragem simultan negativul. Pierdem energie și suntem tot mai nemulțumiți. Mulți oameni își îngreunează viața prin gândurile și obiceiurile pe care le întrețin. Dacă ne schimbăm atitudinea, viața noastră câștigă din nou în ușurință și plăcere.

Calea spre vindecare

Întrebați-vă

- dacă și în ce situații sunteți intransigenți și nerezonabili, adică „încăpățânați",
- cât de des reacționați printr-un „Da, dar...",
- dacă vă cramponați de o profesie, relație sau de o activitate de petrecere a timpului liber care nu vă este benefică,
- dacă sunteți dispuși să vă verificați atitudinea, opinia sau obișnuințele.

Descoperiți pentru voi înșivă

- cum puteți deveni curioși față de ceva nou,
- cum vă puteți deschide schimbărilor,
- cum puteți deveni mai flexibili,
- cum vă puteți instala mai multă bucurie în viață.

Obiectivul salutar poate fi: O atitudine pozitivă față de schimbări vă poate îmbogăți viața și promova sănătatea. Aveți curajul să mergeți pe un drum nou. Fiți deschiși gândurilor noi și încercați și altceva.

Ideea conducătoare: „Sunt flexibil și dispus să mă desprind."

Căderea părului

Zilnic se reînnoiesc anumite fire de păr, astfel încât pierderea câtorva fire de păr este de fapt regula. Toate firele de păr sunt înlocuite la un anumit moment de altele noi. Dacă nu cresc altele noi în schimb, vorbim de căderea părului. Rădăcina firului de păr își încetează temporar activitatea. Dacă acest lucru este ireversibil, căderea părului se permanentizează, rădăcinile firelor de păr se atrofiază, iar zonele lipsite de păr devin vizibile.

Factorii declanșatori la nivelul corpului pot fi: efectele secundare ale medicamentelor (de exemplu, anticoagulantele, beta-blocantele, chemoterapia), reacția exagerată la coloratul și vopsitul părului, modificări în bilanțul hormonal, în cazuri mai rare, deficitul de fier sau o funcție crescută ori scăzută a glandei tiroide.

Căderea părului ne indică un exces de acizi în corp. Pentru neutralizarea acizilor, corpul are nevoie de multe minerale și oligoelemente, pentru a nu se produce pagube și mai mari. Dacă însă alimentația furnizează prea puține astfel de elemente și prea mulți acizi, corpul recurge la propriile „rezerve". Un depozit din care își poate lua mineralele sunt rădăcinile firelor de păr. Ca urmare, cu timpul se poate produce o accentuare a căderii părului. Cine este afectat de căderea părului ar trebui să-și facă neapărat gânduri cu privire la alimentație!

Cauze sufletești

Trăsăturile de caracter relevante în cazul căderii părului sunt iertarea și viziunea pozitivă asupra vieții.

Prin expresia „Îți vine să-ți smulgi părul din cap" vrem să arătăm că suntem mânioși, furioși și că nu ne putem ierta, nouă sau altora. Dacă la aceste gânduri și sentimente negative se adaugă și „încăpățânarea", ne pierdem capacitatea de a acționa flexibil și orientat spre găsirea de soluții. Căderea părului poate fi întreținută și de prea multă chibzuială și de tendința de a-ți face griji.

Calea spre vindecare

Întrebați-vă

- dacă și despre ce vă faceți griji,
- dacă vă căutați sursa supărării la voi înșivă sau la ceilalți,
- dacă vă enervează ceva și ce anume,
- cum vă este alimentația – mai degrabă acidă sau bazică?

Descoperiți pentru voi înșivă

- cum să vă dați seama cât mai degrabă de gândurile negative și să le blocați,
- cum să vă descoperiți sursa nemulțumirii,
- cum să reacționați cu mai mult calm,
- cum să gândiți orientat spre soluție și cu optimism,
- cum să vă îmbunătățiți conștient alimentația.

Obiectivul salutar poate fi: Vă puteți verifica întruna gândurile și obiceiurile. Lăsați-le deoparte pe acelea care vă stânjenesc și promovați-le pe cele benefice. O alimentație sănătoasă vă fortifică organismul și vă susține indirect evoluția.

Ideea conducătoare: „Sunt stăpân pe gândurile mele și privesc cu încredere și optimism în viitor.“

Herpesul simplex

Virusul herpesului simplex duce la inflamația mucoasei, a pielii sau a celulelor nervoase. Forma cea mai frecventă este herpesul labial, se poate ajunge însă și la o transmitere la nivel genital (mucoasa vaginală sau penis).

Simptome tipice: La început se formează leziunile herpetice însoțite de o senzație de tensiune locală și de mâncărime. Peste două zile se formează vezicule pline cu un lichid puternic infecțios, care apoi se sparg, iar în locul respectiv se formează o crustă.

Cauze sufletești

Trăsăturile de caracter relevante în cazul unei infecții herpetice sunt iertarea, viziunea pozitivă asupra vieții și folosirea timpului.

Herpesul arată că suntem nemulțumiți de anumite situații sau combinații de circumstanțe și nu găsim nicio posibilitate de a ne exprima necesitățile reale. Facem herpes pentru că ne enervăm – și anume, fie cu voce tare sau deschis, fie în tăcere, fără s-o arătăm. În primul caz, herpesul ne arată simbolic faptul că vrem să ne „înfoiem“, făcând clară spre afară supărarea și mânia, fără însă a căuta o soluție. Ajungem tot mereu într-o astfel de situație, ca și când am vrea să trecem cu capul prin perete. În situații care nu decurg după dorința noastră, suntem testați dacă trecem la insulte, dacă dăm vina pe alții sau dacă păstrăm deocamdată distanța (nu avem voie să sărutăm pe nimeni). Prin această conduită nu rezolvăm nimic, ci doar ne creăm un climat nefavorabil nouă și celor din jur.

În al doilea caz, ne suprimăm supărarea. Atunci veziculele simbolizează faptul că nu cutezăm să ne spunem părerea, nu ne desfacem „floarea“. Cine-și poartă supărarea în tăcere nu va reuși să schimbe ceva. Este rezonabil să verificăm cum putem schimba o situație prin comportamentul nostru. Suntem dispuși ca, în toate cazurile care ne provoacă supărare, mai întâi să ne gândim la legea imaginii în oglindă? Asta ar însemna să căutăm motivul în primul rând la noi înșine. Acest lucru ne întărește respectul de sine. În acest mod se dovedește a fi inutil să-i criticăm pe ceilalți. Prin asta, conviețuirea noastră cu ceilalți devine mai pașnică. În plus, se reduce pericolul de a aspira exagerat după apreciere și de a ne căuta confirmarea din partea celorlalți. Ar trebui să concurăm doar cu noi înșine. Asta înseamnă că ar trebui să încercăm să rezolvăm o situație sau o chestiune mai bine decât am făcut-o data trecută. Sau suntem nevoiți să acceptăm deciziile altora, ca de exemplu, în viața profesională, de la șeful nostru? Dacă nu luptăm împotriva lor sau nu ne enervăm din cauza lor, nu pierdem atâta energie.

Christian

„De câte ori mă enervam, simțeam cum îmi zvâcnește buza.“

Christian (45 de ani) era angajat la o firmă. El se lupta mereu cu deciziile șefului. Avea alte idei pentru concepte noi în firmă, însă nu-și dorea o funcție de conducere. Astfel că se afla în permanentă confruntare cu șeful și se enerva din cauza lui. De cele mai multe ori reușea să se abțină cu criticile. Însă supărarea subliminală se exterioriza mereu sub formă de herpes.

„Am reușit să fiu mai calm în confruntarea cu deciziile șefului.“

În cadrul discuțiilor am constatat că el tot nu aspira după un post de conducere, întrucât nu era dispus să preia răspunderea pentru conducerea salariaților. Deoarece asta s-a dovedit a fi o decizie clară din partea lui, a trebuit să accepte și consecințele care decurgeau din poziția actuală. Cu timpul i-a reușit tot mai bine să se pună de acord cu deciziile șefului, atunci când acestea nu corespundeau ideilor proprii, ba chiar a reușit să-și introducă propunerile. Atunci când acestea nu-i erau acceptate, a învățat să treacă peste asta și să nu se mai enerveze. Herpesul i-a dispărut.

Calea spre vindecare

Întrebați-vă

- dacă vă enervați din cauza cuiva și vă ies pe gură cuvinte nepotrivite,
- dacă vă enervați pe tăcute, fără să vă arătați deschis sentimentele,
- dacă vreți să păstrați distanța față de cineva, deoarece vă simțiți răniți,
- dacă ați declarat cândva ceva ce acum regretați și dacă aveți sentimentul vinovăției,
- dacă vedeți multe prea negativ,
- dacă bombăniți împotriva „situației generale“, irosindu-vă astfel timpul prețios,
- dacă aveți tendința de a vă considera a fi mai buni sau de a ști mai bine decât ceilalți,
- în ce măsură suferiți de un deficit de respect de sine.

Descoperiți pentru voi înșivă

- cum vă puteți ierta,
- cum puteți recunoaște partea pozitivă a negativului și cum o puteți exprima,
- ce vor să vă sugereze anumite imagini din oglindă,
- cum puteți contribui la ameliorarea anumitor „circumstanțe dificile“, în loc să criticați sau să vă enervați în tăcere,
- în ce măsură anumite circumstanțe vă solicită toleranță și ar trebui să acceptați acest lucru,
- cum vă puteți ameliora pas cu pas respectul de sine.

Obiectivul salutar poate fi: Vă puteți folosi util timpul evitând gânduri distructive și ocupându-vă constructiv de lucrurile negative. Cumpăniți, în caz de dificultăți, ce motive se află la bază. Constatați dacă se cere intervenția voastră sau este vorba doar de a nu vă lăsa perturbați de circumstanțe neplăcute. Evitați orice comportamente care au de-a face cu neputința de a ierta.

Ideea conducătoare: „Mă străduiesc să găsesc formulări pozitive și constructive și să mă comport cu afecțiune cu mine și cu cei din jur. Evit critica, chiar și în gând.“

Herpesul zoster

Herpesul zoster (zona zoster) este o erupție cutanată foarte dureroasă sub formă de vezicule, declanșată de virusul varicelo-zosterian. O explicație amănunțită găsiți la capitolul despre creier și sistemul nervos.

Mâncărimea (pruritul)

Mâncărimea este un simptom important al multor îmbolnăviri. Diversele fascicule nervoase transmit mâncărimea de la nivelul pielii către creier și declanșează o senzație care-i determină pe oameni să se scarpine.

Factori de risc la nivelul corpului: declanșatorul poate fi, de exemplu, mesagerul chimic numit „histamină", ingrediente ale medicamentelor sau alimentelor, ca și toxine vegetale sau produse de insecte. Pot apărea modificări cutanate precum roșeața sau tumefierea.

Cauze sufletești

Trăsăturile de caracter relevante în cazul mâncărimii sunt curajul și folosirea timpului.

Mâncărimea este un semnal de alarmă al faptului că ceva în corpul nostru s-a dezechilibrat. În ce domeniu al vieții sunteți nemulțumiți sau chiar supărați? Ce anume vă mănâncă (râcâie)? Ce vă agită de așa natură încât vă silește să vă scărpinați? De îndată ce apar senzații neplăcute, ar trebui să reflectăm la găsirea unei soluții. Adeseori putem face foarte multe doar printr-o simplă schimbare de atitudine, alteori se cere și puterea faptelor, pentru a îndrepta o situație aparent scăpată de sub control.

Factorul esențial pentru starea pielii este un strat acid protector intact, un strat care se poate forma și ameliora prin măsuri de îngrijire specială. Indicații suplimentare despre cauzele sufletești aflate la bază ne sunt oferite de zona de piele afectată. Citiți despre acestea la capitolele respective.

Calea spre vindecare

Întrebați-vă

- dacă vă „mănâncă" ori vă irită ceva,
- dacă ați fi dispuși să întreprindeți ceva, dar nu aveți curajul necesar,
- dacă aveți senzația că ceva anume vă blochează evoluția,
- dacă sunteți prea nerăbdători în anumite situații.

Descoperiți pentru voi înșivă

- cum vă puteți îndeplini dorințele,
- ce puteți face pentru a vă îmbunătăți activ viața, așa încât să vă simțiți bine în propria piele,
- cum puteți „ieși din propria piele", pentru a evolua.

Obiectivul salutar poate fi: Folosiți-vă de unul dintre talentele pe care le aveți pentru a lega mai multe contacte. Înscrieți-vă, de exemplu, într-un cor, un club sportiv, un club de vorbitori, un grup de pictură sau luați parte la seminare. Deveniți activi, pentru a fi mai fericiți și a înflori pe plan personal.

Ideea conducătoare: „Simt în mine însumi care îmi sunt dorințele și misiunile și le abordez cu bucurie. Am curajul să stau de partea mea. Pot să mă adresez și altora și să le solicit ajutorul."

Negii

Negii sunt excrescențe ale pielii provocate de diverse tipuri de virusuri papiloma umane. Negii obișnuiți („vulgari" sau „comuni") au mărimea unui bold (ac cu gămălie) până la cea a unui bob de mazăre și o suprafață gri-gălbuie, denivelată și cheratinizată, și o tulpină care pătrunde în profunzime. Se pot dezvolta până ajung la proliferări cu aspect conopidiform.

Cauze sufletești

Trăsătura de caracter relevantă în cazul negilor este iertarea.

Negii sunt inofensivi și apar adeseori ca o avertizare. Atunci când afectează mâinile, responsabile pentru apucat, ținut strâns și dat drumul, ne semnalează că ne agățăm de ceva pe care ar trebui să-l lăsăm de fapt, deoarece ne inhibă anumite etape din evoluție. Negii la picioare ne arată că nu putem progresa cu ceva anume. Poate fi vorba de o veche obișnuință, o relație interumană, de profesie sau de actualul loc de muncă. Pentru a putea descoperi ce anume ar trebui schimbat, va trebui să ne analizăm exact condițiile de viață și să observăm unde și când pierdem energie. Putem apoi concluziona cu privire la schimbări ce se preconizează și să trecem la fapte. Avem astfel cele mai bune premise ca negii să dispară.

Calea spre vindecare

Întrebați-vă

- în ce domeniu vă cramponați de ceva care vă costă prea multă energie și vă împiedică,

- dacă aveți obiceiuri care pe termen lung nu vă sunt benefice,
- daca există ceva care vă face nefericiți.

Descoperiți pentru voi înșivă

- cum puteți trece prin viață mai vigilenți, pentru a putea detecta posibilii „perturbatori“ și a-i înlătura,
- cum vă puteți debarasa de obiceiuri care vă costă multă energie,
- cum vă puteți spori energia,
- cum puteți aborda țintit schimbările necesare.

Obiectivul salutar poate fi: Trăsăturile care aparțin de iertare ne influențează puternic traiul zilnic. Mai cu seamă tema trecerii peste anumite lucruri ne însoțește aproape o viață întreagă, provocându-ne în permanență. Descoperiți-vă șansele care decurg de aici pentru a vă putea elibera.

Ideea conducătoare: „Îmi urmăresc situația cu sinceritate și sunt dispus să descopăr lucrurile care îmi împiedică evoluția. Le redau libertatea și pot astfel să mă bucur de viață.“

Neurodermita

Neurodermita este o inflamație cronică recidivantă a pielii care apare adeseori la vârsta copilăriei. Mai este denumită și „eczemă atopică“. „Atopic“ înseamnă că pielea umană este predispusă ereditar la o hipersensibilitate față de influențe de mediu de fapt inofensive.

Simptome tipice: roșeața, mâncărimea, descuamarea și formarea de cruste la nivelul pielii. Din cauza unei funcții deficitare a glandelor sebacee și sudoripare, pielea apare lipsită de luciu și uscată. Zonele predispuse sunt cele de la flexiunea încheieturilor, feței, gâtului, cefei și pieptului.

Cauze sufletești

Trăsăturile de caracter relevante în cazul neurodermitei sunt curajul și folosirea timpului.

Această afecțiune a pielii apare tot mai des în zilele noastre. Sunt afectați mai ales copiii și bebelușii. În mod normal, bebelușii se „îmbăiază“ pe perioada sarcinii într-un mediu bazic. Totuși, pH-ul lichidului amniotic poate devia spre acid dacă alimentația mamei este una preponderent acidă. E ușor de prevăzut că această „baie acidulată“ nu este benefică pielii nou-născutului. Așadar, boala este o atenționare asupra unui stil de viață nesănătos. Influențele mediului sunt tot mai dăunătoare.

Noi însă devenim tot mai sensibili și mai fini în evoluția noastră, evoluție ce are loc și la nivel fizic, astfel încât, în zilele noastre, ar trebui să ne preocupăm tot mai mult de propria sănătate. De pildă, este cunoscut efectul vătămător al fumatului, atât ale celui activ, cât și ale celui pasiv. Aici părinții au o funcție de exemplu de urmat pentru copii. Ei trebuie să prezinte copiilor pe viu cum ar trebui să se comporte plini de atenție în orice situație față de propriul organism. Timpul pe care ni-l petrecem în slujba sănătății noastre, de pildă cu prepararea unor mese complete și valoroase, intră în categoria folosirii utile a timpului.

În cazul neurodermitei, pot juca un rol și problemele cu curajul. Reușim oare să rostim micul cuvânt „nu", atunci când avem senzația că e cazul să ne delimităm? Nu facem niciun serviciu nimănui suprasolicitându-ne. Ar trebui să avem curajul să ne susținem punctul de vedere, să acordăm atenție energiei și, prin aceasta, propriei sănătăți.

Jeanette

„Mă mânca pielea și îmi plesnea."

Femeia de 30 de ani (părinții aveau un centru de sănătate) era hotelieră profesionistă, căsătorită, cu doi copii și suferea de neurodermită. Deja era atenționată de oaspeții care îi vizitau hotelul. Ea fuma, nu acorda atenție alimentației, mergea târziu la culcare și folosea ca metodă contraceptivă steriletul hormonal. Jeanette se simțea complet depășită de situație în hotelul părinților, deoarece intervenea peste tot să ajute și nu putea spune „nu" pentru a se delimita.

„Am acordat mai multă atenție propriei sănătăți."

După ce a recunoscut legătura dintre starea de sănătate a pielii și comportamentul propriu, a renunțat la fumat, și-a modificat regimul alimentar, a trecut la detoxificare și la refacerea florei intestinale. În plus, și-a îndepărtat spirala hormonală și a trecut la prevenirea sarcinii pe căi naturale. A reușit și să meargă la culcare cel târziu la ora zece seara. A acordat mai multă importanță propriei sănătăți și celei a familiei sale. Jeanette și-a schimbat comportamentul, devenind mai curajoasă și reușind să delege anumite sarcini angajaților, câștigând astfel mai mult timp pentru odihnă. Astfel, a devenit tot mai echilibrată, iar munca îi producea plăcere. A recunoscut cât de important era să-și susțină oaspeții în problemele de sănătate, constituind chiar un exemplu bun pentru aceștia. Curând aparițiile cutanate au regresat, dispărând complet, iar ea s-a simțit tot mai bine în propria piele.

Calea spre vindecare

Întrebați-vă

- dacă acordați atenție unui mediu sănătos pentru voi și familie,
- dacă vă preocupați de o alimentație sănătoasă,
- dacă sunteți „acru/acid" dintr-un motiv anume,
- dacă și de ce mențineți obiceiuri nesănătoase (vicii),
- dacă aveți curajul să vă delimitați atunci când doriți.

Descoperiți pentru voi înșivă

- cum puteți face mai mult pentru sănătate,
- cum puteți înlocui obiceiuri nesănătoase cu unele pozitive,
- cum puteți găsi curajul pentru a clarifica conflicte nerezolvate,
- ce puteți face pentru a vă simți bine în propria piele.

Obiectivul salutar poate fi: Respectați minunea care este propriul corp. Verificați-vă folosirea timpului, controlând dacă îi oferiți corpului suficientă atenție și afecțiune. Fiți atenți la ce vă face bine și la ce vă consumă energia. Aveți curajul de a face exact ceea ce vă este benefic. Păstrați-vă bilanțul energetic în echilibru.

Ideea conducătoare: „Acord atenție mie și necesităților mele. Intenționez să fac ceva pentru sănătatea mea."

Psoriazisul

Psoriazisul este o boală inflamatoare a pielii cu evoluție cronică, dar care poate afecta și articulațiile. Se manifestă sub diferite forme, de la cele ușoare, cu câteva focare disparate, până la cuprinderea întregii suprafețe cutanate. Evoluția poate fi ușoară (de natură cosmetică) sau una severă, care restricționează calitatea vieții.

Simptomele tipice: zonele pielii afectate mai pregnant sunt coatele, genunchii, regiunea sacrală, precum și cea cu păr a capului – boala se poate răspândi însă pe întreaga piele a corpului. Sunt caracteristice zone de piele roșiatică și descuamată care se disting clar de pielea neafectată. Și unghiile pot fi afectate. În cazurile de afectare masivă, sistemul imunitar poate reacționa chiar și cu febră.

Cauze sufletești

Trăsăturile de caracter relevante în cazul psoriazisului sunt curajul, iertarea și folosirea timpului.

Aici este evident faptul că acei oameni nu se simt bine în propria piele. Oare cei afectați încearcă să se adapteze părerii altora, astfel încât nu pot trăi viața pe care și-o doresc? Sau poate că au sentimentul că nu primesc suficientă apreciere pentru ceea ce fac și ce sunt? Posibil să vină la un moment dat timpul când ni se cere să ne îndreptăm pe un drum pe care-l considerăm a fi cel corect pentru noi – indiferent de opinia celorlalți. Aici este decisiv să ne recunoaștem propria valoare, pe care s-o putem exprima. Atunci vom primi și rezonanța corespunzătoare.

În funcție de zona corpului în care apare psoriazisul, ni se semnalează un anumit mesaj: dacă este cuprinsă, de exemplu, pielea capului, înseamnă că ne facem prea multe griji, chibzuim prea mult sau ne preocupăm de gânduri negative – lucruri prin care pierdem multă energie și timp prețios. Dacă se manifestă la nivelul brațelor sau mâinilor, ar trebui să ne desprindem de ceva. Ar trebui să reflectăm serios cu privire la cum am putea folosi cât mai util timpul pe care-l avem la dispoziție. Dacă ne lipsesc succesele și bucuria de a trăi, e cazul să schimbăm ceva. Obișnuința ne oferă – aparent – o siguranță la care nimeni nu renunță atât de ușor. Dacă ne aflăm prinși în profesii sau relații care nu ne oferă împlinire, ne irosim un timp de viață prețios și ne periclităm și sănătatea. Reflectați la cum puteți găsi curajul necesar pentru a iniția pașii decisivi. Prin gânduri pozitive și cu încredere vă puteți afla noul drum.

Gerhard

„Voiam să scap în sfârșit de psoriazis.“

Gerhard (35 de ani), căsătorit, cu doi copii, suferea de psoriazis pe o mare parte din suprafața corpului. Nici după mai mulți ani de tratament medicamentos și internări în spital nu s-a putut ajunge la o ameliorare pe termen lung. În discuția pe care am avut-o cu el am constatat că nu-și putea manifesta aptitudinile în cadrul profesiei pe care o exercita. S-a observat asta încă din perioada uceniciei. Atunci a apărut și psoriazisul. Deși indiciile oferite de legile vieții erau tot mai evidente, el totuși nu a dat ascultare vocii interioare.

„Mi-am pus în aplicare mai bine aptitudinile într-o nouă profesie și mă simt mult mai împlinit.“

Argumentele raționale erau atât de puternice, încât nu luase niciodată în calcul o schimbare a profesiei. Parcă i se luase „un văl din fața ochilor“ și a început să priceapă de ce atâtea medicamente și tratamente nu avuseseră un efect de durată. S-a decis să se recalifice. De îndată ce a luat decizia, a simțit cum durerile i se reduc la un nivel suportabil. Pe parcursul recalificării, aspectul pielii se ameliora de la o zi la alta. Familia sa se bucura împreună cu el de acea „minune“. Regreta că nu a înțeles mai devreme mesajul pe care i-l transmitea pielea. Era însă recunoscător pentru oportunitatea ca prin boală să ajungă la o nouă și esențială recunoaștere.

Calea spre vindecare

Întrebați-vă

- în ce măsură nu vă simțiți bine în propria piele,
- în ce situație neprielnică vă aflați, asupra căreia boala vrea să vă atenționeze,
- ce vă blochează evoluția personală,
- dacă apar periodic indicii și senzații care arată că ceva ar trebui schimbat.

Descoperiți pentru voi înșivă

- ce puteți face pentru a vă putea recepționa mai bine intuiția,
- ce vă este benefic,
- cum puteți acorda atenție semnalelor pentru a introduce de timpuriu modificările necesare,
- cum puteți duce o viață împlinită și plăcută,
- ce mesaje v-au pregătit legile vieții.

Obiectivul salutar poate fi: Orice om merită să aibă o viață împlinită. Deschideți-vă. Acceptați schimbările. Dacă veți avea curajul să renunțați la vechi obiceiuri, veți avea de câștigat. În plus, veți fi răsplătiți cu siguranța de sine.

Ideea conducătoare: „Mă respect și sunt dispus să-mi ascult vocea interioară și să am încredere în ea. Doresc să mă desprind și să pun în practică ceea ce am recunoscut.“

Roaderea unghiilor

Rosul unghiilor este un obicei, un fel de acțiune înlocuitoare, care în cel mai rău caz se poate transforma într-o compulsiune (obsesie). Unghiile sunt atât de roase încât patul unghial poate fi rănit serios, inflamându-se. Prin rosul unghiilor se instalează o anumită satisfacție și auto-alinare. Conform estimărilor experților, circa 10% dintre adulți și 30% dintre copii adoptă în mod regulat acest comportament.

Cauze sufletești

Trăsături de caracter relevante în cazul rosului unghiilor sunt curajul și iertarea.

Cine își roade unghiile dezvăluie o anume nervozitate și tensiune. Ce anume îi neliniștește într-atâta pe cei afectați? Dacă unghiile sunt roase până când patul unghial este rănit și apar inflamații, atunci trebuie să fie vorba de ceva auto-distructiv, auto-jignitor, ba chiar agresiv. Ce ne pune astfel sub presiune? Ce anume ne stresează atât de mult încât nu-i putem face față? Atunci când degetele sunt ronțăite în felul acesta, se mai adaugă un alt factor de stres, și anume jena pentru felul în care arată degetele, pe care acum dorim să le ascundem.

Valentina

„Mereu simțeam nevoia să-mi rod unghiile."

De ani de zile Valentina (25 de ani) își rodea unghiile. Îi era rușine din cauza asta și dorea să scape de acest obicei. În cadrul discuției pe care am avut-o împreună s-a dovedit că era o persoană foarte harnică și ambițioasă, dorea însă să-i meargă totul perfect din prima și nu avea răbdare cu ea însăși. A mai observat și că își rodea unghiile mai ales atunci când ceva o „enerva", de exemplu deoarece nu putea duce la îndeplinire un lucru atât de repede pe cât dorea ea.

„Am devenit mai răbdătoare și mai indulgentă cu mine însămi."

Ea dorea prea multe lucruri mult prea rapid și se încurca astfel în ele. A fost recunoscătoare pentru descoperirea făcută. Pe viitor s-a străduit să abordeze obiectivele noi cu mai mult calm și să se comporte cu mai multă afecțiune față de propria persoană, atunci când greșea ceva. Acum, că nu se mai punea astfel sub presiune, devenind mult mai relaxată, își „ronțăia" mult mai rar unghiile. Unghiile frumoase pe care le-a descoperit au motivat-o să continue și să insiste pe noul drum.

Calea spre vindecare

Întrebați-vă

- dacă aveți complexe de inferioritate sau dacă vă temeți că nu vă va reuși ceva,
- dacă vă puneți adesea sub presiune,
- ce vă produce neplăcere și vă nemulțumește,
- în ce situații sau în fața căror persoane vă simțiți depășiți (de exemplu, un șef sau un coleg dominant),
- dacă vă simțiți exploatați.

Descoperiți pentru voi înșivă

- cum să vă dezvoltați încrederea de sine, pentru a face față provocărilor,
- cum puteți manevra situațiile apăsătoare mai relaxat și mai orientat spre soluții,
- dacă puteţi ierta mai ușor folosindu-vă de legea imaginii în oglindă,
- cum puteți deveni mai răbdători cu voi înșivă.

Obiectivul salutar poate fi: Cu o încredere de sine sănătoasă puteți face față cu bine școlii zilnice. Pentru asta nu aveți nevoie să vă puneți sub presiune, ci puteți aborda lucrurile cu ușurință și relaxare. Dacă acceptați provocările și aflați soluții, vă crește încrederea și câștigați energie și satisfacție. În curând o să vă vină ușor să preluați răspunderea pentru propria persoană și propria viață.

Ideea conducătoare: „Îmi asigur relaxarea și îmi abordez sarcinile cu calm. Îmi întâmpin semenii și propria persoană cu afecțiune și îngăduință."

Rinichii

Rinichii ne detoxifică organismul și asigură un mediu stabil (de exemplu, un pH) în corp. Ei sunt implicați și în diverse circuite hormonale. Cine este bolnav de rinichi ar trebui să se întrebe: De ce sunt atât de mânios? Atât de gelos? De neiertător? Preocupați-vă de restabilirea balanței!

Mica pereche asigură echilibrul

Rinichii sunt organe de detoxificare importante, servind la excreția (eliminarea) produselor de metabolism și a materialelor străine de organism (de exemplu, medicamente și poluanți de mediu) prin intermediul urinei. În plus, sunt responsabili de menținerea echilibrului dintre baze și acizi și participă la reglarea bilanțului de săruri și apă. Ei produc hormonii „renină“ (influențează tensiunea arterială și bilanțul electroliților) și „eritropoietină“ (în condiții de lipsă de oxigen stimulează producerea sângelui).

Cauze sufletești

Trăsăturile de caracter relevante în cazul bolilor de rinichi sunt iertarea, viziunea pozitivă asupra vieții și folosirea timpului.

Activitatea rinichilor este vitală. Ei filtrează toxinele și eliberează astfel zilnic corpul de substanțe nocive. Vârsta noastră organică și funcționalitatea organismului nostru depind foarte mult de starea rinichilor. Ne sprijinim rinichii în funcția lor sau mai degrabă îi împovărăm? Câte toxine introducem în corp prin alimentație și câtă „otravă“ producem prin comportamentul și emoțiile negative precum mânie, furie, ciudă? Și emoțiile noastre sunt „filtrate“ de rinichi. Cauza sufletească a bolilor de rinichi se află în trăsătura de caracter „iertare“, de cele mai multe ori în legătură cu conflictele interumane, acele conflicte care ne „merg la rinichi“. Prin astfel de sentimente viziunea pozitivă asupra vieții are de suferit și avem tendința de a-i critica pe ceilalți. Rinichii sunt un organ pereche. Se pune întrebarea: ce fel de relații interumane ne dezechilibrează?

Calea spre vindecare

Întrebați-vă

- în ce măsură sunteți nemulțumiți de relațiile interumane,
- dacă și pentru ce vă enervați,
- dacă sunteți furioși pe cineva,
- dacă vă ambalați prea mult într-o chestiune,
- dacă purtați pică,
- dacă sunteți geloși,
- dacă țineți ranchiună sau aveți sentimente de ură sau chiar de răzbunare față de cineva,
- dacă vă simțiți nedreptățiți.

Descoperiți pentru voi înșivă

- de ce sunteți atât de furioși pe cineva,
- asupra cărei conduite vrea să vă atenționeze legea imaginii în oglindă, în ce măsură sunteți supărați pe voi înșivă atunci când vă supărați pe cineva,
- cum puteți soluționa conflictele prezente și cădea la pace cu persoana respectivă.

Obiectivul salutar poate fi: Creați premisele unei relații interumane armonioase, arătând înțelegere pentru ceilalți. Nu criticați. Iertați-vă propriile lipsuri. Iertați-le și pe ale altora. Încercați să rezolvați conflictele într-o discuție sinceră, deschisă și înțelegătoare.

Ideea conducătoare: „Mă iubesc și trăiesc în armonie și pace cu mine și cu semenii mei."

Sprijiniți-vă corpul

- Detoxificați și purificați, pentru a vă elibera corpul de substanțe nocive.
- Refaceți-vă flora intestinală și întăriți-vă sistemul imunitar.
- Preocupați-vă de o alimentație echilibrată, hrănitoare, pentru a vă aproviziona corpul cu toate cele necesare.
- Consumați multe lichide (minimum doi până la trei litri pe zi): fără băuturi carbogazoase, ci doar apă sau ceaiuri de plante din frunze de strugurii-ursului, de frunze de mesteacăn sau de coada-calului, păpădie sau urzică.
- Renunțați la cafea și ceai negru.
- Nu folosiți sare de bucătărie. Folosiți în loc Tamari sau tipuri de sare naturală cum ar fi sarea gemă sau de mare în cantități mici.
- Recurgeți la proteine de calitate: legume, lapte de nucă, cereale, produse lactate.

- Consumați suc de mesteacăn.
- Mențineți caldă regiunea lombară.

Inflamația rinichilor – inflamația pelvisului renal

Inflamația rinichilor este o modificare inflamatoare acută sau cronică a țesutului renal. Inflamația pelvisului renal presupune o inflamare acută (cu dureri și febră) sau cronică (provoacă puține simptome, dar poate conduce la deteriorarea rinichilor) a mucoasei pelvisului (bazinetului) renal. Din pelvisul renal, urina trece mai departe în uretere, și de aici se scurge în vezica urinară. Inflamația este declanșată de obicei de bacterii, care migrează fie ascendent, de la o inflamație a vezicii urinare sau a ureterelor, fie pe cale sanguină sau limfatică, de la alte procese inflamatorii din organism.

Cauze sufletești

Trăsăturile de caracter relevante în cazul inflamațiilor rinichilor sunt iertarea, viziunea pozitivă asupra vieții și folosirea timpului.

Zicem uneori „asta ne merge la rinichi". Rinichii sunt un organ pereche, ceea ce ne oferă un indiciu asupra relațiilor interumane care ne pot stresa și care trebuie revizuite. Există decepții grele, peste care nu putem trece sau ne simțim prea tare captivi, deoarece nu putem spune „nu"? De ce ne enervăm? Dacă ne agățăm prea mult de supărare, ne putem otrăvi astfel și ne suprasolicităm rinichii. Adeseori imaginea din oglindă ne transmite un mesaj anume, un indiciu spre a îndrepta o slăbiciune. Ce putem învăța din acea situație? Sentimentele negative fie transmit un mesaj (ne previn), fie sunt un test, dacă și cât de repede putem din nou să trecem peste ceva, să slobozim. Prelucrați-vă din timp emoțiile negative, astfel încât să nu vă „meargă la rinichi".

Calea spre vindecare

Întrebați-vă

- ce sentimente negative vă împovărează,
- cu ce fel de relații se află în legătură acele sentimente,
- care vă este implicarea în conflictele respective.

Descoperiți pentru voi înșivă

- cum puteți rezolva conflictele existente,
- în ce măsură vă poate fi de folos legea imaginii din oglindă,

- cum vă puteți desprinde de sentimente copleșitoare,
- cum puteți întreține relații interumane armonioase.

Obiectivul salutar poate fi: Relațiile interumane sunt un câștig în viața noastră. Ne procură simultan bucurie și anumite provocări. Dacă apar sentimente neplăcute, ar trebui să ne preocupăm de înlăturarea rapidă a acestora din calea noastră.

Ideea conducătoare: „Relațiile interumane sunt importante pentru mine și sunt dispus să iert, atât pe mine, cât și pe ceilalți, atunci când se ivesc conflicte."

Insuficiența renală

Bolile de rinichi (de exemplu, inflamațiile țesutului renal) care conduc la un anumit grad de distrugere a țesutului renal au ca urmare o deficiență (cronică) a funcției acestora. Se poate ajunge și la o prăbușire bruscă a funcției lor excretoare (acută). Prin formarea de urină sunt eliminate din corp produse reziduale, săruri și acizi. Dacă însă rinichii nu-și pot face treaba conform, se ajunge la acumularea acestora în organism. În cele din urmă, prin intoxicația sângelui cu uree se ajunge la necesitatea curățării artificiale a organismului prin dializă. Dializa este o tehnică de purificare a sângelui, prin care substanțele urinare și alți produși de metabolism și apa sunt eliminate din corp.

Simptomele tipice la insuficiența renală acută sunt inițial nespecifice: oboseala, probleme de concentrare, grețuri și vărsături, însoțite parțial de producerea normală de urină. Mai târziu se ajunge la regresia eliminării de urină și la reținere de apă în membrele inferioare, mai târziu și în plămâni (dificultăți la respirație). La creșterea concentrației potasiului în sânge apar tulburări de ritm cardiac. Prin dereglarea balanței dintre baze și acizi apar crampe musculare și tulburări ale stării de conștiență. Prin acumularea de substanțe urinare neeliminate se ajunge în cele din urmă la intoxicație (uremie).

Insuficiența renală acută pune viața în pericol și trebuie tratată urgent de către medici!

Cauze sufletești

Trăsăturile de caracter relevante în cazul insuficienței renale sunt iertarea, viziunea pozitivă asupra vieții și folosirea timpului.

Se ajunge la insuficiență renală atunci când nutrim o perioadă îndelungată sentimente negative precum mânie sau ranchiună, emoții pe care, cum s-ar spune, nu le „excretăm" din gândurile și din comportamentul nostru. Ceea ce conduce la insuficiența renală este tocmai neputința de a ne debarasa. Nu putem face față sentimentelor, blocându-ne astfel evoluția. Irosim timp și energie. La un moment dat rinichii nu mai dispun de suficientă energie pentru a-și menține funcția.

Heinrich

„Rinichii mei nu mai făceau față."

La vârsta de 50 de ani, Heinrich și-a dat demisia de la firma unde lucra, deoarece nu era de acord cu restructurările care se profilau. Nu reacționa flexibil la schimbări, blocându-se singur prin enervările cu privire la acestea, enervări care atinseseră apogeul. Nu percepea decât părțile negative ale noii organizări.

„Viziunea mea asupra vieții era tot mai negativă."

În cele din urmă a demisionat, fără să aibă o alternativă. (Conform legilor vieții însă, ar trebui să demisionăm de-abia atunci când avem în vedere un nou job.) Heinrich a rămas astfel câțiva ani șomer. După ceva timp și-a recunoscut eroarea. Nu-și putea ierta încăpățânarea de pe vremuri, scufundându-se și mai mult în emoții negative, emoții în care își investea mult timp. Urmarea a fost aceea că rinichii i s-au atrofiat. Trebuia să meargă regulat la dializă.

Calea spre vindecare

Întrebați-vă

- dacă s-au acumulat sentimente negative,
- dacă dați vina nemulțumirii pe seama altora în loc s-o căutați la voi înșivă,
- cum vă purtați cu timpul prețios,
- dacă vă folosiți util timpul sau vi-l irosiți cu sentimente vechi,
- dacă amplificați negativul,
- dacă vă vine greu să vă debarasați.

Descoperiți pentru voi înșivă

- cum vă puteți deschide situațiilor și condițiilor noi,
- cum puteți reacționa mai flexibil la schimbări,
- cum să vă admiteți sentimentele și cum să vă debarasați,
- în ce măsură puteți vedea pozitivul din fiecare negativ,
- cum să abordați constructiv și încrezători schimbările,
- cum vă puteți îmbunătăți relațiile cu ajutorul legii imaginii din oglindă.

Obiectivul salutar poate fi: Singura constantă din viața noastră sunt schimbările. Cu toții suntem mereu supuși testelor de reacție la schimbări, astăzi mai mult ca oricând, deoarece au loc într-un ritm rapid. Firește că nu orice schimbare reprezintă o îmbunătățire, dar noi ar trebui să fim deschiși și pregătiți să putem face față mai multor opțiuni. Încercați să distingeți aspectele pozitive, astfel încât să vă folosiți constructiv de procesele educative. Folosiți-vă util timpul, adaptându-vă opiniile la cunoștințele actuale și lăsându-vă deoparte resentimentele.

Ideea conducătoare: „Sunt împăcat cu mine și cu ceilalți. Cu bucurie mă încredințez îndrumării lui Dumnezeu și mă desprind de lucruri pentru a putea evolua. Sunt deschis schimbărilor și le abordez constructiv."

Pietrele la rinichi

Pietrele la rinichi se compun din săruri minerale și din substanțe organice care în mod normal sunt dizolvate în urină. O piatră la rinichi apare atunci când conținutul în acid uric, calciu, acid oxalic, precum și gradul de aciditate al urinei sunt crescute, iar fluxul urinei este împiedicat, sau atunci când anumite componente ale acesteia se concentrează din cauza unui deficit mare de lichide. Dacă piatra migrează și se blochează în pelvisul renal sau pe uretere, se poate ajunge la o colică renală. Urina stagnează în spatele obstacolului, iar mucoasa se irită.

Simptomele tipice sunt dureri violente cu caracter spasmodic, grețuri și vărsături.

Cauze sufletești

Trăsăturile de caracter relevante în cazul pietrelor la rinichi sunt iertarea și folosirea timpului.

Corpul nostru trebuie să facă față multor toxine. Rinichii le filtrează și le elimină din corp. Și sentimentele noastre trebuie prelucrate, pentru a ne elibera în vederea unor experiențe noi. Sentimentele negative ne pot deregla organismul, se pot manifesta în corp și pot conduce la inflamații și alte perturbări. În special supărările, anxietatea și mânia, ca și gelozia și invidia stagnează în noi, otrăvindu-ne pe noi și otrăvind și relațiile noastre. Atunci când aceste otrăvuri se transformă în pietre, ni se arată faptul că persoanele respective nu s-au putut elibera de mult timp de sentimentele apăsătoare. Pietrele simbolizează negativul care s-a acumulat pe interior și s-a materializat. Pietrele arată cât de rigidă ne este atitudinea și cât de mult ne blocăm prin asta. Fiind vorba de un organ pereche, este de la sine înțeles că în primul rând trebuie reflectat asupra parteneriatului și a altor relații interumane.

Theresa

„Aveam dureri cumplite de spate."

Theresa avea dureri puternice din cauza pietrelor la rinichi. Urma să plece în vacanță în câteva zile, un lucru pe care nu și-l mai permisese de mult timp. Fiind familiarizată cu legile vieții, a început să reflecteze la mesajul ascuns în spatele durerilor.

„Am adus claritate în relațiile mele."

A conștientizat foarte repede că trebuia să se ocupe de claritate în relația cu prietenul ei. S-a hotărât să ia o decizie. După o căsnicie eșuată, încă nu-și iertase soțul. Îi era teamă să nu fie rănită din nou. Din acest motiv relația cu prietenul era doar una șovăielnică. Atunci când a înțeles conexiunile, s-a decis să lase în urmă trecutul. Și-a dat seama și de faptul că actualul prieten nu era cel potrivit și a pus capăt relației. De cum a luat acea decizie, pietrele s-au eliminat de la sine, iar ea s-a însănătoșit rapid. Astfel și-a putut savura în tihnă vacanța.

Calea spre vindecare

Întrebați-vă

- dacă și față de cine nutriți sentimente precum mânia și ranchiuna,
- dacă există ceva în parteneriatul/relația voastră care s-a acumulat,
- dacă există conflicte nerezolvate care atrag atenția asupra lor și se cer înlăturate,
- dacă vă admiteți propriile sentimente sau le lăsați să se acumuleze.

Descoperiți pentru voi înșivă

- cum vă puteți organiza relațiile (strânse) armonios,
- cum să vă iertați vouă și celorlalți și să nu mai purtați ranchiună nimănui.

Obiectivul salutar poate fi: Acceptați-vă toate sentimentele. Dați „pietrele" din cale deoparte, ca să nu vă mai împiedice să vă încheiați relații interumane pline de afecțiune. Legea imaginii în oglindă vă conduce.

Ideea conducătoare: „Mă stimez și mă apreciez pe mine și pe ceilalți. Îmi pot ierta astfel semenii în stări conflictuale."

Stomacul

După gură, stomacul este a doua stație a digestiei. Senzații neplăcute în stomac precum apăsarea sau zgomotele produse ne indică faptul că ne este teamă. Teama însă este un tovarăș destul de nepotrivit! Faceți față sarcinilor vieții! Dacă abordați problemele, puteți pierde orice temeri și, odată cu ele, și boala.

Nu vă temeți de „peștii" grași - curaj!

Stomacul este o dilatare a tubului digestiv în formă de pungă. Hrana este condusă prin esofag în acest „vestibul", unde este prelucrată cu ajutorului sucului gastric. Acidul gastric descompune proteinele pentru digestie, omoară bacterii, iar după trecerea în duoden stimulează, prin prezența sa, pancreasul, pentru eliberarea sucurilor digestive și a hormonilor proprii. Reglează și gradul de aciditate necesar efectului enzimatic al pepsinei asupra proteinelor. Mucusul gastric are funcție de protecție împotriva prejudiciilor mecanice, enzimatice sau termice. În special mucusul leagă sucul gastric, ceea ce reprezintă o protecție importantă împotriva „autodigestiei".

Cauze sufletești

Trăsătura de caracter relevantă în cazul îmbolnăvirilor stomacului este curajul.

Tot ce consumăm trece mai întâi prin stomac. Stomacul simbolizează preluarea și transmiterea mai departe a hranei – la figurat –, a trăirilor noastre. Cum preluăm noi ceea ce trăim? Ce ne apasă greu în stomac? Ce ne lovește în stomac? În anumite situații vorbim despre faptul că „ni se răsucește/strânge stomacul"! Când ni se întâmplă asta? De cele mai multe ori atunci când ne este frică. Ne aflăm în fața unei provocări și nu avem curajul să ne activăm. Poate că există și un conflict, care ne stă „ca un bolovan în stomac" și pe care ar trebui să-l rezolvăm? Noi însă preferăm să ne retragem. De ce ne este frică? În viață există multe lucruri de care ne-ar putea fi teamă. Cu cât cedăm mai mult, cu atât frica va deveni mai puternică. Ne-am putea strădui însă să ne situăm de partea sentimentelor noastre, chiar și a fricii. Ameliorându-ne în permanență curajul, putem înlocui treptat teama cu încrederea.

Calea spre vindecare

Întrebați-vă

- dacă vă este teamă,
- ce situații vă provoacă teamă,
- de ce sau de cine vă temeți și din ce motiv?
- dacă obișnuiți să amânați ceva,
- dacă evitați anumite situații.

Descoperiți pentru voi înșivă

- cum vă puteți consolida curajul cu pași mici,
- cum să faceți față provocărilor,
- cum puteți câștiga mai multă încredere de sine.

Obiectivul salutar poate fi: Pentru a consolida curajul este necesar să acceptați provocările. Există un motiv real pentru teamă? Ce puteți face pentru a rezolva problema? Poate reușiți să înfruntați anumite situații pregătindu-vă dinainte câteva fraze, pentru a întâmpina o chestiune cu mai multă siguranță. Amintiți-vă de situațiile din trecut pe care le-ați stăpânit deja. Cu fiecare succes înregistrat vă sporiți încrederea în sine.

Ideea conducătoare: „Iau frica drept solicitare de a deveni mai curajos și accept provocările pentru a-mi consolida tot mai mult siguranța de sine."

Sprijiniți-vă corpul

- Detoxificați și purificați pentru a vă elibera corpul de substanțe dăunătoare.
- Refaceți-vă flora intestinală și întăriți-vă astfel sistemul imunitar.
- Preocupați-vă de o alimentație echilibrată, hrănitoare, energizantă, pentru a aproviziona corpul cu toate cele necesare.
- Consumați ceai de semințe de in.
- Ceaiurile de mușețel, fenicul sau chimen menajează stomacul și stimulează digestia.
- Evitați cruditățile și consumați mai bine diete ușoare. Cruditățile sunt greu digerabile.
- Evitați cafeaua. Irită mucoasa gastrică.
- Recurgeți la cură de nămol.

Arsurile (esofagita de reflux)

Dacă mecanismul de închidere dintre stomac și esofag nu funcționează cum trebuie, tot mai mult suc gastric se ridică în esofag. Dar mucoasa esofagiană nu are nicio protecție împotriva acidului clorhidric din sucul gastric și se irită. La unii pacienți nu sunt prezente semne vizibile, la alții în schimb se ajunge la modificări de tip inflamator.

Simptomele tipice sunt arsurile (dureri sub formă de arsură în spatele sternului), regurgitații acide, tulburări de deglutiție (înghițire), tuse iritativă, răgușeală.

Factorii de risc la nivelul corpului sunt: mesele copioase, bogate în grăsimi, factorii psihici stresanți, stresul, consumul de alcool, nicotină sau de medicamente.

Cauze sufletești

Trăsăturile de caracter relevante în cazul esofagitei de reflux sunt curajul, viziunea pozitivă asupra vieții și folosirea timpului.

Haideți să ne uităm la simbolică: ceva negativ activează pe interior, astfel încât nu vă simțiți bine. Vă lipsește curajul de a face ceea ce considerați a fi corect și bine? Vă lăsați conduși de alții și ajungeți astfel în condiții de stres? Unii oameni se blochează singuri, chibzuind îndelungat și făcându-și mereu griji. Curajul ne ajută să spunem „nu" la momentul oportun, atunci când avem impresia că ceva nu ni se potrivește sau ne este prea mult. Ar trebui să ne situăm de partea noastră și să facem ceea ce considerăm corect. Dar fără încăpățânare, ci întrebându-ne ce este corect în conformitate cu legile vieții.

Calea spre vindecare

Întrebați-vă

- dacă ceva face să vă vină „acru" în gură și ce anume,
- în ce situații nu aveți curajul să spuneți „nu",
- ce „clocotește" pe interior și se cere scos la iveală,
- dacă aveți predilecția către o viziune negativă asupra vieții,
- dacă îi criticați pe ceilalți atunci când sunteți „acri".

Descoperiți pentru voi înșivă

- care vă sunt prioritățile importante și cum vi le puteți aborda,
- cum să vă acordați vouă și vieții mai multă încredere,
- în ce măsură puteți recurge la ajutorul imaginii în oglindă pentru a vă ameliora conduita, în loc să-i criticați pe ceilalți,

- cum puteți aborda obstacolele cu mai mult optimism și să vă trăiți viața care vă permite dezvoltarea personalității.

Obiectivul salutar poate fi: O bună planificare a timpului vă ajută să evitați stresul. Aceasta include și timpul alocat pauzelor și regenerării. Țineți cont de faptul că organismul reacționează atunci când sunteți acizi cu cineva sau ceva și încercați mereu să găsiți și partea pozitivă a lucrurilor. Prindeți curajul de a privi direct faptele.

Ideea conducătoare: „Mă străduiesc să-mi mențin calmul. Înainte de toate, îi las pe ceilalți să fie așa cum sunt și nu mă enervez din cauza lor. Critica înseamnă stres și timp irosit."

Inflamația mucoasei gastrice (gastrita)

Forma acută a gastritei ia naștere ca urmare a unei iritații a mucoasei gastrice, de pildă prin suprasolicitare, consum exagerat de alimente, hrană denaturată (hrana puternic prelucrată și procesată), nicotină, alcool concentrat sau medicamente. Manifestarea unei gastrite poate merge de la defecte superficiale ale mucoasei până la mari zone de uzură (eroziuni).

La gastrita cronică deosebim trei forme:

- Tipul A (gastrita autoimună)
- Tipul B (gastrita bacteriană)
- Tipul C (gastrita indusă chimic)

Simptome tipice: La început acestea nu sunt ceva deosebit. Pot apărea: tulburări în etajul abdominal superior sub formă de arsuri, inapetență, grețuri, eructații (râgâieli), vărsături, senzația de plenitudine după mese. La tipul A se poate adăuga un deficit de vitamină B_{12}, cu oboseală, paloarea pielii și semne neurologice (paralizii și nesiguranță la mers).

Cauze sufletești

Trăsătura de caracter relevantă în cazul gastritei este curajul.

Prin gastrită persoanele afectate au probleme cu digerarea hranei. Aveți dificultăți la sensul figurat în a „digera" ceva în viața voastră? Adeseori ne este teamă să schimbăm lucrurile care nu ne plac. Viața constă din provocări continui, mici și mari – asta face parte din școala zilnică. Dacă nu avem curajul să spunem „da", iar în alte situații un „nu", atunci nu ne putem deplia personalitatea. Gastrita este un sprijin, un imbold. Servește la zgâlțâirea persoanei în cauză și trezirea acesteia, pentru a deveni conștientă de sine. Fiecare are un potențial enorm, potențial care trebuie neapărat valorificat. Pentru aceasta avem adesea nevoie de curaj.

Calea spre vindecare

Întrebați-vă

- dacă nu vă convine ceva din situația voastră,
- dacă purtați cu voi nemulțumirile, înghițindu-le, astfel încât să vă provoace gastrita,
- în ce măsură vă este teamă să schimbați ceva în viață.

Descoperiți pentru voi înșivă

- cum să dezvoltați curajul de a schimba lucrurile care nu vă fac bine,
- cum să vă eliberați de experiențe incomode și cum să soluționați durabil situații nesatisfăcătoare,
- cum să vă percepeți curajoși dorințele și necesitățile și să le îndepliniți,
- cum puteți reuși să abordați provocările ce vă așteaptă.

Obiectivul salutar poate fi: Viața constă în schimbări. Verificați dacă totul funcționează așa cum trebuie în situația voastră momentană sau dacă ar trebui să vă încumetați să faceți noi pași în direcția pe care v-o indică drumul vieții.

Ideea conducătoare: „Am curajul să accept provocările viitoare și câștig prin asta mai multă siguranță și încredere de sine.“

Ulcerul gastric – ulcerul duodenal

În cazul unui ulcer este perturbat echilibrul dintre factorii protectivi și cei distructivi asupra mucoasei gastrice. Se ajunge aici prin efectul acidului clorhidric din sucul gastric și al pepsinei, o enzimă care digeră proteinele. Așadar, este vorba de o acțiune de autodigestie a peretelui gastric și, respectiv, duodenal.

Simptomele tipice ale ulcerului gastric: durerile imediat după masă.

Simptomele tipice ale ulcerului duodenal: durerile se declanșează în special pe nemâncate, adică noaptea sau dimineața.

Alte simptome sunt durerile sub formă de crampe în abdomenul superior, senzația de plenitudine și de presiune după mese și eventual pierdere în greutate din cauza vărsăturilor și a intoleranțelor alimentare.

Cauze sufletești

Trăsătura de caracter relevantă în cazul ulcerului gastric și al celui duodenal este curajul.

Ce ne zace în stomac? Ce se dorește transpus în practică? Gastrita și mai ales ulcerul vor să ne zgâlțâie și să ne facă să acceptăm provocările și să ne consolidăm forțele interne. În ambele cazuri este vorba de o slăbire a mucoasei gastrice, care nu mai poate rezista atacurilor. Aceasta simbolizează propria lipsă de putere. Ne-am debilitat singuri, prin lipsa de curaj. Ne merge la fel ca și mucoasei gastrice. Dacă aceasta este destul de „solidă", atacurile nu o pot prejudicia. Curajul ne face puternici. Este tot mai solicitat în viețile noastre. Tot timpul apar modificări, iar noi nu putem progresa decât atunci când ne putem îndeplini sarcinile și eventual tratăm crizele ca pe niște provocări. Și un ocazional „nu" face parte din curaj. Este important să ne delimităm de lucruri și persoane binevoitoare de îndată ce observăm că acestea ne abat de la drumul nostru. Cu încrederea și siguranța de sine ne putem trăi tot mai bine potențialul!

Elfrida Müller-Kainz

„Nu mai suportam aproape nimic."

Una dintre autoarele acestei cărți a avut de-a face cu un ulcer gastro-duodenal și relatează cum s-a vindecat din nou. „Am venit pe lume cu o slăbiciune. Mamei mele îi era mereu teamă că nu voi supraviețui. Această frică s-a oglindit în propria mea persoană. Încă de mică am avut probleme cu stomacul și cu intestinul. Vomitam deseori și nu puteam suporta călătoriile cu mașina sau autobuzul. Atunci când cineva mi se adresa, roșeam imediat. Nu îndrăzneam să deschid gura în societate sau să-mi spun părerea. Mă temeam pe întuneric sau în lifturile vechi, vieneze. Și telecabinele sau teleschiurile mă înfricoșau."

„Acum mai mult ca oricând!"
„În cele din urmă am făcut o gastrită în anii tinereții, gastrită urmată chiar de un ulcer duodenal. Pe atunci încă nu cunoșteam legile vieții și nu am înțeles că acestea doreau să mă atenționeze prin intermediul bolii asupra lipsei mele de curaj. O doctoriță mi-a atras atenția că fumatul și cafeaua sunt dăunătoare organismului. Am renunțat imediat la ele, ceea ce a mai ameliorat simptomele. Am încercat mai multe terapii, însă fără succes. Am început să reflectez asupra vieții și a personalității mele. Am recunoscut că aveam mari probleme cu curajul și am decis să-mi schimb atitudinea. De atunci am hotărât să fac consecvent exact acele lucruri de care-mi era teamă, conform devizei: «Acum mai mult ca oricând!» M-am apropiat de oameni, mi-am spus opinia, am mers cu liftul și luam telecabina atunci când mergeam la schi. Am încetat să mai evit problemele. Ulcerul duodenal

a dispărut cu timpul și nu a mai revenit. Experiența aceasta este cea mai bună dovadă pentru mine că vindecarea este posibilă atunci când recunoaștem cauzele sufletești ale unei boli și le prelucrăm."

Calea spre vindecare

Întrebați-vă

- dacă și ce temeri aveți,
- ce experiențe ați făcut cu situații de anxietate și cum reacționați,
- în ce împrejurări vă lipsește curajul,
- de ce vă lipsește încrederea de sine.

Descoperiți pentru voi înșivă

- ce provocări ar trebui să acceptați,
- cum puteți dobândi curajul de a deveni mai independenți,
- cum să vă delimitați în anumite situații spunând „nu",
- cum să vă exprimați mai bine propriile necesități, putând fi astfel mai mult voi înșivă,
- cum să vă consolidați siguranța de sine.

Obiectivul salutar poate fi: Curajul este calea spre siguranța de sine și autonomie! El poate fi exersat în multe împrejurări neînsemnate ale vieții de zi cu zi și astfel fortificat. De acum încolo nu mai evitați situațiile care vă produc anxietate. Faceți-le față conștient! Construiți-vă siguranța de sine pas cu pas și dezvoltați-vă astfel individualitatea.

Ideea conducătoare: „Mă iubesc așa cum sunt, am încredere în evoluția mea și găsesc curajul de a merge pe propriul drum."

Tiroida

Tiroida este un organ foarte ocupat: prin circuitele hormonale, ea reglează multe procese în organism. Se ocupă totodată și de menținerea bugetului energetic. Un simptom al funcției deficitare este de pildă lipsa de însuflețire și oboseala. Nu vă lăsați dirijați din exterior, ci luați-vă viața și fericirea în propriile mâini.

Motor mic – sarcini mari

Tiroida se află situată în regiunea gâtului, sub laringe, și înconjoară în semicerc traheea. Ea produce doi hormoni: tiroxina și triiodotironina. Iodul pe care-l necesită tiroida este resorbit din hrană la nivelul tubului digestiv, iar excesul este eliminat prin rinichi. Hormonii acționează pe metabolismul bazal și pe restul metabolismului. Ei influențează și circulația, ca și reglarea termică. Gușa (o mărire de volum a glandei tiroide) poate fi însoțită de o funcție tiroidiană normală. Se poate ajunge însă și la o modificare a acesteia de tip hiper- sau hipo-funcție. Dacă gușa depășește anumite dimensiuni, poate apăsa pe esofag, ceea ce duce la tulburări de deglutiție (înghițire).

Cauze sufletești

Trăsătura de caracter relevantă în cazul bolilor tiroidei este folosirea timpului.

Tiroida este un „aparat de măsurat energia". Ea ne indică nivelul energetic și cum stăm cu utilizarea timpului. În zilele noastre avem la dispoziție o mulțime de posibilități de petrecere a timpului și întâmpinăm o adevărată provocare la bugetarea energiei și luarea deciziilor celor mai potrivite. Există pericolul unei suprasolicitări, atât pe plan profesional, cât și privat. Ar trebui să verificăm unde anume pierdem energie. Este valabil pentru locul de muncă, precum și pentru activitățile de petrecere a timpului liber și alte deprinderi. Ar trebui să fim pretențioși și să cumpănim bine ce e „la rând" pentru noi. De asemenea, ar trebui să analizăm conștient cu cine întreținem relații (strânse) și pe cine e recomandabil să ținem la distanță. Dacă avem prea puține obiective, respectiv preocupări, pierdem ocazia de a câștiga energie. Dacă ne irosim timpul cu activități lipsite de importanță, pierdem într-atât energie, încât nu ne mai putem dedica chestiunilor cu adevărat importante.

Provocarea constă în menținerea echilibrului dintre activitățile noastre, astfel încât să nu pierdem energie cu inutilități și să ne-o câștigăm din realizări.

Calea spre vindecare

Întrebați-vă

- cu cine vă petreceți timpul și dacă anturajul vă costă energie; observați asta din felul cum vă simțiți după aceea: epuizați sau remontați și plini de energie,
- ce ocupație aveți și cum vi se comportă bugetul energetic pe parcursul acesteia,
- dacă vă agățați de lucruri sau oameni care vă costă multă energie,
- dacă vă împotmoliți în prea multe chestiuni și vă pierdeți astfel energia,
- dacă vă simțiți prea puțin solicitat, întrucât nu aveți niciun obiectiv.

Descoperiți pentru voi înșivă

- care vă sunt „pirații energetici“ și cum vă puteți debarasa de aceștia,
- cum vă puteți spori energia,
- ce priorități aveți pe moment și dacă acestea vă sunt benefice,
- cum puteți face mai mult pentru sănătate.

Obiectivul salutar poate fi: Un buget energetic echilibrat este un obiectiv important pentru menținerea sănătății. O bună utilizare a timpului este premisa decisivă în toate domeniile vieții. Evitați neapărat suprasolicitarea. Reflectați la ce vi se pare important la momentul respectiv și concentrați-vă asupra esențialului.

Ideea conducătoare: „Îmi verific deciziile raportându-mă la o bună utilizare a timpului și țin cont de bunăstarea și de energia mea.“

Sprijiniți-vă corpul

- Detoxificați și purificați pentru a vă elibera corpul de substanțe dăunătoare.
- Refaceți-vă flora intestinală și fortificați-vă sistemul imunitar.
- Preocupați-vă de o alimentație energetică, vitalizantă și echilibrată, pentru a vă aproviziona corpul cu toate cele necesare.
- Consumați băuturi pe bază de plante din pătrunjel și ardei roșu, pentru a întreține prelucrarea iodului.
- La deficitul de iod consumați Salicornia-pulbere de iod în formă vegetală: *Salicornia europaea* (sparanghelul de mare este o plantă erbacee grasă cu cel mai mare conținut natural în iod), pulbere de frunze de urzică, de frunze de păpădie, de frunze de talpa-gâștei, de frunze de dafin și pulbere de ceapă.

Hipertiroidia

În cazul unei funcții tiroidiene în exces se produce și se eliberează în corp o cantitate mare de hormoni. Aceștia accelerează procesele metabolice. Rezultatul constă într-o ardere rapidă a substanțelor nutritive și o excitabilitate nervoasă crescută.

Simptome: neliniște, transpirații abundente, pierdere în greutate, palpitații sau puls accelerat, tendință la diaree, insomnie.

Un declanșator frecvent este adenomul – o tumoare benignă – care produce hormoni tiroidieni de sine stătător (fără controlul central din partea tiroidei).

Cauze sufletești

Trăsătura de caracter relevantă în cazul hipertiroidiei este folosirea timpului.

La o hiperfuncție tiroidiană corpul nostru se află „la foc continuu" (turație maximă). Transpunând asta pe plan sufletesc, trebuie să ne punem întrebarea oare cât de des ne-am deplasat cu turație maximă, adică ne-am folosit energia pentru oameni sau lucruri care ne-au împiedicat evoluția. Există multe posibilități de a ne interesa pentru anumite chestiuni și de a ne implica. Dar nimeni nu are la dispoziție energie la infinit. Fiecare persoană trebuie să verifice și să resimtă pentru sine de cât anume dispune și ce-i este benefic sau, dimpotrivă, de ce anume ajunge la limită și dacă investește suficientă energie în propria evoluție. Dacă activitățile externe sunt prea numeroase și necesită prea mult timp, apare pericolul ca dezvoltarea interioară a personalității să rămână în urmă. Cei în cauză înțeleg prea puțin din ce se întâmplă cu ei înșiși și își neglijează sentimentele, dorințele și obiectivele.

Andreas

„Jucam la mai multe nunți."

Andreas era foarte activ și se angaja în foarte multe domenii. Era conștiincios și investea peste tot multă energie. Însă familia sa cu cei trei copii mici, meseria de liber antreprenor și angajamente suplimentare în alte două domenii au făcut ca bilanțul energetic să se încline de partea negativă, iar tiroida sa oglindea acest lucru. Avea prea multe sarcini agățate de gât. Tiroida i-a dat imboldul de a-și face gânduri referitoare la viața lui. În interior simțea ce contează cu adevărat pentru el și a început prin a stabili priorități. A renunțat la angajamentele suplimentare, deoarece în urma verificării a recunoscut că dorește de fapt să fie bine văzut în localitate (aspirația excesivă după apreciere).

Calea spre vindecare

Întrebați-vă

- dacă vă preocupați de prea multe lucruri, astfel încât pe termen lung să vă suprasolicite,
- dacă preluați responsabilitatea pentru prea multe lucruri,
- în ce măsură doriți să distrageți atenția de la propria persoană (eventual doriți, fie și inconștient, să fugiți de sine) prin multiplele activități la exterior,
- în ce măsură doriți să vă dovediți ceva vouă sau altora,
- din ce motive acționați.

Descoperiți pentru voi înșivă

- cum puteți renunța la acel „prea mult“ și să vă stabiliți câteva priorități,
- cum să acordați mai multă atenție propriei persoane,
- cum să vă percepeți dorințele, pentru a vă spori individualitatea.

Obiectivul salutar poate fi: Investindu-vă țintit energia, puteți realiza multe pentru voi și pentru ceilalți. Succesele vă aduc fericire și satisfacție și vă sporesc încrederea în sine.

Ideea conducătoare: „Îmi adaptez activitățile bugetului energetic de care dispun și gestionez totul spre binele meu și al celorlalți, în măsura posibilităților.“

Hipotiroidia

În cazul diminuării funcției tiroidiene, celulele nu sunt aprovizionate suficient cu hormoni tiroidieni. Aceasta conduce, de exemplu, la o încetinirea a funcțiilor metabolice și la o sufocare a proceselor de ardere.

Simptomele tipice sunt oboseala, creșterea în greutate, tendința la constipație, pielea palidă și păstoasă (cu aspect de aluat), părul uscat, pulsul scăzut. Sunt prezente de asemenea un oarecare dezinteres și o stare de spirit în general depresivă.

Factori de risc la nivelul corpului sunt excesul de iod, stresul emoțional și influențele de mediu.

O formă specială de hipotiroidie este tiroidita Hashimoto: o boală autoimună care conduce la inflamația cronică a glandei tiroide. Pot apărea simptome diverse: inițial poate exista o fază de hipertiroidie, care însă cu timpul duce la scăderea funcției tiroidiene.

Cauze sufletești

Trăsăturile de caracter relevante în cazul hipotiroidiei sunt curajul și folosirea timpului.

Și în cazul hipotiroidiei, bugetul energetic se dezechilibrează, de obicei din cauză că nu facem ceea ce ar trebui făcut. Aceasta poate avea diverse motive: nu ne stabilim niciun fel de obiective, nu avem curajul să preluăm responsabilitatea și să răspundem la provocări, ne îndoim de noi și de capacitățile noastre sau pur și simplu am dat mână liberă pasivității. Simptomele sunt efectul și ne arată că prin comportamentul nostru am inițiat cauza unei pierderi energetice. Dacă scăderea funcției tiroidiene are la bază o maladie autoimună, devine și mai clar faptul că activitățile noastre ne împiedică evoluția și ne conduc spre autodistrugere.

Calea spre vindecare

Întrebați-vă

- dacă și de ce vă este teamă să deveniți activi,
- ce motive pot exista pentru inactivitate,
- dacă trăiți în conformitate cu dorințele și obiectivele voastre sau vă lăsați pur și simplu în derivă.

Descoperiți pentru voi înșivă

- ce dorințe aveți în interiorul vostru și ce obiective vă puteți stabili,
- cum să dobândiți voința de a le îndeplini,
- cum să deveniți mai curajoși,
- cum să vă consolidați încrederea de sine pentru a vă îndeplini obiectivele.

Obiectivul salutar poate fi: Disponibilitatea de a prelua responsabilitatea pentru propria viață este premisa stabilirii de obiective. Pentru a vă atinge scopurile, conștientizați-vă abilitățile și talentele. Abordați preocupări care vă fac plăcere. Astfel puteți învăța să vă valorificați potențialul și să vă planificați activ cotidianul.

Ideea conducătoare: „Sunt conștient de propria valoare și de abilitățile mele și sunt dispus să le valorific și să le dezvolt."

Tulburările psihice

Numărul oamenilor cu tulburări psihice este în continuă creștere. În vârtejul acestor timpuri agitate, tot mai mulți își pierd stabilitatea (la exterior și în ei înșiși). Acest lucru le răpește curajul. Întoarceți foaia! Schimbați perspectiva! Vedeți (sau găsiți) punctele forte, nu slăbiciunile.

Arătați gândurilor negative cartonașul roșu

Tulburările psihice iau naștere atunci când stările emoționale negative se intensifică. Apar astfel modele de gândire distructive cu autodevalorizare și, respectiv, obiceiuri comportamentale autodistructive sau vătămătoare pentru ceilalți. Situații importante pe plan personal sunt evitate tot mai mult din cauza anxietății, lucru care diminuează și mai mult încrederea în capacitățile proprii. Cei afectați nu se mai pot concentra la munca lor, nu se mai pot bucura de părțile pozitive ale vieții și nu se mai preocupă de îmbogățirea relațiilor interumane. Nu-și mai pot realiza planurile de dezvoltare personală. Conform statisticilor oficiale, bolile psihice sunt în creștere de mai mulți ani, ocupând pentru prima oară în 2012 locul trei în statisticile îmbolnăvirilor (după bolile aparatului locomotor și cele respiratorii). Întrucât tulburările psihice sunt adesea cuplate cu temeri și prejudecăți, celor afectați le vine greu să admită că sunt bolnavi.

Bolile psihice se prezintă sub mai multe forme, de exemplu:

Nevrozele: se bazează pe nesiguranța de sine și pe o stare conflictuală cu sine și cu lumea din jur. Nu sunt rezolvate problemele, ci se întreprind măsuri care conduc la pierderea autonomiei celor afectați, la limitarea posibilităților evolutive ale acestora și, astfel, la sporirea suferinței.

Tulburări de personalitate: trăsăturile de personalitate dominante, ca de pildă caracteristicile obsesiv-compulsive sau isterice, împiedică semnificativ performanțele sociale și profesionale.

Psihozele: acestea sunt tulburări profunde ale funcțiilor psihice fundamentale, în legătură cu pierderea contactului cu realitatea, cum este, de exemplu, cazul schizofreniei.

Cauze sufletești

Trăsăturile de caracter relevante în cazul tulburărilor psihice sunt curajul, viziunea pozitivă asupra vieții și folosirea timpului.

Tulburările psihice arată clar că cineva nu este împăcat cu sine. Acești oameni nu se pot accepta și nu-și văd decât defectele și laturile negative. Prin această atitudine devalorizatoare le este afectat și curajul și le vine foarte greu să se mai apuce de ceva în viață pe care să-l ducă apoi la bun sfârșit. Dacă ceva nu le reușește de la început, ei se și văd confirmați în gândirea lor negativă. Cine cunoaște însă legea cauzei și efectului poate conștientiza faptul că propria gândire este cauza eșecurilor. Se cere deci părăsirea acestui model de gândire. Și aici se cer autodisciplina și perseverența. De aceea, respectivele persoane trebuie să aibă mereu în fața ochilor faptul că pașii mici sunt pași buni și să se bucure de orice succese, fie ele cât de mici. Tocmai acele mici decizii zilnice sunt cele care alcătuiesc imaginea de ansamblu.

Calea spre vindecare

Întrebați-vă

- ce atitudine aveți față de propria persoană,
- în ce măsură vă este teamă,
- în ce măsură vă puteți recunoaște trăsăturile bune,
- ce gânduri vă însoțesc pe parcursul zilei.

Descoperiți pentru voi înșivă

- cum să vă stabiliți mici obiective cu încredere și optimism,
- cum să abordați provocările,
- cum să recunoașteți tot mai mult pozitivul,
- cum să vă aduceți gândurile pe o linie în general pozitivă,
- cum să vă acceptați propria persoană.

Obiectivul salutar poate fi: Împărțiți ceea ce vreți să realizați în obiective parțiale mai mici și realizabile. Nu vă propuneți prea multe, pentru a nu ajunge sub presiunea timpului și pentru a putea beneficia de experiențe de succes care să vă motiveze. Fiți optimiști și încrezători că, dacă insistați, puteți reuși din ce în ce mai mult. Este foarte important să fiți mulțumiți pentru fiecare activitate, indiferent dacă și cum vă reușește.

Ideea conducătoare: „Înregistrez conștient tot ce mi-a reușit. La aceasta îmi este de folos un jurnal al succeselor, în care îmi consemnez și micile realizări. Astfel îmi construiesc încrederea de sine."

Anorexia nervoasă

La anorexie este vorba de o tulburare de alimentație de natură psihogenă, cu o atitudine distorsionată față de aportul alimentar, cu teama de îngrășare, imaginea deformată a propriului corp și negarea bolii. Afectează în special tinere femei cu vârste cuprinse între 14 și 18 ani.

Simptomele tipice sunt refuzul de a mânca și activitate fizică excesivă, pentru a pierde în greutate. Persoanele afectate se consideră a fi prea grase, chiar și atunci când sunt extrem subponderale.

Cauze sufletești

Trăsăturile de caracter relevante în cazul anorexiei sunt curajul și viziunea pozitivă asupra vieții.

Conform legilor vieții, tinerele între 14 și 18 ani se află în perioada în care se cere să devină treptat autonome și independente față de părinți, în special față de mame. Pentru prima oară în viață se confruntă cu rolul lor de viitoare femei. Un rol decisiv în imaginea de sine a tinerelor femei îl joacă modelul reprezentat de propria mamă. Dacă acestea suferă din cauza relației cu mama – aceasta fiind una conflictuală – sau dacă ele resimt viața mamei ca fiind una descurajatoare, nu se pot apropia de propria viață cu bucurie și lipsite de griji. Așadar, tinerele fete care suferă de anorexie au de cele mai multe ori probleme în a-și accepta viitorul rol de femeie. Nu se acceptă nici pe sine și nu acceptă nici viața ca atare. Prin pierderea în greutate semnalizează că ar prefera să se dizolve și să dispară. Este un strigăt după iubire. În realitate, ele tânjesc să fie acceptate așa cum sunt. În adâncul sufletului își doresc aprecierea persoanei lor, apreciere pe care și-o refuză. Tot așa cum își neagă propriile necesități, refuză să primească ceea ce este bun, viu și hrănitor – alimentele. Se mai adaugă și refuzul acestora de a vedea realitatea. Au mai degrabă o imagine de sine deformată. Tipic este faptul că nu se percep deloc slabe, ci prea grase. Adesea sunt în joc și temeri. Se tem să dea piept cu viața și adeseori nu au niciun țel profesional. În parte își doresc să rămână copii. Pierderea în greutate împiedică dezvoltarea normală a sânilor. Și ciclul menstrual poate întârzia sau înceta.

În unele cazuri, anorexia fiicei simbolizează faptul că mama nu se poate desprinde de ea. Fiicele se simt ocrotite excesiv și controlate la tot pasul. Suferă din cauza mamelor. Fiicele nu au curajul să protesteze cu voce tare și refuză hrana, pentru a atrage astfel atenția asupra persoanei lor sau pentru a dobândi controlul asupra propriei vieți. Pe de o parte, este sarcina mamei să-și sprijine fiica în drumul firesc spre maturizare corespunzător vârstei, să o ocrotească și să fie prezentă când i se cere ajutorul. Pe de altă parte, este util să îi acorde cu încredere tot mai mult libertatea necesară. Numai astfel tânăra dobândește curajul de a-și croi treptat propriul drum.

Karin

„Refuzam inconștient rolul de femeie."

Fata de 16 ani cântărea, la 1,72 m, doar 38 kg. Încă nu avusese prima menstruație. Îi lipsea energia necesară acesteia, din cauza greutății reduse. Familia avea trei copii și dificultăți financiare. Tatăl nu contribuia cu bani pentru menaj, deoarece economisea pentru ridicarea unei case. Mama nu îndrăznea să insiste pe această temă. Se vedea astfel nevoită să meargă să facă curățenie pentru a câștiga bani pentru familie. Copiii se simțeau neglijați. Karin era cea mai în vârstă. Vedea cât de nefericită e mama ei și refuza fără să-și dea seama rolul de femeie. Nu-și dorea sub nicio formă o viață ca a mamei. Din punct de vedere fizic, își dorea să rămână un copil. Nu avea curajul să înfrunte viața. Mama și fiica erau imagini reciproce în oglindă.

„Am fost dispusă să-mi asum rolul de femeie."

Pe timpul consilierii terapeutice, mama a recunoscut cât de mult depindea totul de exemplul pe care ea îl dădea. S-a arătat decisă să-și schimbe circumstanțele de viață. A rămas consecventă și a primit în cele din urmă bani pentru întreținere de la soț, astfel încât își putea permite să rămână acasă și să se dedice mai mult copiilor. Karin a avut ocazia să trăiască o perioadă separată de mamă și de situația familială, distanțându-se puțin. Toate acestea i-au permis să dezvolte putere și forță pentru sine și să-și accepte treptat rolul de femeie. Acum era dispusă să-și ia viața în propriile mâini. Casa nu a mai fost terminată, ci a rămas doar în stadiul de ruină.

Monika

„Nu mi se permitea să fac nimic."

Mama fetei se comporta ca o „cloșcă" cu propria fiică. Îi interzicea multe, o numea în continuare „cea mică" și pur și simplu nu-i dădea drumul. Mama îi prelua orice responsabilitate. Deși Monika avea 15 ani, nu i se permitea să trăiască așa cum o făceau fetele de aceeași vârstă și să ia propriile decizii, nici măcar în anumite limite. Prin intermediul anorexiei, fiica i-a prezentat simbolic mamei felul în care aceasta din urmă îi punea piedici, prin comportamentul adoptat.

„Am primit mai multă libertate pentru a-mi acumula propriile experiențe despre maturizare."

Mama și-a dat seama de conexiuni. S-a declarat dispusă să-i acorde fiicei mai mult spațiu pentru propriii pași. Au reușit astfel să-și reașeze relația pe un nou fundament. Fiecare dintre ele a învățat să-și formuleze clar cerințele. Mama îi declara sincer fiicei atunci când îi considera întreprinderile ca fiind periculoase și-și făcea griji pentru ea. Monika, la rândul ei, a început să ia propriile decizii. De atunci înainte a venit singură la mama ei să-i ceară ocazional sfatul, ocazie pe care înainte nu o avusese, întrucât mama decisese totul pentru ea.

Calea spre vindecare

Întrebați-vă

- într-o discuție sinceră, bazată pe afecțiune, cum vi se prezintă relația dintre mamă și fiică,
- cum resimțiți viața mamei voastre, în calitate de fiice,
- dacă îi acordați fiicei suficientă încredere și libertate,
- cum vă doriți propria viață, ca fiice, și ce puteți face pentru a vă lua viața în propriile mâini.

Fiica să descopere pentru sine

- cum poate învăța să se accepte pe sine,
- cum să se raporteze mai bine la realitate,
- ce preocupări își poate găsi, care să-i valorifice personalitatea și s-o susțină în evoluție,
- cum se poate pregăti pentru rolul de femeie,
- cum își poate spori curajul pas cu pas,
- cum să dobândească o atitudine sănătoasă față de alimente, pentru ca aceasta să nu mai fie tema principală a zilei.

Mama să descopere pentru sine

- cum să-și elibereze mai ușor fiica,
- cum să-și susțină fiica în evoluție și cum să-i dea curaj pentru a-și urma drumul,
- cum să-i fie fiicei un exemplu bun.

Obiectivul salutar poate fi: În această boală se află multe procese valoroase de instruire pentru mamă și fiică. Folosiți-vă de această șansă pentru a vedea clar circumstanțele și a vă cunoaște mai îndeaproape personalitatea. Folosiți-vă de șansă pentru a vă însuși ceea ce vă este de folos în evoluție. Prin asta veți construi încredere reciprocă, ceea ce vă îmbogățește viața. A fi femeie și mamă este o sarcină frumoasă și distinsă. A i te dedica este un obiectiv de viață remarcabil.

Ideea conducătoare pentru fiică: „Mă accept și mă iubesc așa cum sunt. Îmi iau viața în propriile mâini și îmi urmez vocea interioară. Îmi accept rolul de femeie, sunt deschisă față de viață și mă bucur de lucrurile frumoase pe care mi le poate încă oferi."

Pentru mamă: „Îmi las cu încredere fiica în libertate. Prin propria îmbunătățire, sprijin evoluția fiicei mele."

Borderline

Borderline este o tulburate de personalitate care se manifestă prin fluctuații și izbucniri emoționale extreme. În funcție de durată și intensitate, se deosebesc sindromul borderline, personalitatea borderline și starea borderline.

Simptome tipice: Persoanelor afectate le lipsește respectul de sine, își resping corpul și se resping pe sine. Nu-și pot controla decât ambiguu emoțiile și sentimentele, ceea ce conduce la probleme majore în relațiile cu ceilalți (dușuri alternante – între pasiune puternică și respingere completă). Cei afectați nu pot fi singuri. Resimt adesea un vid interior și se poate ajunge la acțiuni autodistructive (cheltuieli excesive, dependența de jocuri de noroc, tulburări nutriționale, abuzul de diverse substanțe). În cazuri severe se poate ajunge până la suicid, consum de droguri sau comportamente de automutilare.

Cauze sufletești

Trăsăturile de caracter relevante în cazurile borderline sunt iertarea, viziunea pozitivă asupra vieții și folosirea timpului.

Borderline arată cât de importantă este acceptarea de sine. Dacă nu suntem împăcați cu noi înșine, nu vom reuși nici în relațiile cu ceilalți. Până și în Biblie scrie: „Iubește-ți aproapele ca pe tine însuți!" Cea mai importantă este partea a doua a frazei. Deoarece iubirea de sine este premisa pentru a-i putea iubi și pe ceilalți. Dacă ne recunoaștem propria valoare și ne construim încrederea de sine, putem recunoaște și valoarea celorlalți, îi tratăm cu respect și dezvoltăm încredere în ei. Dacă suntem echilibrați pe interior, putem gestiona mai bine chestiuni care nu decurg conform așteptărilor noastre. Dacă ne recunoaștem valoarea, ne folosim mai util timpul, în favoarea propriei evoluții.

Calea spre vindecare

Adeseori este necesar ajutor din afară pentru restabilirea echilibrului emoțional.

Întrebați-vă

- ce vă declanșează fluctuațiile emoționale,
- în ce situații sunteți extrem de instabili în acțiunile voastre,

- dacă aveți obiceiuri care nu vă sunt benefice,
- în ce măsură vă lipsește încrederea de sine,
- dacă activitățile pe care le aveți vă sprijină evoluția.

Descoperiți pentru voi înșivă

- cum vă puteți reduce impulsivitatea,
- cum vă puteți crea noi deprinderi, benefice sănătății,
- cum să vă împrieteniți mai bine cu voi înșivă,
- cum să dobândiți încredere în sine și în ceilalți,
- cum să vă folosiți timpul util și constructiv.

Obiectivul salutar poate fi: Obiectivul ar trebui să fie acela de a descoperi permanent, în toate situațiile și evenimentele, aspectele pozitive. Pentru a vă conștientiza propriile sentimente și emoții, cereți ajutorul unui terapeut familiarizat cu legile vieții, în special cu legea imaginii în oglindă. Următorul pas ar fi acela de a lucra la sinceritatea față de propria persoană și de a învăța să vă iertați pe voi înșivă. Prin folosirea utilă a timpului, o să vă sporiți energia puțin câte puțin.

Ideea conducătoare: „Îmi recunosc valoarea și accept calm provocările vieții. Îmi sporesc încrederea de sine puțin câte puțin, înregistrându-mi și consolidându-mi atitudinea pozitivă."

Burnout

Pe vremuri, medicii vorbeau de surmenajul nervos (căderea nervoasă) atunci când diagnosticau la pacienții lor o stare de completă epuizare fizică și psihică. Astăzi se obișnuiește ca în astfel de cazuri să se vorbească de *burnout*.

Simptomele tipice sunt, de exemplu, depresiile, stări tensionate, tulburări de somn, neliniște, inapetență, tulburări de digestie, scăderea puterii de concentrare. Simptomele se dezvoltă pe o perioadă îndelungată de timp, astfel încât declanșatorii externi sau debutul acestora sunt greu de precizat.

Astăzi burnout este un diagnostic frecvent – trendul este în creștere. De mult nu mai este vorba doar de manageri sau de sportivi de performanță care se află sub stres imens, ci și de alte categorii de persoane, chiar și de studenți, pensionari sau femei casnice.

Cauze sufletești

Trăsăturile de caracter relevante în cazul sindromului burnout sunt toate cele cinci: sinceritatea, curajul, iertarea, viziunea pozitivă asupra vieții și folosirea timpului.

În zilele noastre solicitările cresc continuu în toate domeniile vieții. În contextul globalizării se adaugă tot mai multe înnoiri (inovații, schimbări, descoperiri etc.) care își lasă amprenta în viața noastră privată. Ele ne oferă multe oportunități noi, iar nouă ne este permis să învățam cum să le facem fața! Cine este disponibil, de pildă, în permanență prin telefonul mobil și e-mailuri nu are - aparent - mai deloc spațiu liber pentru chestiuni personale, respectiv este constrâns să-și îngrădească singur teritoriul. Fiecare dintre noi este solicitat să-și găsească echilibrul care i se potrivește între angajament și delimitare.

În cercetarea cauzelor sindromului burnout se constată tot mai evident faptul că factorii de risc ai unei îmbolnăviri precum starea de epuizare cronică se află predominant în personalitatea interioară și numai într-o mică măsură în împrejurările externe - de care aparține și familia, pe lângă profesie și societate. Pentru a da de urma cauzelor sindromului burnout nu este deci suficient să ne îndreptăm privirile doar către stresul din exterior. Așadar, trebuie privit în interiorul fiecăruia și fiecare trebuie să se întrebe ce are de-a face epuizarea cu persoana sa, cu propriul comportament. În recunoașterea acestui adevăr, și anume că motivele sunt interne, se află o mare șansă: cei afectați sunt singurii în măsură să intervină prin cunoașterea de sine și prin schimbările ce se impun și să-și depășească epuizarea. Pot face astfel și un mare pas mai departe spre dezvoltarea personalității.

IMPORTANT **Motivul care ne conduce spre cele mai mari performanțe este acela de a face ceva pentru că este în concordanță cu legile vieții, pentru că ni se potrivește.**

A dobândi claritate

Înainte de toate, aici sunt solicitate sinceritatea și curajul. Este valabil mai ales acolo unde se pune întrebarea de ce facem de fapt lucruri care ne suprasolicită. De ce ne depășim limitele? De ce nu acceptăm că ceva ne depășește? De ce nu spunem la timp „nu“? Disponibilitatea de a performa și de a se implica sunt în ordine și corecte, la bază însă se află un motiv. Merită să-l analizăm îndeaproape și să decidem: fac ceva fiindcă așa este corect să fie făcut? Sau o fac pentru că doresc să fiu lăudat, deci din aspirația excesivă după apreciere? Ultimul ar fi motivul eronat și pe termen lung ar atrage după sine consecințe negative pentru noi, de pildă o stare de epuizare. În general este valabil: tot mai repede, mai sus, mai departe etc. Dar toate astea sunt lipsite de sens atunci când au loc în detrimentul pauzelor de relaxare și conduc la suprasolicitarea persoanei. Ce-i prea mult e prea mult. Decisiv este faptul că fiecare își are limitele sale individuale! Tocmai de aceea este foarte importat să știm care sunt acelea și să le respectăm. Cine și le depășește nu trebuie să se mire dacă sufletul începe să strige după ajutor și dacă se simte „ars complet“. Cum putem ieși din nou

din această situație? Întrebării esențiale despre motive nu-i poate răspunde decât fiecare pentru sine. Printre motivele care ne răpesc energia se pot afla:
- vrem să apărem într-o lumină favorabilă,
- vrem să fim lăudați și apreciați,
- vrem să dovedim ceva cuiva,
- avem complexe de inferioritate pe care încercăm să le compensăm.

Jutta

„M-am epuizat total."

Jutta avea ambiția de a-și face treaba extrem de bine pentru a-și impresiona colegii. Mereu se lăsa încărcată cu sarcini suplimentare. Pe toate le accepta, deși simțea că ar trebui să spună „nu". Dar nu se încumeta s-o facă, deoarece se temea că o să piardă recunoștința celorlalți. Aprecierea însemna mult pentru ea, care își situa valoarea ei ca persoană pe aceeași treaptă cu performanțele profesionale. Astfel că se lăsa mai bine „arsă" (consumată) pentru a satisface toate cerințele. Aprecierea dorită se lăsa însă așteptată. Cu atât mai mult se străduia Jutta.

„Mi-am recunoscut limitele și am dobândit curajul de a acționa din motive corecte și de a refuza."

Și în viața privată obișnuia să-și pună propriile dorințe și necesități după cele ale soțului și copiilor. Nu putea refuza nimic familiei și îi răsfăța pe toți. Nerefuzând nimic în niciun sector, a ajuns să fie atât de împovărată încât nici nu mai observa cum aluneca tot mai mult în cercul vicios. Într-o zi nu a mai funcționat nimic. Fusese de fapt un proces lent și de durată, diagnosticul de burnout a surprins-o însă total. Nu s-a declarat de acord cu o pauză de câteva luni. Astfel că ne-a vizitat în cabinet, unde a făcut cunoștință cu legile vieții și unde și-a cunoscut pentru prima oară cu adevărat și personalitatea. A început imediat cu modificări de comportament decisive, așa că a putut reveni după scurt timp la rutina zilnică normală.

La burnout sunt mai mulți factori care joacă un rol. Cele cinci trăsături de caracter ne ajută să prevenim o stare de burnout sau să ne punem din nou pe picioare.

Sinceritatea: Este solicitată sinceritatea față de propria persoană. Fiecare om poate fi conștient de valoarea sa ca personalitate. De asta ține și perceperea și sesizarea sentimentelor. Senzații neplăcute și micii vestitori – semnalele din partea corpului (ca de exemplu oboseala, infecțiile frecvente, durerile de stomac, țiuiturile în urechi) – ne arată din timp că ne depășim limitele. Dacă suntem dispuși să recunoaștem acest lucru, putem interveni la timp. În plus, putem descoperi și singuri unde ne sunt limitele. Luați aminte: vă aflați la „concurență“ doar cu voi înșivă, nu și cu ceilalți. Iar sănătatea și energia sunt cele mai importante premise pentru performanță.

Curajul: Al doilea pas important este acela de a trage concluziile corecte din recunoașterea făcută. Avem curajul să ne situăm de partea noastră și să inițiem schimbările necesare? Sau ne sacrificăm? Există conflicte cărora trebuie să le facem față? Sinceritatea față de noi înșine ne ajută să găsim la timp curajul necesar și să nu mai reprimăm.

Iertarea: Cum ne comportăm cu noi înșine și cu ceilalți? Încă ne mai agățăm de evenimente de mult consumate, pe care le-am putea bifa prin iertare? Iertarea ne eliberează pentru prezent și viitor și ne conferă energie!

Viziunea pozitivă asupra vieții: Gândurile negative sunt contraproductive și ne răpesc energie. Să ne verificăm dogmele, gândurile, atitudinile în raport cu noi și activitățile noastre. Astfel ne facem singuri un bine. Reușim să fim pozitivi, avem mai multă energie, chiar și pentru a „muta munții“, și ne păstrăm astfel sănătatea.

Folosirea timpului: Bugetul energetic ne arată cum ne merge de fapt. Numai cine este odihnit suficient și regenerat poate lucra concentrat, poate fi performant și-și poate realiza obiectivele. A avea grijă de odihnă și relaxare înseamnă a-ți folosi util timpul. În plus, avem voie să fim și ceva mai pretențioși în alegerea persoanelor cu care urmează să ne petrecem timpul.

Calea spre vindecare

Întrebați-vă

- care vă este atitudinea față de muncă,
- dacă vreți să realizați prea mult deodată,
- dacă vă situați total de partea a ceea ce faceți sau există și lucruri pe care de fapt nu vreți să le faceți, ajungând astfel tot mai mult într-un conflict de conștiință,
- dacă vă definiți prin performanță sau prin munca voastră:
  - Puteți recunoaște că în momentul de față sunteți suprasolicitați sau nu îndrăzniți să refuzați sarcini suplimentare deoarece vă este teamă de reacția celorlalți?
  - Vă este teamă de posibile consecințe, de exemplu de a vă pierde locul de muncă?
  - Vă preocupă ceea ce ar (putea) gândi ceilalți despre voi și vă lăsați dominați de aceste gânduri?

Descoperiți pentru voi înșivă

- dacă vă este teamă că nu sunteți suficient de buni pentru sarcinile trasate,

- dacă vă simțiți responsabili pentru ceilalți. Doriți să rezolvați problemele altora și vă depășiți astfel limitele propriilor forțe,
- dacă vă implicați prea tare emoțional într-o chestiune,
- dacă vă este teamă de dificultăți financiare,
- dacă sunteți suprasolicitat de șpagatul între familie și slujbă,
- dacă aveți permanent senzația de a nu fi disponibili suficient pentru familie,
- dacă se petrec prea multe lucruri simultan în viața voastră, ceea ce vă stresează,
- dacă vă aflați permanent sub stres și gestionarea timpului nu vă mai acordă nici un minut pentru relaxare,
- dacă aveți parte de prea puțină bucurie în viață,
- cum să vă puteți recunoaște mai bine limitele și să le admiteți,
- cum să găsiți posibilități de relaxare, de regenerare și de încărcarea cu noi forțe,
- cum să stabiliți priorități, și atunci când ceva vă depășește să cereți ajutor,
- cum să vă rezolvați la timp conflictele,
- cum să acționați din motive corecte,
- cum să vă aduceți mai multă bucurie în viață.

Obiectivul salutar poate fi: Sarcinile se pot îndeplini mai ușor cu o atitudine pozitivă față de ele. Este important să vă recunoașteți limitele și să reacționați delegând din treburi. Verificați-vă exact motivele acțiunilor. Relaxarea menajează în plus și sistemul nervos.

Ideea conducătoare: „Mă iubesc așa cum sunt. Sunt atent la limitele individuale. Îmi urmez vocea interioară și merg curajos și plin de încredere pe drumul meu."

Căutările obsesive și sindromul de dependență

În cadrul sindromului de dependență sunt consumate substanțe psihotrope (de exemplu, droguri, alcool, tutun, cafea) care produc modificări la nivelul psihicului sau al stării de conștiență.

Simptome tipice: O persoană dependentă simte nevoia imperioasă de a consuma permanent substanța respectivă. Dacă este întrerup consumul, apar fenomene de sevraj. Cu timpul este nevoie de creșterea dozei și se instalează consecințe dăunătoare pe plan individual și totodată social.

În cazul dependențelor există atât o dependență fizică, cât și una sufletească: vorbim de dependență fizică atunci când corpul începe să producă un fel de antidot din nevoia de autoconservare. Dacă substanța care produce dependența este întreruptă, antidotul se descompune doar foarte lent, ceea ce declanșează cerința de consum, dependența fizică. Putem vorbi și de dependența sufletească, deoarece persoana respectivă crede că nu va putea rezista fără drogul respectiv. Ea însăşi își creează dependența printr-o astfel de imaginație. Cei afectați neagă de cele mai multe ori că ar avea o problemă.

Dependența de alcool: Aceasta se manifestă prin imposibilitatea de a se debarasa de obiceiul de a consuma alcool, deși persoana respectivă știe că își face singură rău. Alcoolul are atât un efect liniștitor, cât și unul îmbătător (seducător) asupra creierului. Bolile care apar ca urmare a consumului îndelungat de alcool sunt de cele mai multe ori ciroza hepatică mortală și intoxicarea internă a organismului. În plus, polineuropatia, pancreatita sau îmbolnăvirile sistemului nervos periferic sunt și ele des întâlnite.

Dependența de medicamente: Cel mai frecvent este produsă de medicamente antialgice (calmante ale durerilor), sedative, somnifere, antidepresive sau pentru slăbit. Posibilele urmări sunt tulburările de echilibru, de motilitate și de concentrare și perturbări ale stării de conștiență.

Dependența de droguri: De cele mai multe ori sunt consumate droguri cu efect stimulant – cocaină, heroină, LSD, canabis, dar și droguri de tip design (de sinteză) de tipul Speed sau Ecstasy. Acestea au un efect euforizant, respectiv provoacă o stare de beție. Atunci când efectul slăbește, se instalează starea de depresie sau de agresivitate.

Dependența comportamentală: Dependențele comportamentale sunt modele comportamentale excesive asupra cărora cei afectați nu dețin controlul, ca de altfel și în cazul celorlalte dependențe psihice. Exemple sunt dependența de cumpărături, de jocuri de noroc, de jocuri pe calculator, de internet sau de a fi online, de televizor sau de telefonul mobil.

Cauze sufletești

Trăsătura de caracter relevantă în cazul dependențelor este folosirea timpului.

Unele dintre persoanele afectate de astfel de obsesii sau dependențe își recunosc dilema: pe de o parte știu cât de autodistructiv le este comportamentul și-și propun cu fermitate să-i pună capăt. Pe de altă parte, și-au pierdut deja autocontrolul, devenind „teleghidate". Denumirea „căutare obsesivă" trimite la verbul „a căuta". Acești oameni se află în căutarea a ceva care să-i satisfacă, deoarece sunt nemulțumiți de propria viață. Vor să evadeze. Vor senzația de reușită rapidă, chiar dacă e de scurtă durată, deci senzația de bine. Învingerea dependenței psihice este una dintre cele mai mari provocări, întrucât ea înseamnă renunțarea la toate vechile obișnuințe, găsirea altora noi și redefinirea propriilor cerințe.

Ce au în comun toate tipurile de cerințe/căutări obsesive și de dependențe? Ne aflăm pe Pământ pentru a gestiona provocările adaptate nivelului nostru evolutiv. În viața de zi cu zi este vorba de a ne afla valoarea și de a ne-o utiliza. Numai astfel ne putem forma siguranța de sine. Firește că facem și greșeli și eșuăm, însă acestea sunt experiențe importante pentru noi, pe care ar trebui să le evaluăm corect. Nu avem voie să ne punem persoana sub semnul întrebării, ci trebuie să interpretăm aceste evenimente ca fiind un ajutor. Fuga nu este o soluție. Atunci când am căzut, ne putem ridica! Nu ne maturizăm și nu câștigăm încredere de sine, nu avem succes și nu suntem fericiți decât prin acțiune concretă, mai cu seamă pe termen lung. Asta înseamnă contacte personale – prin care suntem testați – cu ceilalți oameni cu care împărțim evenimente reale și sentimente. Numai prin contactul cu semenii noștri putem evolua și nu trebuie să fugim de astfel de răspunderi. Dacă sunt implicați adolescenți, părinții ar trebui să reflecteze în ce măsură acesta este un strigăt după ajutor: Îi lipsește ceva copilului? Și-ar dori mai mult sprijin sau solicitudine la problemele sale? Nu cumva relațiile interumane în familie sunt neglijate prea tare? Ce fel de modalități de petrecere a timpului liber (de exemplu, muzică, sport) pot fi oferite tinerilor?

IMPORTANT **Pentru a ieși din acest cerc vicios este necesară o voință puternică și adesea susținere din exterior.**

Calea spre vindecare

Întrebați-vă

- ce nu vă place în viață, de ce vreți să fugiți,
- de ce vă vine greu să avansați în viață,
- dacă sunteți dispuși să acceptați provocările zilnice,
- ce influență are anturajul asupra voastră și dacă sunteți cumva influențați de acesta în activitățile voastre.

Descoperiți pentru voi înșivă

- cum vă puteți stabili obiective realiste,
- cum vă puteți gestiona mai bine cotidianul,
- ce fel de activități de petrecere a timpului liber vă aduc plăcere și relaxare,
- cum puteți promova o cooperare „sănătoasă“,
- cum puteți trăi multe „apogee“ sănătoase.

Obiectivul salutar poate fi: O derulare structurată a zilei, cu obiective previzibile face posibilă rezistența față de tentații. Modul de petrecere a timpului liber joacă un rol important, deoarece aici se ascund majoritatea situațiilor de a cădea pradă tentațiilor și de a cădea pradă cerințelor obsesive. E important să existe alternative, pentru a putea reacționa corect în anumite situații. Prin asta ne referim la o băutură vitalizantă în locul alcoolului sau al cafelei, dacă este posibil o pauză la aer curat, în care să trageți în piept aerul proaspăt în locul fumului de țigară. La comportamentul obsesiv, încercați să îngrădiți posibilitățile. De pildă, în cazul dependenței de cumpărături, stabilindu-vă o limită a cheltuielilor. În cazul dependențelor care au de-a face cu timpul, încercați să vă limitați timpul la minimumul necesar. Căutați-vă activități care să vă facă plăcere.

Ideea conducătoare: „Îmi stabilesc obiective de etapă. Îmi consemnez în scris succesele. Dacă ceva nu-mi reușește, caut un nou început."

Depresiile

Termenul „depresie" este denumirea nespecifică pentru o tulburare patologică a vieții emoționale și mentale.

Simptomele tipice sunt, de exemplu, depresiunea extremă, incapacitatea unei reacții emoționale, tulburări de concentrare și de memorie, lipsa de energie, imensa lipsă de chef și de interes, încetinirea gândirii. Negativul este supraevaluat și raportat la sine, totul se învârte în jurul presupusei devalorizări și inutilități a propriei persoane.

Cauze sufletești

Trăsăturile de caracter relevante în cazul depresiilor sunt toate cinci: sinceritatea, curajul, iertarea, viziunea pozitivă asupra vieții și folosirea timpului.

Depresiile pot apărea sub o formă ușoară, caz în care reprezintă o avertizare. Pot de asemenea însoți diverse boli. Depresia în sine este însă un tablou de boală separată, care poate să se manifeste și sub forme foarte severe. Depresiile sunt foarte strâns legate de bugetul energetic. Cine este depresiv a pierdut enorm de multă energie. Aceasta se poate observa din lentoarea mișcărilor pacienților. De-abia se pot îndemna să facă ceva, iar voința de viață le scade semnificativ. Întrucât și formele mai ușoare de depresie au o mare influență asupra stării energetice și în general asupra celei de sănătate, este decisivă găsirea cât mai rapidă a cauzei, pentru a putea remedia situația. Puteți preveni astfel și alte boli. Prin depresie suferă, de exemplu, enorm sistemul cardio-vascular, iar cel imunitar este slăbit. Dacă depresiile acompaniază alte boli, le pot influența negativ vindecarea. Tocmai de aceea încercați să recunoașteți din timp perturbările pentru a putea interveni cât mai rapid.

Dorothea

„Nu mă mai puteam mobiliza pentru nimic.“

Alexander, care tocmai își absolvise calificarea de asistent medical, ne relatează despre fiica sa Dorothea, care la vârsta de 20 de ani fusese internată de urgență într-o clinică psihiatrică cu o depresie severă și intenții suicidale. „Totul a început cu faptul că Dorothea își alesese după bacalaureat o profesie ce nu i se potrivea. Lucra într-un centru pentru tineret. Acolo se fuma (ceea ce făcea și ea la momentul respectiv) și se consuma alcool. Serviciul dura uneori până după miezul nopții. Am observat de la început că influența asupra fiicei mele era una nu tocmai bună. Din ziua de după internare am vizitat-o zilnic în clinică la ora 6.30. Îi aduceam băuturi pentru detoxificare. Apoi mergeam împreună o oră la plimbare prin pădurea din apropiere. După o săptămână i se clarificase deja capacitatea de reflecție.“

„Am devenit eu însămi – și am dat deoparte tot ce era eronat.“

„După externare și-a întrerupt medicamentele, continuându-și însă consecvent cura de băuturi și alimentația lacto-vegetariană. Cu sprijinul meu a reușit să renunțe la fumat, a pus capăt relațiilor cu prieteni nepotriviți și a demisionat din slujba necorespunzătoare. Un alt ajutor pe drumul spre vindecare a fost mișcarea regulată în mijlocul naturii. A continuat prin vizitarea seminarelor oferite de doamna dr. Müller-Kainz pe Elba, în cadrul cărora și-a aprofundat cunoștințele despre conexiunile legilor vieții. S-a întors după două săptămâni total schimbată. Căci și fizic îi făcuse bine clima sănătoasă de pe insula Elba. În special detoxificarea intensă a organismului avusese un efect pozitiv asupra sănătății. Deja la scurt timp după aceea Dorothea și-a putut pune viața din nou în ordine. A început un studiu care-i face plăcere și care a decurs cu succes. Paralel și-a luat un nou job și descoperă tot mai multe laturi pozitive ale vieții.“

Depresiile pot avea de-a face cu toate cele cinci trăsături de caracter. Dacă cedăm slăbiciunilor, acestea devin tot mai puternice și atrag după sine și altele. O să pierdem astfel tot mai multă energie.

Sinceritatea: Dacă nu suntem sinceri cu noi înșine, nu o să vedem ce este cu adevărat. Doar ne imaginăm ceva și trăim într-o lume aparentă. Acești „ochelari de cal“ ne împiedică, practic, să devenim activi. De fapt, ar fi indicat să intervenim, schimbând situația care nu ne face bine. Prin gânduri depresive pierdem atât de multă energie, încât ne va fi tot mai greu să întreprindem pașii necesari.

Curajul: Temerile ne împiedică să abordăm provocările noi, încumetându-ne cu timpul la tot mai puține lucruri. Respectul de sine scade, iar această tendință se accentuează cu fiecare gând negativ. Nu mai avem curajul să spunem „nu" și ne sacrificăm. Suntem suprasolicitați și ne simțim exploatați. Nu ne putem impune și ne simțim ignorați.

Iertarea: Dacă avem sentimente de vinovăție referitoare la o greșeală din trecut, gândurile ni se învârt în permanență în jurul acelei situații și nu ne putem detașa de trecut. Aceste poveri pe care le purtăm cu noi ne costă foarte multă energie. Sau poate nu putem ierta ceva cuiva? Pot fi conflicte cu părinții, dorințe și idealuri din copilărie care nu ne-au fost îndeplinite la acel moment (de pildă, ne-am simțit neglijați, ignorați, am primit prea puțină apreciere). Chiar și alte relații, cum ar fi cele profesionale (cu șeful, cu colegii) sau cu partenerul, pot fi declanșatorul. Unele persoane se încapsulează total sentimental, pentru a evita să fie rănite din nou. Aceasta poate conduce la apatie. Altele, dimpotrivă, nu pot trece peste un eveniment negativ (moartea subită a unei persoane dragi, eșecul profesional), nu pot să se distanțeze și ajung astfel depresive.

Viziunea pozitivă asupra vieții: Grijile și chibzuiala permanentă costă multă energie, ne trag în jos și ne fac să vedem totul în negru. Dogmele noastre precum „oricum n-o să-mi reușească asta", „sunt prea prost pentru asta" sau „nu merit să fiu iubit" ne împiedică și ne blochează. Gândurile noastre conduc la conduite corespunzătoare, care ne confirmă afirmațiile. În cazul bolilor severe apar sentimente de disperare, inutilitate, neajutorare și teamă. Dacă le permitem să ne acapareze, cădem și mai adânc. Ne lipsește energia pentru a ne aborda boala constructiv și orientat spre soluție.

Folosirea timpului: Timpul este energie. Prin irosirea timpului ne pierdem energia. Câteva exemple: Facem prea multe și ne suprasolicităm. Nu putem să spunem „nu" și nici să delegăm treburi. Nu acordăm suficientă atenție alimentației și nici pauzelor necesare odihnei. După moartea partenerului multe persoane se simt părăsite și singure. Le lipsește un rost în viață, nu știu pentru ce merită să mai trăiască. Nu știu ce să mai facă cu timpul lor. Vrem să salvăm pe cineva care nu se dorește salvat. Dacă investim timpul cu folos, primim energie. Reflectați, vă rog, cum vă simțiți după o anume activitate sau întâlnire. Percepeți semnalele corpului și sentimentele, pentru a putea reacționa prompt.

Consolidarea energiei: Igiena gândurilor (mentală) ne permite câștigul de energie. Atunci când se ivesc impulsuri negative, acestea ar trebui acceptate. Asta nu înseamnă însă că trebuie să și „mușcăm", ci să ne redirecționăm atenția asupra activității anterioare. Ne putem forma cu timpul un obicei din a reformula fiecare gând negativ într-unul pozitiv.

Putem lucra conștient și cu afirmații și laitmotive pozitive. Putem, de pildă, în fiecare dimineață să ne setăm „cursul mental" pozitiv pentru ziua respectivă. Ideal ar fi ca persoanele depresive să-și stabilească un plan fix, cu mici sarcini pentru tot cursul zilei: să meargă devreme la culcare, dimineața, la trezire, să se ridice imediat din pat, să rezolve câteva chestiuni simple (de ales doar puține lucruri), mișcare, alimentație sănătoasă, evitarea mersului în gol (la ralanti), pentru a nu cădea din nou în chibzuială. Ce v-ar face plăcere? Ce vă făcea plăcere pe vremuri, înainte de depresie? Ce chestiuni aveți de rezolvat acum? Succesele înregistrate pentru lucruri mărunte motivează! Este însă important să ne acordăm timp. Persoanele afectate de depresie nu trebuie să-și compare volumul de muncă cu cel dinaintea bolii. Altfel frustrarea e ca și programată. Începeți ușor. Pașii mici sunt pași buni. Important este să vă ocupați activ de construirea respectului de sine.

Calea spre vindecare

Întrebați-vă

- dacă ceva anume vă apasă foarte tare, consumându-vă energia,
- ce fel de gânduri vă trec prin cap, constructive sau distructive,
- cum vă vedeți voi înșivă, cum vă apreciați valoarea voastră personală,
- dacă vă lăsați descurajați ușor atunci când ceva nu funcționează cum doriți,
- dacă vedeți totul mai degrabă negativ.

IMPORTANT Primul pas pe care trebuie să-l facă cei depresivi este acela de a ieși din depresie. Poate fi o mare provocare, mai ales atunci când voința de viață a scăzut semnificativ. În cazul depresiilor este necesară adesea intervenția unui terapeut familiarizat cu legile vieții.

Descoperiți pentru voi înșivă

- ce fel de abilități, talente și puncte forte aveți,
- ce interese aveți și ce vă face plăcere,
- ce vă aduce energie, motivându-vă, și ce vă răpește energia,
- ce lucruri pozitive vă descoperiți,
- cum să vă introduceți o oarecare regularitate în viață,
- cum să descoperiți mai multă poftă de viață și energie prin răbdare și tenacitate,
- cum să învățați să vedeți pozitivul în toate prin igiena mentală.

Obiectivul salutar poate fi: Acordați-vă timp. Pașii mici sunt pași buni. Puțin câte puțin o să reușiți să vă luați activ viața în propriile mâini și să vă asumați responsabilitatea. Acest lucru include și debarasarea de vechi și deschiderea către nou. Cine are curajul să-și trăiască viața pe care și-o dorește o să aibă parte de tot mai multă bucurie și o să-și poată savura viața.

Ideea conducătoare: „Sunt recunoscător pentru tot ce-mi reușește, pentru cel mai mic succes. Încerc să fac lucruri care-mi fac plăcere. Îmi consolidez energia printr-un comportament adecvat. Sunt receptiv la părțile bune care-mi revin. Orice este posibil."

Excesul ponderal - obezitatea (adipozitatea)

Excesul ponderal apare atunci când oamenii mănâncă mai mult și au un aport de energie mai mare decât cel necesar.

Simptome tipice: În cazul adipozității este vorba de un exces ponderal semnificativ, prin depunerea de grăsime (IMC peste 30). IMC – indicele masei corporale – este definit ca fiind raportul dintre înălțime și greutate. Se calculează prin împărțirea greutății corporale în kilograme la înălțimea ridicată la pătrat. Excesul ponderal promovează apariția altor îmbolnăviri, ca de exemplu hipertensiunea arterială, guta, diabetul zaharat și ateroscleroza. Aparatul locomotor este suprasolicitat. Excesul ponderal este tot mai frecvent la adolescenți.

Factori de risc la nivelul corpului sunt alimentația în surplus, alimentația greșită, lipsa de mișcare, comportamentul de satisfacere (ciugulitul), deficitul funcției tiroidiene, factori psihogeni (depresiile, tulburările de alimentație, cum ar fi orgiile alimentare) sau efectele secundare ale unor medicamente cum ar fi cortizonul, sedativele, medicamentele psihotrope sau antidepresivele.

Cauze sufletești

Trăsăturile de caracter relevante în cazul obezității sunt iertarea, viziunea pozitivă asupra vieții și folosirea timpului.

E vorba despre un fel de „căutare". Doar că cei afectați caută într-un alt loc decât cel potrivit. Ei caută o satisfacție înlocuitoare sau un fel de compensație pentru ceva ce le lipsește în interior. Respectivele persoane încearcă să-și facă un așa-zis bine. Cei mai mulți obezi nu se acceptă pe ei și personalitatea lor așa cum sunt și se iubesc mult prea puțin. Cine nu se acceptă așa cum este va fi nemulțumit. Dar disconfortul personal nu poate fi compensat cu „mâncatul din frustrare". Golul interior nu poate fi umplut cu alimente. Singura realizarea este creșterea stratului de „slănină de mâhnire". Paralel cu greutatea crește și nemulțumirea, astfel încât cei în cauză vor mânca și mai mult. Acum începe cercul vicios. Este foarte importantă aflarea cauzelor frustrării și sporirea respectului de sine prin activități pline de sens.

Unii obezi mănâncă pur și simplu din plictiseală, întrucât, din cauza unei reduse încrederi în sine, nu sunt capabili să-și descopere un sens în viață și nu pot vedea vreun rol pentru persoana lor sau nu îndrăznesc să-l abordeze. Dacă se instalează și depresiile, le vine și mai greu să se mobilizeze. Adeseori se adaugă și faptul că persoanele respective sunt mai degrabă sedentare și pasive și rămân inactive.

Mulți oameni încearcă din când în când (în caz de crize sau frustrări) să-și compenseze sentimentele negative prin mâncatul în exces. Cine se înfurie, cine este agresiv sau nutrește răzbunare, cine este ușor gelos își arată pe această cale nemulțumirea cu situația în care se află. De multe ori acești oameni se simt pierduți și depășiți de situație.

Brigitte

„Mă îndopam cu nefericirea."

Brigitte se plângea de soțul ei. Acesta era infidel și se întâlnea adesea cu alte femei. Brigitte „se îndopa" – în adevăratul sens al cuvântului – cu nefericirea și mai ales cu gelozia. Noaptea, când nu putea dormi, mergea la bucătărie și jefuia frigiderul. Firește că, în timp, a ajuns din ce în ce mai grasă și mai neatractivă. De-abia atunci soțul i-a întors cu adevărat spatele.

Elisabeth

„Am construit un zid în jurul meu."

Elisabeth nu se mai simțea bine în căsnicie și voia să-și țină soțul la distanță. Prin kilogramele în plus și-a construit un fel de pavăză de jur-împrejur. A devenit astfel mai puțin atractivă pentru el, în speranța că îl va descuraja și astfel îl va ține la distanță.

Aceste exemple arată că adevărata problemă nu este atacată de la rădăcină, ci doar dată deoparte. Cum ar putea cei afectați să gestioneze lucrurile de așa manieră încât să le schimbe în pozitiv?

Tulburările de alimentație nu mai sunt de mult doar o problemă tipic feminină – și bărbații suferă de acestea (circa 5-10% de anorexie, 15% de bulimie și 30% de orgii alimentare – *binge eating*). În cazul orgiilor alimentare, persoanele consumă cantități impresionante de alimente, fără să resimtă sațietatea. Cel puțin de două ori pe săptămână au astfel de atacuri periodice de îmbuibare, la care nu mai dețin controlul asupra comportamentului alimentar. De-abia atunci când apar durerile abdominale încetează să mai mănânce. Spre deosebire de bulimie însă, mâncarea nu este vomitată, astfel încât consecința firească este creșterea în greutate. Și bărbații vor să îndeplinească idealul de frumusețe prevăzut, mai ales în profesiile în care aspectul exterior joacă un rol important. De asemenea, ei compensează probleme sufletești (singurătatea, tristețea, mânia) cu mâncatul, voind să-și umple „golul emoțional" cu mâncare. Unii bărbați practică sporturi în exces pentru a-și menține greutatea. La urma urmei, nici ei nu se pot accepta și iubi așa cum sunt, recunoscând și mai puțin decât femeile că au o tulburare de alimentație.

Calea spre vindecare

Întrebați-vă

- ce vă lipsește, ce căutați de fapt, dacă nu cumva vă este foame de iubire și apreciere și înlocuiți aceste două necesități prin mâncare,
- dacă și de ce vă ridicați o pavăză în jur, de ce vă este frică,
- dacă trageți după voi balast din trecut,
- ce vă împiedică să vă acceptați așa cum sunteți,
- ce anume vă nemulțumește, dacă vreo relație interumană nu este în ordine, dacă aveți sentimente de mânie sau de gelozie, dacă tindeți spre autocompătimire,
- dacă și în ce măsură vă simțiți dezavantajați. Recunoașteți aici legea imaginii în oglindă: dacă mă dezavantajez singur, mă vor dezavantaja și ceilalți.

Descoperiți pentru voi înșivă

- ce puteți face împotriva sentimentelor negative,
- cum să reușiți să vă simpatizați mai mult,
- ce caracteristici pozitive aveți,
- ce obiectiv (de viață) aveți care vă împlinește,
- cum să vă formați o atitudine pozitivă față de mâncare, pentru ca aceasta să nu mai fie tema principală a zilei,
- cum să treceți pe o dietă sănătoasă,
- cum să introduceți mai multă disciplină în alimentație.

Obiectivul salutar poate fi: O preocupare semnificativă și care vă poate împlini este cea mai bună posibilitate de a vă ameliora încrederea în sine. Acceptați cu curaj provocările. Dacă vă apreciați singuri drept persoane valoroase, o vor face și ceilalți. O altă temă este slobozirea. Nu admiteți gânduri depreciative despre propria persoană, înlocuiți-le imediat cu altele constructive.

Ideea conducătoare: „Mă iubesc și mă accept așa cum sunt și mă comport cu afecțiune cu mine și propriul corp."

Ipohondria

Ipohondria este teama exagerată că ceva nu funcționează cum trebuie în organism. Persoanele se agață cu îndărătnicie de propriile convingeri. Toate schimbările și deviațiile corpului sunt supravegheate exagerat și interpretate eronat, situație din care ia naștere un comportament obsesiv. Gândurile persoanei respective se rotesc numai în jurul bolilor.

Simptome tipice: semnalele și simptomele sunt supraevaluate și interpretate deosebit de negativ. Cele mai multe persoane se tem exagerat de moarte. În ciuda explicațiilor multiple din partea medicilor, temerile se mențin. La mulți dintre cei afectați se instalează și depresiile.

Cauze sufletești

Trăsăturile de caracter relevante în cazul ipohondriei sunt viziunea pozitivă asupra vieții și folosirea timpului.

În această maladie este cât se poate de clar rolul pe care gândurile noastre îl au în realitate. Totul se învârte în jurul bolilor. Se ia în calcul tot ce-i mai rău. Foarte mult timp este dedicat negativului, chiar și celui raportat de ziare și de media. Multe vizite la medic – în fond inutile – „răpesc" timpul prețios. Toate acestea costă multă energie. Pe baza legii rezonanței, în cele din urmă chiar poate apărea o afecțiune. Atunci persoanele respective se simt confirmate în temerile lor, cauza acestor boli însă și-au creat-o singuri, prin intermediul gândirii. Cei afectați ar trebui să aibă în vedere faptul că gândurile și senzațiile lor se reflectă asupra corpului.

Calea spre vindecare

Întrebați-vă

- dacă vă preocupați adesea de evenimente negative,
- despre ce vă faceți gânduri,
- asupra a ce vă îndreptați atenția.

Descoperiți pentru voi înșivă

- cum puteți evalua pozitiv evenimentele,
- cum vă puteți spori încrederea și optimismul,
- cum vă puteți bucura mai mult de viață,
- ce puteți face pentru sănătatea voastră,
- ce obiective constructive vă puteți stabili,
- cum vă puteți folosi constructiv timpul.

Obiectivul salutar poate fi: Ascultați-vă semnalele propriului corp – sunt importante. Dar faceți acest lucru la modul constructiv, cu încredere și optimism. Cea mai bună prevenție a bolilor presupune gândire pozitivă, bucurie, încredere și încercarea de a absolvi cât mai bine școala zilnică. O alimentație hrănitoare reprezintă un bun fundament pe plan fizic.

Ideea conducătoare: „Îmi respect corpul și îi percep semnalele, pentru a-mi putea schimba conduita, la nevoie. Am o atitudine aprobativă și încrezătoare față de viață, astfel că nu mai este necesar să-mi fie teamă de boli."

Mâncatul și vomatul compulsiv (bulimia nervoasă)

În cazurile de cronicizare, o anorexie nervoasă (vezi prima intrare din acest subcapitol) poate trece într-o formă de mâncat și vomat compulsiv (bulimie nervoasă). Aceasta din urmă poate apărea însă și ca tulburare de alimentație de sine stătătoare. Bulimia este o tulburare psihogenă de alimentație în care se consumă cantități mari de alimente foarte bogate în calorii într-un timp extrem de scurt. Prin vomatul compensator care-i urmează se încearcă menținerea unei greutăți corporale în limite „normale". Alte metode compensatorii folosite în acest scop sunt laxativele, medicamentele care suprimă pofta de mâncare, intervalele extreme de înfometare sau sportul practicat în exces.

Simptome tipice: iritațiile esofagului, eroziuni ale danturii, creșterea în volum a glandelor salivare – prin acțiunea sucului gastric –, cicatrice pe mâini, constipație, gastrită. Boala poate deveni periculoasă atunci când se ajunge la mari perturbări de electroliți ce produc tulburări de ritm cardiac sau afectarea rinichilor.

Cauze sufletești

Trăsăturile de caracter relevante în cazul bulimiei nervoase sunt curajul și folosirea timpului.

Ca urmare a mâncatului și vomatului compulsiv, apare o tulburare metabolică ce conduce la subnutriție și simptome ale deficiențelor de substanțe nutritive. Persoanele respective nu observă cum se distrug singure. De fapt, noi distrugem ceea ce nu ne place. Deci respectivii nu se plac și nu se acceptă pe ei înșiși. Unele persoane neagă chiar viața. Recurg în schimb la o satisfacție înlocuitoare care este consumul excesiv de alimente. Apoi, drept „compensație", își provoacă voma. Posibil ca după aceea să se instaleze și mustrările de conștiință. Ar trebui să credem în noi înșine. Suntem foarte valoroși și ar trebui să arătăm acest lucru. Cu mai multă încredere de sine ne putem găsi drumul și dezvolta personalitatea așa cum se cuvine.

Calea spre vindecare

Întrebați-vă

- cum vă vedeți voi înșivă și dacă sunteți cu adevărat așa cum vi se pare, precum și dacă n-ar fi mai bine să cereți ajutorul unei persoane de încredere,
- dacă viziunea voastră asupra vieții este realistă,
- ce doriți să înlocuiți prin mâncare,
- cât de pronunțată vă este încrederea în sine.

Descoperiți pentru voi înșivă

- cum vă puteți câștiga în general o viziune pozitivă asupra propriei persoane,
- ce necesități aveți,
- ce v-ar putea ajuta să vă iubiți mai mult propria persoană,
- ce ar putea da vieții un rost, ce preocupări v-ar oferi împlinire,
- cum să vă găsiți propriul rost în viață și să vi-l îndepliniți.

Obiectivul salutar poate fi: Încercați să vă îndepliniți conștiincios sarcinile actuale și s-o faceți cu plăcere. O preocupare interesantă pentru timpul liber v-ar putea aduce mai multă prospețime în viață. De asemenea, v-ar fi benefică și legarea și cultivarea de noi prietenii, pentru a avea cu cine să schimbați opinii. Recunoașteți-vă talentele și faceți-vă potențialul să înflorească.

Ideea conducătoare: „Îmi cunosc valoarea și-mi îndeplinesc cu plăcere sarcinile."

Nevroza anxioasă (tulburare de anxietate generalizată) – fobiile

Fobia este frica intensă de un anumit obiect (de exemplu, de păianjeni sau de șoareci) sau de o anumită situație (de exemplu, de spații înguste), o frică nejustificată și incontrolabilă. Asta face ca persoanele în cauză să evite anumite situații, chiar și atunci când acest comportament se dovedește a fi în detrimentul lor.

Simptome posibile: transpirații abundente, tremurături, palpitații, dificultăți la respirație sau senzația de claustrare.

Cauze sufletești

Trăsăturile de caracter relevante în cazul tulburărilor anxioase sunt curajul și viziunea pozitivă asupra vieții.

Frica în sine nu este ceva negativ. Ea este gândită ca un semnal de alarmă atunci când intenționăm să întreprindem ceva care ne-ar putea pune (viața) în pericol. Însă atunci când frica predomină și ne îngrădește activitățile zilnice, mesajul este altul. Nevrozele anxioase încep de obicei atunci când persoanele respective resimt frica la anumite activități. Cu cât vor ceda mai mult acestor sentimente și vor evita situațiile respective, cu atât mai puternică va fi frica. Drept urmare, acești oameni se retrag tot mai mult, câmpul lor evolutiv se diminuează continuu, deoarece se încumetă la tot mai puțin. Frica le consumă foarte mult din timpul prețios și le domină mental întreaga viață. Gândurile pesimiste despre sine și despre situație amplifică anxietatea. Fantezia lor este inepuizabilă atunci când reflectă la tot ce s-ar putea întâmpla. Persoanele respective se ambalează tot mai mult, ajungând astfel într-un cerc vicios aparent fără ieșire. Acești pacienți se pot ambala într-atât încât ajung să intre în panică.

Și în cazul fobiilor ne putem ambala negativ mental într-o chestiune, astfel încât ajungem să ne temem. Ce le determină pe aceste persoane să se încâlcească în astfel de gânduri? Gândurile sunt forțe care atrag consecințe pe măsură. Aici putem interveni și aduce modificări.

Jasmin

„Credeam că se află cineva la mine în casă."

Jasmin se temea în permanență că un spărgător sau un om răuvoitor s-ar afla ascuns la ea în acasă. De aceea controla zilnic, în fiecare seară, timp de două ore, întreaga casă – fiecare colțișor, de sus până jos. Se uita în fiecare dulap, după fiecare perdea și pe sub paturi. Controlul îi lua mult timp, făcând ca în cele din urmă întreaga familie să sufere din această cauză.

Melanie

„Îmi era frică de activitățile cotidiene."

Melanie studia într-un oraș mare. Se temea atât de tare de metrou încât părinții au fost nevoiți să-i cumpere o mașină, întrucât nu era capabilă să se folosească de mijloacele de transport în comun. Cu toate astea, frica i se amplifica – până a ajuns să facă cunoștință cu legile vieții. Atunci când a înțeles că în spatele fricii se ascundea de fapt lipsa de curaj, a început să depună eforturi pentru a ieși din acea spirală: făcea exact ceea ce îi provoca teama: mergea cu metroul, aborda situațiile neplăcute, eliberându-se treptat de temeri. Melanie a declarat: „Mă simt ca un om nou."

IMPORTANT Frica apare atunci când avem probleme de curaj. Se cere așadar să trecem mici teste de curaj pentru a ne redobândi încrederea în sine și în viață.

Calea spre vindecare

Întrebați-vă

- în ce situații vă este frică,
- cum stați cu încrederea de sine,
- dacă aveți înclinația spre gânduri pesimiste,
- dacă vă lăsați ușor descurajați,
- ce situații sau oameni ați evita și de ce.

Descoperiți pentru voi înșivă

- în ce situații v-ați putea pune, cu pași mici, reducându-vă frica,
- cum să vă sporiți încrederea de sine și cea în viață,
- ce gânduri vă pot ajuta să prindeți curaj și să abordați situații neplăcute,
- cum puteți câștiga atitudinea „acum mai mult ca oricând",
- cum să vă acceptați pe voi înșivă.

Obiectivul salutar poate fi: Prin sforțări mici zilnice puteți depăși un obstacol după altul. În locul gândurilor despre frică ar trebui să faceți loc celor despre optimism și încredere. Faceți exact ceea ce vă provoacă frica. Nu vă lăsați descurajați dacă ceva nu vă reușește din prima. Cu fiecare decizie corectă se va reduce și frica, iar siguranța de sine va spori. Veți câștiga din nou încredere în viață și în propriile capacități. Veți avea astfel din nou timp să vă dedicați lucrurilor frumoase și să vă savurați viața.

Ideea conducătoare: „Abordez plin de curaj provocările zilnice și am încredere că mă aflu în siguranță și sunt protejat."

Obsesiile

La tulburarea de tip obsesiv-compulsivă, pe primul plan se află anumite gânduri, de cele mai multe ori iraționale sau impulsuri persistente, cărora trebuie neapărat să li se dea curs. Anumite activități se cer repetate stereotipic. Dacă nu li se dă curs, provoacă o teamă majoră. O nevroză obsesională este o tulburare serioasă, întrucât există o ruptură de realitate. Tranziția spre o tulburare psihică este fluidă.

Gândurile obsesive pot fi: ideea fixă că la contactul cu oamenii sau obiectele vă puteți contamina, îndoiala permanentă că ați făcut sau nu anumite lucruri. Obsesii comportamentale repetitive pot fi: controlatul (verificatul permanent al anumitor lucruri, de exemplu încuiatul ușii, opritul aragazului, ca și activități iraționale, ca de exemplu obsesia spălatului sau curățatului).

Cauze sufletești

Trăsăturile de caracter relevante în cazul obsesiilor sunt curajul și iertarea/încăpățânarea.

Simptomele unei nevroze obsesionale sunt diverse. De exemplu, persoanele respective au un impuls exagerat al ordinii, simt nevoia să mute permanent lucruri din loc, să le reașeze, pentru a le situa exact pe locul pe care trebuie. Acești pacienți nu rezistă impulsului nici măcar în locuințe străine. În obsesia curățeniei, persoanele sunt ocupate în permanență cu curățatul. Viața acestora aproape că nu constă în altceva. Această obsesie poate ajunge atât de departe, încât să nu li se permită persoanelor străine să intre în locuință, de teamă să nu murdărească ceva sau să aducă bacterii. Alte persoane se află sub influența obsesiei spălatului. Își spală mâinile de nenumărate ori pe zi, ori de câte ori au atins ceva. Ajung să-și frece într-atât pielea încât și-o irită puternic. Alții pot merge atât de departe, încât simt nevoia imperioasă și nerealistă de a se reîntoarce pe drumul parcurs, întrucât se tem, de exemplu, să fi călcat peste un bebeluș. Comportamentul celor afectați reflectă foarte bine fundalul lor sufletesc.

Cei în cauză simt așadar nevoia de a face neapărat ceva anume. Ei sunt fixați pe un anumit lucru. Cu timpul ajung incapabili să mai desfășoare o viață normală. Comportamentul oglindește rigiditate, lipsa flexibilității, în final – o încăpățânare extremă. Nu există decât un singur lucru – toate celelalte sunt lipsite de importanță. Astfel ei se încapsulează față de viață, față de propriile sentimente, dorințe, provocări, întâlniri și tot ce mai compune viața. Le este frică de acestea? De ce fug ei de fapt?

A înfrunta viața este o mare provocare. Ca și aceea de a te accepta pe tine însuți și situația existentă. Descoperiți-vă părțile bune (nu există numai unele rele) și aveți încredere că puteți gestiona viața. Este nevoie de curaj pentru abordarea sarcinilor și pentru slobozire.

IMPORTANT Nu este ușor să ieși singur dintr-o nevroză obsesională. Adeseori este nevoie de ajutorul unui terapeut care să cunoască legile vieții.

Anna

„Aş putea să curăţ toată ziua."

Anna suferea de obsesia curățeniei. Într-una din zile ne-a sunat și ne-a relatat că de cinci ore freacă balconul. Nu se mai putea elibera din acea situație forțată. Sună simplu să spui„ Oprește-te!", dar acei oameni se află sub influența unui impuls irațional care poate lua dimensiuni neprevăzute.

„Am învățat să-l las liber."
Într-o oră de terapie, Anna a recunoscut că motivul obsesiei sale se află în imposibilitatea de a-și slobozi fiul deja adult. Primise deja multe alte indicii de la legile vieții, indicii pe care nu le recunoscuse sau le ignorase. Obsesia curățeniei era o oglindă foarte puternică și un semnal imperios că era cazul să-și lase fiul liber.

Leonie

„Mă simțeam obligată să verific în permanență dacă am oprit aragazul."

În spatele comportamentului obsesiv se ascundeau mari probleme de curaj. Se temea să preia responsabilitatea propriilor fapte. Leonie nu-și putea ierta greșelile și se simțea mereu vinovată.

„Am dat drumul trecutului și m-am concentrat pe acum."
În cadrul consilierii terapeutice s-a constatat că nu era vorba de greșeli grave. Prin puternicele sentimente de vinovăție, se afla cu gândul permanent la trecut. De aceea nu se putea concentra la activitățile din prezent. Când și-a dat seama de cauzele obsesiei, s-a putut elibera treptat de aceasta. A reușit să-și ierte presupusele greșeli și să lase în pace trecutul. Cu ajutorul unor exerciții de concentrare în fiecare dimineață, a reușit să se concentreze tot mai bine la activitățile de pe parcursul zilei. În felul acesta a dobândit și mai mult curaj și a putut să preia tot mai multă responsabilitate de sine.

Calea spre vindecare

Întrebați-vă

- ce indicii ați primit deja de la legile vieții și în ce măsură refuzați să le vedeți,
- dacă și unde doriți să aveți ultimul cuvânt,

- dacă vă place să contraziceți și ce anume,
- de ce vă faceți dependenți de o anume activitate în loc să decideți și să acționați liber,
- dacă și în ce măsură vă este teamă de ceva nou, necunoscut,
- dacă multe dintre frazele voastre încep cu un „însă/dar",
- în ce măsură vedeți lucrurile mult prea negativ.

Descoperiți pentru voi înșivă

- ce ar trebui să sloboziți,
- cum puteți deveni mai flexibili și mai toleranți cu propria conduită,
- cum puteți înțelege mai bine mesajul legilor vieții,
- cum vă puteți aduce gândurile pe un făgaș mai pozitiv.

Obiectivul salutar poate fi: Cine își lasă în urmă trecutul și se iartă pe sine își poate îndrepta tot mai mult atenția asupra lucrurilor importante în viață. Cine se concentrează nu trebuie să se teamă de greșeli.

Ideea conducătoare: „Îmi las trecutul în pace și mă eliberez pentru a-mi aborda viața cu bucurie și curaj – în fiecare zi din nou. Mă iubesc și mă respect așa cum sunt."

Urechile

Aproape pe tot parcursul zilei ne ajunge zgomotul la urechi – atât cel dorit (precum muzica), cât și nedorit (ca de exemplu, veșnicul zgomot al străzii). Este important însă ca, în ciuda zgomotului de fond din viața noastră, să ne ascultăm și propria voce interioară, aceea a intuiției. Deoarece prin aceasta legile vieții ne îndrumă pe drumul bun și vindecător.

Ascultați-vă presimțirea și intuiția

Deosebim ca făcând parte din organul auditiv urechea externă, cu pavilionul urechii și conductul auditiv, urechea medie, cu cavitatea timpanică și oscioarele auditive, și urechea internă, cu cohleea (melcul) și canalele vestibulare semicirculare, componente ale organului de echilibru. Pavilionul urechii captează undele sonore și le transmite mai departe la canalul auditiv. La capătul intern al acestuia pun în mișcare membrana timpanică, făcând-o să vibreze. Vibrațiile acesteia se transmit mai departe la cele trei oscioare – ciocan, nicovală și scăriță – care, împreună cu fereastra ovală, amplifică intensitatea sonoră. În total, de la intrarea în conductul auditiv până la urechea internă, intensitatea sunetului crește de circa 180 de ori. Organul auditiv propriu-zis este cohleea din urechea internă. Aici energia mecanică a undelor sonore este transformată în semnale electrice și transmisă mai departe la creier. Aceste semnale includ frecvența, culoarea și intensitatea sunetului. Cele trei canale semicirculare din urechea internă au influență asupra stării de echilibru. Sunt orientate tridimensional în spațiu și conțin așa-numita „endolimfă“. Aceasta nu poate urma mișcările capului din cauza inerției, ceea ce duce la iritarea anumitor celule senzoriale (ciliare). Semnalele sunt conduse spre sistemul nervos central prin intermediul unui nerv auditiv. De la acel nivel se comandă contracțiile musculare pentru a contracara schimbarea poziției.

Cauze sufletești

Trăsăturile de caracter relevante în cazul bolilor urechii sunt sinceritatea și iertarea.

La problemele urechii, simbolica este ușor de recunoscut: suntem încuiați, ne-am închis urechile. Nu ascultăm de legile vieții care comunică cu noi prin intuiție, prin vocea interioară. Dacă nu ascultăm ceea ce ne spun o perioadă mai lungă, suntem încăpățânați și refuzăm ajutor prețios. Ar trebui însă să luăm în considerare faptul că nu putem cuprinde totul cu rațiunea înainte de luarea deciziilor, chiar dacă argumentele acesteia par să fie unele foarte bune. Presimțirile și intuiția noastră ne pot îndruma însă foarte bine, deoarece acestea se află în legătură strânsă cu Dumnezeu și legile vieții. De aceea este important să ascultăm de ele. Deciziile mărunte ne pot ajuta să exersăm în perceperea senzațiilor și transpunerea lor în practică. Ne putem îndrepta cu precădere atenția asupra intuiției prin scurte reflecții și întrebări către „sus“ (către legile vieții): „E corect așa?“ sau „Ce este corect?“ Deschideți-vă. Dezvoltați-vă încrederea în intuiție. Putem fi fericiți pe termen lung cu ajutorul legilor vieții, deoarece vom lua decizii benefice.

Calea spre vindecare

Întrebați-vă

- dacă dați prea multă ascultare spuselor altora,
- dacă dați ascultare cu precădere rațiunii,
- în ce privințe nu dați ascultare vocii interioare,
- dacă nu vreți să admiteți că se preconizează schimbări.

Descoperiți pentru voi înșivă

- cum să vă percepeți mai bine intuiția,
- cum să vă desprindeți în sfârșit de ceva care s-a petrecut mai demult,
- cum să căpătați încredere în intuiție și să vă lăsați conduși de aceasta.

Obiectivul salutar poate fi: Învățați să dați ascultare intuiției. Cumpăniți argumentele raționale în raport cu presimțirile. Deschiderea și sinceritatea vă ajută să luați deciziile corecte. Cu cât vă urmați mai des intuiția, cu atât mai clară și precisă o să devină.

Ideea conducătoare: „Am încredere în propria intuiție și sunt dispus să dau atenție semnalelor călăuzitoare pe care mi le transmite.“

Boala Menière

Aici este vorba despre o afecțiune a urechii interne. În urechea internă se află un lichid care își mărește volumul, crescând presiunea din urechea internă și producând astfel excitarea celulelor nervoase de la nivelul organului de auz și echilibru. Primele semne sunt: perturbări în zona tonurilor joase și senzație de presiune în ureche.

Cele trei simptomele caracteristice sunt:

- episoade recurente de vertij rotativ (senzație asemănătoare amețelii produse de învârtitul rapid), cu grețuri și vărsături,
- tinitusul unilateral și
- scăderea unilaterală a auzului.

Cauze sufletești

Trăsăturile de caracter relevante în cazul bolii Menière sunt sinceritatea și iertarea.

Amețim și ne scade auzul – în ce relație ne păcălim singuri și nu ne percepem vocea interioară? Poate fi o evadare sau teama de schimbare. Aceasta face ca noi să nu ne luăm în seamă intuiția. Uneori ceva se modifică prea rapid, astfel încât se „învârte“ totul cu noi. Aveți senzația că prin aceste schimbări rapide vă pierdeți stabilitatea. Sau v-ați pierdut orientarea în general și vă învârtiți în cerc? Schimbările – mai mici sau mai mari – se petrec tot timpul. Aveți încredere în intuiție și lăsați-vă conduși de ea printr-o viață fericită și împlinită.

Calea spre vindecare

Întrebați-vă

- ce vă dezechilibrează,
- de ce nu vreți să vă ascultați vocea interioară,
- ce vreți să suprimați,
- în ce împrejurare vă lipsește orientarea.

Descoperiți pentru voi înșivă

- cum vă puteți liniști și afla indiciile despre ce vă este benefic,
- cum vă puteți câștiga încrederea în voi și în propria intuiție,
- cum să vă consolidați siguranța interioară,
- cum să vă reechilibrați.

Obiectivul salutar poate fi: Cel mai important punct de ancorare pe care-l avem este intuiția. Ea ne este cea mai bună călăuză. Aveți încredere în voi că faceți ce trebuie. Iar dacă nu vă reușește imediat, acceptați cu recunoștință procesele educative. Doar voi singuri vă puteți da stabilitate și siguranță interioară, pentru a vă reechilibra.

Ideea conducătoare: „Sunt dispus să mă încredințez îndrumării intuiției mele. Aș dori să merg pe drumul care-mi este benefic pe termen lung și care mă face fericit."

Catarul trompei lui Eustachio

Catarul trompei se referă la inflamația mucoasei trompei auditive, un canal care face legătura dintre cavitatea nazofaringiană și urechea medie. Ca urmare, nu se mai poate face egalarea presiunii, ceea ce conduce la creșterea presiunii în ureche, însoțită de tulburări de auz.

Cauze sufletești

Trăsăturile de caracter relevante în cazul catarului trompei sunt sinceritatea și iertarea.

Simbolica ne face să ne întrebăm în ce măsură cel afectat este „închis" și nu ascultă ceea ce-i comunică ceilalți. Ar trebui să ne ascultăm partenerii de discuție cu răbdare, fără să ne încâlcim în propriile gânduri sau să reflectăm deja la răspunsul pe care-l vom da, înainte ca celălalt să termine de vorbit. Prin ascultatul conștient sau chiar activ pot fi evitate multe neînțelegeri. Cine este receptiv la spusele și la opinia celuilalt și ia în considerare ce i s-a spus atunci când vorbește la rândul său este un interlocutor sincer, care contribuie la o cooperare umană. Cine încearcă să aibă înțelegere pentru ceilalți își sporește dezvoltarea propriei personalități. Din aceasta se dezvoltă o conviețuire armonioasă.

Calea spre vindecare

Întrebați-vă

- în ce măsură vă vine greu să-i ascultați pe ceilalți,
- dacă vă pregătiți cuvintele de răspuns înainte ca celălalt să termine de vorbit,
- dacă recepționați cu atenție vorbele celorlalți,
- în ce măsură sunteți deschiși argumentelor și ideilor celorlalți.

Descoperiți pentru voi înșivă

- cum vă puteți obișnui să vă concentrați la vorbele celorlalți,
- cum să dobândiți mai multă empatie și un comportament constructiv în comunicare,
- cum să exersați ascultarea,
- cum să vă acordați partea de vorbire cu cele spuse anterior.

Obiectivul salutar poate fi: Cine respectă regulile fundamentale ale discuțiilor, ascultându-i pe ceilalți și lăsându-și deoparte propriul ego, exersează în autodisciplină și sinceritate. Și ascultatul activ e necesar atunci când este vorba de ascultarea și descifrarea mesajelor legilor vieții.

Ideea conducătoare: „Îmi păstrez vigilența, sunt atent la ce e în jur și la școala zilnică și-i ascult conștient pe ceilalți."

Inflamația urechii medii (otita medie)

De cele mai multe ori o inflamație a urechii medii este cauzată de ascensiunea unor germeni. Germenii pot avea ca punct de plecare o angină, un guturai sau o sinuzită. Ca urmare a tumefierii mucoasei, se poate înfunda trompa lui Eustachio (care face legătura dintre urechea medie și spațiul nazofaringian). Astfel, germenii se pot înmulți în liniște în cavitatea de acum închisă a urechii medii și pot declanșa inflamația.

Simptomele tipice sunt durerile de urechi, febra și scăderea auzului.

Cauze sufletești

Trăsăturile de caracter relevante în cazul otitei medii sunt sinceritatea, iertarea și viziunea pozitivă asupra vieții.

Suntem confruntați zilnic cu remarcile celorlalți și acestea pot declanșa în noi diverse reacții. Dacă declanșează enervare sau chiar mânie, aceste emoții negative se pot materializa sub forma unei inflamații a urechii medii. Putem observa acest lucru adeseori la copiii mici. Acestora „le ies pur și simplu pe urechi" admonestările părinților, nu mai pot să le asculte „revendicările". Alte expresii precum „îi intră pe-o ureche și-i iese pe alta" sau „își închide urechile" exprimă faptul că respectivii se încapsulează și nu mai vor să audă ce li se spune. Poate fi vorba și de mesajele legilor vieții. Cu toate astea, există mereu situații în care ar trebui să dăm dovadă de modestie, acceptând anumite indicii și sugestii.

Calea spre vindecare

Întrebați-vă

- ce nu mai puteți sau nu mai vreți să auziți,
- dacă vă enervează ceva,
- dacă anumite observații vă declanșează emoții negative, ca de exemplu reacția de ciudă sau sentimente de vinovăție,
- dacă vă ambalați prea tare în lucruri negative.

Descoperiți pentru voi înșivă

- cum puteți reacționa cât mai neutru la observații și sugestii,
- cum să vă verificați emoțiile negative și să trageți concluziile adecvate,
- cum să întâmpinați constructiv critica,
- în ce măsură vă ajută sugestiile celorlalți la recunoașterea a ce este corect și cum le puteți prelua mai bine.

Obiectivul salutar poate fi: Primim în viață semne, indicii și semnale în diverse moduri. Ar trebui să fim recunoscători pentru ele. Dacă sunteți receptivi și vigilenți, le puteți prelua și transpune pe cele importante.

Ideea conducătoare: „Îmi mențin vigilența și primesc cu recunoștință ajutoarele care mi se transmit prin mesaje importante."

Pierderea bruscă a auzului

La o pierdere bruscă a auzului este vorba de o surditate acută. Apare o scădere bruscă, de cele mai multe ori unilaterală (de o singură parte) a auzului sau o surditate cu senzația de presiune în ureche. Uneori se adaugă și sunete sub formă de țiuituri în urechi (tinitus), atunci când celulele senzoriale din urechea internă sunt distruse, de pildă prin tulburări de vascularizație.

Simptomele tipice sunt amețeala și țiuiturile în urechi, de cele mai multe ori fără durere, cel mult o senzație de pâslă în jurul pavilionului urechii. Scăderea auzului poate avea mai multe forme de pronunțare. De cele mai multe ori este reversibilă. Rareori se ajunge la pierderea definitivă a auzului.

Cauze sufletești

Trăsăturile de caracter relevante în cazul pierderii bruște a auzului sunt sinceritatea și iertarea.

Surditatea acută înseamnă o pierdere bruscă și completă pe o perioadă delimitată a funcției auditive. Cel afectat se „prăbușește" pe neașteptate în gol. Prin asta i se arată simbolic că de multă vreme nu a mai ascultat de legile vieții și faptul că acționează împotriva vocii interioare. Prin urmare, pierderea bruscă a auzului este o avertizare serioasă asupra necesității de a da ascultare vocii interioare, intuiției. Vocea interioară este adeseori moale, iar mintea noastră are argumente bune împotriva acesteia, astfel încât ea este dată deoparte de multe ori. Și totuși ea rămâne cea mai bună călăuză pe care o avem, și ar trebui luată în seamă. Ne lipsește curajul să ne urmăm intuiția? Nu putem să ne susținem punctul de vedere? Ne este teamă să mergem pe un drum pe care poate ceilalți nu l-ar înțelege? Rațiunea ne poate oferi multe indicii și poate să ne ajute să ne ordonăm și să ne concretizăm gândurile. De aceea merită să ascultăm conștient și să învățăm cu timpul să ajungem la soluția ideală cu ajutorul rațiunii și al intuiției.

Calea spre vindecare

Întrebați-vă

- dacă ascultați suficient ce vă spune intuiția,
- dacă vă împiedică ceva să vă ascultați intuiția,
- în ce măsură intuiția vă este estompată de rațiune.

Descoperiți pentru voi înșivă

- cum vă puteți dezvolta o sensibilitate pentru vocea interioară,
- cum să acordați mai mult spațiu intuiției,
- cum să recunoașteți argumentele rațiunii ca atare și să le deosebiți de intuiție,
- cum vă puteți relaxa pentru a putea percepe mai bine vocea interioară,
- cum să fiți mai receptivi pentru intuiție și să reacționați mai flexibil.

Obiectivul salutar poate fi: Intuiția vă oferă indicii importante în viață despre cum puteți îmbunătăți lucrurile. Aflați astfel intuitiv pe ce drum să mergeți. Acordați-i suficientă atenție și vă va ajuta să duceți o viață de succes.

Ideea conducătoare: „Acord atenție intuiției și am încredere că aceasta mă conduce pe drumul corect."

Scăderea auzului (hipoacuzia)

Este vorba despre o diminuare a capacității auditive. Poate merge de la forme ușoare până la surditate completă. Este un simptom care poate avea mai multe cauze.

Factorii de risc la nivelul corpului sunt un nivel excesiv al zgomotului, de exemplu muzica tare dintr-o discotecă sau din căști. O expunere prelungită la zgomot excesiv distruge mai întâi celulele senzoriale din urechea internă. Surditatea de scurtă durată poate fi reversibilă, zgomotul prea intens însă și pauzele prea scurte pot provoca daune de durată.

Cauze sufletești

Trăsăturile de caracter relevante în cazul scăderii auzului sunt sinceritatea și iertarea.

Scăderea sau chiar pierderea auzului pot avea două cauze: pe de o parte semnifică faptul că respectivele persoane ar trebui să se „încapsuleze" mai mult față de lumea exterioară, pentru a-și putea percepe mai bine vocea interioară. Mulți oameni se lasă atât de tare influențați de părerile și sugestiile celorlalți, încât nu-și mai pot percepe intuiția pentru a putea merge pe propriul drum. Pe de altă parte, scăderea auzului poate fi un semn pentru o puternică izolare interioară a celor afectați, cu scopul de a-și găsi liniștea față de mediul înconjurător sau de restul lumii. Nu pot face față suferinței și negativului din jurul lor și vor să evadeze prin intermediul hipoacuziei. Alții se simt respinși de semenii lor și preferă să se „încapsuleze". Nu mai doresc să discute și să răspundă la întrebări, în loc de acestea se „închid" și se „prefac" surzi, până când ajung să audă cu adevărat tot mai slab.

Calea spre vindecare

Întrebați-vă

- dacă și de ce doriți să vă închideți față de lume,
- dacă acordați prea mare atenție la ce spun ceilalți, în loc să vă formați propria opinie,
- în ce măsură vă împiedică ceva să vă percepeți și să vă urmați intuiția.

Descoperiți pentru voi înșivă

- cum să vă folosiți de introspecție pentru a vă percepe mai bine vocea interioară,
- cum să vă comportați constructiv cu ce se petrece în jurul vostru,
- cum puteți deveni independenți de părerea celorlalți,
- cum să ascultați de intuiție și să vă formați propria opinie.

Obiectivul salutar poate fi: Intuiția vă este cel mai bun îndrumător. Ea vă poate conduce pe un drum fericit și de succes, dacă veți învăța s-o urmați, ținând însă cont și de argumentele rațiunii. Sentimentele vă arată cât de bine vă reușește acest lucru.

Ideea conducătoare: „În situații decisive verific sfaturile intuiției și ale presimțirii și le urmez cu încrederea că voi fi condus pe drumul corect."

Tinitusul

În cazul tinitusului vorbim de zgomote care apar în ureche, de obicei de o singură parte, precum fluierături, țiuituri, fâsâituri sau șuierături. Acestea nu pot fi puse pe seama unei surse externe. Ele sunt resimțite ca fiind foarte deranjante și pot conduce la tulburări de somn, de concentrare sau chiar la anxietate sau depresie.

Cauze sufletești

Trăsăturile de caracter relevante în cazul tinitusului sunt sinceritatea și iertarea.

Zgomotele din urechi arată faptul că persoanele respective au un „deranjament" în viață, unul care le împiedică evoluția. Perturbările în care auzim tot mai slab oglindesc faptul că nu ne ascultăm intuiția. Adesea simțim „pe interior" că trebuie să schimbăm ceva. Dar nu întreprindem nimic. Cu cât mai severe sunt problemele cu urechile – adică cu cât auzim mai slab –, cu atât mai mult ne-am împotrivit vocii interioare, „prefăcându-ne surzi". Nu e dovadă de încăpățânare să te menții într-o situație pe care de fapt ar trebui s-o schimbi? Problemele cu urechile sunt un imbold pentru a asculta de vocea interioară. Intuiția ne arată posibilitățile optimale de soluționare pentru toate sarcinile și problemele. Ele ne sunt cel mai bun călăuzitor prin viață și ne pot scuti de multe ocolișuri (ca de exemplu, bolile sau alte dificultăți). Dacă ne concentrăm prea tare pe simptome, fără să ne preocupăm de cauze, pot apărea consecințe precum tulburări de somn, depresii sau amețeli. Acestea sunt alte semnale care ne zgâlțâie, încercând să ne trezească.

Tanja

„Brusc mi-au apărut zgomotele în cap."

Tanja suferea de tinitus. Ce-i drept, știa ce făcea greșit, dar nu avea curajul să schimbe ceva și să-și urmeze vocea interioară. Soțul ei era un microbist extrem și-și petrecea ore în șir în fața televizorului, urmărind meciurile de fotbal.

„Am învățat să dau ascultare cu curaj vocii interioare."

El o obliga pe Tanja să urmărească meciurile împreună. Ea însă considera asta pierdere de timp și ar fi preferat să-și vadă de propriile interese. Nu îndrăznea însă să-și contrazică soțul. Cu tinitusul, acel zgomot permanent care nu-i mai dădea pace, legile vieții au atenționat-o să-și asculte intuiția și să treacă la schimbări.

Calea spre vindecare

Întrebați-vă

- dacă și de ce nu aveți încredere în presimțirile voastre,
- dacă și de ce vă lipsește curajul de a face ceea ce vă spune vocea interioară,
- dacă și de ce acordați prea puțină atenție propriilor necesități,
- dacă suferiți de lipsa respectului de sine.

Descoperiți pentru voi înșivă

- sub ce formă vi se adresează intuiția,
- ce ar trebui să sloboziți pentru a vă percepe mai bine intuiția,
- cum puteți deosebi rațiunea de intuiție,
- cum puteți să urmați argumentele logice, implicându-vă tot mai mult și intuiția.

Obiectivul salutar poate fi: Intuiția este un însoțitor credincios și vă poate arăta drumul ideal prin viață. Cu toții dispunem de această busolă, dar ne lăsăm distrași prea ușor de emoții, rațiune, opiniile altora. Un obiectiv important este acela de a ne consolida intuiția pentru a ne putea păstra cursul.

Ideea conducătoare: „Iau tot mai mult contact cu vocea interioară. Sunt încrezător și mă bucur de excursia prin legile vieții."

Tulburările de echilibru și amețeala

Tulburările de echilibru sunt perturbări resimțite ale organului de echilibru. Nesiguranța și amețelile se fac observabile mai ales la mers sau statul în picioare. Cei afectați au senzația că se clatină podeaua, se învârte totul, iar ei sunt în pericol să cadă. Perturbarea echilibrului corpului poate produce astfel de simptome neplăcute, adesea însoțite de dezorientare, greață, palpitații, transpirații și vărsături.

Factori de risc la nivelul corpului: Amețeala este un simptom care apare în contextul mai multor îmbolnăviri, de exemplu hipertensiunea arterială, hipotensiunea arterială, pierderea bruscă a auzului, depunerile la nivelul canalelor semicirculare ale urechii interne, tumorile de trunchi cerebral etc.

Cauze sufletești

Trăsătura de caracter relevantă în cazul amețelii sau tulburărilor de echilibru este sinceritatea.

Tulburările de echilibru și atacurile de amețeală reprezintă o apariție bogată în simboluri: organele de echilibru nu sunt capabile să restabilească echilibrul psihologic. Într-o oarecare măsură suntem dezechilibrați sufletește. Dacă nu suntem sinceri cu noi înșine și nu ne susținem opiniile, „amețim" (trișăm). Ajungem într-o poziție înclinată (dezechilibrată). Este cumva posibil să avem idei eronate, să ne facem iluzii și să avem așteptări care nu se pot împlini? Prin asta putem ajunge adeseori să ne clătinăm. Lipsa de sinceritate față de noi înșine duce la dezechilibrarea dezvoltării personalității. Încercați să vedeți lucrurile așa cum sunt, pentru a le putea aborda constructiv. Atunci vă veți putea continua drumul cu bucurie și fără clătinări.

Frank

„Mereu trebuia să mă sprijin de ceva."

Frank avea tulburări de echilibru atât de serioase, încât a ieşit anticipat la pensie. Fusese funcționar la bancă, și anume consilier de investiții. Unele dintre posibilitățile de investiții pe care trebuia să le recomande i se păreau însă prea riscante. Dar îi era frică să nu-și piardă postul. De aceea nu a avut curajul să discute acest lucru cu șeful său.

„Am găsit curajul să fiu sincer cu mine însumi."

Așadar a continuat să ofere clienților, ba chiar și rudelor și cunoscuților, investiții riscante. Dar atunci când acestea au adus într-adevăr pierderile de care el se temuse, s-au instalat la Frank sentimente de vinovăție și tulburări de somn. Lipsa lui de curaj l-a condus către o activitate nesinceră. Acest conflict l-a dezechilibrat complet, a început să aibă atacuri de amețeală. Sincer este să oferim spre vânzare doar ceea ce considerăm noi înșine a fi corect și bun.

Calea spre vindecare

Întrebați-vă

- dacă ceea ce faceți este cu adevărat corect, adică în conformitate cu legile vieți,
- dacă sunteți întotdeauna sinceri cu voi înșivă,
- dacă sunteți cu adevărat convinși de ceea ce faceți și dacă aprobați asta din toată inima,
- în ce măsură v-ați pierdut stabilitatea (interioară).

Descoperiți pentru voi înșivă

- cum vă puteți găsi din nou echilibrul,
- ce orientare vi se pare mai echilibrată,
- în ce domenii ați putea deveni și mai sinceri,
- cum puteți schimba o situație nesinceră,
- cum puteți fi sincer cu voi înșivă și cum să vă susțineți punctul de vedere.

Obiectivul salutar poate fi: Dacă ați dobândit claritate cu privire la atitudinea voastră, se cuvine să o aduceți sincer și politicos și la cunoștința celorlalți și să acționați în consecință. Dacă vă situați de partea propriei opinii, care se află în concordanță cu legile vieții, beneficiați de protecție și nu o să aveți de suportat consecințe negative. Câștigați mai multă siguranță de sine și o să apăreți autentici.

Ideea conducătoare: „Sunt sincer și cinstit și urmez consecvent și plin de curaj drumul recunoscut a fi corect."

Vasele sanguine și sângele

Sângele este elixirul vieții, un amplu mijloc de transport pentru substanțe nutritive și energie. Vasele de sânge înfundate sau ambuteiajele pe autostrada sângelui fac ca fluxul să se întrerupă. Bolile sângelui și ale vaselor sanguine ne indică faptul că ne blocăm pe undeva. Ce ne ține pe loc, ce ne blochează? Descoperiți cum puteți rămâne în mișcare și cum să vă păstrați cursul.

Susțineți-vă fluxul vieții

Sângele aprovizionează celulele și organele cu substanțe vitale, are un rol de combatere a agenților patogeni și a substanțelor străine și este implicat în derivarea surplusului de căldură din interiorul corpului. Se compune din celulele sanguine (globule albe și roșii, trombocite) și plasmă. Globulele roșii transportă oxigenul și bioxidul de carbon, cele albe joacă un rol important la apărarea imună, iar trombocitele se ocupă de închiderea vaselor sanguine lezate (rol de coagulare). Aprovizionarea cu sânge a organelor se face prin intermediul diverselor vase sanguine. Arterele pleacă de la inimă. Acestea se continuă cu vasele capilare, în care are loc schimbul de oxigen (hrănirea și purificarea țesuturilor). Capilarele se deschid în vene, pentru a conduce sângele din nou către inimă. Sângele aduce celulelor substanțe nutritive și preia în schimb produși de metabolism (deșeuri, substanțe reziduale). În plămâni sângele predă bioxidul de carbon adunat de la țesuturi și preia la schimb oxigenul.

Cauze sufletești

Trăsăturile de caracter relevante în cazul anomaliilor și al bolilor de sânge sunt curajul, iertarea și utilizarea timpului.

Sângele curge uniform prin întregul corp, aprovizionează celulele cu substanțe vitale și ia cu sine deșeurile. El reprezintă energia care se află la dispoziția organismului nostru. Își poate îndeplini funcțiile doar atunci când poate curge nestânjenit. În cazul bolilor așadar ar trebui să ne întrebăm unde anume ni s-a întrerupt cursul. Nu avem suficient curaj să facem ceea ce este necesar pentru noi? Nu ne acordăm suficient din ceea ce avem nevoie, adică hrană pe plan fizic și bucurie și sentimente pozitive pe plan sufletesc? Ne împovărăm prea tare cu lucruri care ne dăunează?

Unde ne neglijăm? Poate ne comportăm cu încăpățânare și nu lăsăm sângele să curgă nestingherit? În general, ne lipsesc energia și bucuria de viață. Dacă ne recunoaștem temele și le abordăm, primim suficientă energie și intrăm din nou în circulație.

Calea spre vindecare

Întrebați-vă

- ce necesități și dorințe aveți,
- dacă și ce sentimente pozitive acceptați sau nu,
- ce părere aveți despre voi înșivă și dacă gândiți rău despre voi înșivă,
- dacă vă acceptați și vă recunoașteți valoarea,
- dacă aveți încredere că veți reuși în ceea ce faceți,
- în ce măsură vă este teamă,
- dacă vă împovărați prea tare – de exemplu, cu griji și îndoieli,
- dacă sunteți dispuși să reacționați flexibil la dificultățile apărute.

Descoperiți pentru voi înșivă

- cum vă puteți îndeplini obiectivele și dorințele,
- cum puteți aduce mai multă bucurie în viețile voastre,
- cum vă puteți ridica din nou respectul și încrederea de sine,
- cum puteți deveni mai calmi și mai relaxați.

Obiectivul salutar poate fi: Intrați din nou în fluxul vieții, în fond, în concordanță cu legile vieții. Aruncați balastul peste bord, fiți flexibili și aveți curajul să vă valorificați potențialul.

Ideea conducătoare: „Mă apreciez, îmi recunosc valoarea de personalitate individuală și îmi îngădui bucurie. În viața mea totul curge."

Sprijiniți-vă corpul

- Detoxificați și purificați.
- Refaceți-vă flora intestinală și întăriți-vă astfel sistemul imunitar.
- Preocupați-vă de o alimentație energetică, vitalizantă și echilibrată, pentru a vă aproviziona corpul cu toate cele necesare.
- Evitați grăsimile cu un conținut mare în acizi grași saturați. Aceștia se află mai ales în grăsimile de origine animală cum ar fi mezeluri, carne, dar și ascunși în produse finite sau în cele de panificație.
- Evitați acizii grași trans (iau naștere prin hidrogenarea parțială a uleiurilor vegetale). Se găsesc în produsele finite, condimentele pentru supe, chipsuri, margarină.

- Tipurile de grăsimi pozitive (precum acizii grași nesaturați din grăsimile de origine vegetală, ca de exemplu uleiul de măsline sau de nuci) sunt importante pentru multe procese fiziologice în corp, însă nu trebuie încinse.
- Evitați carnea și ouăle pentru a preveni ateroscleroza (calcificarea vaselor).
- Pentru stimularea producerii de sânge, beți sucuri originare roșii-violete (afine, soc, coacăze negre), pulbere de sfeclă roșie amestecată cu lămâie sau portocală stoarsă proaspăt și apă.
- Luați fier din surse naturale: băuturi verzi pe bază de plante (sau sucuri proaspăt presate), din urzică, ape minerale cu conținut ridicat de fier.
- Prin aplicațiile de nămol cu conținut natural de fier, de pe insulele Ischia și Elba (Italia) sau băile cu nămol, vă puteți reface rezervele de fier prin piele.
- Și meiul, leguminoasele și nucile proaspete sunt surse de fier.
- Rutinul util pentru elasticitatea vaselor sanguine se află în special în hrișcă și în ardeiul roșu.
- Aprovizionați-vă cu vitamina C în forma naturală: citrice, multe tipuri de fructe.
- Faceți mișcare.
- Mișcarea ajută în cazul varicelor și prin activarea „pompei musculo-venoase". La fel și ciorapii compresivi. Evitați în schimb băile fierbinți și sauna. Stați de câte ori e posibil cu picioarele ridicate (țineți cont de regula următoare: a sta în picioare sau a ședea e rău, a merge sau a sta culcat e bine).

Anemia

Numărul globulelor roșii este diminuat. Anemia ia naștere prin pierderea de sânge, formarea deficitară a acestuia sau prin distrugerea exagerată a globulelor roșii. Ca urmare, celulele vor primi mai puțin oxigen. Factorii favorizanți pe plan fizic sunt reprezentați de deficitul de fier.

Simptome: paloarea și oboseala, precum și amețelile, durerile de cap sau vâjâiturile în urechi la efort.

Cauze sufletești

Trăsătura de caracter relevantă în cazul anemiei este curajul.

Pacienții anemici sunt palizi. Celulelor acestora le lipsește elementul esențial: oxigenul. Putem să ne întrebăm astfel, la sensul figurat: Ce ne lipsește, de ce arătăm palizi și anoști? Este încrederea în sine! Fără încredere în sine, nu îndrăznim prea multe și ne retragem. Nu trăim viața care ne poate aduce bucurie și împlinire, în care să fim în flux cu legile vieții. Dacă câștigăm încredere în sine, putem depăși situația, devenim activi și căpătăm din nou culoare și strălucire. Prin succesele repurtate crește și încrederea de sine.

Calea spre vindecare

Întrebați-vă

- dacă aveți temeri,
- ce vă mai împiedică, în afară de temeri, să acționați conform cunoștințelor, de ex. auto-îndoiala,
- dacă vă lăsați descurajați de ceilalți sau vă descurajați singuri prin gânduri negative,
- ce vă determină să vă subestimați valoarea.

Descoperiți pentru voi înșivă

- cum vă puteți recunoaște mai bine valoarea,
- cum puteți căpăta mai mult curaj, pentru a vă lua viața în propriile mâini,
- cum puteți accepta mai ușor provocările,
- cum vă puteți aduce mai multă bucurie în viață.

Obiectivul salutar poate fi: Urmați-vă obiectivele cu îndrăzneală și faceți ceea ce vă place. Astfel vă veți putea conduce viața în direcția dorită. Ca urmare, veți beneficia de mai multă strălucire, care vă face să apăreți mai „colorați“ și la exterior.

Ideea conducătoare: „Sunt curajos și îmi trăiesc viața cu bucurie și încredere.“

Arterioscleroza (ateroscleroza)

Arterele se modifică patologic, în sensul că se îngroașă și devin rigide, pierzându-și elasticitatea și îngustându-se. În stadiul avansat se poate ajunge la obstrucția acestora și la infarcte tisulare (ca de exemplu cel de miocard, insuficiența renală sau accidentul vascular cerebral).

Factorii de risc la nivelul corpului sunt hipertensiunea arterială, alimentația deficitară, excesul ponderal, diabetul, tulburări ale metabolismului lipidic, fumatul și lipsa de mișcare.

Cauze sufletești

Trăsăturile de caracter relevante în cazul aterosclerozei sunt iertarea, viziunea pozitivă asupra vieții și folosirea timpului.

Prin enervare și incapacitatea de a trece peste ceva, corpul nostru produce colesterol rău, care se poate depune pe vasele sanguine. Mulți vorbesc în limbaj uzual de „calcifierea“ vaselor. Îngustarea vaselor poate fi văzută simbolic. Ea corespunde propriului comportament, atunci când nu putem ierta și nu putem trece peste ceva. Devenim inflexibili și „încăpățânați“, ridicându-ne astfel obstacole inutile, ceea ce ni se reflectă în arterele înfundate. Dacă ne preocupăm prea mult de gânduri negative sau dacă reînviem amintiri din trecut, irosim timp prețios. În felul acesta, nu reflectăm la ceea ce facem în prezent. Ne lăsăm purtați de reverii și nu suntem aici și acum. „Calcifierea creierului“ arată de fapt că vasele cerebrale sunt astupate cu depuneri și nu pot funcționa corect. Alimentația joacă și ea un rol important: grăsimile saturate, carnea și ouăle fac ca arterele să se îngusteze tot mai mult. O alimentație vegetariană este cea mai recomandată pentru ca sângele să poată curge nestingherit. Toate organele sunt capabile de regenerare, de aceea nu este niciodată prea târziu să ne schimbăm obiceiurile alimentare.

Calea spre vindecare

Întrebați-vă

- dacă și în ce împrejurări vă enervați,
- ce evenimente din trecut încă vă împovărează,
- pe cine nu puteți ierta,
- dacă și ce nu puteți trece cu vederea,
- ce v-a făcut atât de „duri“,
- dacă și în ce relație vă simțiți strâmtorați, ceea ce vă împiedică evoluția,
- în ce măsură opuneți rezistență legilor vieții.

Descoperiți pentru voi înșivă

- cum vă puteți elibera de ceea ce vă împovărează și strâmtorează,
- cum puteți slobozi negativul din trecut,
- prin ce obiective vă puteți sprijini evoluția ulterioara,
- cum puteți admite tot mai mult pozitivul și ușurința,
- cum reușiți să reacționați tot mai flexibil.

Obiectivul salutar poate fi: Eliberați-vă de poverile trecutului, pe care nu le mai puteți schimba. Reveniți în „fluxul vieții“, căci „cine se odihnește ruginește“. Trăiți aici și acum și acceptați cu încredere provocările vieții.

Ideea conducătoare: „Mă aflu aici și acum, sunt deschis fluxului vieții, iert și privesc cu încredere în viitor.“

Hemoroizii

Hemoroizii externi sunt dilatații de tip varicos ale venelor situate sub sfincterul anal. Hemoroizii interni se formează prin îngroșarea sub formă de noduli a rețelei venoase de sub mucoasa rectului.

Posibile simptome: mâncărime și usturime la nivelul orificiului anal, mici depuneri de sânge roșu-deschis pe un scaun de obicei de consistență tare, dureri și senzația de corp străin în zona anusului.

Factori favorizanți la nivelul corpului: constipația, sforțările prea mari în timpul defecației, alimentația săracă în fibre, abuzul de laxative, consumul prea mic de lichide, activități predominant sedentare, lipsa de mișcare și excesul ponderal.

Cauze sufletești

Trăsăturile de caracter relevante în cazul hemoroizilor sunt iertarea și folosirea timpului.

Șezutul pe scaun este îngreunat din cauza durerilor. Hemoroizii arată că din punct de vedere sufletesc am „rămas pe loc". Facem ceva, avem o activitate care ne împiedică să progresăm. Astfel că ni se arată la modul dureros că trebuie să ne ridicăm în picioare. Primim, cum s-ar spune, un picior în dos. E cazul să ne punem în mișcare și să schimbăm ceva. Poate fi vorba de o relație interumană, una care ne strâmtorează și ne împiedică să mergem mai departe. Și profesia ne poate bloca, atunci când nu ne (mai) găsim împlinirea în ea. Atâta vreme cât rămânem blocați într-o situație nesatisfăcătoare, pierdem timp și energie. Încercați să aflați în ce împrejurare – vorbind la figurat – ați putea „intra în viteză" pentru a face un pas înainte și sufletește.

Calea spre vindecare

Întrebați-vă

- dacă e cazul să treceți peste cineva sau ceva,
- dacă vă simțiți suprasolicitați, privat sau la locul de muncă,
- dacă vă simțiți obligați să faceți ceva ce nu vă place,
- prin ce vă blocați singuri progresul personal,
- ce vă nemulțumește.

Descoperiți pentru voi înșivă

- când vă puteți face timp să decideți cum să vă schimbați situația,
- cum puteți învăța să spuneți nu sau să delegați sarcini,
- cu ce obiective vă puteți susține evoluția,
- ce lucruri pozitive puteți introduce în viață.

Obiectivul salutar poate fi: Încercați să aflați care sunt lucrurile neplăcute din viața voastră și înlăturați blocajele și obstacolele din cale, pentru a reveni în fluxul vieții. Folosiți-vă timpul disponibil pentru a vă dezvolta liber.

Ideea conducătoare: „Îmi urmez vocea interioară și pășesc liniștit și constant înainte, pe drumul vieții.“

Sprijiniți-vă suplimentar corpul:

- Tinctura de gălbenele aplicată extern are un efect calmant pe mucoasă, ameliorează senzația de mâncărime, vindecă rănile și are efect antiinflamator. Introduceți în anus un tampon de vată îmbibat în tinctură și lăsați-l să-și facă efectul peste noapte.
- Evitați alimente care constipă, cum ar fi ciocolata, cafeaua, cola, dulciurile, produse din făină albă.

Tromboza venoasă profundă (flebotromboza)

O venă profundă la nivelul membrului inferior sau al bazinului este înfundată mai mult sau mai puțin de un cheag de sânge (trombus). Acest lucru poate fi favorizat de modificări ale compoziției sângelui, de o inflamație a venelor, de o leziune sau depunere de sedimente pe peretele vaselor.

Factori favorizanți la nivelul corpului sunt fumatul, pilulele anticoncepționale, lipsa de mișcare, statul prelungit în picioare sau pe scaun, excesul ponderal, deficitul de lichide, tulburările de coagulare a sângelui, rănirile și intervențiile chirurgicale.

Simptomele lipsesc la început, dar mai târziu apar dureri la nivelul gambelor sau al membrelor inferioare, atât la efort, cât și în repaus, creșterea de volum, învinețirea, precum și senzația de tensiune și greutate în membrele inferioare.

Cauze sufletești

Trăsăturile de caracter relevante în cazul flebotrombozei sunt iertarea și folosirea timpului.

O tromboză este un cheag de sânge. Sângele stagnează, iar fluxul său normal se întrerupe. Privind simbolic, există ceva în viața noastră care ne blochează, prin care am ajuns la o stagnare sufletească. Dacă am ajuns atât de inflexibili încât suntem tot mai rigizi în gândire și în fapte, ni se reflectă asta și la nivelul corpului prin faptul că vasele de sânge devin și ele tot mai rigide și impermeabile. Tromboza venoasă apare cu precădere la nivelul membrelor inferioare și este – ca mai toate problemele acestei zone – un semnal că ne „închidem“ oarecum propriei dezvoltări. Deoarece tromboza venoasă este un semnal serios, ni se cer cu atât mai mult eforturi susținute pentru a intra din nou „în viteză“.

Calea spre vindecare

Întrebați-vă

- dacă și în ce măsură vă blocați singuri,
- dacă nu sunteți flexibili în anumite domenii,
- ce s-a acumulat la voi,
- dacă vă îngăduiți prea puțină plăcere,
- în ce măsură vă „claustrați“ față de cunoștințe importante.

Descoperiți pentru voi înșivă

- cum vă puteți lua cu bucurie viața în propriile mâini și cum vă puteţi pune în aplicare cunoștințele,
- cum puteți vedea mai mult pozitivul și cum să vă stabiliți obiective care să vă stimuleze,
- cum să vă găsiți o preocupare care să vă ofere împlinirea,
- cum puteți introduce – fizic și sufletește – mai multă mișcare în viața voastră.

Obiectivul salutar poate fi: Atenție la ce vă spune probabil mai de mult vocea interioară. „De fapt ar trebui să...“ E important să faceți primul pas, apoi veți primi ajutor de la legile vieții, astfel încât următorii pași să vi se pară ușori.

Ideea conducătoare: „Dispun de curajul și de încrederea necesare pentru a-mi lua viața în propriile mâini și a reveni pe drumul corect.“

Venele varicoase (varicele, varicoza)

Prin slăbirea peretelui venos și creșterea presiunii sângelui se ajunge la dilatarea tubulară, sinuoasă și neregulată a venelor. Venele nu mai reușesc să pompeze sângele înapoi spre inimă, astfel că acesta se acumulează în membrele inferioare.

Factori favorizanți la nivelul corpului: o slăbire a țesutului conjunctiv de susținere duce, prin extensia peretelui venos sau diminuarea funcției valvelor venoase, la o dilatare a venelor. Excesul ponderal și graviditatea favorizează acest lucru, la fel ca statul îndelungat în picioare sau pe scaun și lipsa de mișcare.

Simptome tipice: venele proeminente și edemele (acumulare de lichid în țesuturi) se fac simțite prin senzația de tensiune, de oboseală și greutate în membrele inferioare. Venele varicoase și edemele apar mai ales după statul îndelungat în picioare. Venele se evidențiază ca niște linii albastre-violete vizibile la suprafața pielii.

Cauze sufletești

Trăsăturile de caracter relevante în cazul varicelor sunt curajul, iertarea și folosirea timpului.

Varicele vorbesc o limbă clară: ele ne arată simbolic că suntem supuși unei presiuni interioare, pe care ne-o impunem noi singuri sau ne-o lăsăm impusă. Ne lipsește curajul să ne eliberăm de această presiune și să ne bucurăm de viață. Presiunea poate fi pusă în legătură și cu incapacitatea de a ierta.

Atunci când vi se propune ceva anume, analizați mai întâi dacă vi se potrivește. Noi am observat că varicele mici, incipiente pot regresa, dacă respectiva persoană ia deciziile corecte și prelucrează cauzele. Unele persoane ajung să nu mai perceapă varicele ca pe ceva stânjenitor.

Michael

„Îmi simțeam picioarele atât de grele."

Michael era funcționar în administrație, avea o soție și trei copii mici și pe lângă slujbă le mai dădea o mână de ajutor și părinților, care erau viticultori. Se simțea suprasolicitat și strâmtorat în libertatea lui. La toate astea se mai adăuga și faptul că soția sa nu-i împărtășea interesul pentru viticultură. Varicele îi făcuseră dilema vizibilă: prin șpagatul dintre așteptările soției, pe de o parte, și cele ale părinților săi, pe de altă parte, se simțea tot mai rău.

„Decizia de slobozire i-a adus ameliorarea."

Michael s-a văzut nevoit să se analizeze îndeaproape și să reflecteze cum ar putea reveni pe calea proprie. A luat în cele din urmă o decizie care s-a dovedit a fi benefică tuturor celor implicați: le-a explicat părinților că nu mai poate lucra în podgorie decât doar ocazional. Aceștia s-au declarat de acord să angajeze un administrator. Astfel, Michael a beneficiat de mai mult spațiu de mișcare pentru sine sau pentru activități împreună cu familia. Soția sa a învățat să accepte că vinăritul este hobby-ul lui, care-i servea drept compensație pentru munca la birou. Boala varicoasă s-a ameliorat într-atât încât nu a mai fost nevoie de intervenție chirurgicală.

Calea spre vindecare

Întrebați-vă

- dacă și în ce împrejurări nu vă mai simțiți bine,
- dacă și în raport cu ce simțiți o presiune interioară,
- dacă vă simțiți suprasolicitați și aveți temeri,
- dacă încă vă mai cramponați de trecut.

Descoperiți pentru voi înșivă

- unde și cum puteți beneficia de mai multă libertate de acțiune,
- de ce aveți nevoie pentru a vă bucura de viață,
- ce puteți schimba pentru a vă pune mai bine în valoare personalitatea,
- cum puteți avea mai multă plăcere la activitățile zilnice,
- cum vă puteți odihni mai mult.

Obiectivul salutar poate fi: Încercați să vă configurați activ viața, astfel încât să vă facă mai multă plăcere. Reduceți-vă încordarea printr-o mai bună planificare a timpului și rezolvați-vă problemele în liniște. Întâmpinați-vă provocările cu mai mult calm, căci pentru orice există o soluție.

Ideea conducătoare: „Dau drumul, sunt împăcat cu mine însumi și îmi urmez vocea interioară."

Vezica biliară

Vezica biliară este un organ de depozitare. Sucul digestiv produs în ficat (bila) este preluat de vezică și eliberat ori de câte ori este nevoie de el. A depozita însă sentimente rele, dăunătoare nu este benefic nici corpului și nici sufletului. Bolile vezicii biliare ne arată că emoțiile precum ura, mânia sau furia ar trebui prelucrate pentru a lăsa loc relaxării.

Vă rugăm să vă păstrați calmul

Ficatul produce cam o jumătate de litru de bilă zilnic. Aceasta poate fi stocată în formă îngroșată (concentrată) în vezica biliară. Bila se compune din apă, săruri (electroliți), bilirubină (un pigment), acizi biliari, colesterol, lecitină și alte deșeuri ale ficatului, de exemplu cele din medicamente, care sunt transportate cu ajutorul acesteia. În plus, bila excretă produse intermediare și finale de metabolism, precum și hormoni. Bila întreține în special digestia și resorbția grăsimilor.

Cauze sufletești

Trăsătura de caracter relevantă în cazul îmbolnăvirilor vezicii biliare este iertarea.

Bolile vezicii biliare au o cauză sufletească asemănătoare cu cele ale ficatului. În problemele cu vezica biliară se adaugă mai ales învinuirile. Ne supărăm din cauza altora și dăm vina pe ei pentru ceea ce ni se întâmplă nouă. Persoanele afectate poartă cu sine ani de-a rândul ranchiună care s-a acumulat, cum s-ar spune, în vezica biliară. Expresii precum „îi crapă fierea" sau „varsă fiere" arată clar câtă supărare, câtă mânie – eventual amestecate cu setea de răzbunare – clocotesc în noi și vor să iasă la suprafață. Unii oameni înghit și păstrează în ei aceste sentimente, alții și le exprimă prin faptul că „varsă fiere și venin". În ambele cazuri ne dăunăm cel mai mult nouă înșine.

În loc de asta reflectați mai bine la ce anume are să vă spună situația care v-a enervat. Într-o anumită privință, sunteți supuși unui test. Gândiți-vă neapărat la legea imaginii în oglindă. Adesea este vorba de fapt despre iertarea de sine sau a unei alte persoane. Luați în considerare că fiecare om are dreptul la propriile opinii sau dorințe. Ar trebui să acceptăm asta. Diferendele din familie duc adesea la întărirea fronturilor (situații tensionate, încordate). Aici soluția este întotdeauna iertarea, pentru că a trăi în pace cu sine și cu ceilalți e o mare ușurare.

Calea spre vindecare

Întrebați-vă

- dacă și față de cine țineți ranchiună, pe cine sunteți furioşi, mânioşi, pe cine urâţi sau aveți sentimente de răzbunare,
- dacă dați vina pe alții pentru sentimentele voastre neplăcute,
- dacă vă căutați cauza eșecurilor în împrejurări neplăcute sau în conduita altor oameni,
- dacă sunteți dispuși să vă iertați pe voi înșivă, ca și pe ceilalți.

Descoperiți pentru voi înșivă

- cum vă puteți împăca cu voi și cu ceilalți,
- cum puteți încheia cu trecutul la modul pozitiv, astfel încât să puteți trăi aici și acum,
- ce anume vor să vă comunice aceste situații împovărătoare.

Obiectivul salutar poate fi: Deveniți mai calmi și mai relaxați. Considerați situația care vă supără sau enervează și din perspectiva celuilalt. E valabil atât în cazul în care problema se află în trecut, cât și atunci când e în prezent. Asta vă deschide ușa către iertare și seninătate.

Ideea conducătoare: „Trăiesc aici și acum. Sunt calm și mă pun de fiecare dată și în situația celuilalt. Așa pot ierta mai ușor."

Sprijiniți-vă corpul

- Detoxificați și purificați pentru a elimina substanțele dăunătoare.
- Refaceți-vă flora intestinală și întăriți-vă sistemul imunitar.
- Preocupați-vă de o alimentație echilibrată, constructivă, pentru a aproviziona corpul cu toate cele necesare.
- Evitați grăsimile cu conținut ridicat de acizi grași saturați care se află în mezeluri, carne, precum și ascunși în produsele finite sau în cele de panificație. Ele vă solicită secreția biliară.
- Consumați tipuri pozitive de grăsimi (de exemplu, uleiuri cu conținut mare de acizi grași nesaturați, precum uleiul de măsline, de nuci sau de ghimpe), în cantități mici și fără să le încingeți.
- Nu folosiți sarea de bucătărie obișnuită, ci Tamari (sos de soia obținut prin fermentație lactică), sare de mare sau sare gemă în cantități mici.

- Beți ceaiuri din plante sau sucuri proaspăt presate din păpădie.
- Sucul de anghinare stimulează fluxul biliar și digestia.
- Ridichea neagră (sucul proaspăt presat) stimulează fluxul biliar.

Pietrele la fiere (litiaza biliară) – colicile biliare – inflamațiile vezicii biliare

Pietrele la fiere se formează prin cristalizarea componenților bilei în cursul procesului de îngroșarea a acesteia. Simptomele însoțitoare și urmările pot fi diferite, în funcție de mărimea și de poziția calculilor (pietrelor). Calculii blocați pe canalul biliar irită permanent mucoasa acestuia, care încearcă să-i „împingă afară". Astfel apar crampe ale musculaturii canalului biliar (colica biliară). Pietrele care rămân în vezica biliară pot irita și ele mucoasa și pot duce la inflamația acesteia (colecistita).

Factori de risc la nivelul corpului sunt alimentația bogată în colesterol sau săracă în fibre și excesul ponderal.

Pot apărea simptome multiple: „Purtătorii de pietre la fiere" pot fi complet asimptomatici, mai ales atunci când pietrele sunt localizate la nivelul vezicii. Dacă însă o piatră s-a blocat pe canalul biliar, apar dureri puternice de tip colică. Dacă blocajul este unul de durată, iar fierea stagnează, poate duce la apariția icterului (culoarea galbenă a pielii și mai ales a conjunctivei oculare), deoarece pigmentul biliar ajunge prin intermediul ficatului în sânge. Cine renunță la grăsimi, alcool și nicotină poate preveni simptomele sau le poate ameliora pe cele existente. În plus, pot apărea simptome mai puțin specifice, cum ar fi senzația de presiune și plenitudine după mesele copioase, bogate în grăsimi, balonări și grețuri. La iritații mai puternice pot apărea dureri în abdomenul superior drept, care pot iradia în umărul drept. Simptomele pot fi însoțite și de febră.

Cauze sufletești

Trăsătura de caracter relevantă în cazul litiazei biliare, al colicilor biliare și al colecistitei este iertarea.

Enervările și supărările joacă un rol important în încordarea musculară necesară eliberării bilei. Ele conduc la contracții musculare prelungite și stimulează astfel formarea calculilor.

Aceste mementouri dureroase din partea corpului, cum sunt inflamațiile vezicii biliare sau colicile biliare, sunt „supărătoare", ne „deranjează" și simbolizează de fapt propria stare emoțională. Fierea este verde și amară. Cei afectați se enervează mult, sunt amărâți (înveninați). Și nu se pot ierta nici pe ei și nici pe ceilalți. Ce sentimente negative s-au acumulat și stabilit (fixat) aici? Ce școală zilnică nu puteți digera și prelucra corect? Conștientizați faptul că prin sentimente și emoții negative de durată nu vă dăunați decât vouă înșivă. Debarasați-vă de ele pentru a putea duce o viață pașnică și care să vă facă plăcere.

Roswitha

„Aveam adesea grețuri și o senzație de presiune în abdomen."

Roswithei (24 de ani) i s-a diagnosticat, după simptome nespecifice în abdomenul superior și care durau de ceva timp, o inflamație cronică a vezicii biliare, precum și calculi biliari. Medicii i-au recomandat intervenția chirurgicală deoarece erau de presupus iritații repetate ale vezicii din cauza calculilor. Cu ocazia unei consilieri, a ieșit în evidență faptul că ea se supăra și se enerva permanent din diverse motive. Nu putea reacționa sub nicio formă cu calm și liniște. Din punctul ei de vedere, vina o aveau întotdeauna ceilalți.

„Am învățat să iau viața așa cum este și să mă liniștesc."

Atunci când a făcut cunoștință cu legea imaginii în oglindă, și-a propus ca mai întâi să respire adânc și să accepte fiecare situație așa cum era. Aceasta a fost o „lucrare grea", după cum a declarat ea. Simptomele nu i s-au ameliorat de îndată. Dar nu a renunțat, dându-și intuitiv seama că se află pe drumul cel bun. Curând s-a instalat o ameliorare notabilă. Operația nu mai era necesară, iar Roswitha a rămas în continuare fără tulburări. De atunci este echilibrată, împăcată cu ea însăși și cu lumea din jur.

Calea spre vindecare

Întrebați-vă

- ce anume vă declanșează agresivitatea,
- ce vă face să vă enervați mereu,
- dacă au existat evenimente în trecut care încă vă mai supără.

Descoperiți pentru voi înșivă

- cum puteți învăța să abordați mai bine acele senzații negative extreme din trecut,
- cum puteți ierta și încheia cu trecutul,
- cum puteți vedea multe lucruri mai pozitiv,
- ce vrea să vă comunice legea imaginii din oglindă și cum puteți întreprinde schimbări corespunzătoare cu voi înșivă.

Obiectivul salutar poate fi: Este vorba în primul rând de a accepta un eveniment așa cum este, pentru a putea dobândi o poziție neutră. Apoi puteți decide în liniște cum să vă comportați. Dacă totuși uneori apare mânia, este bine să nu rămâneți mult în această stare. Concentrându-vă la o activitate anume, o să vă vină mai ușor să vă desprindeți.

Ideea conducătoare: „Îmi păstrez calmul și seninătatea și îmi îngădui o viață pașnică și fericită."

Vezica urinară

Vezica urinară acumulează și elimină urina. Prin urină, corpul excretă substanțe nocive, care nu mai sunt folosite sau sunt chiar dăunătoare. Aceasta simbolizează cauza bolilor vezicii urinare: ce anume ținem strâns și care nu ne mai este de folos? Ce dorințe profunde ascundem în noi înșine, dorințe care își așteaptă împlinirea? Începeți prin a vă respecta pe voi înșivă și pe ceilalți.

Eliberați-vă și desfășurați-vă

Urina formată la nivelul rinichilor este condusă prin uretere către vezica urinară, unde este acumulată până la viitoarea micțiune. Pe măsură ce vezica se umple, crește presiunea din interiorul acesteia și crește și nevoia de urinare. Golirea vezicii este de fapt un act involuntar. Sfincterul muscular extern însă este controlat voluntar, astfel încât să putem da autorizație impulsului de a urina.

Factori de risc la nivelul corpului: prea puțină apă și prea multă cafea, ceai negru și alcool, reprimarea impulsului de a urina, lenjerie sintetică, hipotermie.

Cauze sufletești

Trăsăturile de caracter relevante în cazul îmbolnăvirilor vezicii urinare sunt iertarea și folosirea timpului.

Vezica urinară este situată în apropierea organelor genitale. Deranjamentele acesteia ne atrag atenția asupra faptului că ar trebui să acordăm mai multă atenție raporturilor interumane. Prin intermediul vezicii ne debarasăm de ceva negativ. Dacă se acumulează sentimente negative, acestea trebuie eliminate. Dacă ceva într-o relație nu funcționează așa cum ne-am dorit, ar trebui să avem curajul s-o spunem și să clarificăm discordanțele.

Calea spre vindecare

Întrebați-vă

- în ce măsură nu dispuneți de suficientă libertate pentru a vă putea desfășura așa cum v-ați dori,

- în ce măsură resimțiți presiune din afară, de a corespunde anumitor așteptări, care vă depășesc și nu vi se potrivesc,
- dacă vă sunt respectate dorințele și necesitățile,
- dacă aveți ceva de care să vă debarasați,
- dacă nu puteți ierta ceva cuiva.

Descoperiți pentru voi înșivă
- ce dorințe aveți și cum vi le puteți îndeplini,
- cum puteți trece peste lucrurile care vă împovărează,
- cum vă puteți face relația mai plăcută.

Obiectivul salutar poate fi: Un parteneriat ar trebui să ofere ambelor persoane posibilitatea de liberă desfășurare, îmbogățind viața de cuplu. Preocupați-vă de o atmosferă pozitivă, în care atât voi, cât și partenerul să vă puteți exprima liber și fără timiditate dorințele. Tratați-vă cu respect unul pe celălalt.

Ideea conducătoare: „Îmi tratez semenii cu considerație și pretind același lucru și pentru mine."

Sprijiniți-vă corpul

- Detoxificați și purificați.
- Refaceți-vă flora intestinală și întăriți-vă sistemul imunitar.
- Preocupați-vă de o alimentație echilibrată, hrănitoare, pentru a vă aproviziona corpul cu toate cele necesare.
- Consumați multe lichide – apă de calitate sau ceaiuri din plante, de exemplu din frunze de strugurii-ursului, din frunze de mesteacăn sau de coada-calului, păpădie sau urzică. Acestea vă curăță bine vezica urinară și o eliberează de eventualii germeni.
- Renunțați la cafea și ceai negru.
- Nu folosiți sare de bucătărie. Folosiți în loc Tamari sau tipuri de sare naturală, cum ar fi sarea gemă sau de mare, în cantități mici.
- Consumați suc de mesteacăn sau de merișor – conținutul în tanin împiedică fixarea germenilor în vezică.
- Păstrați-vă regiunea lombară caldă.
- În timpul sezonului, consumați mult sparanghel proaspăt, gătit la aburi, și beți lichidul în care l-ați fiert.

Inflamația vezicii (cistita)

Atunci când vezica urinară este populată de germeni, se produce inflamația acesteia. Adesea sunt implicate și căile urinare superioare, și atunci vorbim în general de o infecție de căi urinare. Asta se produce mai ales la femei, deoarece uretra acestora este foarte scurtă și nu constituie o barieră suficientă în calea bacteriilor.

Simptome caracteristice: nevoia imperioasă și frecventă de urinare, precum și o usturime dureroasă la micțiune.

Cauze sufletești

Trăsăturile de caracter relevante în cazul inflamațiilor vezicii urinare sunt iertarea și folosirea timpului.

Și inflamația vezicii are un limbaj simbolic: avem probleme cu evacuarea. De ce anume în viață ne vine greu să ne desprindem? Sunt temeri la mijloc? Mai există și alte sentimente negative și supărări sau nemulțumiri? Ne irosim timpul cu conflicte? Atunci când punem bazele unui parteneriat, ar trebui să dăm ascultare sentimentelor proprii, și nu să confundăm dorințele cu realitatea. Într-o relație bună, ambii parteneri se comportă cu afecțiune și respect și pot discuta deschis despre orice. În plus, fiecare dintre ei ar trebui să fie sigur că dorințele proprii și cele ale partenerului pot fi puse în concordanță.

Valerie

„Mereu mă sâcâie vezica."

Tânăra Valerie suferea mereu de inflamații ale vezicii urinare în perioada unei relații cu un bărbat care dura de mai mulți ani. Acest lucru împovăra destul de tare relația lor. Deja la prima ședință de consiliere ea a recunoscut motivul problemelor: își dorea să se căsătorească și să întemeieze o familie.

„Am reușit să mă debarasez de ce era fals."

Îi era limpede că ceasul ei biologic „ticăia". În sinea ei însă era conștientă și de faptul că acel bărbat nu o iubea cu adevărat. Nu avea însă curajul să recunoască faptul că el nu era cel potrivit pentru ea, până când vezica a pus o astfel de „presiune" asupra ei, silind-o să admită evidența.

Calea spre vindecare

Întrebați-vă

- dacă există ceva apăsător în relație/căsnicie,
- dacă ar trebui să vă debarasați de ceva,
- dacă nu puteți ierta ceva cuiva,
- dacă vă apasă alte relații interumane.

Descoperiți pentru voi înșivă

- ce schimbări sunt necesare în relația voastră, ca să vă puteți simți bine,
- cum vă puteți rezolva conflictele actuale,
- cum să vă îndepliniți dorințele, aducând mai multă bucurie în viața voastră,
- cum puteți trăi mai mult aici și acum.

Obiectivul salutar poate fi: Pentru a putea folosi eficient timpul, este esențial să vă clarificați situația și să duceți o viață bazată pe afecțiune reciprocă. Învățați să purtați discuții deschise, afectuoase, pentru a evita prejudecățile.

Ideea conducătoare: „Mă încredințez cu plăcere fluxului vieții și dau drumul la ceea ce trebuie eliberat."

Sprijiniți-vă corpul

- Consumați multe lichide (cel puțin doi, trei litri pe zi), pentru a elimina bacteriile,
- Purtați lenjerie călduroasă pentru a ține zona pelviană la căldură.

Vezica iritabilă

Prin „informații false" transmise de la vezică la creier, se ajunge la nevoia imperioasă de a urina chiar și la stimuli minori. O vezică hiperactivă este o tulburare a funcției vezicale. Mușchiul vezical se contractă timpuriu și involuntar.

Simptome posibile: simptomele apar frecvent și imperios, nevoia de urinare este aproape imposibil de suprimat (fără germeni detectabili).

Cauze sufletești

Trăsăturile de caracter relevante în cazul vezicii iritabile sunt iertarea, curajul și folosirea timpului.

Adeseori este vorba de faptul că ar trebui să ne iertăm ceva nouă înșine sau altora. Poate că am observat mai demult dificultăți în relația noastră, dar nu vrem să conștientizăm asta. Prin vezica iritabilă însă, semnalele nu mai sunt „suprimabile" și vor să li se dea atenție! E vorba, printre altele, și de anumite temeri? Nu avem curajul să vorbim despre problemele aflate poate doar în subconștient? Nu este însă o soluție aceea de a renunța la clarificarea unei situații, de teamă că partenerul ne-ar putea părăsi. Dacă relația nu este armonioasă, este decisiv spre binele amândurora ca nemulțumirile să fie înlăturate cât de curând posibil. Și să nu uităm aici nici de privirea aruncată imaginii din oglindă! Ea ne arată ce putem face pentru a ne transforma în bine. Apoi ne va funcționa și relația mai bine. Sau poate că există „stres" cu alte persoane, de exemplu în viața profesională? În situații de stres simțim des nevoia de a merge la toaletă. Ce ne perturbă astfel liniștea? Și aici pot ajuta legea imaginii în oglindă, precum și curajul de a clarifica situația.

Calea spre vindecare

Întrebați-vă

- în ce privință există dezacorduri ce ar trebui clarificate,
- dacă acordați suficientă atenție imaginii din oglindă,
- în ce măsură își fac apariția sentimentele negative în relațiile interumane,
- în ce măsură frica joacă un rol,
- în ce măsură vă vine greu să vă eliberați,
- ce vă „irită" la ceilalți.

Descoperiți pentru voi înșivă

- cum vă puteți elibera de un conflict existent,
- cum puteți trece peste ceva,
- cum vă puteți ierta vouă înșivă și altora,
- ce mesaj ar putea avea pentru voi imaginea din oglindă.

Obiectivul salutar poate fi: Reflectați dacă nu cumva există mici răni sufletești, pe care încă nu le-ați iertat. Lămuriți această situație, spre binele vostru, pentru ca vezica să poată funcționa din nou fără probleme.

Ideea conducătoare: „Înregistrez cu recunoștință indiciile legilor vieții și găsesc soluția salvatoare, care să fie în final un câștig pentru toți cei implicați."

Chintesența pentru voi

Atât de multe cunoștințe – unde să începi să explorezi sinele? Următoarele întrebări și declarații sunt punctele-cheie pentru o viață sănătoasă, fericită și armonioasă.

Depășirea bolii

Sprijinul sufletesc

- Accept cu recunoștință boala, ca pe un proces educativ.
- Încerc să înțeleg limbajul legilor vieții și sunt dispus să recunosc ce vor să-mi spună.
- Îmi pun motivele de acțiune sub semnul întrebării – din ce motiv am făcut sau fac ceva?
- Sunt însă mereu sincer cu mine însumi!
- Recunosc tot mai mult pozitivul din aparentul negativ.
- Trec vigilent și cât se poate de conștient prin zi. Pot recunoaște tot mai ușor semnele și ajutoarele legilor vieții.
- Mă las condus de gânduri pozitive și-mi atrag tot mai mult pozitivul!
- Exersez răbdarea cu mine însumi și am încredere în legile universale.
- Nu pierd din vedere sensul vieții: evoluția mea sufletească.
- Îmi descopăr treptat potențialul și mi-l valorific!

Sprijinul corpului

- Detoxificarea și purificarea corpului.
- O floră intestinală sănătoasă este importantă pentru fortificarea sistemului imunitar.
- O alimentație hrănitoare și vitalizantă care să-i furnizeze corpului toate substanțele nutritive necesare într-o formă ușor de prelucrat și cu cât mai puține substanțe nocive.
- Sprijiniți-vă singuri prin măsuri speciale care să vă susțină organele și regiunile corpului.

Măsuri pentru sănătate

A preveni este mai bine decât a vindeca! Cel mai bine este să vă mențineți sănătatea! Obiectivul este înțelegerea semnalelor legilor vieții pentru a putea interveni la timp. Veți putea savura astfel o viață sănătoasă, vitală și fericită!

Sprijiniți-vă corpul

Un ritm de somn sănătos:
Creierul este, în calitatea sa de centru de comandă și control, cel mai important organ și care ar trebui sprijinit în funcția lui.

Regenerarea creierului și a sistemului nervos are loc în special între orele 21.30 și 24.00. Cine folosește acest timp pentru odihnă va fi odihnit dimineața și va dispune de energie totală.

Alimentația: O alimentație sănătoasă cu substanțe nutritive de calitate este premisa unei bune aprovizionări a organelor, pentru a-și putea desfășura bine activitatea.

Constituirea unui sistem imunitar sănătos și revitalizarea florei intestinale: Dispunem de un sistem de apărare unic, care poate înlătura orice pericol din afară. El înlătură și neregularitățile care pot apărea în cursul proceselor metabolice. De aceea sprijiniți funcția celei mai importante componente a sistemului imunitar: flora intestinală.

Aplicații: Băile acționează în special detoxificant, încarcă bateriile și regenerează. Diversele băi de nămol servesc drept hrană pentru corp, întrucât putem prelua prin piele minerale și oligoelemente. Băile cu uleiuri eterice încarcă energia. Băile bazice echilibrează balanța acido-bazică.

Mișcarea la aer curat: Plimbările și mișcarea la aer curat ne furnizează oxigen. În același timp, în mijlocul naturii ne putem deconecta și odihni.

Evitarea medicamentelor chimice: Există multe produse naturale recomandabile care sprijină forțele proprii de vindecare. De multe ori natura ne poate ajuta să depășim bolile sau eventualele simptome de deficiență fără efecte secundare.

Fără droguri: Țigările, alcoolul procentual ridicat, cafeaua, drogurile și medicamentele dăunează sistemului nervos și creierului. În plus, microorganismele pozitive din intestin, care sunt o parte importantă a sistemului nostru imunitar, sunt distruse. Cei care iau substanțe care dau dependențe se află în căutare de ceva și nu ar trebui să-și amorțească problemele, ci să-și descopere propriile resurse și potențialul de a găsi soluția potrivită pentru sine.

Atenție la numeroasele opțiuni de tratament: În prezent, sunt recomandate multe metode fizice care promit să vindece. Mesajul nostru este: „Suntem suflete și bolile sunt un strigăt de ajutor." Corpul tău îți trimite un mesaj important și se poate recupera corect și, mai ales, pe termen lung, dacă înțelegi și urmărești acel semnal. Desigur, există modalități de a consolida corpul prin acțiune, dar decisivă rămâne schimbarea comportamentului în beneficiul tău!

Atenție la sporturi extreme: Toate sporturile care pun corpul în pericol sau chiar pot pune viața în pericol costă multă energie. Mișcarea și sportul sunt importante și corecte dacă nu suprasolicită corpul și nu îl pun în pericol. Acordați o atenție deosebită la avertismente atunci când practicați sport de performanță!

Recunoaște alertele: Corpul ne trimite semnale mai devreme când pierdem energie sau ne suprasolicităm. Percepeți-vă semnele corpului din vreme! Avertismentele pot include: tulburări de somn, oboseală generală și lipsă de energie, stare generală de rău sau lipsă de chef, depresie ușoară, serie de ghinioane, incidență crescută de eșecuri și accidente minore.

IMPORTANT **Avertismentele prealabile și precursorii bolilor sunt de mare ajutor: ne arată din timp că suntem pe cale să ieșim din echilibru. Ele ne permit să prevenim bolile mai mari sau mai grave dacă le acordăm atenție.**

Sprijiniți-vă sufletul

Decizia de a trăi cu Dumnezeu și legile universale: Cu toții suntem dotați cu liberul arbitru și putem decide liber dacă dorim să trăim în armonie cu Dumnezeu și cu legile vieții sau nu. Dacă ne hotărâm pentru asta și respectăm instrucțiunile, atunci ne putem bucura de o viață fericită și sănătoasă și o să fim răsplătiți cu puterea interioară, (auto-)încredere și carismă.

Concentrație și intuiție: Ambele ne conduc către o viață mai conștientă. Percepem mai bine evenimentele zilei și suntem pe deplin aici și acum. Putem recunoaște mai ușor sarcinile școlii zilnice și susţine examenele cu plăcere. Căci în concentrare suntem pe deplin conectați cu Dumnezeu și cu legile vieții și le putem simți călăuzirea. Intuiția noastră ne îndreaptă spre calea cea bună!

Puneți întrebări legilor vieții: Dacă revizuim cu atenție deciziile dinainte, evităm multe dificultăți. Pentru teste mici, este suficientă o pauză scurtă, la cele mai mari este necesar să cântăriți mai atent. Fiecare întrebare, fiecare dorință ar trebui să fie însoțită de ultima propoziție: „...dacă este corect!"

Recunoașteți impulsurile gândirii și senzațiile și dați-le curs: Primim zilnic multe sugestii de gândire, pe care ar trebui să le percepem. Totuși, se cuvine să le deosebim: pot fi avertismente, tentații sau recompense. Câte din aceste sunt percepute de noi și – dacă le înregistrăm – la câte dintre ele dăm curs? Luăm aminte la tentații?

Cu siguranță că nu este posibil să recunoaștem chiar toate impulsurile gândirii, însă prin exersare putem face progrese. Ajutorul mărinimos al legilor vieții nu ar trebui să fie în zadar! Senzațiile reprezintă o formă specială de sugestie a gândirii, sunt un fel de intuiție. Putința de slobozire, flexibilitatea, deschiderea și curajul în fața schimbărilor ne ajută să căpătăm încredere în aceste senzații.

Disponibilitatea de a se recunoaște pe sine: Fiecare este unic și în fiecare se află un potențial enorm: nu este emoționant să te poți cunoaște mai bine pe tine însuți? Cu toții mai avem încă slăbiciuni, dar dacă le cunoaștem le putem ameliora. Conștientizați-vă abilitățile, punctele forte și talentele!

Renunțați la anumite slăbiciuni: Fiecare om are în cele cinci trăsături de caracter slăbiciuni mai mici sau mai mari. Una dintre cele mai bune metode de prevenire a bolilor este aceea de a cunoaște slăbiciunile și de a le înlătura. Cu unele dintre acestea ne blocăm singuri drumul: nesinceritatea față de noi înșine, viziunea negativă asupra vieții, lipsa de autodisciplină, încăpățânarea față de legile vieții, aspirația excesivă după apreciere (întrucât atunci vom fi ușor de „teleghidat").

Să învățăm să slobozim: Mereu există lucruri în viața noastră la care „ținem" și de care ne simțim legați, dar pe care ar trebui să le eliberăm pentru a ne putea continua drumul lipsiți de griji. O perioadă de timp poate decurge totul în ordine. Dar fiți atenți atunci când pierdeți energie și când ceva devine o povară. Am putut observa adeseori că slobozitul ne răsplătește dublu: atunci când, de exemplu, o întreprindere refuză un contract care nu i se pare în ordine și urmează altele două, cu adevărat potrivite. Ne sunt oferite suficiente teste pentru a ne elibera. Avem ocazia să exersăm periodic acest lucru.

Fiecare zi e un nou început: Această mare grație (favoare) ne este oferită zilnic. În fiecare zi primim multe șanse noi pentru a ne valorifica potențialul. Dumnezeu și legile vieții dau dovadă de multă răbdare și ne oferă mereu noi oportunități de dezvoltare. În loc să tragem după noi poveri vechi care ne consumă energia, ar trebui să considerăm sarcinile ca fiind o școală în care putem învăța din greșeli și într-un final să ne putem ierta pe noi înșine. Doar procesul educativ ar trebui „memorat". Putem începe astfel ziua următoare mai înțelepți și face lucrurile mai bine.

Consolidați-vă încrederea de sine: Cu cât suntem mai conștienți de unicitatea și de valoarea noastră, cu atât mai curajoși putem aborda provocările. Ne încumetăm la tot mai multe și ne consolidăm astfel încrederea de sine. Gândurile noastre pot începe prin a ne da speranță și a crede în noi înșine. Vă rugăm să rețineți ce faceți pozitiv, pentru a vă conștientiza dimensiunea.

Dezvoltați iubirea de sine: Când ne iubim pe noi înșine, totul merge de la sine, pentru că din dragoste pentru noi facem tot ce ne este bine. Dragostea de sine beneficiază de toate însușirile caracterului:

Să fim sinceri: Nu ne păcălim pe noi înșine, ci suntem sinceri cu noi înșine și sinceri cu ceilalți.

Să fim curajoși: suntem curajoși să facem ceea ce este corect – ne place să abordăm provocările pentru că știm că prin asta putem crește și spune „nu" atunci când ceva devine prea mult și nu ni se potrivește.

Să putem ierta: Ne iertăm pe noi înșine, din moment ce admitem cu afecțiune că avem voie să greșim, ca să învățăm din greșeli. Nu suntem neiertători cu ceilalți. Dăm drumul pentru că nu vrem să ducem cu noi poverile. Energia pe care o câștigăm astfel o folosim mai bine. Nu ne supărăm pe ceilalți pentru că noi înșine suntem cei care suferim. Suntem dispuși să ne debarasăm de orice ne costă prea multă energie și ne copleșește. Nu căutăm laude și recunoaștere exterioară pentru a ne spori respectul de sine, deoarece ne construim puterea și siguranța de sine din interior.

Să avem o viziune pozitivă asupra vieții: suntem optimiști și încrezători. Avem încredere în noi înșine, în ceilalți și în Dumnezeu. Purtăm discuții afectuoase cu noi, mai ales când vine vorba de noi înșine. Nu vrem să-i schimbăm pe ceilalți, ci să-i luăm așa cum sunt.

Să ne utilizăm bine timpul: folosim timpul pentru bunăstarea noastră, ne angajăm cu entuziasm și ne acordăm pauze. Avem grijă cu drag de corpul nostru, îi dăm alimente hrănitoare și avem grijă să facem suficientă mișcare.

Scopul major al vieții omului este acela de a-și dezvolta personalitatea, de a-și valorifica pe deplin potențialul. Fiecare suflet este atât de unic! Și totuși, puțini oameni își folosesc oportunitățile. Pentru a beneficia de cei mai valoroși ani la bătrânețe, este de dorit să menținem organismul sănătos. Odată cu cunoașterea și respectarea legilor vieții, viața este mult mai interesantă și mai profitabilă, câștigăm mai multă încredere și siguranță de sine. În plus, de dezvoltarea ulterioară a fiecărei persoane beneficiază și semenii acesteia. Un exemplu pozitiv îi încurajează pe ceilalți să adopte acest drum promițător.

> **IMPORTANT Dacă suntem în armonie cu legile vieții, putem obține alte două avantaje majore:**
> **1. Putem preveni bolile.**
> **2. Putem depăși bolile și ieși mai puternici din ele.**

Eforturile noastre de a ne dezvolta și a ne îmbunătăți sănătatea ne oferă protecție și securitate. Nu mai trebuie să căutăm „în afară" fără succes. Știm că putem găsi totul în noi înșine și astfel ne putem bucura de o viață plină de fericire, sănătate și succes.

Autoarele

Dr. Elfrida Müller-Kainz (1934 – 2019). Încă de tânără și apoi ca soție de medic, Elfrida Müller-Kainz își făcea gânduri despre cauzele bolilor. Oare ar fi posibil să existe o cauză sufletească pentru fiecare boală și ca fiecare om să fie responsabil pentru propria sa stare de bine? A studiat psihologia, filosofia și psihiatria, sperând să afle cât mai multe despre sănătatea mentală și cea fizică. Dar abia în momentul în care a reușit să plaseze bolile în contextul mai larg al legilor vieții a simțit că a „ajuns": „Niciodată nu am vrut să cred că bolile sunt pur fizice și mi-am parcurs de timpuriu propriul drum. Acum dețin cheia de a ajuta oamenii să devină și să și rămână sănătoși." Pentru a putea transmite aceste cunoștințe, Müller-Kainz a întemeiat propriul institut în Starnberg. Interesele ei erau diversificate, dar iubea în special filmul și muzica, istoria și politica.

Dr. Beatrice Steingaszner și-a primit, practic, încă din leagăn interesul pentru relațiile dintre sănătate, boală, trăsăturile caracterului și stilurile de viață. Nu este de mirare atunci că, după ce a studiat stomatologia și a acumulat zece ani de experiență profesională, fiica Elfridei Müller-Kainz a decis să lucreze în institutul mamei sale. Acolo și-a dezvoltat pregătirea în calitate de consultant în domeniul sănătății și personalității. Principalul ei interes este de a ajuta oamenii să prevină bolile și să își trăiască potențialul. Beatrice Steingaszner locuiește în Viena și îi place să se relaxeze în grădină. „Recoltez legume și fructe minunate și gătesc delicatese!" În vacanță, pentru ea nimic nu este mai bun decât să călătorești cu rulota și să te bucuri de natură, de mare și de viață la maximum.

Alte cărți din Biblioteca de Medicină:

Dr. Jason Fung, *Codul diabetului. Cum prevenim sau vindecăm diabetul de tip 2*

Dr. Jason Fung, *Codul greutății corporale. Secretul unui corp sănătos*

Dr. Jason Fung, *Codul greutății corporale. Carte de bucate*

Dr. Jason Fung, *Puterea vindecătoare a postului. Ghidul popular pentru post intermitent, alternativ sau extins*

Dr. farm. Izabella Wentz, *Tiroidita Hashimoto. Cum să schimbăm stilul de viață ca să depistăm și să tratăm cauzele*

Dr. farm. Izabella Wentz, *Protocol terapeutic pentru tiroidita Hashimoto. Un plan pe 90 de zile pentru eliminarea simptomelor tiroidiene și revenirea la o viață normală*

Dr. farm. Izabella Wentz, *Farmacologia alimentară a tiroiditei Hashimoto. Protocoale de nutriție și rețete terapeutice care te ajută să preiei controlul asupra sănătății tiroidei tale*

Dr. Amy Myers, *Soluții contra autoimunității – Metoda Myers. Cum să previi și să combați toate bolile și simptomele inflamatorii*

Dr. Amy Myers, *Soluții contra autoimunității – Metoda Myers. Carte de bucate*

Dr. Amy Myers, *Sănătatea tiroidei. Cum să-ți recapeți pofta de viață fără stări de oboseală, confuzie, greutate*

Dr. Valter Longo, *Rețeta longevității. O nouă strategie alimentară pentru regenerarea și întinerirea organismului, combaterea bolilor și atingerea greutății ideale*

Mikhail Tombak, *Cum să trăim 150 de ani*

Mikhail Tombak, *Calea spre sănătate*

Dr. Adrian Stănescu, *Hai să trăim mult și bine!*

Dr. med. Tobias Esch, *Codul autovindecării. Neurobiologia sănătății și a satisfacției*

Dr. med. Martina Lenzen-Schulte, *Vaccinuri. 99 de lucruri esențiale*

Dr. Eckart von Hirschhausen, *Miracole care fac minuni. Cum ne vindecă medicina și magia*

Hans Lieb, Andreas von Pein, *Bolnavul sănătos. Tulburările psihosomatice – ce ne transmite organismul*

Norman Doidge, *Creierul se transformă. Experiențele neuroplasticității*

Norman Doidge, *Creierul vindecător. Miracolul neuroplasticității*

Christian Barnard, *Ghidul inimii sănătoase. Cea mai bună strategie pentru o viață lungă, activă și sănătoasă*

Robert O. Young, Shelley Redford Young, *Dieta Young. Miracolul pH pentru o sănătate perfectă*

Robert O. Young, Shelley Redford Young, *Dieta Young pentru bolnavii de diabet*

Robert Morse, *Să trăim sănătos fără toxine. Ghid fundamental. Alimente și plante naturale pentru regenerarea celulară completă*

David Simon, Deepak Chopra, *Eliberarea de dependențe. Metoda Centrului Chopra pentru învingerea obiceiurilor distructive*

Rosalee de la Forêt, *Alchimia naturii. Ghidul complet al mirodeniilor și plantelor medicinale și aromatice*

Rebecca Katz, Mat Edelson, *Lupta cu cancerul începe în bucătărie. Rețete hrănitoare și savuroase pentru perioada de tratament și recuperare*

Shari Lieberman, Nancy Bruning, *Biblia vitaminelor și mineralelor esenți-ale. Ghid complet pentru crearea unui program personal de suplimente*

Anthony J. Haynes, Antoinette Savill, *Biblia intoleranțelor alimentare*

Donna Gates, Linda Schatz, *Dieta pentru un organism ecologic. Refacerea sănătății și imunității*

COMENZI – CARTEA PRIN POŞTĂ
EDITURA PARALELA 45
Bulevardul Republicii, nr. 148, Clădirea C1, etaj 4, Piteşti,
jud. Argeş, cod 110177
Tel.: 0248 633 130; 0753 040 444; 0721 247 918
Tel./fax: 0248 214 533; 0248 631 439; 0248 631 492
E-mail: comenzi@edituraparalela45.ro

www.edituraparalela45.ro

Tiparul executat la tipografia Editurii Paralela 45
E-mail: tipografie@edituraparalela45.ro